浮生日錄

張玉法 著

Yu-fa Chang
The Chronicle of My Life

目錄

自序

　　新冠疫情期間，索居鄉下，整理舊日公私函件，發現不同的年代有不同的志趣，亦有不同的師友往來，因簡記函件內容，按年按月按日排序，並插入國家大事、家庭瑣事作為背景，題名《浮生日錄》，作為個人參考。民國歷史文化學社以所記多有關與近代史學者以及學術機關往來之事，是學術史方面的著作，有出版價值，乃不揣簡陋，予以付梓。

　　從公私函件看個人交游往來，一生生活約可分為幾個階段，從 1935 年生於魯西南嶧縣澗頭集的地主之家，到 1948 年隨縣立中學逃亡南下，十三年間，曾在日本治理下、在共產黨治理下、在國民黨治理下。在日治時期，雖受國、共游擊隊的威脅，澗頭集開始有小學，學齡兒童有機會讀小學，又因為澗頭集是鄉下，不受日本直接統治，除間有土匪強盜外，人民大體能各安生業。日本戰敗投降後，共產黨來到澗頭集，清算鬥爭，地主的家庭備受迫害。其後國民黨將共產黨趕走，小學恢復，人民再度可各安生業，但國民黨對地主收累進稅，家中也是不堪其苦。

　　1948 年秋，共產黨再度佔領家鄉，我隨嶧縣中學南遷，自是與家人失聯，直到四十年後始通消息，地主家庭，加上海外關係（我在海外落戶），家人所受迫害，難以言喻。我隨學校南遷，第一站到徐州，教育部派有青年

服務團代為安排住在銅山中學，但需自謀生活。在徐州住
了兩個禮拜，由於共產黨的勢力逼近，學校南遷瓜洲。我
們在瓜洲住了一個月，在徐蚌會戰前夕，再南遷湖南郴
州。在郴州期間，我們恢復上課，湖南省政府按時撥糧，
生活暫獲安頓。及湖南省主席程潛投共，糧源斷絕，生活
無依，學校南遷廣州，住五三小學。在廣州的一個月，政
府每天發港幣二角，勉強可以維持生活。時遷廣州的山東
各中學教育部已將之編為七個聯合中學，學生總數約有
七千人。到 1949 年七月，廣州危急，學校遷澎湖，年長
的男生被編兵，女生及年紀小的男生成立澎湖防衛司令部
子弟學校。我在子弟學校讀到高中一年級下學期，學校遷
彰化員林，改名彰化員林實驗中學。1955 年夏，在員林
實驗中學畢業，考上國立臺灣師範大學，結束了為時七年
的流亡學生生活。

　　在流亡學生時期，無論饑飽，都由學校負責。考上
師大以後，雖有公費，食宿無慮，但其他生活需自己籌
謀。師友常予接濟，感愧無已，後經同學介紹，助一位教
授編書，另外兼做家教，每月可賺三、五百元，開始過獨
立生活。師大畢業後，被分發到中學教書，待遇每月有
四、五百元。後兼讀研究所，每月有四百元津貼，已有
餘錢可以存儲。1964 年研究所畢業，轉到中央研究院工
作，又到大學兼課，接交了一些關心國事的朋友，常常寫
時論。為報刊寫稿，對我來說並不陌生。早在讀中學時
期，我就常向報刊投稿，那時受國文老師的影響，喜歡寫

詩文，在校內校外參加比賽也可以得名次，偶而將稿件寄到地方小報或學生雜誌也常被刊登，有時且能賺到數元到十數元的稿費，頗為有用。在中央研究院和大學認識幾位寫時論的朋友後，在他們的鼓勵下，開始寫時論。初時為《聯合報》和《聯合報》系的《中國論壇》寫的時論較多，後來被《臺灣時報》拉去做主筆，與幾位朋友輪流為之寫社論。有時也為《中央日報》、《中華日報》、《中國時報》等寫稿，特別是在出節慶特刊的時候。

　　除了寫時論以外，一位朋友找我為書局寫大學歷史教科書。因為所寫的《中國現代史》暢銷，書局又要我寫《中國近代史》、《中國近代現代史》。那些年，中國近代史和中國現代史為大學必修課，而高普考也考中國近代史和中國現代史，這三本書每年的銷路多至八、九千本至萬餘本，讀者相當多。有一次出國，海關人員看了我的護照，說：「我看過你的書！」有一次我去日本，過海關時一位關員也說她看過我的書。我的小孩讀小學時，去校長室打掃清潔，看到校長正在看我的《中國現代史》，孩子很興奮地說：「校長，你看的書是我爸爸寫的！」校長可能正準備考高考，很不耐煩地說：「叫你爸少寫一點！」在研究院做事，以寫專書和論文為業，專書寫過五、六本，論文超過百篇，從未接到讀者有什麼迴響。記得吳大猷院長勸我寫通論性的近代史時，我說在研究院，是要寫專論的，寫通論的書不計成績。吳院長說：「你們寫的那些專論沒有人看的！」一語道破。

　　在研究院，除了寫專書論文、寫時論、寫教科書以外，我還辦過《新知雜誌》和《山東文獻》。《新知雜誌》是留美歸來以後，為傳布新知識、新觀念而辦的，為雙月刊，所鼓吹的有學術自由、思想自由、言論自由、節制生育、環境保護等，因不善經營，辦四年即停刊。《山東文獻》為徵集史料而辦，當時近代史研究所進行「中國現代化的區域研究（1860-1916）」，我研究山東省，發覺大陸各省來臺人士大都辦有各該省市的文獻刊物，獨山東省闕如，乃請山東鄉賢起而倡辦《山東文獻》。《山東文獻》為季刊，所載以三方面的資料為多：一為抗日戰爭期間山東國、共游擊隊的史料，二為國民黨自大陸撤退來臺期間山東流亡學生的資料，三為山東近代教育史料（自教育部檔案室抄出）。後以在山東有經歷的前輩凋零殆盡，稿源缺乏，出完二十八卷停刊。之後，利用餘款編印了《民國山東通志》。

　　《浮生日錄》，非日記，亦非回憶錄，主要資料來自公私函件，不在公私函件之事，除非必要，不補入。所記各條，看似瑣碎，但許多條目都包有或多或少的內容，限於篇幅，不能細述，如能看此序文，對各個時期的大事知其梗概，則不難了解本書內容之大要。

張玉法

2023 年 4 月

1935 年（民國二十四年）

是年一歲。生於山東省嶧縣澗頭集橋上村，母馬氏，父張傳斗。橋上張氏，於明朝初年自燕京遷於斯土，至先父傳斗凡十三世。吾家祖父母之生業，由僱農成為貧下中農。祖父信蘭於 1922 年自橋上村遷居澗頭集北門裡，有田四十餘畝，1929 年過世，玉法（原名喻法，1949 年離家後改名玉法）未得見，時祖母尚在，仍住橋上村故居。玉法出生時，家中有祖母、父親、母親、大姐（1923 年生）、大哥（1928 年生）、二哥（1931 年生），為七口之家。父親承襲父業，於農業之外，兼營酒、油等零售生意，家道小康。平時家中僱一男丁打掃庭院、餵養生畜，稱為「大領」，農忙時僱工為助，大領為領班。家中的生畜有牛一頭、驢兩頭，牛用於耕田，驢除耕田外，為交通工具，用以馱物，婦女（小腳）走遠路時用以代步。玉法幼時，常住橋上村，由祖母教養。八歲（1942）入澗頭小學，始住在澗頭集北門裡家中。橋上村在澗頭集西南一里許，有二、三十戶人家，悉為小農或佃農、僱農；澗頭集有百餘戶人家，多小農、佃農、僱農，亦有兼營小生意者。玉法出生時，澗頭集有三家地主，各約有田百畝。南區為王家，北區為潘家和張家，王家住大汪（三百平方公尺左右的水塘，深可及腰）南，潘家住北門外，張家住北門裡。張家在橋上村的家座北朝南，為四合院，皆為草頂

橋上村故居

泥牆；在澗頭集北門裡的家，座西朝東，亦為四合院，皆瓦頂泥牆。玉法生時，山東省為屬於國民政府的一個省，但是年十、十一月日本的勢力即自東三省（1931年佔領）伸向華北五省，要求華北五省二市自治，五省為河北、山東、山西、綏遠、察哈爾，二市為北平、天津，使脫離國民政府統治。執政的國民黨自 1931 年以後面對日本侵略，東北三省失陷後，又被逼成立華北政務委員會，成為日本的傀儡政權。另外，自 1927 年以後國民黨即從事剿滅企圖以武力奪取政權的共產黨。

　　二月一日，玉法生。時為舊曆臘月二十八日，俗以為此際所生之小孩好動（臘月冷凍），玉法則相反。

　　三月，大哥喻琛七歲，入耶穌堂（在北門裡左側，與我家對門）讀私塾。

十月，日本提出華北五省特殊化，策動華北自治，脫離國民政府。

十一月，日本扶持殷汝耕在河北省東部成立冀東防共自治委員會，嗣改為冀東防共自治政府，逐步實行華北五省特殊化，以親日防共為號召。

1936 年（民國二十五年）

　　是年二歲。大哥喻琛續在耶穌堂讀私塾。十二月發生西安事變，時日本已於 1931 年侵佔中國東北三省，進一步逼使華北五省特殊化，國民黨連年剿共，對日本採取妥協政策。共產黨的勢力局促在陝西省北部一隅，乃唆使出身東北軍（日軍侵佔東北時，奉命不抵抗）的剿匪（共）副總司令張學良，軟禁蔣介石，逼使蔣與共產黨合作抗日。

　　二月一日，二歲生日。

　　五月，日本增兵華北，逐步加強對中國侵略。

　　十二月，張學良發動西安事變，逼使國民黨軍事委員會委員長蔣介石停止剿共，聯合各黨各派，共同抗日。

1989 年與母親合影

1937 年（民國二十六年）

是年三歲，始能語言。七月盧溝橋事變發生，日本開始全面侵略中國，國共兩黨各於其防地抗日，並各自擴充地盤。

二月一日，三歲生日。

七月七日，盧溝橋事變爆發，日本全面侵略中國。

八月，某日家人圍在一起吃西瓜，一個西瓜切成八瓣，家人們一個一個動手拿，坐在涼席上的我很著急，突然動嘴說話了：「我一塊！」這是我此生的第一句話，家人們都相視而笑，母親馬上拿給我一塊，孩子會講話了，多高興。

1938 年（民國二十七年）

　　是年四歲，妹妹生，家中有八口人。三、四月間，國軍在台兒莊與日軍纏鬥，澗頭集在台兒莊西三十里，日機曾來投彈，北門外街口被炸一個大坑，距我家只有數公尺。之後，國軍於四月下旬向徐州轉進，山東各地，包括嶧縣城、台兒莊、澗頭集一帶，淪為日治。

　　二月一日，四歲生日。

　　四月，台兒莊戰役以後，魯南地區為日軍佔領，日軍利用歸順的一批人成立地方政權，名維持會，但國民黨和共產黨的抗日游擊隊甚為活躍，其中一支為龍希貞，或附國民黨，或附共產黨，到 1940 年，因其父龍傳道為日軍抓去，乃投降日本，在嶧縣所設的維持會，任命龍希貞為第八區區長，轄澗頭集及附近村莊。

1939 年（民國二十八年）

是年五歲，二哥喻恩開始入耶穌堂讀私塾。九月，歐洲的德國發動對外侵略戰爭，與日本侵略中國東西相應，世界大戰爆發。

二月一日，五歲生日。自 1938 年四月台兒莊戰役後，國軍撤走，日軍對村鎮無法統治，地方治安甚糟。澗頭集有時國民黨游擊隊來，有時共產黨游擊隊來，有時日軍來，抓伕要糧，你來我去，加上土匪綁架、搶劫，小偷偷雞摸狗，了無寧日。自衛力量不足，日盼有政府來管。

1940 年（民國二十九年）

　　是年六歲，大哥、二哥續在耶穌堂讀私塾。澗頭集劃為日偽政權華北政務委員會山東省嶧縣第八區，區長龍希貞。

　　二月一日，六歲生日。

　　三月三十日，華北政務委員會成立，受南京汪精衛政權委託，負責河北、山東、山西三省及北京、天津、青島三市地區的防共、治安維持，並監督下屬各省市政府。先後任華北政務委員會委員長者為王克敏（1940.3.30-1940.6.5）、王揖唐（1940.6.5-1943.2.8）、朱深（1943.2.8-1943.7.2）、王克敏（1943.7.2-1945.2.8）、王蔭泰（1945.2.8-1945.8），省下設縣，縣下設區。澗頭集屬於嶧縣第八區，自 1940 年十月區長為龍希貞。

1941 年（民國三十年）

　　是年七歲，大哥、二哥續在耶穌堂讀私塾。十二月，太平洋戰爭爆發，日本對外戰場集中在太平洋及南洋地區，中國平漢鐵路以東大部地區淪為日治，國民政府首都早已自南京遷重慶，指揮大西南及大西北地區抗日。在淪陷為日治的地區，有日偽政權，有國民黨與共產黨的游擊隊，三個政治勢力互相對抗、互相兼併。

　　二月一日，七歲生日。

　　十二月，太平洋戰爭爆發，日本偷襲夏威夷的美國海軍基地珍珠港，並進攻香港、越南、菲律賓、印尼等英、法、美、荷等國的殖民地，對於在中國佔領地區，悉委傀儡政權統治。

1942 年（民國三十一年）

是年八歲。第八區長龍希貞創辦澗頭小學，玉法入小學一年級讀書，二哥讀二年級，大哥讀四年級。

二月一日，八歲生日。

八月，大姐出嫁。

九月，於澗頭集東側設營房的第八區區長龍希貞，於澗頭集創立澗頭小學，其後又設貞一中學。是月，玉法入澗頭小學讀一年級，二哥讀二年級，大哥讀四年級。之前，澗頭集無小學，僅有私塾，大哥、二哥均曾入私塾，玉法未及入。一年級的課本，未直接歌頌日本，卻到處都頌揚太陽。國語前幾課：天亮了，弟弟妹妹快起來。姊姊說「太陽昇起了，快來看太陽。太陽紅，太陽亮，太陽出來明光光。」有一首歌詞的第一句是：「旭日昇，耀光芒，揚子江上金龍翔。」另有一首歌詞的中間一句是：「讓那紅球顯出來，變成一個光明的世界。」

1943 年（民國三十二年）

　　是年九歲，在澗頭小學讀二年級，二哥讀三年級，大哥讀五年級。五年級開始教日文。時政局無所改變，國民黨的游擊隊已很少出現，土匪亦很少出現，僅四鄉有土共騷擾地主富農，從事清算鬥爭。龍希貞常帶兵去四鄉剿共，殺了不少共產黨人，共產黨恨之入骨。

　　二月一日，九歲生日。

　　三月，父親將澗頭集西側的一塊地闢建柴園，佔地一畝半，週有小河繚繞。於柴園東北角空地建草房三間，將右前方碾成一大片平地，作為收穫時處理農作物（曬穀）之用。

　　九月，玉法升入小學二年級，二哥升入三年級，大哥升入五年級。

1944 年（民國三十三年）

是年十歲，在澗頭小學讀三年級，二哥讀四年級，大哥讀六年級。澗頭集續在龍希貞的管轄下，治安大體良好，賦稅很輕。

二月一日，十歲生日。

八月，大哥與尚氏結婚。

九月，升入小學三年級，二哥四年級，大哥上貞一中學。在日治小學三年，在家沒有讀書的時間，平時要幫助家人照顧牛、驢，農忙時期要下田。我在學校裡不愛玩，功課成績都能在全班的前面。在同學群中我很孤立，只與功課好的同學在一起，不用功的同學對我們不滿意，常常對我們惡作劇。

1945 年（民國三十四年）

　　是年十一歲。八月十五日日本戰敗投降，國軍、共軍搶佔原日偽佔領區，共軍佔有了澗頭集、台兒莊、嶧縣城，龍希貞為土共槍決、凌遲。共產黨來了，把青年人組成基幹隊，把孩子們組成兒童團。基幹隊用來保衛家鄉，也可調到別的地方打仗；兒童團用來呼口號、宣揚地主為惡霸，為清算鬥爭運動幫腔。這期間，龍希貞所辦的澗頭小學、貞一中學已停閉，共產黨接辦澗頭小學，小學課本不是宣揚階級鬥爭，就是宣揚增加生產，地主的孩子不敢進，我們三兄弟皆失學。

　　二月一日，十一歲生日。

　　六月，完成小學三年級學業。第八區長龍希貞受到共軍的攻擊，初逃台兒莊，繼逃嶧縣城，後為共軍俘虜，解回澗頭集公審、槍決、凌遲。

　　九月，共產黨重辦澗頭小學，貞一中學停辦。大哥無學校可讀，二哥一度入澗頭小學，旋即退學，玉法因不喜共產黨的喧鬧，未入學。

1946 年（民國三十五年）

　　是年十二歲。國軍自徐州向山東地區反攻，九月共
軍撤離嶧縣地區，澗頭小學恢復。玉法入四年級就讀，二
哥入五年級，大哥入台兒莊私立勝利中學。

　　二月一日，十二歲生日。

　　四月，時共軍尚佔有澗頭集，父親被鬥爭，佃農分去
土地，共幹運走糧食，共幹向父親索二百圓銀圓不得，將
父親監禁。後父親越獄逃到賈汪以北的前馬家，住在外婆
家。前馬家為國軍佔領區，大哥、二哥和我亦潛往前馬
家。家中僅剩下祖母、母親、大嫂和妹妹，母親被抓去
關，有時由大嫂替換。

　　九月，國軍收復魯南各地，重新開辦澗頭小學，玉法
入四年級，二哥入五年級，大哥入台兒莊私立勝利中學。
與二哥訂親的宋氏，因家貧被送來我家，俗稱「團圓兒
媳婦」。

1947 年（民國三十六年）

是年十三歲，讀小學五年級，二哥讀六年級，大哥因與大嫂尚氏不和，投入徐州國軍七十七師砲兵營當兵。

二月一日，十三歲生日。

三月，大哥與大嫂不和，又因細故被父親打耳光，逃去徐州當兵。

五月，二哥與宋氏結婚，家中正式多一口人。

九月，玉法升入澗頭小學五年級。讀四年級時，因為在班中名列前茅，校長獎給畫冊一本，此後經常摹擬畫圖，對美術發生興趣，苦無才幹，難有表現。

1948年（民國三十七年）

　　是年十四歲。九月，共軍勢力接近嶧縣城，縣立中學南遷至澗頭集西北三里地的程莊。二哥適小學畢業，考入嶧縣中學簡師班，時我剛完成小學五年級學程，二哥勸我以同等學力資格報考，作文〈農家樂〉受到老師的賞識，考入初中一年級。十月，與二哥隨學校南遷。第一站至徐州，居兩週，轉瓜洲，居四週，又轉湖南郴州。

　　二月一日，十四歲生日。

　　六月，在澗頭國小完成五年級學業。

　　九月，嶧縣中學遷程莊，二哥與我先後考入縣中，以時局緊迫，未恢復上課。九月十日，學校給予「山東嶧縣縣立初級中學學生臨時證」，十月十日又給予「嶧中」符號。學校準備南遷，與二哥準備行囊。

　　十月十日，早晨，嶧縣中學學生一千一百餘人在校長宋東甫和師長們的帶領下，自程莊出發，步行三十多里至賈汪，已下午三點。在青年輔導會的安排下，乘運煤的敞車到達徐州，每人都背著棉被、衣物、小板凳、圖板，可以坐，可以睡，可以上課。我們住在徐州銅山中學，白天在操場邊上課、吃飯、休息，夜晚搬進教室睡覺，早晨六時起床，將教室打掃整理好，搬回操場邊，讓銅山中學的

學生上課。我們在徐州住兩個星期，由於共軍已向徐州週圍集結，於十月二十六日上午十一時乘津浦路的火車南下，由於火車擁擠，大部分同學坐在車頂上。次晨到浦口，乘輪船渡長江，之後在下關坐火車到鎮江，再乘輪船自鎮江渡長江，到對面的瓜洲，住在一片破廟裡。在瓜洲吃運河的水，有時候在下游挑水，上游有人洗穢物，很不衛生，因此不少同學鬧腸胃病。在瓜洲住了四個星期，國軍在徐州、蚌埠地區抗共失敗，學校再度南遷。十一月二十四日下午二時，隨學校乘輪船渡江至鎮江，夜十時自鎮江乘京滬路火車至上海，二十六日換乘滬杭路，二十八日換乘浙贛路，三十日換乘粵漢路，十二月一日至湖南棲鳳渡站下車，步行數里至站北的洞尾李家祠堂住下。時學校改為國立濟南第四聯合中學第二分校，第一分校為勝利中學（自台兒莊南下者），住棲鳳渡以南的宜章。我們都變成「濟南第四聯合中學」的學生。

1949 年（民國三十八年）

　　是年十五歲。學校在洞尾恢復上課，湖南省政府撥米給學校，每人每天十八兩，另加煤炭，別無副食。同學需到遠地運米運煤。

　　二月一日，十五歲生日。

　　四月，學校在洞尾，湖南省政府將米和煤原撥在距洞尾不遠的鄉鎮，由女同學去背米，男同學去挑煤。是月湖南省政府將米撥在永興縣，路遠運輸難，全校男生及部分老師步行一日去就食，住在一個破舊的學校裡。

　　五月初，時共軍已渡過長江，江南各省省主席和駐軍紛紛投降，湖南省主席程潛亦採取觀望政策，米的來源全無，同學們不得已行乞度日。時臺灣新軍訓練司令孫立人在長沙招考新軍，二哥與幾位同學去長沙報考臺灣新軍，途經衡陽被李彌的第八軍抓走，至次年一月，第八軍在雲南戰敗，二哥被編入解放軍。

　　二哥走後，自己頓感孤單。五月三十一日，時以南方各省局勢皆不穩，中央政府已遷廣州，校長率全體師生自棲鳳渡乘火車南下廣州，我原與數位同學擬乘火車北上，設法返鄉，傳言衡陽以北的鐵路已斷，乃隨學校南下。

　　六月一日至廣州，初住中山堂廊簷和附近，後住五

三小學。在廣州的一個多月，每天有兩毫港幣生活費，難以充饑。五三小學對面有大華戲院，週日演電影勞軍，免費入場。同學們聞訊去戲院看免費電影，個子大的同學混入，個子小的同學被攔下，個子小的同學以為不公，群起向裡打，個子大的學長聞聲向外打，打壞了桌椅、大門，老闆報警，警備總部派人來。幾個大學長被抓走，於是全校同學列隊，向警備總部要人。學生與警察對峙數小時，最後以學生隊伍返校、警總放人結案。大陸淪陷，論者指立監委、國大代、流亡學為三大害，流亡學生之害，除衣服破爛、沿門托缽外，所知者類此而已！

　　七月三日，隨學校離廣州，乘汽車至黃埔碼頭，乘 115 號登陸艇出發，七月七日至澎湖馬公。男同學全被帶到澎湖防衛司令部，每十人編一班，由一位軍人照顧，女同學和老師們被帶到馬公國小。七月十三日男同學有學長號召同學走出司令部，拒絕當兵，但為軍人所阻，軍人並以刺刀刺傷兩位同學相恫嚇，於是軍方正式將個子大的同學編成軍隊，成為三十九師一一五團、一一六團重要兵源；個子小的同學被送往馬公國小，連前此被帶到馬公小學的女生和老師，成立澎湖防衛司令部子弟學校。我所保有的澎湖防衛司令部子弟學校符號，係 0342 號，1950 年三月發；我所保有的中國童子軍證書，係臺字第 9955 號，1952 年中國童子軍臺灣省理事會頒發，屬中國童子軍臺灣省第一三四團。國民身分證號碼為澎馬朝字第 80 號之 67。

　　九月，澎湖防衛司令部子弟學校開學，我被編入初中一年級，初中二年級、三年級及高中一、二、三年級都有，高年級的多為女生，亦有年齡大、個子小的男生。校長由澎湖防衛司令官李振清兼，由原任第三聯中校長王志信為代校長，實際處理校務。

1950 年（民國三十九年）

是年十六歲，在澎湖防衛司令部子弟學校讀初中一年級上、一年級下、二年級上，父親在家鄉被鬥爭。

二月一日，十六歲生日。

二月，初中一年級上成績發下，總平均 91.75 分，體育 73 分，操行 78 分。

三月，父親在家鄉被共幹定為地主反革命（地主因有百畝田地，反革命因曾做過國民黨統治時期的保長），被鬥爭後，北門裡住宅被封門充公，全家搬住柴園，尚保留田地四十畝。

六月，初中一年級下成績發下，總平均 87.5，體育 60，操行 69。

九月，升入初中二年級。二十七日，因昨晚中正廣場有軍民同樂會，與數位同學補過中秋節，備糖果、香蕉，以合唱「保衛大臺灣」始，以合唱「反攻大陸去」終。

十月九日，傅冠亞老師從臺灣本島回來，夥著幾個同學去聽他講見聞。傅老師講了三點：1. 臺灣產米豐富，2. 韓戰聯軍勝利，3. 蘇俄在聯大排我代表權失敗。

1951 年（民國四十年）

　　是年十七歲，讀初中二年級下、三年級上。成績可在全班的前幾名，做了「學生社」的通訊員。

　　二月一日，十七歲生日。

　　二月，初中二年級上學期結束，學業成績總平均90.17 分，體育 72 分，操行 73 分。

　　三月，在故鄉，經政府批准，父親經營賣鹽的小生意。

　　六月，初中二年級下學期結束，學業成績總平均87.27 分，體育 76 分，操行 80 分。

　　九月，升入初中三年級。

　　九月一日，臺北「學生社」發下「通訊員」聘書。

　　九月三日，紀念抗日戰爭勝利六週年。

　　十一月六日，海風肆虐，黃沙滿天，我們只能在操場吃飯，飯菜都蒙上沙土，仍然得吃，失去機會就挨餓。

　　十二月十一日，一位老師，四十多歲，因高血壓而過世，因為無藥可服，身體不適即去抽血 200 c.c.，身體終於支持不住。

1952 年（民國四十一年）

　　是年十八歲，讀初中三年級下、高中一年級上。作
澎湖環島之旅，代校長由王志信易為苑覺非。

　　二月一日，十八歲生日。

　　二月，感覺天極寒，氣溫仍有十五度，因作打油詩一
首：二月是春天，風吹天氣寒，不是天真冷，原來是衣單。

　　二月，初中三年級下的學業總成績 89.25 分，體育
81 分，操行 85 分。

　　三月五日，與幾位同學在寢室後面種了幾棵白菜，
長得肥美可愛，不意一夜風雨都萎縮起來，採之欲送伙
房，伙夫不願接受，以市價五折賣之，得款五元，買了一
張愛國獎券。

　　四月六日，受軍中朋友之約，與幾位同學乘其軍車作
環島之遊。車到連文港，朋友說，為軍事要地，不准參觀，
到處都埋有地雷。第二站到苗圃，在山之陽，有如沙漠
綠洲。第三站到白沙，之後去赤崁，又去看大榕樹。歸途，
夕陽西下。到馬公島已五點多，至是始略窺全島真面目。

　　六月，結束初中三年級學程。時代校長已由王志信易
為教務主任苑覺非。

　　九月，升入高中一年級。

1953年（民國四十二年）

　　是年十九歲，讀高中一年級下、高中二年級上。高中一年級下時，學校自澎湖馬公遷彰化員林，初改名教育部特設員林實驗中學，繼又改名彰化員林實驗中學。代校長苑覺非辭職，新校長楊展雲上任。學校遷員林後，每年暑假，學校組織軍中服務隊，為配合服務隊工作，與孫英善、趙彥賓等奉訓導處之命，辦《服務日報》，平時則辦《實中青年》，培養了對新聞工作的興趣。

　　二月一日，十九歲生日。

　　二月十日，學校師生及行李上船，次日抵基隆，有山東同鄉會人來歡迎，山東同鄉會為資助遷校，賣掉一棟房子及青島撤退時運臺的漁業物資。稍息，我們乘火車至員林，居員林家事職業學校。該校原為臺灣中部防衛司令部駐軍之處，司令官劉安祺為山東人，自動將軍隊移出，另於山野搭鐵皮屋作為營房。1949年在澎湖編兵編餘的師生，成立澎湖防衛司令部子弟學校，原由澎湖防衛司令部資助，時以新任澎湖防衛司令為湖南人，不欲資助山東流亡學生，乃在各界山東人的資助下遷校，雖名教育部特設員林實驗中學，但無經費，到民國四十三年改為省立，始獲安定。

二月二十日，奉祀官孔德成來校講演，勉同學們苦幹到底。

二月二十八日，報載自澎湖遷至員林之澎湖防衛司令部子弟學校，改名教育部特設員林實驗中學。

二月，高中一年級上的學業總成績 87.19 分，體育 76 分，操行 83 分。

三月四日，以「反共聖人」聞名的山東乞丐王貫英（年四十八歲），來校作反共宣傳。時學生生活日益困難，每月公費七十元，米價每市斤一元六角，買四十五斤米，即需七十二元，尚需副食、煤炭。見王貫英神采飛揚，精神為之一振。

三月九日，初中畢業證書今發下。遷校後，今天恢復上課，因教室不足，輪流使用。

三月十二日，戴少民借給我一床毯子，度過寒冬，今日歸還。劉少賓想借給我幾件衣服，未接受；又要借給我一個蚊帳，亦未接受。約有百分之九十的同學沒有蚊帳，晚上睡覺時以被單蒙頭。

三月十五日，所見報紙、雜誌雖多，獨愛《半月文藝》。

三月二十九日，參加彰化縣論文比賽，分社會組、高中組、初中組，高中組取九人，為第八名。

五月二十日，中國青年反共救國團彰化支隊成立，本校各區、分隊長赴彰化開會，領團旗、團證，玉法隨之去領論文比賽獎，獲《反共抗俄基本論》一本。

六月，高中一年級下學期學業總成績 90.3 分，體育
79 分，操行 81 分。

七月十三日，流亡越南富國島的豫衡聯中師生二百
餘人，自臺北分發來實驗中學。

七月二十一日，突然被叫到訓導處，派以《服務日
報》副編輯之任，於是徵集稿件、編輯版面、請人寫鋼
板，油印出版，備明日軍中服務隊之用。

七月二十九日，近與單士彥交往頗多，彼誠實溫厚，
喜歡辯論，常要我舉其過失。

七月三十一日，代校長苑覺非多病辭職，新校長楊展
雲到任。楊為國大代表，曾任山東省政府祕書長。

八月一日，《服務日報》工作結束。

八月九日，今為星期日，與單士彥去員林圖書館閱讀
報刊，並於公園散步，多所辯論。

八月十一日，發高一下學期成績單，總平均 90.3
分，體育 79 分，操行 81.5 分。

八月十四日，近將《四書》讀完，偶讀《史記》。

八月十七日，今被選為伙食委員，主要為廚房買菜，
主委為劉祥文，至三十一日下台。

八月二十四日，于鑑甫老師對我在《新中國報》所
發表的一篇文章、在《讀書半月刊》所發表的兩首詩，表
贊許。

八月二十五日，老師要同學做農村訪問，今與單士彥
合作訪了兩家，因不懂臺語，經小學生翻譯，始完成工作。

九月，升入高中二年級。

九月三日，教育部特設員林實驗中學向嶧縣萬有文庫保管委員會借萬有文庫一千八百二十五冊，附帶鐵箱五個。此千餘冊書，是教育部特設員林實驗中學第一批圖書。該批圖書係 1948 年嶧縣縣立中學自縣城南遷時攜帶者。

九月十六日，高二編班，編在二班，與女生合班。決定專心課業，少投稿，少讀課外之書。

十月二日，在臺北《青年雜誌》發表〈實中簡介〉。受聘為該雜誌社通訊員，並附五期該刊徵求訂戶。

十月二十二日，今搬進新蓋的宿舍，將教室騰出來上課。

十月二十九日，聯合報寄來〈綠的愛戀〉稿費十二元，擬買臉盆、毛巾、牙刷、牙膏、墨水。

十月，彰化縣長兼教育改造推行委員會主任委員陳錫卿頒發教育部特設員林實驗中學高中一年級成績優良獎狀。

十一月八日，〈秋風〉發表於《新中國報》。

十一月二十四日，〈羞怯〉發表於《新中國報》，獲贈報紙一份、稿紙十張。

十二月五日，〈母愛〉發表於《新中國報》，獲贈報紙一份。

十二月二十五日，〈秋風送雁群〉發表於《新中國報》。

1954 年（民國四十三年）

是年二十歲，讀高中二年級下、高中三年級上。獲彰化縣政府頒發學生成績優良獎狀，向《公論報》、《新中國報》、《自由青年》投稿，協辦《服務日報》、《實中青年》，參加本校論文比賽，獲高中組第一名。

一月一日，彰化縣政府頒發學生成績優良獎狀，本校獲獎狀者四人。

二月一日，二十歲生日。

二月十五日，腳痛已兩月，孫英善為我買來酵母片，劉增華勸我多運動，近日頗見好轉。

二月十七日，〈投稿插曲〉在《公論報》發表。

二月二十一日，〈徐州半月記〉發表於《新中國報》。

二月二十五日，〈春日小感〉發表於《公論報》。

二月二十六日，當選班內文化幹事。

二月，高中二年級上學業總成績 84.42 分，體育 76 分，操行 90 分。

三月十二日，〈詩人的淚〉發表於《新中國報》。

三月二十八日，〈春野獨步〉發表於《自由青年》，約四百字，稿費十元。

四月十六日，在醫務室領了一瓶維他命 B，治腳痛。

實中青年社友

六月，高中二年級下學業總成績 80.43 分，體育 72 分，操行 73 分。

七月十八日，與孫英善去彰化新進印刷廠校對《實中青年》。

七月二十四日，與孫英善奉訓導處之命，辦《服務日報》。

九月九日，與趙彥賓、孫法彭去彰化新進印刷廠校對《實中青年》。

九月二十二日，於《實中青年》發表〈流浪者之歌〉。

十月四日，學校發了一條短褲、一條長褲、一個褂子（襯衫）、一雙回力鞋。這是學校自澎湖遷員林以後，唯一的一次，我的褲子已經無法再補了。

十月七日，學校舉辦論文比賽獲高中組第一名，獎金五十元。

是年，學校的名稱由教育部特設員林實驗中學改名彰化員林實驗中學，歸臺灣省政府教育廳管轄。

1955 年（民國四十四年）

是年二十一歲，國軍自大陳撤退。讀高中三年級下，八月參加大學招生考試，考入省立臺灣師範大學史地系，讀一年級上。讀高三下時臺灣糖業公司選擇本校學生試服酵母片。在故鄉，二哥自軍中復員，回家種田。

一月二十四日，今天是陰曆年初一，與張喻成、王道、張友生、徐炳憲、潘元民、徐天基在張友廉家過年。

二月一日，二十一歲生日。

二月十六日，今有自大陳撤退之學生六十餘人，來實中就讀。

三月二日，臺灣糖業公司選擇實中為酵母片實驗區，每人每日吃新研發的酵母片數粒，據稱含維他命 B，並可幫助消化，增加體重。

五月，在故鄉，二哥自解放軍中復員回家種田。

六月，畢業於彰化員林實驗中學高中部，校長為楊展雲。

六月，高三下學業總成績 85.08 分，體育 77 分，軍訓 83.8 分，勞動生產 95 分。

八月，在彰化參加國立臺大、國立政大、省立師大、省立農學院、省立工學院五院校聯合招生。其間又報考私

立東海大學和省立法商學院。

八月二十七日，五院校聯考放榜，錄取第一志願師大史地系第四名。二十九日，接到師範大學教務處通知，謂已考入文學院史地系。

九月五日，私立東海大學通知，謂已考入文學院中國文學系；省立法商學院通知，謂已錄取為行政系正取生。

九月十四日，師大史地系四十四學年度第一學期選課及學分：三民主義二，國文四，英文四，中國通史三，史學通論二，西洋通史二，氣候學三，共二十四學分，另有四書、國音、體育、音樂、軍訓，無學分。

十一月十日，草〈人與人之相互關係〉，約千字，尚存。

十一月十一日，張喻成自宜蘭軍中來信，謂知我需錢買書、買衣，但無以為助。寄來十元郵票備用。

十一月十二日，劉增華自東海大學來信，告知東海大學的建築與在東海的生活狀況，彼現正半工半讀。

十一月二十日，徐炳憲自實中特師班來信，告知常聯絡的同學有張喻成、蕭廣燦、宋汝沛、潘元民，老師有李超、張友廉。凡未考上大學者，學校設特師班以容納之，一年畢業，分發國民學校教書。

十二月七日，張友廉自實中託人帶來五十元備用。

十二月十七日，草〈夢〉一篇，約千字，尚存。

1956 年（民國四十五年）

　　是年二十二歲，讀師大史地系一年級下、二年級上。一年級上的各科成績：三民主義 80，國文 87，英文 90.5，中國通史 82，教育學 77，史學通論 87，地學通論 91，氣候學 80，四書 93，國音 80，音樂 68，軍訓 76，體育 73，操行 79.5。此際參加人文學社，學術活動不多。

　　一月一日，草〈年末的煩惱〉一篇，約二百字，尚存。

　　一月二十日，草〈考試〉一篇，約五百字，分準備、入場、試卷、出場四大段。尚存。

　　二月一日，二十二歲生日。

　　二月八日，劉增華自東海大學來信，問我為何不接受母校邀約回員林過年？又謂我曾經送他一個簽名的枯葉，他到現在還保存。

　　二月十五日，時逢舊年，張喻成在軍中託人帶三十元給我。

　　二月十五日，李超師來信，謂有人說我應讀東海大學外交系，將來當外交官。師曰：玉法適合做學問，不適合當外交官。

　　二月，師大史地系四十四學年度第二學期的選課及學分：三民主義二，國文四，英文四，教育學二，史學通論

二，地學通論二，西洋
通史三，中國通史（與
上學期合併為三學分）
無，共十九學分，另
有四書、國音、體育、
音樂、軍訓，無學分。

師大史地系班友

　　三月十一日，李似玉自護專來信，謂這次回員林，
又獲山東同鄉為考上大學的同學捐款，每人可得六十元。

　　四月二十日，張友廉自實中託人帶來三十元備用。

　　五月二十日，張政炳自東海大學來信，報告劉增華回
員林母校過年的事。

　　七月二十二日，徐炳憲自實中來信，謂我託單士彥帶
一百元給他，讓他視情況周濟同學。

　　八月十一日，草〈家教〉一文，約五百字，尚存。

　　八月二十日，與孫英善去中部探望師友，第一站去員
林，訪李超、周宗達、周冠英、唐廷元、劉曉武等老師，
夜宿公園和火車站。次日，約十數同學餐敘，又去東山訪
友。英善因事北返，即至東海大學訪劉增華、張政炳，又

去農學院訪黃家駿，夜宿家駿處。又次日去臺糖小學訪吳永英，之後北返。

八月二十五日，草〈旅中〉，約兩千字，記八月二十、二十一、二十二日訪師友事。尚存。

九月三日，為聯考落榜事寫信慰問徐炳憲、宋汝沛、潘元民，並請代候戴少民、闕宗愷。

九月八日，徐炳憲來信，謂員林畢業後，與張成澤分發至南投北山國中教書。

九月十九日，中秋節，與孫英善騎單車至碧潭濱，對月而飲，十二時歸。

九月二十日，與孫超、趙彥賓、王衍豐去碧潭划船。

九月，升入師大史地系二年級。這學期選的課是：教育心理學三、哲學概論二、西洋現代史四、西洋近世史三、西洋名史選讀二、印度史三、地形學三、中國地理總論三、中國近代史三，共二十六學分。另有四書、體育、軍訓，無學分。中國近代史（郭廷以），上、下學期皆三學分，上學期 78 分，下學期 88 分。

九月，臺北大專院校實中校友聯誼會成立，考上兵工學院的同學未參加，說我們為秀才，他們是丘八。猶記大專聯考放榜時，落榜同學與考取的同學多日避不見面。

十月十四日，徐炳憲自北山國小來信，謂買手錶四百三十元，皮鞋一百二十九元。

十月三十日，今為救國團慶，參加學校代表隊，去總統府前表演劈刺。

十一月二十四日，寫信給徐炳憲，謝其寄來零用錢五十元，並謂為買必備參考書 *Europe in the Nineteenth and Twentieth Century*，需款七十二元，要求張友廉資助，友廉寄來七十元。

十二月二日，張喻成自金門來信，謂前線士氣高昂，時聞炮聲。

十二月十二日，寫信給徐炳憲，謂自己為無用之人，與人寫信，不是要錢，就是訴苦，請他不要顧慮我的冬衣，有餘力則資助徐天基。

十二月三十日晚，孫英善、單士彥來聊天，至十一時。時英善讀臺大，士彥讀兵工學院。

十二月三十一日，王克先胃部開刀住臺大醫院，去醫院陪他，至時有幾位護專的女同學，使我手足無措，她們走後，陪克先至晚十一時。

是年，聽林尹先生講演：「中國文學史：上古與清朝」。略謂：古文學最早者為黃帝以前伊耆氏（帝王）的〈蠟辭〉（見禮記‧郊特牲）：「土歸其宅，水歸其壑，昆蟲毋作，草木歸其宅。」此為帝王祭天地時所讀之辭。其後堯時有〈擊壤歌〉（日出而作，日入而息，帝力何有與我哉！）和〈康衢歌〉（立我蒸民，罔匪爾極，不識不知，順帝之則。）這些文學，初皆由口耳相傳，後人始記為文字。由此類古文學，可知中國古代帝王重視解決人民生活問題，即是講王道，與近代西方國家講霸道、以武力治人者不同。清朝的文學，清初受阮元注《易經》的影

響，謂「言之無文，行之不遠。」文章仿六朝，駢文發達。起而反對者有姚鼐之桐城派，避免駢偶、避免講格律，以唐宋八大家為圭臬；而承阮元之續者則講文采，稱為陽湖派。

1957 年（民國四十六年）

　　是年二十三歲，讀師大史地系二年級下及三年級上。
二年級上學業成績：教育學 82，西洋現代史 85，中國地
理總論 83，地形學 64.5，哲學概論 70，印度史 74，中國
近代史 78，西洋名史選讀 83，西洋近世史 80，四書 90，
軍訓 73。二年級下選課：普通教學法二，教育心理學三，
中國近世史三，西洋現代史四，中國區域地理三，地形學
三，哲學概論二，西洋近世史二，西洋名史選讀二，共
二十四學分。另有四書、體育、軍訓，無學分。此際承同
學李雲嶽介紹，助國防研究院鄭長海編戰史，引起對歷史
研究的興趣；約在此時，孫英善介紹我做家庭教師。自
是，脫離了窮學生生活。

　　一月一日，草〈新年祝詞〉，約二百字，尚存。

　　一月三日晚，與孫英善去國際學舍看「紅顏恨史」
電影。

　　一月六日，闞宗愷自臺中西安國小來信，約我與孫
英善、王宗義等去他那裡度寒假。

　　一月八日，函北山國小徐炳憲，索零用錢二、三十
元，旋寄來五十元。二月十五日函謝。

　　一月十二日，張喻成自金門來信，並寄來五十元備

用，謂如有急需，可將手錶賣掉，以後再為我買。

一月三十日，今為農曆除夕，與孫英善、趙彥賓、王宗義對飲。次日，拜年。其後數日，劉增華、鄭興家、徐煥麟、張志君來。

二月一日，二十三歲生日。

二月八日，徐炳憲來信，謂去埔里看電影，來回車資六元，電影票價二元五角。

二月十九日，徐炳憲來信，寄來五十元，囑買絨衣禦寒。

二月二十二日，函徐炳憲報告生活：上學期期考結束，在系辦公室寫了幾天鋼板；陰曆初九以後的十天，為大陸救災總會做社會調查，賺到二百元，車資、飯費、零用已花去百餘元；近又受託，助國防研究院編戰史。

二月，偶讀《如夢錄》，記明代汴京之盛頗詳，但至崇禎十五年九月黃河決口，洪水灌城，建築率多倒塌，人溺死者十之八、九。

三月五日，草〈社會的競爭〉，約八百字，尚存。

四月七日，函徐炳憲報告生活：春假與孫英善、趙彥賓去指南宮，青年節看了三場電影。四月十一日，函徐炳憲，謂拿到獎學金五百元（炳憲月薪四百元），買書花去百元，寄給徐天基百元，請全班同學吃糖百餘元，已購《大學升學指導》寄去。

四月十五日，張友廉自實中託人帶來五十元備用。

四月二十三日，張喻成自步校來信，述說寅吃卯糧

的情形，問夏天到了，缺襯衫否？

五月一日，國防研究院鄭長海來信，謂「鄭成功反攻京鎮之戰」甚好，盼續寫「唐開國戰史」，每千字30-40 元。

五月九日，函徐炳憲，告以助人編戰史，並提到近曾聽勞榦、王雲五講演。

五月三十日，函徐炳憲，報告劉自然事件：美國人在臺殺人無罪，群眾搗毀美國大使館、撕毀美國國旗、進攻警察局，結果政府宣佈戒嚴，警務處長、憲兵總司令撤職，外交部長公開向美國謝罪。

五月，在家鄉，妹妹出嫁。

六月三日，李雲嶽轉來鄭長海所付「鄭成功反攻京滬之戰」稿費三百元。

六月五日，師大校慶，上午軍訓大檢閱，之後在大禮堂開慶祝會，教育部長張其昀、教育廳長劉先雲先後上臺講演。下午，男女生互相參觀宿舍。

六月九日晚，看「巴士站」電影，為瑪莉蓮夢露賣大腿之戲。

七月二日，函徐炳憲，謂孫英善近為我找一家教，又謂寫「鄭成功反攻京鎮之戰」所賺的三百元已花完。

七月十六日，吳永英自臺中（暑假在臺糖小學打工）來信，謂陪陳培元遊八卦山，一片淒涼，又謂臺中電影便宜，但有的影院無冷氣。

七月二十一日，張喻成自步校來信，提到我已做家

教，學生家長並借給我一輛腳踏車。

八月十日，時我在南投北山國小徐炳憲處，吳永英
自臺中來信，謂我從他那裡走後，趙為正趕來，趙又追到
農學院，也未看到我。

八月十三日，函徐炳憲，謂去中部十天，見到李超、
周壽亭、張友廉等師，以在北山國小的五天最樂。

八月二十四日，吳永英來信，謂師大校長已易為杜元
載（1957.8-1966）。（原為劉真，1955-1957.8）

九月一日，吳永英自臺中來信，謝助其地形學過關。

九月二十三日，函徐炳憲，安慰其聯考落榜，並告以
鄭興家考上政戰學校。

九月二十八日，函徐炳憲，告知徐天基考上國防醫
學院。

九月三十日，美國黑人女低音歌唱家 Marian Anderson
在師大禮堂舉行演唱會。

九月，升入師大史地系三年級，這學期選課：國際組
織與國際現勢二，政治地理二，亞洲地誌四，西洋中古史
二，西洋近世史三，中國區域地理三，中國中古史二，亞
洲各國史三，現代大戰史三，共二十四學分。另有四書、
體育、軍訓，無學分。

十月六日，報載蘇俄已發射第一顆人造衛星。

十月十日，國慶日。晨七時許，與同學一行四人擠到
總統府前看閱兵，大典十點半才開始。空軍有軍刀機大
編隊，分三批，約百餘架。晚飯後參加提燈遊行。

十月十二日，鄭長海來信，謂「李靖平突厥之戰」和「唐平高麗之戰」均上呈，「李靖平土谷渾之戰」盼速寫，唐戰史寫完，再洽領三國戰史。

十月十四日，五個月來，助國防大學戰史研究組鄭長海編戰史，已寫三篇：鄭成功反攻京鎮之戰、李靖平突厥之戰、唐平高麗之戰。下面擬寫李靖平土谷渾之戰，先後拿到稿費五百元，全部稿費尚未結清。

十月十八日，上學期成績已經發下，總平均 82，操行 82，體育 71。

十月二十日，上午臺北實中大專同學聯誼會在臺大召開，到者近百人。老師到者有王志信、苑覺非、馬若萍、劉在琳等。被選入學術股。

十一月十三日，《大學生活》寄來稿費港幣五十元，合臺幣三百元。

十一月十五日，函徐炳憲，謂寢室八人有五人做家教，趙彥賓、王衍豐也做家教。

十一月二十一日，家教發餉三百五十元，擬為張喻成買一雙皮鞋，留一百元作加菜金，餘作朋友借用。

十一月二十七日，「李靖平土谷渾之戰」完稿。

十二月二十二日，孫英善為《大學雜誌》徵稿，給予三篇備用。

十二月二十三日，師大週會，蕭一山講「國民革命之史的分析」。

十二月二十四日，函徐炳憲，謂近來買了兩部書：

一為 *Webster's New World Dictionary*（新書），一為殘缺不全
的資治通鑑（李敖的舊書），計畫再買一部辭源。

是年，在家鄉，大哥與孔氏結婚（再婚）。

1958 年（民國四十七年）

　　是年二十四歲，美國發射人造衛星，較蘇俄為遲。讀師大史地系三年級下、四年級上，續於課餘為人編戰史、做家教。聽胡適、林語堂等講演，參加文史年會，第一次投票選舉臺北市議員。

　　一月九日，「蘇定方平定西突厥之戰」完稿。

　　一月十三日，救國團辦青年年會，我報名參加文史年會。本班有三個男生名額，報名者二十餘人，票選結果，以第一名入選。

　　一月十九日，今臺北市市議員選舉，第一次使用投票權，投黨外，以執政黨不可無監督。

　　一月二十二日，張喻成來信，謂晉升中尉，用度仍感支絀。

　　一月二十八日，下午二時，救國團總團部約談文史年會會員，告以係師大史地系選出。

　　二月一日，二十四歲生日。

　　二月二日，美國人造衛星發射成功，比蘇俄晚了一步。

　　二月五日，今日開始文史年會活動，乘遊覽車經臺中報到，即至日月潭。男生住龍湖閣，女生住涵碧樓。一週活動，在日月潭五天，除了花兩個小時遊潭和兩個晚會

外，主要是聽學術講演。講演者有毛子水、程發軔、王德昭、蕭一山、錢穆、孔德成、吳相湘、李濟、方豪、沈剛伯、勞榦、蘇雪林、蔣復璁、高明、臺靜農、莊尚嚴。其間，蔣經國來與與會者會餐並講話。之後，乘遊覽車離日月潭北遊，沿途參觀霧峰的故宮博物院與中央博物院，次日在竹南參觀人造纖維公司，十二日在臺北參觀中央圖書館、中央研究院近代史研究所。

二月九日，張喻成自軍中來信，謂前寄百元要我替他買鞋，收到的除了鞋以外，尚有棉毛衣、短褲、腳氣用藥。

二月十七日，除夕夜，約孫英善、劉增華、趙彥賓、王宗義共飲。

二月二十四日，助人編戰史，前此已得稿費八百元。「唐對外戰史」已完成二、三、四、五章，尚缺六、七章及第一章概說，預計六月間完成。

三月三日，這幾年讀課外書，以錢穆、梁啟超、胡適者為多，亦曾讀《傅孟真文存》等。

三月四日，函徐炳憲，告以與孫英善學划船及當家教、編戰史等事。

三月三十日，「高仙芝進軍小勃律與討石國之戰」完稿。

三月，史地系三年級下選課：南大陸地誌二，歐洲歷史地理二，西洋中古史三，西洋近世史三，中國區域地理三，中國中古史二，西洋上古史二，共十七學分。另有

四書、體育、軍訓，無學分。

四月十三日，從 1949 年到現在，不知有多少人要介紹我入國民黨，皆婉拒之。昔在澎湖時，見黨員開會常吵架，而王老師介紹的黨員與李老師介紹的黨員也分成兩派，從此對結黨結派發生反感。

四月二十七日，草〈縱貫線的友情〉，約兩千字，尚存。

四月，史地系三年級上學期成績：國際組織與國際現勢 88，政治地理 80，亞洲地誌 80，西洋中古史 76，西洋近世史 96，中國區域地理 78，中國中古史 73，亞洲各國史 91，四書 87，軍訓 80.3，體育 92，操行 77.5。

五月十八日，「郭子儀禦回紇及吐蕃之戰」完稿。

五月二十六日，函徐炳憲，告以數事：1. 在班裡任學藝股長兩年，六月五日校慶要辦壁報。2. 實中大專同學聯誼會成立一年多，最近歡迎畢業同學，每人會費十元。3. 近騎腳踏車與另一腳踏車相撞，受輕傷。

六月十二日，下午在學校會議室聽胡適講「中國文學的歷史道路」。

六月十六日，下午二時半至峨眉街五十二號救國團總團部參加發起組織中國青年學術研究會。

七月九日，函徐炳憲，告以學生聯考結束，家教卸職（七月二十九日，聯考放榜，學生考到建中分部），擬參加臺大舉辦的美國研究會，分地理、歷史、經濟、工業四組，我參加歷史組。二十一日開學，為期四週。

七月十九日，鄭長海函李雲嶽轉告：唐戰史稿費尚未核下，先借五百元，下面寫光武中興戰史。

七月二十六日，「大戰隨軍記」發表於《中央日報》副刊，這是第一次向中副投稿，寫哥哥陪弟弟考試的故事。

八月二十三日，吳永英自師大來信，知我已安抵北山國小徐炳憲處，謂張建國每天向外跑，陳培元亦經常不在，寢室冷清許多。

九月一日，吳永英自師大宿舍來信（北山國小），王益厓師與沙學浚主任鬧翻，下學期不教了。

九月七日，函徐炳憲，告以再度任家教，並寄去皮鞋一雙、內衣一套，「洋襪」動輒五、六十元，擬託同學在香港買。

九月十一日，函徐炳憲，告以前此三週之旅：離北山後，八月二十一日抵臺南，次日與潘元民去佳里找張喻成，即與潘元民北上，夜宿林內王宏卿處。九月二日抵員林，住王克曾處。在員林只訪李超師及張友廉。四日赴臺中，在測量學校、東海大學等處會同學。十日北返。

九月二十一日，「昆陽之戰」交稿。

九月二十八日，函徐炳憲，告以中秋節在碧潭與孫英善划船落水之事。

九月二十九日，決定畢業後報考臺大歷史研究所和政大新聞研究所。

九月，升入師大史地系四年級，選課：分科教材教法

（史）一，分科教材教法（地）一，歐洲地理誌四，帝俄侵略中國史二，中國中古史二，中國上古史三，西洋上古史二，教學實習三，明清史三，宋史二，體育一，共二十四學分。明清史（郭廷以）只上學期開，三學分，82 分。

十月十九日，上午九時至臺北中山北路鄒容堂，參加中國青年學術研究會第一屆會員大會。

十月二十一日，王曾才來信，告知報考臺大歷史研究所有關事務。

十月二十六日，「邯鄲之戰」完稿。

十月二十七日，在師大大禮堂聽林語堂講「老子莊子考證方法的錯誤」。

十月，師大史地系三年級下成績：南大陸地誌 85，歐洲歷史地理 90，西洋中古史 78，西洋近世史 86，中國區域地理 77，中國中古史 81，另一中國中古史 93.5，西洋上古史 92，四書 92，軍訓 62。

十一月八日，鄭長海函李雲嶽轉告，「光武中興之戰」及「昆陽之戰」稿已收。

十一月二十四日，函徐炳憲，提到與孫英善、張志君一起看「戰國佳人」，三張黃牛票四十五元。

十一月，在故鄉，祖母孫氏病逝，享年九十六歲。

十二月十二日，《大學生活》第二次助學金徵文揭曉，共錄取五十名。「論詩的翻譯」獲第八名，實中同學參加者，王國璋第九名，王德毅十四名，王曾才十五名，

王尚義二十九名。

　　十二月十六日，「平銅馬諸戰」完稿。

　　十二月十九日，「平赤眉之戰」完稿。

　　十二月二十五日，第一次作教學試教，在班上講「唐代的兵制」。師謂：「講得太快，應改正。」

1959 年（民國四十八年）

是年二十五歲，師大畢業，史地系四年下課業完成，分發到基隆中學教書，報考臺大歷史研究所失敗。

一月六日，「平赤眉之戰」完稿。

一月十五日，函徐炳憲，告以自去年有家教，月入三百元，伙食加菜一百元，小吃、看電影一百元，餘多用以買書。

一月三十一日，鄭長海函李雲嶽轉告，「平赤眉之戰」稿已收，暫借稿費三百元。

二月一日，二十五歲生日。

二月四日，上午啟程去南投北山國小徐炳憲處，下午六時到。至十八日離北山，途經東海大學訪劉增華、張政炳，二十日回臺北。

二月二十六日，畢業體檢：高 167.5 公分，重 63.5 公斤，紅綠色弱，血壓 136／100，餘正常。

三月六日，鄭長海函李雲嶽轉告，「光武中興之戰」稿希能於四月底前完成。

三月七日，畢業旅行籌備會，吳永英被選為會長，我被選為書記（平日為學藝股長）。

三月十二日，李超師來信，勸我畢業後，「要從讀書

這條路找前途」。

三月十七日,獲中國青年學術研究會會員證,又辦國立中央圖書館借書證。

四月二日,林治鵬借來一部打字機,好奇地試打一篇三百字英文作文,花半小時。

四月七日,辭去永和徐家的家教,手邊有餘款五百元,但畢業旅行、編印同學錄、辦謝師宴,在在需款,張建國將建國南路的家教轉給我,學生擬考北一女,只好應之。

四月二十一日,函徐炳憲,就要畢業,留學無錢,教中學無興趣,想去中央研究院當助理也沒有門路。現正在附中實習,已上了兩節課。

五月五日,「平公孫述之戰」完稿。

五月十九日,孫英善又介紹一家教,在永和,現有兩個家教。

五月,史地系四年級上成績:分科教材教法(史)80,分科教材教法(地)77,教學實習80,歐洲地理誌90,俄國侵略中國史75,中國中古史95,中國上古史88,西洋上古史90,明清史82,宋史82,體育81.5。

六月十二日,楊展雲校長來函,希望畢業後至員林實中任教。

六月二十日,師大畢業考試結束,去何校任教尚未決定。師大四年,共修167學分,其中歷史78學分,修郭廷以老師的課共9學分。

七月二日，師大史地系畢業（正式畢業尚需教學實習一年），分發在臺北市。

七月五日，為考臺大歷史研究所，寫「唐藩鎮論」三萬字，請趙鐵寒師過目，頗稱許。

七月十四日、十五日，參加政大新聞研究所考試。七月二十七日查得分數：國文 44，英文 35，三民主義 71，新聞學 82，編輯採訪學 70，共 302 分，落榜。共八十六人報考，錄取十七名。

八月四日、五日，參加臺大歷史研究所考試，六日口試，四位考官：沈剛伯、劉崇鋐、姚從吾、李宗桐。失敗。後來查得分數：國文 70，英文 58，中國史（一）58，中國史（二）64，西洋史 44，共 299 分，平均 59 分。

八月八日，家教學生姚永德考上師大附中。

八月二十五日，持系主任沙學浚介紹函去基隆中學見王宗樂校長（安徽人），初尚猶疑，一說是山東人，馬上批：「照聘」，教歷史、地理。

八月二十九日，李超師來信，謂雖決定去基中，仍應告知臺北市教育局，以免該局續安插教職。

九月十日，住進基隆中學單身宿舍，與劉克紹同房間。

九月十一日，教育廳來函，同意分發至基隆中學實習。

十月一日，宋東甫校長自臺東來信，謂我分發到基隆、戴公威分發到臺東，均不滿意，皆因血氣方剛，戒之。又問及嶧縣中學考上大學者有那些人。

十月三日，九、十兩月薪水發下，連九月份導師費，

任教於基隆中學，帶學生旅遊

共 1,168 元，支配如下：還趙彥賓賬 300 元，給徐天基 100 元、孫英善 200 元，送趙為正婚禮 100 元，去臺中參加趙為正婚禮路費 200 元，十月份伙食費 150 元（此為菜金，另有配給米、油、鹽），共 1,050 元。

　　十月十四日，吳永英自臺北師範來信，謂教國文，兼導師，忙碌無比。又謂住處擁擠，五個人一個寢室，像沙丁魚。又謂紅帖太多，伙食費二百元，所剩無幾。

　　十月十六日，基隆中學實習教員本薪核下，180 元。

　　十月十七日，基隆中學聘為高一庚導師。

　　十一月二日，上午九時，臺北員林實中校友聯誼會假師大大禮堂舉行年會，歡迎新考上大學的同學。

　　十一月十七日，吳永英來信，要我為《師大史地系四八級同學錄》寫序。

　　十一月三十日，師大上學期成績公布：分科教才教法（史）82，分科教學教法（地）81，北美地理誌 94，中國上古史 93，教學實習 85，亞洲各國史 93，體育 80。

　　十二月三日，師大畢業前一學期，系辦公室統計分數，地理組張錦同 594.85 分，楊芸芸 590.78 分，佟秉正 583.39 分，黃家富 583.38 分，陳培元 580.19 分，林寶佃 580.11 分；歷史組張玉法 583.87 分，林燕珠 580.09 分。

　　十二月十日，中國青年學術研究會寄來通知，票選理監事。

　　十二月十二日，師大史地系四十八級同學吳永英、張建國等在羅斯福路四川餐廳為寮國僑生許靖餞行。

　　十二月十六日，《大學生活》來信，謂第二屆徵文比賽入選贈戶，已屆滿一年，不再續贈。

1960 年（民國四十九年）

是年二十六歲，在基隆中學教學實習一年期滿，正式於師大畢業。在竹子坑參加暑期集訓三個月，受步兵基本訓練，又至鳳山步校受專科訓練兩個月，至是年底分發至第一軍團五十一師一五二團第七連，當砲排排長，開始為期不足一年的軍中生活。

一月二十六日，張喻成約張志君自軍中來八堵陪我過年。

一月二十七日，張建國約於今日下午二時在師大宿舍807室集合，赴老師家拜年。

二月一日，二十六歲生日。

二月十日，基隆中學聘為高一乙班導師。

三月十三日，李超師來信，再叮囑不可從政，安心讀書。

四月九日，寄給張明遠（友生）一百元。

四月，基隆中學聘為四十八年度運動大會籌備委員。

五月十六日，安志遠自建中來信，謂心中沉悶，約至臺北一遊。

六月一日，吳永英、張建國、鄒承頤、佟秉正發起，於六月五日師大第十四屆校慶之日中午，在國語中心

餐會。

六月十六日，戴公威自臺東新港初中來信，謂張喻成調防綠島，行前曾在新港一晤。

六月，在基隆中學教學實習一年期滿，正式於師大畢業。

七月三日，接到通知，七月八日參加民國四十九年（第九期）大專學生暑期集訓。

七月八日，乘火車至臺中車站，乘大卡車到竹子坑第四訓練中心，參加大專學生集訓，來送行者有徐炳憲、趙為正、葉明、楊芸芸、李湘濤、謝懋昌、張庭鐸等。至九月二十七日結訓。

八月二十二日，致函劉克紹，報告在竹子坑受訓情形，並謂抽籤結果，將去步校受分科教育。

九月一日，下午三時半，與李超師會於臺中火車站。

十月十五日，致函劉克紹，南來受訓，衣物皆置蔣教官處，惟有二皮箱，希代為保管。

十月十六日，乘早上四點二十分臺北火車至高雄轉鳳山，至步校受分科軍事訓練兩個月，至十二月十三日結束。受訓時，與葉炳然編在一班，互相照顧。之後分發至五十一師一五二團七連砲排做排長，到淡水三芝鄉北新莊營區報到。

十月二十一日，時尚在步校，這一週的訓練課程是M1 步槍訓練。至十一月，開始訓練卡柄槍、勃郎寧自動步槍，繼為 30、50 輕重機槍之類。

　　十二月九日，暑期集訓三個月，仍可領基隆中學薪水，請劉克紹代領，克紹今寄來二百元備用。

　　十二月十三日，步校受訓結業，次日回基隆中學休息。十二月十九日返回步校，次日分發至第一軍團五十一師，即至關渡師部報到。二十一日被派到直屬團部（一五二團）第三營第七連，任砲排排長，駐北新莊。

　　十二月二十一日，連長接見，受任為 60 砲排排長，我從來未受過 60 砲訓練。

1961 年（民國五十年）

是年二十七歲，部隊自淡水進苗栗基地，考上政大新聞研究所。十月退伍，一面在基隆中學教書，一面讀新聞研究所。

一月二日，李超師來信，欲為介紹女友，自感一身如寄、四海為家，婉拒之。

一月六日，趙彥賓自六張犁來信（臺北三芝），彼亦官拜排長。

一月十六日，部隊下布達式，官拜少尉排長，但部隊的名額只有編制的百分之六十，一連不過七、八十人，砲排只有十人，連砲手都沒有。軍隊住在帳蓬裡，天常下雨，真難熬。

二月一日，二十七歲生日。

三月一日，部隊行軍比賽，自駐地淡水走到林口苦苓林，每人背負約四十磅的裝備，日夜兼行山路五十八公里，行至中途，腳上已磨了四個泡。連長同情我，即命令我去押餐車，當時連長的腳底板也血肉模糊。到了終點，連長睡了三天，而我休息一天即可走路。

四月四日，部隊離開北新莊，進入苗栗大坪頂，準備作基地訓練。四月二十二日至五月四日，部隊去龍港從事

渡河演習，連長讓我乘舟押運連部用品。一般官兵，皆需泳渡，將美式軍毯用雨衣裹起，掛在肩上，作為救生圈。

五月八日，基地訓練正式開始，從班教練到排教練，再到連、營、團、師教練，預計九月結束，十月退伍。

四月十日，劉克紹自基隆中學來信（大坪頂），勉以：努力我當努力的，其他交給上帝。又謂：如需用錢，不必客氣，幾百元不成問題。

六月十二日，劉克紹自基隆來信，謂蔣教官已調基隆商職，存於蔣教官處的書籍雜誌已交給他保管，勿念。

六月二十日，全團 60 砲排比賽第一，記功一次。

七月十五日，劉克紹自基隆中學來信，謂代我保管的兩皮箱衣物已代我曬了兩次，勿念。

七月二十日，實中莊仲舒老師來信，謂退伍後希到員林母校教書。

七月二十三日，孫英善自溫州街臺大第一宿舍來信（大坪頂），謂自高一後即受我影響，自己以前急功，想做龜兔賽跑的兔子，以後應學駱駝，任重致遠。

七月二十三日，徐炳憲寄來政大各研究所招生簡章，時炳憲在新店郵局，我在苗栗大坪頂。

七月三十日，基隆中學學生陳志淵來信（大坪頂），告知總平均 85，仍不滿意。

七月三十日，張建國自北投初中來信，盼明年同去考臺大歷史研究所。

八月三日，時軍中服役即將結束，李超師自實中來信

（大坪頂），謂員林老師中有擬聘趙彥賓教英文、張玉法教歷史者，囑暫勿應。

八月七日、八日，參加政大新聞研究所考試，十七日發榜錄取。時部隊在大坪頂基地訓練，請假去臺北參加政大新聞研究所考試時，連長說：「進基地期間不准請假，假條我不能批，你自己去吧，有責任我們兩人負責。」我連夜下山，趕苗栗火車站晨四時多的火車，參加當日的考試。放榜時，指導員在《中央日報》上看到我的名字，拿著報紙在連部與連長、行政官等開玩笑：「我們連將來要出大人物了！」我說：「是呀！連長、指導員將來都會當大官！」

八月十四日，李超師再來信，不贊同我回員林母校任教，並代我草辭退函。

八月三十一日，師對抗開始，部隊離開苗栗大坪頂，全身武裝行軍，向前攻擊，次日抵頭份，九月五日至竹南。次日搭火車至樹林，步行兩小時至貴仔坑，搭鋁棚居住，作為泰山飛彈營的警衛隊。

九月十五日，苑覺非師代我查考政大新聞研究所分數：國文 64 分，英文 60 分，三民主義 81 分，新聞學概論 86.5 分，編輯採訪學 75 分，新聞事業史 69 分，共435.5 分。

九月十九日，接到政大新聞研究所註冊通知，在十月二日。

九月二十日，副連長前些日演習時受傷住院，全連

幹部開車去臺北看副連長。

九月二十日，吳永英自臺北師範來信（貴仔坑），告知安志遠頭部被學生棒擊住院，尚在昏迷中，兇手之父母日夜輪班照顧。

九月二十日，徐炳憲自臺北郵局來信，謂前天在政大公告欄看到我考上新聞研究所，並為榜首。十月十日又來信，謂如上研究所，可代我繳伙食費。

九月，*Look* 雜誌深感自 1956 年以來，美國的飛彈技術一直落後俄國，呼籲美國急起直追。

十月二日，在政大新聞研究所註冊，選課四：比較新聞學、美國新聞學、社論寫作、中國憲法研究。

十月五日，退伍前將軍中的事料理妥當。砲排單獨住在一個山坡上，需要修道路、挖防空坑、搭哨棚等。

十月十四日，今日退伍。上午交卸，連裡贈一枱燈作為紀念，幾位排長、行政官、幾位班長送我至十八分車站，回至八堵基隆中學單身宿舍。

十月十六日，上午見校長、各主任、各老師，安排課程。下午去政大，了解排課情形、安排宿舍。

十月二十三日，這學期因要在政大上課，在基隆中學只上課，不兼導師，下課就走，並可不參加升降旗、週會，而與導師有關的會皆可免。

十月二十五日，下午師大史地系四十八級同學在羅斯福路鮑華家聚會，歡迎北部同學服役期滿者。

十月三十一日，李超師來信，建議寫「軍中一年」，

傳之子孫。

　　十一月十三日，張喻成自臺東知本來信，謂已調升副連長（上尉），軍中事忙，雖少連絡，在臺兄弟之情，無人能比。

　　十一月十九日，耗資一千六百元訂做一套西裝，穿來如「人性枷鎖」。

　　十一月二十日，教育廳核定為基隆中學教員，本薪二百元。

　　十一月二十六日，晚葉炳然於家中設宴，賀考上新聞研究所。

　　十二月，教育廳頒發臺灣省高級中學歷史、地理科教師證書。基隆中學薪水：統一薪俸 310 元，職務加給 240 元，生活補助費 240 元，共 790 元，扣保險費 18.4 元，喪亡互助金 3 元，捐一月所得 10.5 元，共 31.9 元，尚餘 758.10 元。

1962 年（民國五十一年）

是年二十八歲，續在基隆中學教書，兼讀政大新聞研究所，資助張喻成、徐天基、孫英善。是年胡適卒，發生在臺美國軍事顧問團長行李失竊事件。

二月一日，二十八歲生日。

二月二十四日，胡適於第五屆院士會議的酒會中昏倒，七點十分過世。

三月三十一日，張喻成自軍中來信，需款二百元。

四月十日，張喻成自軍中來信，謂正作反攻大陸訓練。

四月二十五日，徐天基來信，謂患了視網膜炎，需款買藥，暫寄二百元。手邊本有六百元，原擬裝收音機，作罷，因夏季服裝要添置，而近來同學結婚者多，送禮是一大開支。

六月二十二日，徐天基自中原理工學院來信，需款一百五十元。

七月十六日，基隆區高中聯考，今集中閱卷。

七月二十七日，基隆中學發下聘書，是地理科，前年是史地科。

七月二十七日，訂做一條褲子，二百六十元，今

穿上。

七月三十日，霍亂蔓延中，從嘉義到全省，各地熱著打防疫針。

八月五日，星期天。暇中無事，讀《中國社會史》、《女兵自傳》、《文學概論》，聽「林革風（Linguaphone）」，練習英語聽力。

八月十一日，去政大圖書館書庫翻閱兩部巨著：一為《古今圖書集成》，一為《四庫備要》，並瀏覽《天工開物》。

八月十三日，這兩天，蘇俄發射兩個火箭，載太空人升空，太空人並能利用無線電線與與地面聯絡。太空競賽，蘇俄領先美國，第一個太空人由蘇俄發射升空，第二個由美國發射，現為第三、四個。

八月十五日，政大研究生每月有研究費四百元，決定零存整付，三年可得萬餘元。

九月，退伍後在基隆中學任教第二年開始，政大新聞研究所第二年開始。

九月二十一日，徐天基來，謂因患視神經炎，被國防醫學院勒令退學，考取了中原理工學院化學系插班生。拿了一張二千八百元的繳費單，要我想辦法，令人作難。至二十五日，與潘元君各籌得五百元給天基。

九月二十四日，為應付政大六節課、慈航中學兩節課，基隆中學排課時間的調動今告一段落。

九月二十六日，政大新聞研究所開課，選課三門：

新聞法、編採研究、大眾傳播學。

九月三十日,孫英善結婚後,除生活、養孩子以外,尚要月付房租六百元,捉襟見肘,今給他六百五十元。

十月九日,美國軍事顧問團團長行李失竊,《大華晚報》報導此事,總編輯、記者及提供消息的警察,皆被關一至三個月。

十月十八日,上午無課,在斗室內聽收音機,讀《自由談》、《新思潮》、《文星》等雜誌。

十一月二十四日,時政大新聞研究所的論文擬寫「先秦時代的傳播活動及其對文化與政治的影響」,與趙鐵寒師討論,鐵寒師來信,謂目錄學是做學問的門徑,而辨偽書又為治古史的第一關。

十二月五日,曾虛白主任約談論文事,認為「先秦時代的傳播活動」題目太大,囑找歷史教授談談再說。

十二月八日,李超師自員林來臺北,遵囑為他訂白宮旅館,與孫英善、陶英惠、王德毅等去車站接他。

十二月十二日,晚與政大新聞研究所七位同學去中國郵報社長余夢燕老師家吃飯,參觀編輯部、採訪部、排字房、電傳打字等。

十二月二十六日,為余夢燕師的編輯採訪學一課準備學期報告,採訪了一篇「從計程車的勃興看三輪車的未來」。

是年,繳綜合所得稅 48.7 元。

1963 年（民國五十二年）

是年二十九歲，仍在基隆中學教書、在慈航中學兼課，讀政大新聞研究所第三年。參加留學考試落榜，參加高考新聞行政人員考試錄取。

一月五日，英文中國郵報社發實習記者證一張。

一月十九日，舊年即屆，李超師要來臺北過年，住教育會，要我陪他；孫英善已約我去他家過年；趙彥賓教育召集將結束，也要我與他一起過年。屆時，與超師在英善家吃年夜飯，夜陪超師住旅館。昨日沒有找到彥賓，今天彥賓來基中找我亦未遇。

二月一日，二十九歲生日。

二月二十四日，中午嶧縣中學校友於臺北博愛路大利餐廳舉行春節聯歡會。

三月四日，徐天基自中原理工學院來信，謂學費尚差二百八十元，我欠趙彥賓三百五十元尚未還，暫寄給天基二百元。

五月六日，政大新聞研究所同學為曾虛白師舉辦六十九歲生日宴。

五月十日，新聞研究所碩士學位學科考，前兩小時考「民意測驗」，同考者有陳梁、高進興；後兩小時考

「大眾傳播學」。

　　五月三十一日，北投鎮鄰里長會議決定，要鎮長披麻戴孝去求雨，鎮長為基督徒，不願接受，鄰里長以罷免相要脅，乃屈就。

　　六月，顏允臣自雲林來信，謂婚姻聘金六千元，需同學幫忙，與徐炳憲合寄三百元。

　　六月三十日，去臺大法學院參加留學考，自上午八時至下午五時四十分，共考四節：國文、英文、教育原理、史地三民主義。次日上午考教育心理。之後，去建中安志遠處、師大趙彥賓處、北師吳永英處、華陰街孫英善處一敘。

　　八月十五日，留學考落榜，各科成績如下：國文67，英文37，教育原理76，史地三民主義83，教育心理學60，總分326，專門科目兩科136，皆超過標準，惟英文標準差三分。

　　八月二十九至三十一日，參加高等考試新聞行政人員考試。十二月二日放榜，次日考選部通知繳費十元，俾寄發證書。獲優等第一名。

　　八月三十一日，基隆中學聘為高一庚導師。

　　九月，政大新聞研究所第三年，仍在基隆中學教書。

　　十月十二日，教育廳核定民國五十年度基隆中學成績考核二等，晉一級支薪。

　　十一月十日，下午與王衍豐、趙彥賓、王克先逛臺北市，經臺北郵局門口，突然一水平垂落下，擊中王克先

頭部，血流如注，即與彥賓送克先去臺北醫院，留衍豐追究責任。經此事件，彥賓在醫院認識黃月鑾，結婚。克先嫂事後為我和陶英惠各介紹一女友，結婚。英惠戲稱：「千里因緣一線牽。」（水平垂原繫一長線）

十二月三日，寄給徐天基一百五十元，助其在中原理工學院讀書之生活費也。

十二月二十日，民國五十二年高等考試新聞行政人員及格證書寄來，成績如下：新聞編輯 91，中外報業史 74，中外地理 81，新聞學及新聞法規 70，國際組織與國際現勢 87，英文 61，國父遺教 69，本國憲法 70，國文 73。李超師、孫英善、張煥卿、趙彥賓等皆函賀。

是年，繳綜合所得稅三十元。

是年，孫英善介紹我入中華民國聯合國同志會，便於為朋友選舉理監事，保有會員證，號碼 309 號。

1964 年（民國五十三年）

　　是年三十歲，通過政大新聞研究所論文口試，自基隆中學轉中央研究院近代史研究所工作，初識李中文。

　　一月三日，張喻成來信，謂開車撞傷人，索賠萬餘元，要我想辦法；孫英善要出國留學，到處籌錢。均不知如何助之。

　　二月一日，三十歲生日。

　　二月六日，與陶英惠去嘉義王克先處過舊年。十日，克先嫂約中文來家吃水餃，初見中文。十日，趙彥賓來。十一日，上午十時二十三分，與彥賓乘小火車去阿里山，中途被警察查獲，未辦入山手續，以非法入山為由，共罰款十八元（不知要辦入山手續，登車亦未檢查）。之後，警察未再管我們，乃繼續入山（歸後，臺北市警察局又罰款三十元，經申訴失敗，謂我們被查獲後逃跑。實則，警察查獲時，火車尚在開行，我們如何逃跑？）。十五日，自嘉義至員林訪李超師，在劉元亮師家吃晚餐。

　　二月二十日，基隆中學續聘為高一庚導師。

　　二月二十二日，教育廳通知基隆中學，我的敘薪為275 元。

　　三月，基隆中學薪俸：統一薪俸 330 元，職務加給

310 元，生活補助費 240 元，共 880 元；扣配給食物代金（配給的米、油、鹽需折款扣還）92 元，保險費 19.6 元，喪葬互助 6.09 元，福利互助 6.60 元；尚餘 755.8 元。

四月三日，注射霍亂防疫針。

四月八日，莊金福（原基中同事）自師大教育系來信，希找基中高三同學填調查表五十份，係幫教育系主任方炎明作調查研究之用。四月十八日來信，謂收到資料，並謂已獲留美獎學金二千元。

四月十日，張建國來信索照片，謂要為我介紹女朋友。嗣知我在嘉義有對象，作罷。

四月十三日，黎劍瑩自政大來信，談為我的論文打字事。

四月十五日，孫英善自關務署來信，謂即將乘輪船赴美留學。四月二十九日又來信，謂四月三十日在基隆上船，要我屆時於上午九、十點在三號碼頭話別。送行者有李敖等。

四月十七日，徐天基自中壢中原理工學院來信，謂需生活費一百五十元。

五月十九日，孫英善自舊金山來信，謂經十三天快航，經琉球、橫濱到西雅圖，乘灰狗到舊金山，擬在加州大學註冊、找一工作。

六月五日，張建國自北投初中來信，謂擬報考臺大歷史研究所。七月七日又來信，謂考臺大失敗，擬再考文化大學史學研究所。

六月，參加政大碩士論文口試，論文名稱「先秦時代的傳播活動及其對文化與政治的影響」，口試委員除指導教授趙鐵寒以外，有政大教授王洪鈞、中研院史語所研究員陳槃、考試院考試委員張儐生。通過。

六月十七日，孫英善自舊金山來信，謂在距舊金山三個小時的車程內的一個村莊打工，做清掃、洗刷一類的工作。又謂我在政大新聞研究所的論文已通過，高考亦已及格，換工作無問題。

六月二十二日，時為找工作忙，想留在政大、想回師大母校均無機會，乃持碩士論文見國史館長羅家倫、中研院近史所長郭廷以師，均謂聽候通知。

六月二十八日，陶英惠自國史館來信，謂擬於下月初至近史所任臨時人員，聞我將去嘉義，願約時同往。

六月二十八日，黎劍瑩自政大來信，謂朱老師囑我於下週二下午十時去中山北路非洲及拉丁美洲資料中心找徐佳士老師，談找事的事。

六月二十九日，陳三井自近史所來函，謂郭師歡迎我至近史所工作，盼抽空至近史所一談。

七月一日，亓冰峰自政大來信（時我仍在基中），謂正謀留校，問我是去國史館？還是去非洲及拉丁美洲資料中心？

七月二日，「先秦時代的傳播活動」論文考完後，曾分別致書陳槃、張儐生再請指教，二位先生今分別來函。陳師謂：論文既經趙先生看過，他不必再看。張師謂：春

秋戰國戰爭多，各國軍隊到處奔戰，有利文化傳播。又戰爭俘虜與移民，亦促使文化傳播。

七月二日，受約至近史所見郭所長，遇陶英惠，亦受約來見郭所長。稍談，郭謂候通知，即與英惠去嘉義訪友，不意近史所通知明日就上班，當夜趕回臺北。三日與英惠同到近史所上班，英惠參加中俄檔案之整理，我參加口述歷史工作，我為臨時助理研究員，拿福特基金酬，每月一千六百元，英惠為臨時助理員。與英惠共同借住單身宿舍。

七月六日，趙鐵寒師自大陸雜誌社來信，謂找工作國史館和近史所均有機會，以近史所為佳。回函告知，已入近史所工作。

七月六日，黃寶琪擬考師大國文研究所，要寫英文作文一篇，題目「我為什麼喜歡中國文學」。

七月十日，時近史所同仁皆研究十九世紀中國，特別是洋務運動，郭所長為鼓勵同仁研究二十世紀，今天開始在近史所講民國史。從清民交替之際的袁世凱講起，其後陸續講北洋派勢力的擴張、北洋派分裂、國民黨北伐。郭所長亦常請國內外學者來講民國史。為鼓勵同仁研究，近史所同仁排定先後，每週有一位同仁報告研究成果。

七月十四日，國史館長羅家倫發函至基隆中學，約我於十四日下午四時面談，時已至近史所上班，仍前往說明一切。

七月十七日，徐天基自中原理工學院來信，謂已找到

家教工作，要我寄給他二百元繳房租。

七月二十八日，孫英善自舊金山來信，謂我交了女友，又進入近史所工作，今年是幸運年。他打工，不休假，每月可賺四百元，擬存點錢，再找學校註冊。

七月二十九日，李超師來信，謂宜讓中文來臺北工作。

七月三十一日，亓冰峰自聯合報來信，謂聯合報實習尚未期滿，近史所如有工作機會，代為留意。

八月二日，王克先來信，謂下學年自嘉義中學轉到嘉義師範教書。

八月三日，基隆中學畢業生吳源盛來信，謂此次聯考考乙組，凱旋而歸，地理考得不錯，歷史較差。

八月十五日，史靜波在近史所講「論嚴復與西方」。

八月十九日，張建國來信，謂下學年自北投初中轉臺北女師專教書。

八月二十四日，張芝潤自基隆中學來信，謂離職手續正為我辦理中。

八月二十八日，黎劍瑩自政大來信，謂曾虛白老師主編的《中國新聞史》，分配給我的一章是從北伐起到抗戰初期的報業。

九月二日，孫英善自洛杉磯來信，彼已自舊金山轉到洛杉磯，仍以先找事為主。

九月十八日，徐天基來信，謂暑假當家教賺了二千五百元，可用以繳學費，日後盼每月資助一百五十元作為

生活費，度過最後一年。

十月一日，黃嘉謨在近史所講「中國電線的創建」。

十月二日，劉克紹自馬尼拉來信（自基隆中學轉至船上工作），謂馬尼拉華僑甚多，但治安很差。

十月八日，劉鳳翰在近史所講「戊戌政變前後畿輔兵力的分布」。

十月十一日，省立臺北女子師範專科學校聘為夜間部兼任講師。

十月十五日，林明德在近史所講「近代中國對日本文化的影響」。

十月二十一日，艾文博在近史所講「引得做法」。

十一月五日，李念萱在近史所講「評介 Erich Fromm, "Escape from Freedom"」。

十一月六日，孫英善自洛杉磯來信，謂現在超市工作，王曾才在倫敦讀了兩年，回臺大做副教授。

十一月七日，新任總務主任趙保軒不准臨時人員借住單身宿舍，郭所長在研究院附近為我們租房而居。

十一月十一日，劉增華自加拿大來信，為我介紹幾個加拿大大學名校，並告知申請辦法。

十二月三日，王萍在近史所講「康熙帝與傳教士」。

十二月七日，王衍豐自美國來信，擬花一年讀圖書館碩士，以便就業。

十二月十日，史麟書在近史所講「美國對東亞政策的模式」。

十二月十九日，單士彥自樹林鎮來信，謂已退伍，在桃園中學教書。所存之款原擬供考研究所後生活之用，現決定用來蓋一棟房子。

十二月二十三日，張建國來信，謂《青年戰士報》要熊（芷）校長寫一篇「對新年的展望與努力」，熊校長要他代筆。

1965 年（民國五十四年）

　　是年三十一歲，近史所籌備處正式改為近史所，在近史所由臨時助理研究員補缺為正式助理研究員，受派至黨史會調查史料，開始研究工作，與中文結婚，開始過安定的生活。

　　一月三日，林治鵬自香港來信，告知為我去香港左派書局購買有關近代史的書，得《北洋軍閥》一書，已寄來。

　　一月七日，賈廷詩在近史所講「日本的法律」。

　　一月十六日，張建國自臺北女師專來信，贊同我寫《北洋風雲人物》。

　　一月十六日，劉增華自加拿大來信，不認為出國就有出息，不出國就無志氣。

　　一月二十一日，吳章銓在近史所報告「讀費正清《中國沿岸貿易與對外交涉》」。

　　二月一日，三十一歲生日。

　　二月三日，基隆中學高一同學白武來信，謂原來的高一都重新編班，分為社會組和自然組，他和陳來發在自然組，擬約些同學來看我。

　　二月五日，趙為正自日本東京來信，謝去機場送他，

謂日本學費特貴，早稻田大學每年要繳學費十餘萬，租房居住，每月房租三千五百元，租房時還要另送五千元禮金。

二月十日，張芝潤自基隆中學來信，寄來基隆中學民國五十二學年度我的考績獎金四百三十元。

二月十日，李超師來信談交女友，未婚之前坦白以一切示對方，結婚之後體貼以至誠待對方。

二月十二日，近託徐炳憲在政大查借有關近代史之書，已得樂恕人《動亂五十年》、左舜生《近三十年見聞雜記》等十餘種。

二月十八日，岳喜洋來信託我找教職，轉託常澤民代為進行。

二月十九日，單士彥自樹林鎮來信，希望自己努力，求一家之溫飽。

二月二十四日，下午四時，應曾虛白師之約，至政大新聞所參加《中國新聞史》撰稿人座談會。

二月二十四日，張建國自臺北女師專來信，賀近代史研究所籌備處正式改為近代研究所。

二月二十五日，黃福慶在近史所講「讀鈴木中正《近代中國研究》第二輯「嘉道兩朝的財政」」。

三月四日，張貴永在近史所講「曼納克及其思想史研究」。

三月十一日，亓冰峰在近史所講「晚清癸卯前後梁啟超的言論之轉變」。

三月十三日，基隆中學學生白武來信，謂盛承堯老師常稱許我，因以「只要你肯做，均不太晚」自勉。

三月十八日，胡秋原在近史所講「關於歷史主義」。

三月二十二日，趙鐵寒師來信，告知為《先秦時代的傳播活動》出版寫推薦書事。

三月二十五日，陸寶千在近史所講「郭嵩燾的洋務思想」。

四月八日，趙彥賓自師大英語系辦公室來信，謂月初乘公車遇到中文，初時不敢認，臨下車時才打個招呼，請代致歉。

四月九日，亓冰峰自近史所來信（時在草屯黨史會為近史所作資料調查），告知已代我交會錢，二百元只要交一百六十七元。

四月九日，陳存恭自近史所來信（草屯），謂薪水可代領，惟所遺剪報室之事，尚找不到人做，陸寶千推辭不幹。

四月九日，陶英惠自近史所來信，謂李小老闆自草屯回來，神氣十足。

四月十二日，徐炳憲自政大來信，告以孫鍾坡在南投，董金海在名間，張成澤在北山，已寫信告訴他們，可與聯絡。

四月十四日，李毓澍自近史所來信，謂在草屯的工作情形，已向郭所長報告。

四月十八日，張建國自臺北女師專來信，勸快為中文

在臺北找工作，準備結婚，又謂正寫研究計畫，申請國科會的研究補助。

四月三十日，宋東甫校長（嶧縣中學校長，帶我們流亡南下徐州、瓜洲、洞尾、廣州，最後至澎湖）自臺東來信，謂我以讀書為業，甚得其心，讀之又讀，將來必成大事，並謂他常想，如同學中有一人有大成就，他一生奔忙便沒有白費。又告知去年二月退休，退休金四萬六千元，存臺銀生息，每月三、四百元生活難以維持，乃以此款買了一百五十坪土地，蓋兩間瓦房，出租可得五百元。又提到在臺東教書的戴公威、在臺東駐防的張喻成，都常見面。

五月八日，李毓澍自近史所來信（草屯），希望下週將黨史會期刊卡片三千六百張運回所，並謂六月下旬將至草屯辦理工作結束事宜，又謂掌管黨史會資料庫的張大軍古道熱腸。

五月十四日，劉增華自加拿大來信，謂他學經濟，講競爭向上；我學文，講安貧樂道。

五月二十日，彭友生自基隆中學來信，謂正寫「匈奴與西漢」，寫好當先請我過目再發表。

五月二十四日，近史所掌管人事的周道瞻來信（草屯），謂中研院要辦聯保切結。

五月二十四日，苑覺非校長（前實中校長）來信，謂為中文找教職一事，已函育達商職王廣亞校長聯絡。至六月七日，王回信謂已登記候機。

　　五月二十六日，黎劍瑩自政大來信，謂為《中國新聞史》所寫之稿，已由朱傳譽過目，附上修改意見請酌改後寄回。

　　五月二十八日，李毓澍自近史所來信（草屯），謂日本友人請代查黨史會有無民國七、八年的《每週評論》。

　　五月三十一日，卞冰峰自近史所來信，對朱傳譽挑剔其為《中國新聞史》所寫之稿，大為不滿。

　　六月十二日，沈雲龍自近史所來信，請代為留意有關梁士詒的資料。

　　六月十六日，陶英惠自近史所來信，謂昨向陳存恭周轉了一百元，今天才有菜下鍋。

　　六月二十日，王衍豐自美國來信，謂在彼地借債唸書很苦，不鼓勵我去美國留學，除非有公費。

　　六月二十七日，張喻成自軍中來信，盼我早日與中文結婚。

　　七月八日，李毓澍在近史所講「日本的右翼」。

　　七月十日，苑覺非校長（前實中校長）自政大來信，提到我與中文去看他以及去工專看王志信校長（前實中校長）的事。

　　七月二十九日，孫英善自洛杉磯來信，謂我的工作已安定，應即考慮結婚，並謂擬接太太及女兒去美國。

　　七月二十九日，中國學術著作獎助委員會來信，謂《先秦時代的傳播活動》書稿，以未能獎助出版為憾。

　　七月三十一日，彭友生自基隆中學來信，謂正為中文

設法在慈航中學或汐止國中謀教職。

八月十三日，汐止國中校長函彭友生，謂該校已無缺額。

八月十六日，省立師大註冊組為開具證明，畢業成績為全班前三分之一（作為申請留學之用）。

八月十六日，下午去張建國家，與自寮國返臺的許靖歡聚。

八月二十三日，基隆中學教務主任陶彥翀來信，謂為中文謀教職事，已與汐止初中校長談過，彼答應幫忙。

八月二十五日，王克先自嘉義來信，謂不擬參加我與中文的婚禮，前亦未參加陶英惠與明正的婚禮（克先兄嫂皆為介紹人）。

八月二十五日，張建國自臺北女師專來信，謂所寫《北洋人物》，以自費出版為佳。

九月一日，李超師來信，謂已自員林實中退休，即轉往臺北私立滬江中學任教。

九月八日，王克先自嘉義師範來信，謂已與贊青訪問中文家，談我與中文的事。中文的父母謂：中文的事由他們自己決定。

九月十七日，中文的大弟中航來信，謂大姐身體弱，一早七時起床就要去學校，晚上還要改作業，盡量少約她出去逛。回信中航，我會照顧大姐。

九月十八日，王克先自嘉義來信，謂他與贊青去李家代我求親。父母謂中文尚未向他們提及，中文尚有爺爺、

奶奶，中文是長女，婚禮要熱鬧。

九月三十日，黃嘉謨在近史所講「美國與臺灣，1784-1895」。

十月一日，李超師自景美滬江中學來信，擬約時吃飯聊天，謂時有「茫茫然欲何之」之感。

十月十四日，王爾敏在近史所講「大英博物館新到的中文資料」。

十月十五日，張建國自臺北女師專來信，要借我的高中外國史講稿，並催我領女師專的鐘點費。

十月十七日，李超師自景美來信，謂結婚用度應有詳細計畫，籌辦婚禮瑣事可請徐炳憲代勞。

十月二十八日，劉鳳翰在近史所講「拳亂時期的袁世凱」。

十一月四日，王璽在近史所講「日本的中國近代史研究概況」。

十一月十八日，林明德在近史所講「袁世凱與朝鮮」。

十一月二十五日，蘇雲峰在近史所講「兩湖書院」。

十一月，在近史所正式補缺，由臨時助理研究員補為正式助理研究員。

十二月二日，我在近史所講「民初南北問題：對民初政爭與政象的一個觀察」，此為我入近史所以後的第一個學術報告。

十二月五日，陳三井自法國來信，告知法國所藏清末民初的期刊。

　　十二月八日，張煥卿自員林來信，謂楊展雲校長答應
為我主婚。

　　十二月十一日，趙彥賓自加拿大來信，告知修課事，
並問婚禮籌備情形。

　　十二月十六日，李毓澍在近史所講「從日本新資料看
二十一條的形成」。

　　十二月二十三日，趙中孚在近史所講「民初東北移民
與東北農業發展」。

　　十二月二十三日，張貴永師病逝於西柏林（在自由
大學教中國思想史和中國近代史）。次年一月二十六日在
臺大體育館舉行追悼會。

結婚與成家

　　十二月二十五日，中午與中文在臺北婦女之家結婚，
由楊展雲校長主婚，曾祥和師為介紹人，郭所長為證婚

人。宴客二十桌，近史所同仁三桌。婚後去日月潭度蜜月。

　　十二月二十五日，孫英善自洛杉磯來信，謂一面在 San Fernendo State College 讀會計，一面打工，並謂「我會忍氣吞聲，忍辱負重」。

　　十二月二十八日，劉克紹自洛杉磯來信，謂生活不是在海上，就是在基隆、橫濱、洛杉磯等港載貨、卸貨，很無聊。又說在船上常心懷恐懼，一旦生病，只有聽天由命。又謂美國民族歧視嚴重：公車黑白分座、工人黑白分組做工、食堂黑白分邊坐，但中國人是與白人一邊的。

1966 年（民國五十五年）

是年三十二歲，去草屯調查黨史會資料，出版「先秦時代的傳播活動及其對文化與政治的影響」，上英文補習班，考上自費留學。

一月三日，王萍在近史所講「西方曆算之輸入」。

一月七日，王德宏自臺大來信，謂今年畢業，暫借二百元應急。

一月二十四日，王衍豐自賓州來信，謂申請留學可試加拿大，有獎學金則去，無則否。

二月一日，三十二歲生日。

二月三日，王璽在近史所講「日本對東洋史的研究」。

二月三日，劉孝炎自文薈書局來信，歡迎在該書局出版《近代人物傳記》一書，但不知能把握銷路否？

二月十日，吳章銓在近史所講「李鴻章的商務思想」。

二月十六日，省立臺北復興中學黃達裕來信，謂復中現有歷史教員缺，每週十八小時，願否來任教。

二月十七日，王家儉在近史所講「清季的海防思想」。

二月二十三日，時與藍旭男在草屯抄錄黨史會資料目錄，函知李毓澍，謂黨史會史料目錄凡九十六冊，每冊約一百五十頁。

二月二十六日，李毓澍回信，謂抄錄卡片，每千字黨史會索價十二元，共需十萬元，近史所難負擔，囑擇要抄錄，又謂郭所長對出差補助費由每月六百原元調整為每月八百元，並增派李健民助抄。

二月，寫資料調查工作之進行成果報告，包括近史所收藏之外交部檔案與黨史會收藏之黨史資料和報刊圖書。

三月十二日，張建國來信，謂吳永英失戀，自己失落。

三月十五日，陶英惠自近史所來信，囑在黨史會代找民國三十年九月七日于右任在重慶《大公報》所刊「悼張季鸞」一文，即抄一份交中文帶給。

三月十六日，安志遠來信，謂四月三日在悅賓樓結婚，不知屆時尚在草屯否？

四月一日，臺北《藝文月刊》社來信，謂「清代遺臣張勳」一稿擬予採用。

四月六日，魏仲韓自近史所寄來（草屯）卡片五千張備用。

四月十四日，亓冰峰自近史所來信，謂政大已將《中國新聞史》寄給作者，每人四套，我的四套已交陶英惠代轉。

四月十六日，臺北嘉新水泥基金會來函，謂《先秦時代的傳播活動及其對文化與政治的影響》一書在排印中，預計印一千本，基金會存二百五十本，政大留五十本，餘七百本送作者。

四月十九日，李毓澍自近史所來信，謂寄回近史所之

資料卡片六紙盒已收，魏仲韓今又印製空白卡片兩萬張，希望工作能在月底前結束，近史所又要去斗南接收經濟部檔案。

四月十九日，亓冰峰自近史所來信，談到與我在《中央日報》上辯論強學會的事。

四月二十二日，張芝潤來信，謂兒子滿月，擬約黃寶琪、唐玉聲等一聚。

四月二十五日，趙彥賓自加拿大來信，謂美國年輕人怕被徵去打越戰，多入大學以避之，故美國的大學很難申請。

五月五日，朱昌崚在近史所講「光緒早期清政府推動現代化的努力，1875-1894」。

五月十二日，徐炳憲來信，謂從木柵郵局調到基隆郵局。

五月二十三日，在臺北醫院體檢身體，高 169 公分，重 59 公斤，餘正常。

五月二十四日，黎劍瑩自政大來信，告知代為辦理成績單事。

六月十二日，孫英善自洛杉磯來信，謂太太和女兒已自臺北抵洛杉磯，自己仍在打工。

六月十三日，University of Auckland 來函謂收到我的 Lecture in Chinese 申請。至八月二十四日又來函謂該職已由英國南劍橋的 Margaret 博士獲得。

六月十三日，李似玉自紐約來信，感謝五月二十日

至桃園機場送行，現生活已安排妥當。

六月二十五日，政大新聞研究所同學張伯敏來信，謂陳梁擬考新聞特考，向我等搜集當年考題。

六月二十七日、二十八日，參加公費留學考，考國文、英文、西洋近世史、史學方法、三民主義與本國史地。

七月七日，李超師自景美來信，勉以「本春秋之義，操董狐之筆，存信史，正視聽，以匡時」，並付寄民國二十四年《華北新聞》一張。

七月十日，王衍豐自賓州來信，謂可能轉往 New Hampshire, N. H. 州立圖書館工作。

七月十九日，徐炳憲來信，謂擬自基隆郵局轉到楊梅中學埔心分部教書。

七月十九日，留學考試發榜，被錄取為自費留學。

七月二十四日，郭廷以所長選院士，以一票之差落敗。

八月二十四日，王洪鈞師自政大來信，謂收到《先秦時代的傳播活動》五冊，並問及辦理留學之事。

八月二十六日，李超師自景美來信，謂收到《先秦時代的傳播活動》一書，並為我開名單二十，請彼等派銷。

九月一日，李超師自景美來信，謂中文口味不好，影響民族幼苗，要打葡萄糖、飲牛奶、吃水果，請岳母、小姨來照顧。

九月二日，楊展雲校長自員林來信，謂收到《先秦時代的傳播活動》數本，已分贈員林諸老師。

九月十五日,趙為正自大阪來信,謂初到日本,語言困難,生活費及學費極高,心情苦悶,盼能賜隻字片語。

九月二十三日至十一月十九日,在臺北中正路華南留美英語班托福簽證班上課。模擬考試分聽力測驗、英語結構、字彙、閱讀、寫作能力五項,每項 160 分,總分 800 分,450 分為及格,十月十七日考得 466 分,十月二十七日考得 484 分。

十月二日,王衍豐自 New Hampshire 來信,提供了一些申請大學的資料。

十月七日,Franz Michael 在近史所講 "The Communist Organization and State under Lenin"。

十月十四日,Franz Michael 在近史所講 "Moscow and Communist China"。

十月二十四日,劉增華自加拿大來信,提供許多加拿大大學的資料,供我申請學校的參考。

十一月,在近史所任助理研究員進入第二年。

十一月十八日,李相根在近史所講「黃遵憲對朝鮮的政策」。

十一月二十六日,呂實強在近史所講「呂棟臣事件之研究」。

十一月二十八日,岳父自嘉義縣中來信,提到我請其辦存款證明,以備申請學校。

十二月十日,王聿均在近史所講「俄國政變前後西伯利亞之華僑」。

　　十二月二十日，趙鐵寒師自 Columbus, Ohio 來信，謂我申請學校的推薦信已發出，並附中英文本樣張。

　　十二月二十五日，趙彥賓自加拿大來信，謂留學讀文科之苦，與洋人爭，立足點不平等；考試答卷英文寫作慢，時間來不及。勸我留學，以申請美國或澳洲為佳。

1967 年（民國五十六年）

是年三十三歲，長女孝寧生，家中僱人幫忙。開始研究《民國初年的政黨》，繼續籌畫申請留學有關事宜。

一月五日，張存武在近史所講「漢城見聞」。

一月七日，蘇雲峰在近史所講「張之洞與晚清教育改革」。

一月十二日，呂實強在近史所講「偕壑理教士在艋舺初創教堂的經過」。

一月十四日，劉鳳翰在近史所講「李鴻藻與翁同龢」。

一月十八日，我在近史所講「民國初年之政黨，1911-1913」。

二月一日，三十三歲生日。

二月四日，李恩涵在近史所講「清季自強運動與日本維新運動的比較」。

二月十七日，Briton Dien 在近史所講 "The Ministership of Sir Frederick Bruce in China and the Development of Sino-British Relations"。

二月二十四日，王璽在近史所講「李鴻章與中日修約通商交涉」。

三月九日，趙為正自大阪來信，謂在日本學費貴、

功課忙，望今年能拿到碩士學位。

三月十七日，趙中孚在近史所講「清季中俄界務交涉」。

三月二十四日，王萍在近史所講「甲午戰前中國的科學教育」。

三月三十一日，王家儉在近史所講「清季的北洋海軍」。

四月七日，Thomas C. Kennedy 在近史所講 "Modernization in the Chinese Arsenals, 1860-1911"。

四月十九日，張存武在近史所講「清代中韓關係史」。

四月二十日，黃福慶在近史所講「清末的留日學生」。

四月二十八日，Martin Bernal 在近史所講 "Chinese Socialism, Nihilism and Anarchism before 1911"。

五月三日，下午三時，孝寧在臺大醫院出生，岳母自嘉義來為中文做月子，未滿月中文即帶孝寧隨母去嘉義。回來之後，家中開始僱用女傭。

五月六日，李毓澍在近史所講「中日二十一條交涉」。

五月十二日，郭正昭在近史所講「評介劉廣京近著《美國人與中國人》」。

五月十九日，藍旭男在近史所講「讀蒙思明《總理衙門的組織與功能》」。

五月三十一日，劉增華自加拿大來信，鼓勵我去留學，至於留學生活是否快樂，全靠各人體驗。

六月八日，趙為正自大阪來信，謂照我的書單，去

大阪、京都各書店和舊書店搜購，一無所獲。

六月十三日，李超師自景美來信，謂楊校長任期至八月一日，同學們送禮要及早準備。六月十七日又來信，謂送楊校長禮，如能向馬壽華求得字畫甚佳。次日又來信，送字畫署名可列常永棻、孫崇芬、徐炳憲、孫英善、陶英惠、張玉法六人。

六月十六日，李曉蓉在近史所講「會黨與辛亥革命」。

六月十七日，張建國自臺北女師專來信，相約明年暑假同考臺大歷史研究所。

六月二十三日，《師大校友月刊》社來信，謂「清季南方新勢力的北移」已刊，贈原子筆一隻。

七月四日，王曾才自北投復興崗來信，謂賈祥久、莊仲舒老師告訴王國璋，楊展雲校長即將退休，應聯合臺北校友有所表示，擬約臺北校友十四人，每人出五十元，送銀盾乙座。名單：王國璋、趙儒生、莊惠鼎、侯志漢、王曾才、劉一忠、陶英惠、孫惠文、張玉法、巨煥武、陳永昭、王德毅、朱炎、劉永憲。

七月七日，李健民在近史所講「廣東民團的抗英運動，1840-1859」。

七月七日，李超師自滬江中學來信，指示如何為楊校長退休獻禮事。

七月十日，趙彥賓自加拿大來信，謂碩士課程五月初已結束，現正在寫論文。又謂中文生產何以未找黃月鑾幫忙？

　　七月十五日，嚴錦在近史所講「甲午戰前中韓界務糾紛」。

　　七月十六日，徐炳憲自楊梅埔心仁美中學來信，謂在桃園中學見到丁仲才教官，並提到聯合同學為楊校長退休送畫事。

　　七月二十一日，楊展雲校長退休，與英惠代表北區實中同學去員林送畫及花瓶。

　　七月二十六日，趙彥賓自加拿大來信，謂申請博士班被打回票，認為在臺北的教育基礎不夠，並謂黃月鑾正在辦理赴加手續。

　　八月九日，徐炳憲自桃園埔心來信，謂找女傭並不容易，許多人都去工廠工作了。又謂不反對我辦雜誌，但認為應先留學，回來再辦雜誌。

　　八月十日，政大新聞研究所陳固亭老師來信，謂近正編《近百年中日韓國際大事年表》，知我在近史所管剪報，望代為留意有關資料。

　　八月十七日，彭友生自基隆中學來信，謂女傭難找，都去六堵工業區做事了。

　　八月二十二日，賴光臨自政大新聞所來信，謂《廣播與電視》雜誌社對我的「先秦時代的傳播活動」很有興趣，希能改寫成兩萬字的論文發表。

　　九月一日，南投國姓鄉福龜國小張成澤來信，擬約徐炳憲一道來訪。

　　九月九日，景美私立滬江中學劉緒平來信，謂滬江

現有歷史課十數小時，不知我或陶英惠能協助教學否？

九月十四日，葉明自臺中一中來信，謂擬做中國近代史研究，請代訂題目、代搜集資料。九月二十一日又來信，謂友人推薦至軍校任教，需有論文一篇，擬寫太平天國，請助之。

九月十五日，孫英善自洛杉磯來信，謂我申請美國學校，若需保證金，他可以設法周轉。

九月二十三日，徐炳憲自埔心來信，謂徐天基在桃園八德中學教書，自製葡萄酒一瓶，擬送給我品嚐。

九月二十四日，王克先自嘉義師專來信，謂已買得50c.c.機車代步，請代買幾本教育學的書備用。又問及孝寧及阿鳳（阿鳳原為他家的女傭，讓給我用）。

九月二十九日，黃嘉謨在近史所講「美國人與太平天國」。

十月二日，劉增華自加拿大來信，仍鼓勵我留學加拿大。

十月四日，趙彥賓自加拿大來信，謂黃月鸞已於九月十八日抵加拿大，十月十六日去法院證婚，晚在住處招待熟識的同學而已。囑與陶英惠聯絡幾位同學，為他們在《中央日報》登一個結婚啟事。

十月十三日，李毓澍在近史所講「民四中日滿蒙條約簽字以後的善後會議」。

十月十六日，王克先自嘉義師專來信，謝謝購寄的有關教育學的書，書稿已改好交書局出版。

　　十月十七日，政大新聞系賴光臨來信，謂「先秦時代的傳播活動」一稿已刊，並問能借到 W. E. Soothill, *Timothy Richard of China* 和 Timothy Richard, *Forty-Five Years in China* 否？

　　十月二十日，張喻成自高雄軍中來臺北受訓，晚為安排住延平南路臺北賓館。

　　十月二十日，Feuerwerker 在近史所講「美國近期之中國研究」。

　　十月二十三日，商務印書館來函，寄售之「《先秦時代》的傳播活動」一書，於七月一日至九月三十日售出十一本，結款一百三十五元。

　　十月二十七日，沈雲龍在近史所講「張謇《柳西堂日記》的史料價值」。

　　十一月十日，李恩涵在近史所講「中美粵漢路權交涉，1895-1911」。

　　十一月十七日，高日旭在近史所講「關於張之洞研究的幾點意見」。

　　十一月十七日，晚張喻成、潘元民、潘元君、徐炳憲來家小聚。

　　十一月，在近史所任助理研究員第三年。

　　十二月一日，蔣永敬在近史所講「二次大戰期間胡志明在中國的活動」。

　　十二月十二日，政大新聞研究所賴光臨來信，謂「先秦時代的傳播活動」一文稿費一千一百元，將託人帶上。

　　十二月十四日，徐炳憲自埔心來信，謂十七日下午

四時準時到臺北車站會周小姐，要我與中文等他。十二月二十二日又來信，謂已寫聖誕卡約周，不知結果如何？

十二月十五日，李念萱在近史所講「旅美觀感」。

十二月十八日，依據福特基金補助章程，每半年需提出研究報告，包括專題開始年月、已完成部分、本半年研究成果等。

十二月二十九日，陸寶千在近史所講「方以智的科學思想」。

1968 年（民國五十七年）

是年三十四歲，在近史所任助理研究員第四年，以
訪問學人身份去哥倫比亞大學研究，中文在家帶孝寧。

二月一日，三十四歲生日。

二月十六日，臺北師專吳永英來信，謂現正作臺灣
琉球嶼之研究，盼提供小琉球開拓資料。六月十六日來
信，提到我為其看稿。

二月十六日，王爾敏在近史所講「咸同之際練兵助
剿太平軍江南地方官紳的策劃與影響」。

三月一日，王璽在近史所講「李鴻章與中日外交，
1871-1880」。

三月十五日，張朋園在近史所講「立憲派與辛亥
革命」。

四月十九日，張存武在近史所講「清代中韓的邊區
貿易，1623-1881」。

四月二十七日，所務會議投票選派出國進修人員，
有投票資格者為四個研究員，即所長郭廷以和王聿均、李
毓澍、黃嘉謨，投票結果：張玉法三票（郭、李、黃），
黃福慶三票（王、李、黃），蘇雲峰二票（郭、王）。

五月三日，王樹槐在近史所講「庚子賠款研究，

1900-1937」。

五月十七日，王家儉在近史所講「評介 Rawlinson: *China's Struggle for Naval Development, 1839-1895*」。

五月二十七日，函哥倫比亞大學 Graduate Faculties Office of Admissions and Financial Aid，擬申請至該校讀 MA。嗣接 Foreign Admissions Counselor Joel B. Slocum 來信，謂申請秋季已來不及，建議我申請明年春季，即填具申請書，附 80 元美金支票寄去。

六月十七日，預購三陽公寓自籌款已付，轉售給林彩雲，收回自籌款七萬元。

六月二十日，致函哥倫比亞大學東亞研究所長 John M. H. Lindbeck，感謝其六月十二日的來信，允許我去該所作訪問研究，研究的題目為「民國初年的政黨」。

六月二十八日，張建國自臺北女師專來信，謂政大東亞研究所報名超過一百四十名，未敢報考。報考了輔仁大學西語所，但考完英文即棄考。報考文化大學史學研究所，備取第二名，對歷史老師來說有點尷尬。

七月一日，致書哥倫比亞大學韋慕庭教授，謂近史所派我為訪問學人，擬申請入學讀碩士學位。

七月一日，致函哥倫比亞大學校長室祕書 John C. Graham，感謝其六月一日的來信，允許我去哥倫比亞大學做訪問學人。

七月二日，在郵政醫院身體檢查，身高 168 公分，體重 60 公斤，餘正常。

七月十五日，陳存恭在近史所講「北伐前廣西的統一」。

七月二十日，臺北團管區司令部發給後備軍人出境同意書。

七月二十八日，郭廷以所長當選院士。

九月一日，近史所同仁假研究院餐廳舉行餐會，歡迎歸國者李國祁、陳三井、王萍，歡送出國者賴澤涵、張玉法、黃福慶、王樹槐、王爾敏、李恩涵。此類送往迎來之事，每年皆由三公發起，時三公與郭所長不睦，不發起，郭所長要張存武發起，張存武亦婉拒，最後由魏仲韓發起。

九月一日，與陶英惠去大西湖旅社看李超老師，滬江中學不續聘，超師將轉宜寧教書。

九月二日，張建國自臺北女師專來信，謂九月二十一日結婚，希望屆時尚未赴美。

九月十一日，趙為正自大阪來信，謂已拿到碩士學位，至大阪中華學校任教員兼訓導主任。又謂將來赴美經大阪，定去機場迎接。

九月十八日，葉炳然自紐約來信，知我將去哥倫比亞大學讀書，謂屆時必去機場接我。又謂在紐約生活費每月一百五十元，住五十元，吃用一百元，「一切放心，我支持你」。

九月二十七日，李國祁在近史所講「西德大學概況及史學漢學研究情形」。

　　九月二十七日，致書哥倫比亞大學韋慕庭教授，謂擬申請哥大歷史系春季班，請其寫推薦信。又謂現已完成《清季的立憲團體》一書，在哥大擬研究「民國初年的政黨」。

　　十月三日，上午八點四十分，與中文、孝寧、周道瞻以及中航、中英、徐炳憲，分乘兩部計程車至松山機場，老爺、奶奶、岳父、中美亦到，彭友生夫婦、王聿均、劉克紹、潘元民、陶英惠、王宗義亦趕來。十時三十分乘日航，下午二時降大阪，停二十五分鐘轉東京，三點十分到東京，趙為正來接。住日出旅社，趙為正陪玩一天。函告中文。

　　十月四日，晚十時四十五分，搭機離東京飛洛杉磯，趙為正送行。在東京買照相機一個。由於換日的關係。晚九時三十分抵洛杉磯，孫英善兄嫂來接，住英善家。

　　十月五日，孫英善陪遊洛杉磯，搭晚十一時班機飛紐約，函中文報告一切。來美後接中文第一封信，謂孝寧學會生氣。

　　十月六日，晨抵紐約，葉炳然來接，吳章銓已在哥大附近為我租好房子，每週十元。時李雲漢在聖約翰大學和哥大做訪問研究，亦住此樓，雲漢當日陪我逛唐人街。晚在吳章銓家吃飯。

　　十月七日，上午訪東亞研究所主任 Lindbeck 和校長室祕書 Graham，辦理例行手續，並訪韋慕庭及唐德剛，商選課及下學期入學問題。下午訪何廉，將郭所長要我帶

的一束草藥交給他。

十月七日，在 Chemical Bank 開一美金帳戶，將帶來的 2,400 元美金支票存入，中間有出有入，至 1970 年七月三日回國前尚餘 1,219 元。

十月九日，上午與李雲漢旁聽 Barnett 的 Political Institutions of China 課，上課的人約有百人左右，係講中共的政治制度。

十月九日，下午上 Wilbur 的 History of Modern China 課，課中認識沈大川。晚參加 Men's Faculty Club 的討論會，到者十七人，多華人學者，主席胡昌度，另有唐德剛師、李又寧、李雲漢、Barry Keenan 和 Paul Cohen 等。

十月十日，下午上唐德剛師有關中國書目的課。

十月十二日，上午去圖書館為黃嘉謨複印 *The Journal of Major Samuel Shaw*，下午與李雲漢逛河邊公園。

十月十五日，函中文，紐約很髒，到處都是紙屑、樹葉，還有遛狗的大便。上課可以抽煙、吃東西、將腳翹在課桌上。

十月十七日，函中文，學校的課九點才開始，早晨起床在七點左右，晚上睡覺在一、二點。在外面小吃，每一頓約一元五角。一般職業月入五百元左右，大學教授月入數千。

十月十七日，趙中孚自哈佛大學來信，謂上了美國大學的課，才知道不過爾爾。

十月十七日，徐炳憲自政大來信，謂我走後的第三

天，去看中文、孝寧，中文在為我打稿子。

十月十八日，中文寄來 "Factors of the Awakening of the Chinese Gentry in Late Ch'ing Period" 打字稿。

十月十九日，孫英善自洛杉磯來信，贊同我把中文接來美國。

十月二十日，函中文，贊同她辭職，但仍望有人陪她，如中美、阿鳳。

十月二十日，郭所長來信，謂如明春可以註冊修學位，將設法補助學費。囑複印《曾文襄公全書》（國荃）中的書牘部分。十月二十六日又來信，囑找郭嵩燾論禁煙等資料。十月二十三日又來信，囑修習日文。

十月二十二日，王聿均來信，謂王志信校長對我很關心，告以有李雲漢、吳章銓朝夕相伴，唐德剛又在各方面照顧，可以放心。

十月二十二日，張朋園來信，討論為包遵彭查印《格致彙編》及為郭所長查印資料事。

十月二十二日，潘元民自臺中來信，謂我岳父每週（自嘉義）至臺中上班四天，十一月九日又來信，謂我岳母去臺中看房子，可能要搬到臺中住。

十月二十四日，晚中華文化復興委員會紐約分會假全家福歡宴教育部長閻振興，李雲漢約我同往參加，每人餐費五元。閻講突破萬難（主要是經費、校舍與設備）籌辦九年國教經過，頗感人。

十月二十五日，中文來第六封信，提到為孝寧過一

歲半生日。

十月二十七日，函中文，美國的一般開支比在臺灣多付兩個十分之一：一為 tip，一為 tax。又美國白人有優越感，許多廣告都寫："Help wanted, white only"、"Apartment for rent, white only"，或 "Apartment for sale, white only"。

十一月一日，趙為正自東京來信，謂在東京兩日未盡地主之誼，羽田別後不勝悵惘，並謝告知留美的一些事情。

十一月二日，函中文，寫信用郵箋的長處：郵箋 1.3 角，信 2.5 角，還要加信封、信紙。又告知，在美國陽春理髮 1.5 元，全套理髮十元。

十一月二日，下午李雲漢、吳章銓陪我去三十四街購物：黑色開斯米大衣六十元，圍巾四元，手提打字機六十二元。晚三人在會賓樓小吃，五菜一湯加小費十三元。

十一月四日，下午去哥大 Admission Office 查問申請入學資料齊全否？謂已齊全，靜待通知。

十一月十二日，中文來第十五封信，看到哥大給我的入學申請謂至明年秋始考慮，有設法來美陪我之意。

十一月二十四日，徐炳憲自政大來信，謂臺灣輿論正討論廢除公娼、禁止私娼等問題。

十一月二十八日，上午與李雲漢、李又寧乘小火車去 Pleasantville 韋慕庭師家過感恩節，回程又去李又寧家稍坐。

十一月二十九日，中午約李雲漢、沈大川在天津樓

吃飯。之後與李雲漢遊帝國大廈。大廈高 1,250 呎，102 層。

十二月四日，下午五時去河邊教堂（Riverside Church）參加 "English in Action" program，由哥大的職員 Miss Black 一對一教英文會話一小時。

十二月五日，李中美來信說，爸媽將於一月中旬搬至臺中住，屆時把大姐、孝寧接去。孝寧真好玩，會講、會唱，還會跳。

十二月五日，上午去「美國語言與文化研究所」（The American Language and Culture Institute）註冊，繳註冊費二十元，下週一正式上課，尚需繳學費和講義費二百五十五元。

十二月七日，第一次用彩色膠卷照的相洗出來，多為在帝國大廈所照。

十二月八日，上午第一次到美國語言與文化研究所上課，課程共四類：文法修辭、聽力訓練、字彙訓練、會話練習。

十二月十五日，晚去吳章銓家餐敘，章銓以近來搶案太多，晚間閉門不出。

十二月十五日，郭所長來信，知我在哥大註冊上課，預計三個學期完成碩士學位，答應除原有之每月生活費三百元外，每年補助學費五百元，要我選課多修日本史、西洋史，並修日文。又謂《憲法新聞》等資料，可為近史所攝製膠片或複印。

十二月二十四日，晚與李雲漢去唐德剛師家過聖誕夜。

十二月二十五日，晚應林燕珠之邀，去其家餐敘，到者另有林則敏等。

十二月二十八日，晚飯後與房東聊天，她年已八十三歲，對現狀極不滿，主張把黑人送回非洲，把共黨份子送往俄國，把工會解散，認為如是則天下太平。

十二月二十九日，與李雲漢參加美國歷史學會年會，有中國史學者百餘人。

是年，由各大學的「學生民主學會」（SDS, Students for a Democratic Society）主導的社會運動，爭取大學自治，不受政府支配；在大學之內，則爭取與教授共同組織委員會，為學校的發展和日常行政決策，包括學生可以對教師評價。另外，哥大有 The Committee of Concerned Asian Scholars，抗議美國輕視亞洲人的生命，在越戰中大量屠殺越南人。還有哥大的中國同學會，不接受土生華僑，亦反對以同學會的名義作親中或親臺的活動。

是年，與臺灣留美同學組織穆清學會，會員有孔憲鐸、李西成、劉增華等三十一人。該會以徵求學者撰寫專門專科書籍、與臺灣書局聯絡出版為宗旨，推我為史學叢書主編。1970 年一月九日，理監事會通知張玉法即將回國，有關與書局聯絡事，委託辦理，並謂玉法等將辦《新知雜誌》，請支持。此後穆清學會未聞有若何活動，《新知雜誌》則籌辦起來。

1969 年（民國五十八年）

是年三十五歲，在哥倫比亞大學歷史系註冊讀碩士，中文帶孝寧去臺中，與父母同住。

一月十四日，郭所長自夏威夷來信，囑查瞿鴻禨資料。

一月十五日，李雲漢即將回國，與他去西點軍校參觀。

一月十六日，中文來信，下學期擬辭職，專心照顧孝寧。

一月十九日，哥大的 Students for a Democratic Society 在校園示威，反對徵研究所的學生當兵。

一月十九日，函中文，美國男人的平均壽命 76 歲，女人 81 歲，故 50% 的財產在婦女之手。

一月二十日，尼克森就任第三十四屆總統，演說中有 With the people we can do everything, without the people we can do nothing。亦如八年前 Kennedy 所說的 Ask not what your country can do for you, ask what you can do for your country。

一月二十二日，中文來信，家中有定期存款三萬五千元，活期六千元，與孝寧二人每月生活費一千二百元。

一月二十三日，六週的「美國語言和文化研究所」

課程結束，同班同學皆不願續上，因不重視外國學生最需要的訓練聽與講。

在哥大校園閱報

　　一月二十四日，在哥大收英語老師 Black（哥大女職員，義務每週教英語一小時）今日來片，告知有英國之旅。

　　一月二十七日，周道瞻來信，謂郭所長希望能找到並複印《江忠烈公文集》、《潘祖蔭年譜》和《黎庶昌奉使英倫記》。

　　一月二十八日，李毓澍來信，討論《中國現代史資料調查目錄》（玉法調查）出版及贈送事宜。

　　一月二十九日，續去河邊教堂上英文課，改我的作文 "A Trip to West Point"，前曾改 "The Subway of New York"。

　　一月二十九日，在哥大被選為 Guest Member of University Seminar on Modern East Asia: China。

　　一月三十日，中文自松山商職辭職。

　　一月三十日，上午參加外國學生中心所舉行的英文考試，此為入學許可的條件之一。

　　二月一日，三十五歲生日。

　　二月一日，函中文，李雲漢歸國，託其帶去二百美元，作為零用之需。

　　二月三日，李雲漢回國，搭唐德剛師便車往機場送行，另有李又寧、徐遠齡，聖約翰大學的李本京、王正明亦至。回來至外國學生中心查英文考試成績，為 level 8（level 7 即可入學）。擬註冊為學生，並與韋慕庭師商選課事。我去哥大作訪問研究，原在東亞研究所，韋慕庭師要我在歷史系註冊，認為在東亞所學不到東西，決定入歷史系讀碩士班。當時在哥大讀博士班者有張京育、吳章銓、劉源俊、殷志鵬、沈大川等。

　　二月四日，哥大給入學許可證，完成註冊手續，繳學雜費 842 元，選 12 個學分。

　　二月七日，哥大東亞圖書館來信，催繳以下三書：末光高義《支那的祕密結社與慈善結社》，波多野乾一《中國國民黨通史》，佐藤俊三《支那近世政黨史》。

　　二月九日，中文帶孝寧去臺中與父母同住，放心不少。女傭阿鳳回嘉義家。

　　二月十日，潘元民陪中文去看李超師。二月二十二日，李超師自臺中來信，告以在臺中教書，並提到宋汝沛、徐炳憲、常永棻、孫英善、張煥卿等人。

　　二月二十七日，在哥大接郭所長來自近史所的信，

謂收到江忠烈公遺集及潘文勤公年譜複印本，並以已註冊上課為慰。

二月二十八日，在哥大收黎劍瑩自政大新聞系來的信，告知《中國新聞史》版稅分得千餘元，暫為保存。又要我付款代訂 *Journalism Quarterly* 三年。

二月，續在河邊教堂隨 Miss Black 學英文，主要習英文作文，最近完成者有 "My Landlady"，以及 "New Year's Eve" 等文。

三、四、五月，在哥大歷史系上課、寫研究報告、考試，Barry Keenan 有時為我修改研究報告。

三月十八日，在哥大接黃嘉謨來自近史所的信，謝代印蕭新民航海日記，為研究早期中美關係的重要史料。

三月三十日，劉增華自加拿大去維基尼亞回來經紐約一晤。

四月二日，收黎劍瑩自政大的來信，謂為《中國新聞史》寫稿的稿費已下來。

四月五日，在哥大收李雲漢的信，談到我與李又寧、蔣永敬、張存武、張朋園等討論開出版社的事，他表支持。

四月六日，康乃爾大學的 J. Kenneth Olenik 來信，謝我為他聯絡李雲漢，得知有關鄧演達的資料。

四月十四日，韋慕庭師自 Pleasantville 來信，謝我去他家過 Easter（復活節，四月第一週）。

四月二十九日，收李毓澍自近史所的來信，謂《中國現代史資料調查目錄》已打字油印十冊三十套，備送美國

各大學及研究機構，並謂對所裡的事心灰意冷，擬離所開出版社。

五月七日，在哥大接黃福慶今日自東京的來信，告以代為查到《牅報》、《法政學報》、《大同報》、《中國新報》、《知新報》、《政論》的卷期。

五月二十四日，在哥大收郭所長來自近史所的信，謂生活費前寄九百元，今再寄九百元作為學費。

五月三十日，孫英善自洛城寄來剪報：梁實秋「說忍」，認為忍仍然有其分際，譬如「是可忍孰不可忍」，與我的「九十九忍堂」意旨略同。

六月一日，在哥大收到陶英惠來自近史所的信，告知近史所今年出國人選：甲種黃嘉謨，乙種蘇雲峰，雲峰計畫去哥大。

六月七日，趙為正自大阪來信，感謝我替他擬信申請哥大、芝大，並要我擬對芝大的回信。

六月十五日，韋慕庭師來信，謂近將去臺灣，我的《清季的立憲團體》尚未改好，不能帶給郭所長。他會在七月十五日回美。

六月二十一日，劉增華擬於月底自加拿大來紐約度假，要我安排住處。

六月，哥大的 SDS 在畢業典禮上散發傳單，批評美國帝國主義和種族歧視。

七月二日，在哈佛大學讀書的玉田典子（Norico Tamada）受趙中孚（時在哈佛訪問研究）之託，為我複

印了《國粹學報》、《清議報》、《新民叢報》的敘目。
時正擬編清季期刊敘目選輯。

七月二十二日，在哥大接孫英善自洛城的來信，贊成
辦雜誌，希望能募集八萬資金，可以撐一陣。

七月十二日，在哥大收李雲漢今日寫自黨史會的信，
謂韋慕庭六月二十三日到臺北，在臺中住三天，陪他晚
餐；又謂索抄《新世紀》目錄事難辦，黨史會史料向不外
流，而黃季陸與郭廷以的關係也不好。

七月二十七日，在哥大收到劉增華今日寫自 Toronto
的信，謝協助其辦婚禮，並謝我在哥大替他借 1966 年十
月份的 *Philippine Economy and Industrial Journal*。

八月二日，收趙為正寫自大阪的信，謂申請留美，
一要生活保證金，二要托福考試，對他都是難題，要我代
他打聽或申請成人學校，據說較容易。

八月七日，在哥大接劉增華自加拿大的來信，及結婚
喜帖，並報怨美國的飛機常誤點二、三小時。

八月八日，接徐炳憲來自政大的信，謂與張煥卿、
巨煥武談過辦雜誌的事，二十四開一百頁印三千份約需三
萬元。

八月十一日，在哥大接李雲漢自臺中的來信：1. 韋慕
庭七月三十日有信給他，告訴我去他家吃飯的事。2. 謝中
文送給她老大的迷你裙，曾去李老伯的辦公室稍坐。3. 要
我代詢唐德剛及夏蓮蔭做口述歷史的方法。4. 黨史會聘李
又寧、張緒心、陳福霖為通訊研究員。5. 謂我擬辦《七十

年代》雜誌,贊同。

八月十三日,韋慕庭師來信,討論我在歷史系選課的問題。

八月十四日,在哥大接彭友生今日寫自基隆中學的信,建議辦雜誌從緩。

八月十五日,在哥大接郭所長來自近史所的信,謂所內情形李國祁、呂實強升研究員後好轉,又謂今年補助學費一千元。八月將去夏威夷,所務由王樹槐代。

八月十八日,接趙彥賓自加拿大的來信,謂回國辦雜誌,其志可嘉,國內史學雜誌尚缺,可在這一方面發展,朋友間寫文學小品者多不登大雅。

八月二十日,黃福慶自東京大學來信,討論複印《四川雜誌》、《雲南雜誌》等事。

八月二十日,在哥大託趙為正的學生玉田典子在哈佛大學查印《國粹學報》和《東方雜誌》的目錄,玉田今回函為正告知情形。

八月二十日,在哥大託在哈佛大學的賈廷詩查印《國民報彙編》敘目,廷詩今來信告知情形。

八月二十二日,在哥大接張喻成的來信,謂去臺中看中文、孝寧,時喻成在裝甲兵學校受訓。

八月二十五日,接趙彥賓自加拿大的來信,謂功課忙,無暇幫我辦雜誌,勸我辦史學性的,勿辦綜合性的。

八月二十六日,接陶英惠自近史所的來信,告知中華少棒打敗美、日,又代錢望之寄來生活費九百元。

九月六日，在哥大接王衍豐今日寫自 Manchester, N. H. 的信，贊同辦雜誌，怕撐不過兩年，而寫稿也江郎才盡。

九月十一日，在哥大接賈廷詩自費城的來信，談在紐約見面同遊的事。

九月二十一日，在哥大接劉增華來自 Toronto 的信，告知其女友陳蜀已順利入境加拿大。

九月二十二日，在哥大接陶英惠的信，謂他與彥賓都不贊同我辦雜誌，但樂觀其成。

九月二十五日，向中華民國紐約領事館辦理接眷申請，無結果。

十月一日，接趙為正來自大阪的信，謝我為他辦 I-20 form，要我告訴他在美生活必須之物。

十月十二日，在哥大收郭所長今日自夏威夷寫的信，建議以清末民初的社會主義思想為範圍寫畢業論文。

十月十二日，在哥大接彭友生自基隆中學的來信，報告為雜誌集股的事，王鼎鈞、趙尺子均反對辦雜誌，但他絕對支持我。又謂他的四海一家的國史觀已發生影響，高中歷史教科書「黃帝伐蚩尤是民族禦侮戰」改為「對邊疆民族的戰爭」。

十月十五日，在哥大接徐遠齡來自廣州街警官學校的信，謂離美後於八月二十一日抵臺，提到在美與我遍遊名勝之事。

十月十五日，接李雲漢自臺中的來信，告以黨史會人事改組，蔣永敬當祕書，雲漢為徵集室總幹事。又告知

韋慕庭贈黨史會一批俄文翻譯的黨史資料。又提到我的岳父母帶中文、孝寧過訪,孝寧很胖。還提到與徐遠齡聯絡辦雜誌的事。

十一月四日,收代所長王樹槐的信,再寄三個月生活費九百美元,並詢及《清季的立憲團體》既已通過出版,何時出版?

十一月五日,在哥大收到徐遠齡來自警官學校的信,討論擬辦雜誌的簡章,並談到曾與李雲漢聯絡。

十一月十四日,收蘇雲峰自近史所的來信,謂正申請來哥大,但學校規定,「訪問學人」抑「申請入學」只能擇其一。

十一月二十三日,在哥大收徐炳憲自政大政治研究所的信,謂論文擬寫「清代縣制之研究」。

十一月二十七日至三十日,經哥大外國學生中心安排,有二十位外國學生赴賓州 Manheim 小鎮至不同的家庭過感恩節。此一節目係由該鎮的家庭自由組合而辦,我們乘火車來往,我被安排在 Peters 家。Peters 家為 Quakers(Religious Society of Friends)教派,該教派在南北戰爭時曾參加廢奴運動。在其家先後兩天,除體驗其家庭生活外(如一天吃兩頓飯),並帶我參觀附近的巧克力工廠。Peters 家夫婦二人各約五十歲,有二子,各約十八、九歲,長子不良於行,都很開朗。

十二月十四日,去 Manheim 的 Peters 家回來函謝後,今接回信,報告其家庭生活。此後至 1971 年十一月十五

日，共收到來信八封，皆甚長，皆巨細靡遺地報告其家庭生活。

十二月十五日，黃嘉謨自倫敦大學來信，告知在彼地讀中英外交檔事。

十二月十九日，黃福慶自東京大學來信，謂東京學潮已息，討論為我複印《江亢虎博士講演錄》及其《社會問題講演錄》等事。

十二月二十日，徐炳憲自政大來信，建議畢業回國後再辦《新知雜誌》，一定入股。

十二月二十一日，王克先自嘉義師專來信，願加入《新知雜誌》社。

十二月二十三日，中文來信，謂臺灣選風大為改善，不需買票，第一屆臺北市議員選舉，有許多大學畢業的、甚至大學校長參選，有的高票當選。老國代及立委增補選，也有一些形象很好的名人當選。

十二月二十五日，李雲漢來信，謂羅家倫今上午過世。又謂正負責籌辦青潭研究中心，由黨史會和國史館合辦，於十一月二十日開幕。又謂贊同辦《新知雜誌》，但要估計財源能撐多久。

十二月二十八日，孫英善自洛杉磯來信，極贊同辦《新知雜誌》。

十二月二十九日，中文來函，謂十二月二十六日下午二時半，帶學生到日月潭，此正是四年前我與中文去日月潭度蜜月的時間。

　　十二月三十日，接陶英惠自近史所的來信，告知已自微卷中將《政論》的敘目印出，將寄奉；又告知辦雜誌一期約需工本費一萬元；又告知為我向教育部、外交部辦護照延長的事。

　　十二月三十一日，中文來函，謂李雲漢在景美買了一棟四十坪的房子，三十四萬元，時椪柑三斤十元。

　　十二月，在哥大收聖誕賀年卡：臺中潘元民，嘉義王克先、耿贊青，賓州李正三，加拿大趙彥賓、黃月鸞，近史所全體同仁（王樹槐）。

1970 年（民國五十九年）

　　是年三十六歲，在哥倫比亞大學歷史系碩士班畢業回國，仍任助理研究員，籌辦《新知雜誌》。

　　一月至六月，續至河邊教堂跟 Miss Edith Black 習英文，每週三去，每次一小時，以學會話為主，有時亦改作文。

　　一月八日，吳永英自臺北師專來信，謂手頭太緊，無法投資《新知雜誌》。

　　一月十五日，韓景春來信，謂一月二十四日晚十一點五十四分到紐約甘迺迪機場，望去接機，但屆時撲空。至二月一日景春自 State University at Oswego, N. Y. 來信，謂飛機誤點。

　　一月十八日，中文來信，提到我籌辦《新知雜誌》李超老師入股事，並建議要多做廣告宣傳。

　　一月十九日，黃嘉謨自倫敦大學來信，告知代查江亢虎資料的情形。

　　一月二十三日，中文來信，謂昨天臺灣中部可以收看中視的節目，原來只能收看臺視的節目。

　　二月一日，三十六歲生日。

　　二月三日，趙為正於上月三十一日抵舊金山，回信

後再無消息來。此後即與他斷了線。

二月十日，張建國來信，為辦雜誌事潑冷水，謂真要一試，只好入股。建國仍在女師專教書，現讀文化大學史學研究所。

二月十日，吳永英自臺北師專來信，謂以前指導他所寫的「小琉球」，已在《臺灣文獻季刊》發表，現擬寫「蘭嶼」，盼續指導。

二月十二日，代所長王樹槐來信，告以複印之《憲法新聞》已收到，正在辦理付款手續中，參眾兩院公報，如蒙所長允准，亦可攝製。《清季的立憲團體》一書，回國後可發排。

二月二十一日，中文來信，謂購寄的禮物以原子襪最受歡迎。時中文、孝寧在臺中，常見到潘元民、李雲漢和李超老師，張喻成也常自軍中去看她們。

二月二十五日，中文來信，謂臺灣電視播電影，引起影院業的反對，文化局在協調中。

三月五日，李西成自 Providence, R. I. 來信，謂穆清學會會員擬至《新知雜誌》出版後決定是否贊助。

三月五日，中文來信，謂大阪博覽會於三月十五日至九月十五日舉行，臺灣正討論是否發觀光護照，希望能去日本會我。

三月九日，孫英善自洛杉磯來信，謂已將《新知雜誌》發起人啟事寄常永棻等，並謂彼正與朋友們組織公司，如有成可協助新知發展。

三月十日，陶英惠來信，謂願入新知一股，以示不反對到底。

三月十三日，張建國來信，謂他與吳永英都為新知潑冷水。實則，贊同辦新知的朋友都是抱「文人辦報」的精神，想花錢傳播一些新知識、新思想，反對辦新知的朋友都是站在營利的觀點。

三月十三日，李雲漢來信，謂全力支持新知，但能抽出的時間不多；又謂目前的社員，熱情有餘，能做事者不多。

三月十四日，中文來信，謂三月二十日起，臺灣實行郵政區號制度，南港是 115，臺中是 400，基隆是 200。又謂臺北六家公民營 bus，要發行通用的乘車硬幣。又謂大直到內湖修建了大直橋。

三月二十日，紐約的 The East and West Shop 書店函知，所購 Ho, *Studies on the Population of China* 一書已到，連郵資共 6.30 元，支票寄到即寄書。

三月三十一日，中文來信，謂中研院所長改為任期制，三年一任，最多任六年；郭所長的任期只有兩年，怕在美國不回來了，近史所群龍無首。

四月，孫英善以常永棻、張玉法、趙彥賓、劉增華等十人的名義發起編印員林實驗中學旅美校友錄，並謂玉法發起辦《新知雜誌》，參加者三分之二為校友。

四月七日，哥大註冊組來函，謂讀碩士班只需要繳兩學期學費，我繳了第三學期（實讀三學期），故退回。

四月十五日，黃嘉謨自英倫來信，謝我代印伍廷芳資料。

四月十六日，陶英惠來信，囑代為買電毯一條，並為查印資料。

四月二十六日，中國地方文獻學會成立，時全國各省市文獻社入會者四十三家。

五月四日，C. Martin Wilbur師來信，謂已讀完我的碩論 "The Effects of Western Socialism on the 1911 Revolution in China"，有些技術性的問題：1. 註釋應放於當頁，每頁一個註序，不要全放在章末。2. 滿洲人只有名，前面不加姓，可直接以 En-ming、T'ieh-liang、Tsai-t'ao 稱之。3. 在《天義報》、《新世紀》宣揚虛無主義以前，中國革命黨人即以暗殺為手段，不能將暗殺全歸功於《天義報》、《新世紀》。信末希望能早日看到論文的前言、結論。

五月二十二日，中文來信，謂王世杰辭院長職，評議會選錢思亮、閻振興、吳大猷為院長候選人，總統圈錢思亮，閻振興接臺大校長。

五月二十九日，郭所長自夏威夷東西中心來信，告知六月二十六日去紐約，二十七日晨七時抵甘迺迪機場。屆時同去接機者有吳章銓、唐德剛等。

五月二十九日，黃嘉謨自英倫來信，知我在美國所搜集的資料多達十餘箱。

五月三十一日，中文來信，知我碩士班考試順利通過，論文已交，擬繼續辦赴日觀光手續，俾能在日本相

會，我建議找王宗義幫忙（宗義在經濟部工商出口小組，掌管工商人士出國）。

六月一日，韋慕庭師來信，謝贈 "The Effects of Western Socialism on the 1911 Revolution in China" 論文稿。

六月三日，徐炳憲自政大來信，謂昨陪中文見王宗義，並見旅行社負責人，為中文辦赴日手續。

六月五日，中文來信，謂正在整理家和辦赴日觀光手續。

六月八日，韋慕庭師為我寫了許多介紹信，以備我在哥大畢業後到各大學圖書館和國會圖書館看書之用。

六月十日，李西成來信，謂彼被選為穆清學會理事。

六月十二日，中文至近史所辦赴日觀光手續。

六月十三日，代所長王樹槐來信，謂寄回之書如有大陸出版者，請開示書名，以便事先向警備總部報備，寄信地址寫近史所專用信箱臺北市 3337 號。

六月十八日，中文出國事，祕書主任萬紹章說本院前未辦過此類事情，陶英惠告知，警察機關要求先由服務機關代轉，萬允與代理總幹事李亦園商量。

六月二十日，萬紹章告訴英惠已將李中文的公事代轉，惟公文強調係例行代轉。

六月二十二日，中文去日本與我相會事，由英惠填表作安全保結。

六月二十四日，中文來信，謂我日後在歸國途中，可能滯留在許多地方看書，要我告訴她何時到東京才好。

七月七日，中文來信，謂她的機票是買臺北、東京、臺北？抑臺北、東京、大阪、臺北？

七月十二日，函中文，已與黃嘉謨抵夏威夷，預計十四日下午至東京，可買臺北至東京的機票。

七月十四日，中文來信，謂已訂好七月二十日至東京的機票，下午三時十分可至東京機場。

七月十四日，函中文，謂今抵東京，住 Akasaka Tokyo Hotel。

七月二十日，中文離臺北來日本，英惠去機場送她。與中文在東京暢遊，多由黃福慶相陪，並去大阪看博覽會。

七月二十一日，黃嘉謨回臺，今上班，告訴陶英惠，謂我與他同機自美國到日本，我留在日本陪太太去看博覽會，他先回來。

七月二十一日，郭所長自美致函近史所，辭意甚堅。

七月二十七日，擬與中文回臺後即與朋友聯絡辦雜誌事。

七月二十八日，與中文自日本回臺北。晚訪王聿均於寓，王謂郭先生擬安排李國祁接所長，又謂中研院有「思與言」集團謀奪權。

七月二十九日，王象臣自高雄來信，謂擬棄教從商（原在基隆中學任軍訓教官，後轉臺北工專任教官），創亞太工程公司。

七月二十九日，上午訪李毓澍於研究室，李謂郭先生留美不歸與政治因素有關，郭走親美路線，不為當局所

諒。又謂近史所混有台獨份子，魏廷朝獲釋（一度以台獨罪被關押）後仍在近史所工作，並續從事台獨活動。

七月三十一日，與中文去臺中其父母家接孝寧，八月一日去宜寧中學訪李超師，彼對我辦雜誌甚為鼓勵。

八月二日，與中文、孝寧返回臺北。

八月二日，彭友生自基隆中學來信，謂七月一日轉至蒙藏委員會任編譯室主任，這是我勸他建立「勢力範圍」的成果，日後友生即研究邊疆問題。

八月三日，購 National 201 型冰箱一台，九千元。

八月五日，中午去中央黨部訪李雲漢，彼對在美國所談的辦雜誌事興味已減，現任黨史會徵集室總幹事兼青潭研究中心副主任。

八月八日，安志遠來信，謂已於前年入財政部賦稅署做事。

八月八日，任大華來信，謂現任教於士林中學（原在基隆中學）。

八月九日，下午去西門町逛中國書城，附近有超級市場，此為新引進的舶來品，惟結帳仍用手寫發票，美國已用計算機。

八月十二日，李西成自 Providence, R. I. 來信，介紹其中學同窗盧立人參與籌辦《新知雜誌》，盧現服務於司法行政部法官訓練所。

八月十二日，李又寧遊歐，自西德來信，問安返臺北否？

八月十三日，中華民國史料研究中心舉行第一次研討會，由美國康州大學教授 Mast 講戴季陶，與王樹槐、張朋園、趙中孚同去聽講。

八月十六日，購日立二十吋電視一台，八千八百元。

八月十七日，致函總務主任趙保軒，宿舍抽水馬桶損壞，水龍頭需換新。回謂：院內新規定：宿舍設備配給住戶時，一切整修完整，日後有損，由住戶自己整修。

八月十七日，謝延庚自臺北中興大學來信，謂美國朋友欲索閱其博士論文（研究李鴻章）事，因課忙一直無法修訂，暫難奉上。

八月十九日，中午與徐遠齡、李雲漢在中央黨部商辦《新知雜誌》事。

八月二十日，彭友生的太太來信，謂友生答應入新知二十股，家中實無錢。

八月二十二日，黃福慶自東京來信，謂東京之遊不知愉快否？郭所長已無意歸，不知誰接任。

八月二十三日，利開演自香港來信，提到返臺與諸同學相聚事；十二月二日又來信，提到辦《新知雜誌》事。

八月二十八日，Linda Ch'en（史家嫻）自紐約來信，謂收到為他們買的 K 金大戒指，合美金六百元。

八月二十八日，鄭興家自臺中來信，謂三月份退伍，希能代謀國中教員職。九月二十八日又來信，謂王振起、蕭廣燦已代為在南投縣立國中找到一教職。

八月二十九日，蘇雲峰自哥倫比亞大學來信，謂將

於下月入學，《新知雜誌》如已創辦需繳款，請告知他太太。

八月三十日，晚與陶英惠去臺北女師專張建國處開新知雜誌籌備會，到者另有王宗義、巨煥武、張煥卿、安志遠（賦稅署）、盧立人（司法行政部訓練所）、吳永英、彭友生（蒙藏會）、李雲漢、陳彥增。選李超師、陶英惠為監事，張玉法、張煥卿、李雲漢、盧立人為理事。

九月三日，徐炳憲自政大研究生宿舍來信，謂陪女友南下高雄被相親，受到張喻成的款待。

九月六日，下午到永和盧立人家開新知籌備會，風雨頗大，到者僅玉法、陶英惠、張煥卿三人，推盧立人為社長、李雲漢為總編輯、玉法為總經理。立人辭發行人職。

九月九日，油印「新知雜誌社社務報告」：八月三十日邀朋友商社務，目下的情形：1. 入股人共三十一位，資金共十二萬元。2. 選舉理監事，理事國內四人，國外三人，國內為張玉法、李雲漢、盧立人、張煥卿；監事國內二人，國外一人，國內為李超、陶英惠。3. 由朋友中無公務人員身份者出面登記，盧立人負責辦理登記事務（以通法律，負責辦理登記，由李中文出面任發行人），李雲漢負責編輯（登記需有發行人、總編輯，實際編務則由玉法、英惠負責），張玉法負責經理。

九月十日至 1971 年七月二十日，負責近史所驗收登記，即以購物之發票或收據報銷前，檢查所購之物。

九月十一日，李西成自 Providence, R. I. 來信，除贊

同辦《新知雜誌》、並提供經濟方面的稿子外,討論辦出版社,謂穆清學會成員願出資、並編書出版。十月二十六日寄來美金二百元,入股新知。

九月十五日,孫英善自加州來信,詢及經日本看博覽會的情形以及新知籌辦的情形。

九月十六日,巨煥武自政大來信,婉拒新知編務。

九月十六日,史家嫻的妹妹史家遵來信,自我介紹是師大地理系畢業,謝我為她姐姐買戒指。

九月十八日,王克先自嘉義師專來信,謂委以新知南部推銷主任,不勝惶恐。

九月十九日,李又寧自北卡羅來納州的 Durham 來信,因我建議她去紐約聯合新知社友一聚,謂已與吳章銓聯絡;又因我問她《清季期刊敘目選輯》書稿事(交給余秉權的中國資料研究中心,未出版亦不退稿),謂再與余交涉。

九月二十一日,劉增華自加拿大來信,謂已自溫哥華遷居 Cheney,並問及新知創刊事。

九月二十三日,王宗義寄來新知股金四千元,謂寫稿非所長,會在其他方面努力(拉廣告)。

九月二十四日,李湘燾自高雄縣立國中來信,謂介紹鄭興家先生任教一事,尚無眉目。

九月二十八日,陳秋坤自潮州來信,謂臺大歷史系畢業,服役之後,在家鄉教書,李又寧老師告知您在辦新知雜誌,囑為效力,不知可做什麼。

九月二十八日，C. Martin Wilbur 師來信，謂高興我與太太遊日本，又謂我的論文很好，可以出版。有 Paula Harrell 太太正研究 1900-1905 年的中國留日學生，她希望與我聯絡。

十月二日，李西成自 Providence, R. I. 來信，謂願與亞太工程公司合作開出版社，但不知何以法定資金五十萬元只要有二十五萬元即可。又謂穆清學會叢書出版，可由學會另籌經費。又謂自己願在新知有系統地介紹經濟學方面的新知，其次可寫西洋藝術史方面的稿。

十月五日，可能因為我接到九月三十日的信後，回信希望他加入新知為社員，協助業務推展，陳秋坤再來信，問是專職還是兼職。實則，朋友參與新知，或為業餘興趣，或是對朋友的事表示支持，並無職業問題。

十月七日，吳章銓自紐約來信，提到為新知寫稿事，謂稿最好與臺灣有關，吾人辦雜誌的目的，在有益臺灣的改革與發展。

十月九日，王士英自 New Jersey 來信，寄來新知股金二百美元，謂紐約社友開會因事未去。

十月十日，劉增華自加拿大來信，寄來美金二百元作為新知股金，寫稿事因教課太忙，需稍待。

十月二十日，陳秋坤來信，知加入新知為社員至少需認五股，謂目前無資，至明年六月北上再効勞。

十月二十日，趙彥賓自加拿大來信，謂打工賺錢唸書，自身難保，不敢為新知社友。

十月三十日，王衍豐自 New Hampshire 來信，寄來新知股金五十元，我請他介紹幾本有關臺灣的英文書。

十一月二日，李又寧自北卡羅來納州的 Durham 來信，告知美加新知社友選理監事：當選者理事三人，王士英九票，劉增華七票，李又寧七票；監事當選者一人，沈大川三票。美加新知社友原列十五人，趙彥賓、韓景春表明不參加，王衍豐未回信，只餘十二人。答應寫稿者王正明、馬宏祥、李又寧、沈大川、錢新祖、吳章銓、蘇雲峰、薛興霞、王士英、李西成，孫英善未回，劉增華未答應。

十一月四日，王克先自嘉義來信，謂新知由中文出面登記甚好，並介紹張松禮的〈論人性〉給新知。

十一月四日，韓景春的太太黃秀琴自花蓮縣鳳林鎮寄來二千元，作為《新知雜誌》五股股金。

十一月七日，馬宏祥自紐約寄來新知股金，並謂已向沈剛伯、臺靜農要字，要我去拿。

十一月八日，中午與吳永英、張建國、安志遠在成吉斯汗餐廳為佟秉正、黃易洗塵（自英倫來）。

十一月八日，與張朋園、陳三井、陸寶千等聯名致函院長，反對王聿均任所長。時所內研究員僅四人，郭所長在美，代所長王樹槐為副研究員無投票權，三公把持所務。

十一月十一日，孫英善來信，謂王士英為新知找到一些訂戶，足證吾道不孤。股金只能暫寄五十元，因目前只有 part-time 工作。

　　十一月十四日，李西成自 Providence, R. I. 來信，謂成立出版社事，穆清學會願入股金十六萬六千元，實交八萬三千元。

　　十一月二十一日，巨煥武自政大來信，寄來新知股金一千元，仍拒編務。

　　十一月二十二日，盧立人自永和來信，寄來新知雜誌社社章草案修改稿，謂承李西成之介，可加入新知雜誌創刊，惟僅從旁協助，不出名。

　　十一月二十四日，哥大圖書館馬宏祥來信，附詩二首，欲以馬戈為名，在新知發表。

　　十一月二十五日，彭友生來信，謂在師專開新知會回來，覺得在場者都是碩士、博士，還是不參加新知吧！

　　十一月三十日，李西成來信，謂成立出版社事，詢及穆清與亞太合作之契約及亞太出版社籌備會記錄。

　　十二月七日，王衍豐自 New Hampshire 來信，謂不能為新知多出股金，當努力寫稿，並願認銷五份。

　　十二月七日，林燕珠自紐約來信，謂在公立中學教書甚忙，原望暑假一聚，不意我已返國。

　　十二月五日，沈大川自紐約來信，寄新知股金五十元。

　　十二月十五日，張煥卿自政大來信，贊同《新知雜誌》的名稱，暫寄一千元股金。

　　十二月十六日，李西成自 Providence, R. I. 來信，謂收到亞太公司王象臣的長函，但未見籌備會議記錄。又為

登記出版社出資，月底來不及，要先與朋友們聯絡。

十二月二十日，中午在成吉斯汗餐廳開師大史地系四十八級同學會，會中曾提到我辦新知雜誌的事。

十二月二十一日，王正明自聖約翰大學來信，寄來新知股金美金一百元，並謂正譯「陶恩比八十自述」一稿。

十二月二十一日，晚李雲漢在婦女之家宴韋慕庭、唐德剛、李又寧、玉法等。

十二月二十五日，李又寧來信，謂在臺未能暢談，陳永發有「上海之開港」一稿，可在新知刊載。

十二月二十六日，黃福慶自東京來信，謂明年三月可畢業返所，新所長人選定否？

十二月三十日，中央日報孫如陵來信，謂「孫逸仙的一篇回憶」原擬發表，為慎重起見望請黨史會的人先看看。

十二月，孫英善自洛杉磯來信，願與王士英共為新知盡力。

是年，《清季革命期刊敘目選輯》由美國「中國研究資料中心」出版。

是年，《先秦時代的傳播活動及其對文化與政治的影響》一書，由嘉新水泥基金會資助出版，由商務印書館代銷，定價一百五十元。

1971 年（民國六十年）

　　是年三十七歲，出版《清季的立憲團體》，晉升為副研究員，所長梁敬錞赴美，王聿均代，聯絡國內外友人辦《新知雜誌》，列名《大學雜誌》社務委員，孝威生，僱女傭協助照顧。

　　一月一日，吳章銓自紐約來信，謂辦新知在以文會友，做有益的事。時王正明、沈大川已寄來股金，錢新祖暫無錢可寄。

　　一月五日，王士英自紐澤西來信，談為新知聯絡社友及催稿。

　　一月十日，孫英善自洛杉磯來信，謂擬為新知寫「留學閒話」，並望我能指點其在 Columbus 讀新聞學的朋友如何寫論文。

　　一月十八日，陳存恭自英倫來信，談為近史所和我個人購書事。

　　一月十九日，李西成自 Providence, R. I. 來信，談為新知寫稿事。

　　一月十九日，唐德剛師來信，希望能化解近史所糾紛。

　　一月二十五日，陶英惠自嘉義來信，謂新知最好找一總經銷，免得找個別的朋友拉訂戶。又謂在火車上碰到

張俊宏（參與大學雜誌社務），談及辦雜誌，他建議新知改月刊，創刊號至少印一千五百份。

一月，《大學雜誌》社務委員會成立，委員有丘宏達、李鍾桂、沈君山、施啟揚、陳鼓應、許信良、張俊宏、楊國樞、關中、張系國、玉法等。

二月一日，三十七歲生日。

二月一日，《新知雜誌》創刊，於《新知雜誌》第一年第一期發表「如何評論一部史學著作」。

二月二日，函哥大錢新祖（Edward Ch'ien），匯美金11.5元已收，已代捐給北投佛教文化館新臺幣四千元。

二月三日，吳章銓自紐約來信，謂王士英已邀社友談新知事，惟自己忙於參加保釣運動，此一運動在臺灣為禁忌，不便寫文在新知發表，並問新所長派定否？

二月三日，韓景春自哥大來函，謂功課壓力太大，實無暇為新知寫稿。

《新知雜誌》社開創刊會議

二月四日，老爺自基隆來信，謂昨日北返，中文欲同回，不允。妊娠期間少奔波，而在臺中醫療亦較便（岳父在臺中醫院人事室）。

二月十二日，闞鴻德自師大附中來信，願訂《新知雜誌》一份。

二月十四日，陳秋坤來信，謂收到新知兩本，已向朋友推薦，內容水準很高，介於《思與言》與《傳記文學》之間。

二月十七日，王克先自嘉義來函，謂文光書局一百三十本新知已收到，臺南、高雄兩地寄售處正接洽中。

二月十七日，薛興霞自紐澤西來信，謂為新知找到十五訂戶，並介紹作者殷允芃。

二月十八日，張煥卿自政大來信，謂其岳父告知新知寄售事：臺中聯合書報社兩百本，臺南永茂書社一百本，臺北黎明圖書社可與聯絡，皆六五折或七五折。

二月十九日，黃福慶自東京來信，謂「中國史學在日本」資料搜集中，日本士官同學錄臺北文海書局已攝製，當已出版，《最近官紳履歷錄》，因近將回國，可否請林明德代為攝製？

二月二十二日，王克先自嘉義來信，謂高雄已聯絡到秀波畫廊，願代售新知，可寄一百本。

二月二十二日，老爺來信，謂明去馬壽華家，彼願為新知介紹訂戶。

二月二十六日，張煥卿自政大來信，謂將調查全省

高初中名稱，以便寄發新知廣告。

　　二月，王士英自紐澤西來信，謂一月二十四日在家開新知社友會議，到者有王正明夫婦等。又收到李西成、馬宏祥之書面意見：辦新知通訊向社友報告社務，創刊期間應多贈送以廣宣傳。

　　三月三日，岳父來信，談推銷新知事。又謂孝寧不一定入幼稚園，可在家教育。

　　三月八日，利開演自香港來信，謂張建國寄新知創刊號給他，願訂三份。建議三點：注重封面設計、內文配以照片、改為半月刊。

　　三月十一日，韓景春的太太黃秀琴自臺東來信，謂收到《新知雜誌》十本，找該地書店代售，售光結賬補書。

　　三月二十一日，張喻成、張友謙、潘元民來家餐敘。

　　三月二十四日，張喻成自軍中來信，謂會找王新民代為推銷《新知雜誌》。

　　三月二十五日，陶英惠、莊惠鼎、王曾才、王德毅、王學書、趙元安聯名致函實中校友，謂高昂舉在高雄業計程車，被劫匪刺六刀，經治療四個月，醫藥費不貲，請同學濟助。

　　三月三十一日，孫英善自洛杉磯來信，謂收到新知創刊號，擬請當地的東方書局代銷，並贈史丹佛圖書館馬大任、聖地牙哥黎東方各一份。

　　三月，張煥卿的岳父函張煥卿，新知速辦郵政登記，寄雜誌可省錢，又新知封面宜加印「雙月刊」三字。

　　四月七日，李又寧自紐約來信，謂新知通訊及創刊號均收，將努力推銷，並搜集資料。

　　四月八日，沈雲龍與文海出版社老闆李振華晚假重慶南路復興園宴客。

　　四月十四日，高昂舉自高雄小港來信，謂受傷住院，謝同學周濟。

　　四月十六日，馬宏祥自紐約來信，謂繼吳章銓後，轉入聯合國工作（原在哥大圖書館工作），讀到新知創刊號甚喜，請另寄趙鐵寒（舊日上司）、馬真吾（宏祥父）各一份。

　　五月六日，孫英善自洛杉磯來信，謂正推銷新知，收到的錢即寄王士英。又謂已收到為其印製的「新知雜誌社駐美特派員」名片，有此名片即便於探訪。

　　五月九日，黎劍瑩自政大來信，談為新知寫稿事。

　　五月十三日，馬宏祥自紐約來信，謂收到新知創刊號十八本。彼喜寫詩，筆名馬戈。

　　五月十四日，黨史會林泉來信，謂民國史料研究中心舉辦的研討會，很希望近史所的朋友能參加，藉此增加兩機關的聯繫。

　　五月十八日，黨史會蔣永敬來信，謂《清季的立憲團體》已收讀，附勘誤表與意見。又謂擬寫「中國同盟會初期會員名冊的分析」給新知。

　　五月二十一日，孫英善自洛杉磯來信，謂收到新知第二期，即送書報社。又謂有一篇稿，因係報導朋友的業

務，先寄聯合報，如聯合報不登，即由新知發表。

五月，將《先秦時代的傳播活動及其對文化與政治的影響》和《清季的立憲團體》二書，寄贈師大歷史系及黨史會。

五月，王士英自 Trenton, N. J. 來信，謂收到新知第二期，在紐約唐人街找到三家書店代售，海外社友僅孫英善將代售之款美金六元寄來。建議新知的設計要大方，文字應力求活潑。

六月一日，老爺來信，附詩多首給新知。

六月二日，中央月刊社董樹藩來函約稿，希望能為該刊寫國際姑息主義方面的文章。

六月六日，張煥卿的岳父在臺中經營中興書報社，有舊書一批，囑近史所圖書館就書單選購，得七十九本，共一萬零六百七十五元。

六月七日，盧立人自司法官訓練所來信，謂見《中央日報》廣告，知新知已創刊，為賀。雖為逃兵，願訂購一份。

六月九日，吳章銓自紐約來信，謂願捐錢為新知徵文，自己譯了「1969 年唐人街報告」。

六月十日，下午國民黨大陸工作會主任徐晴嵐約十多位留美歸國學生在林森北路七號茶敘，徵求對政府的改革意見。

六月十五日，賴澤涵自伊利諾來信，謂可加入新知為社友，並為拉稿，希能仿香港《明報》風格。

六月十六日，王克先自嘉義來信，謂正聯絡南部書

局，寄銷新知。

六月二十日，以尼克森訪大陸，欲與大陸和解，韋慕庭師來函加以說明：國際無永遠的敵人，為了抗俄，而中俄有裂痕，美國乘機結中。九月十一日，以季辛吉訪大陸，韋慕庭師又來信解釋：目前美國雖結中，決不會放棄臺灣。

六月二十三日，吳章銓自紐約來信，謂國外因保釣而反日，新知有文章介紹日本（陳鵬仁），有與日本親善之嫌，必影響新知在海外的銷路。又新知文史之稿太多，希改善。

六月二十五日，孫英善自洛杉磯來信，謂正與王士英推銷新知，士英謂有的文章太嚴肅。

六月二十六日，上午近史所召開所務會議，升玉法為副研究員通過，王爾敏、李恩涵升研究員被否決。李恩涵出言表不滿，事後並散發文件攻訐三公。

六月三十日，王聿均散發「對李恩涵先生口頭與書面發言的答覆」，謂李於六月二十六的所務會議中對其研究員資格、著作水準以及品行人格各方面作尖刻之批評，並指其把持研究人員升等之投票。實無其事。嗣李恩涵發文件反駁，謂指其把持研究員升等之投票係指其反對王爾敏升研究員，王聿均謂王爾敏之著作多發表於任副研究員以前，實則發表於任副研究員時期者亦有二十餘萬字。

六月，大專聯招委員會聘為歷史科閱卷委員。

七月七日，孫英善自洛杉磯來信，謂開美加補習班

的叢樹朗，擬請他主持「留美答問」（如獎學金申請、打工機會、辦理永久居留權等），如果有成，擬要求叢樹朗每期包銷新知一百份。

七月八日，佟秉正、黃易自東京來信，感謝在臺多次款宴。

七月八日，李又寧自紐約來信，謂已自北卡羅來納州轉紐約做事，所寄之新知十冊已收到。又謂《清季革命運動期刊敘目選輯》已由中國史料研究中心出版，自己擬編《清末民初婦女期刊敘目選輯》。又謂等著讀我的《清季的立憲團體》。

七月十一日，王士英、薛興霞來信，謂前些日子去紐約各書局收第一期新知寄售款，五十本賣掉三十三本，每本二角五分。

七月二十三日，孫英善來信，謂保釣學生佔據柏克萊加州大學，大罵中華民國政府（大陸聲言保釣，臺灣即禁止言保釣），決定組隊與之對抗。又謂為新知找到四個訂戶，請按名單寄書。

八月三日，永裕印刷廠將第四期新知雜誌送來，潘元君原代找一臨時工寄發雜誌，但臨時工工作不力，元君日夜趕工，八月五日中文去幫忙，始發出。元君將其家借給新知作社址，又助發雜誌，原想付酬，元君不願接受。

八月七日，李又寧自紐約來信，謂近與吳章銓、蘇雲峰、沈大川議新知事，並謂對《清季的立憲團體》中所提到的婦女團體有興趣，同時寄來余秉權代為出版的《清

季革命期刊敘目選輯》一書。

八月二十四日，夜一時十分中文腹痛，搭計程車去臺大醫院，由吳叔明醫生接生，生孝威，重 4,120 公克。次日致函老爺、岳父、中英，中美晚間來。

八月二十七日，郭正昭告知，《大學雜誌》言論激烈，國民黨於今年一月原欲禁之，嗣以顧及社務委員多國內外學人，乃每月給予津貼萬元，擬收買為己用。

八月三十日，上午至臺大醫院接中文、孝威返家，因有公保，僅收一百四十三元。岳母來家料理一切。晚李明正介紹一女傭來，只做半天，月酬六百元。

九月一日，新僱一女傭，可住在家中幫忙一切，月薪一千元，我可以恢復正常上班。

九月一日，與張存武聯名建議院方修改「中央研究院研究所組織規程」：第八條「研究所所務得由所長在專任研究員中指定一人或數人協助之」，擬將「專任研究員」改為「專任研究人員」，因現在各所有以副研究員、助理研究員、甚至助理員協助所務者。第十一條「研究所設助理研究員若干人，任期一至三年，得連任」，擬將「任期一至三年，得連任」刪除，因現行助理研究員任函，並無任期之規定。第十二條「研究所得設助理員若干人，用考試方法就大學畢業生優秀者選拔，由院長函任之」，擬將「用考試方法」刪除，因並未公開招考。

九月二日，院務會議討論近史所升等案，王爾敏、李恩涵升研究員，所內投票係三對三，玉法升副研究員係

六對一，院內將王、李二案擱置，僅通過我一人，十二對一。

九月二日，張煥卿自政大東亞研究所來信，謂正為新知拉稿，己則無暇寫稿。

九月十日，近史所公文，催繳六十一年度第一期（七至九月）績效報告。

九月二十七日，王衍豐自 Manchester, N. H. 來信，告知代銷新知事。

九月二十七日，王士英自 Trenton, N. J. 來信，謂已收到新知第三、四期，並謂紐約附近新知社友於九月十二日聚會，談到委紐約地區書局代銷及沈大川、王衍豐等介紹訂戶事。

九月，預購研究院右側大昌公寓四樓一棟，預定 1973 年七月十一日完工，總價二十餘萬元。房子蓋好時，房價已升至五十七萬。

十月十八日，張煥卿自政大東亞研究所來信，謂雨辰書店賣新知八本，收到寄售款四十八元，計程車費二十五元，尚餘二十三元。

十月二十五日，孫英善自洛杉磯來信，贊成開出版社，並報告找書局寄銷新知事。

十月二十六日，聯合國代表大會表決中國代表權，通過由中華人民共和國派代表，中華民國退出聯合國。

十月，於一年五期《新知雜誌》發表「史家借用社會科學從事新探討」，文譯自 1971 年七月三日《紐約時

報》，原作者為 Robert Reinhold。

十月，《綜合月刊》寄「何謂知識份子」稿酬一百二十元。

十一月一日，師大歷史研究所主任李國祁來談，希望下學期由張朋園和我合開「中國現代史研究」，朋園不允，國祁要我獨任之。我擬採取講演的方式，由張朋園、陳三井、李雲漢、蔣永敬和我分任之，朋園贊同。

十一月四日，李又寧自紐約來信談新知事，亦贊同開出版社。

十一月五日，Linda Ch'en 自 New Jersey 來信，為我買兩罐 Youthhair 寄來，每罐 3.99 元，寄費及保險金 2.15 元，由她為我保管的小帳戶開支。

十一月九日，王士英自 Trenton, New Jersey 來信，勸專心辦新知，不要再開出版社。

十一月九日，寄給政治大學校友會永久會費三百元（年費二十元）。

十一月二十三日，李正三自紐約來信，寄來我參加哥大畢業典禮時的照片數張，並謂正與同學合寫社會學的書，以更新國內的社會學。

十一月二十四日，梁敬錞所長請假赴美，所長一職由王聿均代，引起年輕同仁不滿。

十一月二十六日，王克先自嘉義來信，謂新知辦不下去，他有愧職守。聞楊校長擬辦山東文獻，正奔走全省找同學幫忙。克先不知，辦山東文獻，係我向楊校長建議

的，時我參加近史所的區域近代化的集體研究計畫，研究
山東省，發覺在臺灣的絕大部分省市同鄉會都辦各該省市
的文獻，而山東闕如，言於楊校長，楊校長乃登高一呼，
創辦山東文獻。

十二月二日，李又寧自紐約來信，寄來代為補抄的
《格致匯編》目錄一份，並謂余秉權壓住《清季立憲期刊
敘目選輯》不出版，也不退稿。

十二月二日，李似玉自紐約來信，謂在一家醫院當
護士，問我有無出國進修打算。

十二月四日，下午去通化街潘元君處發新知第六期，
來助者只安志遠一人。此社有二十餘位社友，編輯、出
版、發行幾全靠我一人，但也感謝朋友們的捧場。

十二月六日，大華晚報編輯主任吳端安排該報記者
程榕寧就新知事作一訪問。

十二月十三日，晚黨史會李雲漢約劉廣京和我在博愛
路大利餐廳餐敘，劉先生晚宿我家。

十二月十八日，Linda Ch'en 自 New Jersey 來信，謂
她妹妹夢想來美，故嫁給洋人。到美國後叫苦連天，美國
那裡是天堂？

十二月十八日，程榕寧訪問的「一群書生創辦的新知
雜誌」（上）、（下）發表於昨今兩日《大華晚報》。

十二月二十四日，李國祁擬請李雲漢在師大歷史研
究所開課，我建議由李雲漢、蔣永敬合開國共關係。國祁
請示於文學院長沙學浚，沙不同意課名，謂將國共置於對

等地位。十二月二十七日與雲漢面談，決定由雲漢獨開，
課名自定。

十二月二十八日，梅諾萍（Novel R. Murer）來信，
謂讀到我的有關辛亥革命的論文，擬請教問題，下週將去
草屯國民黨史庫看資料，回來再見面。

十二月三十一日，晚至長沙曲園參加莊仲舒老師八十
歲生日宴，同學到者百人。

1972 年（民國六十一年）

是年三十八歲，續在近史所任副研究員，續辦《新知雜誌》，在師大歷史研究所開「中國現代史研究」，出版《晚清革命文學》，中文復回松山商職任教。

一月三日，邀新知社友吃中餐，談社務，到者李雲漢、黃寶琪、張煥卿、徐炳憲、安志遠、陶英惠。去年收入二萬，支出三萬，擬徵文，前三名一千五百、一千、八百，共需三千三百元；由社友捐款，國外已有王士英、薛興霞、李又寧、馬宏祥、吳章銓各捐四百元，國內已有李雲漢、黃寶琪、張煥卿、張玉法、李中文各捐二百元，共三千元。尚差三百元。

一月四日，西澳洲大學歷史教授 L. R. Marchant 來訪，彼研究耶穌教與中國改革。

一月五日，加州大學博士生 J. E. Barlow 來訪，彼研究中國國民革命與越南。

一月六日，孫英善自洛城來信，謂新知雜誌在美銷路不佳，但喬治亞大學理學院中國同學會長朱閏青卻很欣賞，一口氣訂購六十本。

一月七日，代老爺在研究院右側買百合公寓一棟，二十六坪二樓，十九萬四千元。

一月十日，陳三井自香港來信，謂港大尚未訂新知，請寄兩冊給林天蔚，以便辦理訂閱手續。

一月十二日，Earl Peters 太太自賓州 Manheim 來信，謂自1969 年以來，今年第一次無外國學生到其家過聖誕節，主要因為在哥大的朋友調動，而有些學生嫌路遠不願去。她們是謙誠的基督徒，信中除報告家庭中的狀況外，寫了許多宗教的事。

一月十四日，徐炳憲自政大訓導處來信，為新知介紹訂戶七、八人。

一月二十八日，李國祁送來副教授聘書，下學期在師大歷史研究所與張朋園合開「中國現代史研究」。

一月二十九日，託陳秀玉代找的臨時工江治來報到，主要的工作是寄發新知雜誌、送稿至印刷廠、領款，每月工作四天，酬三百元。

二月一日，三十八歲生日。

二月五日，下午大學雜誌第一次社務委員會議假天使飯店召開。

二月八日，中午與蔣永敬、李雲漢在臺北一條龍餃子館餐敘。

二月十二日，永裕印刷廠估價《晚清革命文學》印刷費，一千本，一萬三千五百元。

二月十三日，美國新知社友在沈大川家開會，到者蘇雲峰、吳章銓、王士英、薛興霞。建議：標題要醒目，增闢「編者的話」欄、「讀者投書」欄，不宜刊口號式的

文章，如「反攻大陸此其時矣」。

二月十四日，李西成自 Providence, R. I. 來信，謂穆清學會會員擬編教科書，如新知擴大為出版社，願為編寫教科書。

二月二十日，在文化大學城中區講演。

三月三日，王士英自 Trenton, New Jersey 來信，謂沈君山最近在美國草公開信，促政府大力改革，一週之間已有百餘人簽名。信已寄張羣祕書長轉蔣總統。

三月六日，韓景春的太太黃秀琴寄來《新知雜誌》一年訂費 210 元。

三月十四日，林燕珠自紐約來信，謂已收到代購的「中國歷史系統圖」。

三月十五日，倫敦大學亞非學院所辦的 *Modern China Studies: International Bulletin* 來信，願登載近史所的學術活動消息。

三月十五日，哥大 The Graduate Faculties Alumni 寄來會員證。

三月十七日，Linda Ch'en（史家嫻）自 Jersey City, New Jersey 來信，謂我所住 113 街的房東 Miss Conley 已於去年十月去世。

三月二十一日，臺北環宇出版社來函，願代銷《晚清革命文學》五百本，以五折結賬。

三月二十二日，韓景春自花蓮來信，願為推銷新知盡力。

四月二十三日，孫英善來信，謂第二年第二期新知寄來三十本，只售兩本，但馬樹禮、陶鵬飛均贊許。

四月二十六日，人事室通知，謂團管區司令部來函，准予儘後召集。

四月二十六日，李雲漢自黨史會來信，謂我尚非歷史學會會員，一俟理事會成立，將與李守孔聯名推薦。

四月，王士英自紐澤西來信，謂叢樹朗要在新知登廣告，可送他一百本，他開補習班，專門訓練學生留美，有學生三千人，新知可登有關留美和托福資料。

五月一日，孫英善自洛杉磯來信，謂正籌辦包機，如有成，每位乘客將送新知一期；為了辦包機，又組織了「長堤中國學生聯誼社」。

五月一日，王衍豐自 Manchester, N. H. 來信，談為新知雜誌寫稿事，

五月一日，王士英自紐澤西來信，謂美加補習班願包銷新知五百份。

五月九日，受李雲漢之邀，在其文化學院的課中講「著作的條件與過程」。

五月三十一日，晚在自由之家參加曾虛白師的壽宴。

六月十五日，陳秋坤自中和來信，談訂閱新知雜誌事。

六月二十三日，王衍豐自美國來信，謂新知銷路不好，第一年第五期賣十三本，第六期賣七本，第二年第一期賣五本，書局已不願代售。

六月二十四日，張建國自女師專來信，問我是否可去

女師專暑期班開「史學通論」或「西洋文化史」的課。

六月二十八日，張存武、郭正昭、藍旭男聯名請梁所長停閉日語班，謂日語班開於郭所長時期，已六、七年，頃聞所中經費拮据，特請停閉，以副「節省經費」之望。

六月，六十一學年度大學暨獨立學院聯合招生委員會聘為歷史科閱卷委員。

七月七日，與王爾敏、李國祁散發「中央研究院近代史研究所同仁改革所務意見書」，意見凡十條，包括擴大所務參與、研究人員升等機會平等、成立考績小組等。

七月十五日，六十年度近史所考績列貳等。

七月十九日，孫英善自洛杉磯來信，引王士英之語：紐約的聯合雜誌之所以能發行數千份，開始是由包機養雜誌，雜誌為包機宣傳。

七月，留美學人發起創辦《人與社會雙月刊》，預計十月十日出版第一期，發起人有張京育、魏鏞、邵玉銘、劉源俊等，陸續參加者有沈君山、丘宏達、孫同勛等。

八月六日，王士英自美來臺；八月十二日孫英善自美來臺。與彼等商新知事。

八月六日，史家嫻自紐約來信，深讚房東 Miss Conley 生活節儉，問她為何如是節儉，她說會活到 120 歲，決不要福利救濟。結果活了 86 歲。

八月，中文復回松山商職教書。

九月二日，呈王聿均代所長，管理員周提供院方出

版之本院概況，有關本人之資料錯誤甚多，經與交涉，暴跳如雷，並親寫「亂塗」，且簽名蓋章。此人常發脾氣，王亦無法。

九月九日，教育部致函中央研究院總辦事處，請中央研究院推薦學者參加 1973 年七月十六日至二十二日在巴黎舉行之第二十九屆學者會議。推薦條件是：1. 高度愛國心，2. 熟悉英文，3. 論文內容充實。至十二月八日，教育部來文准我向大會申請出席。十二月十二日函大會申請，擬提論文 "Some Quantitative Appraisal of the 1911 Revolution in China"。事為大會所接受。但至 1973 年十二月五日，教育部來函，謂限於經費和名額，不邀張玉法參加。乃呈所長王轉院長錢說明一切，並謂原擬參加之陳昭南不參加，可否遞補其缺，中研院據此函教育部，未見下文。

九月十六日，於近史所討論會講「論辛亥革命——研究清季的革命團體所持的若干論點」。

十月二十三日，Linda Ch'en 自 New Jersey 來信，謂擬去西部做事，為我管理的存款戶尚有六十一元，當如何處理。

十月三十日，永和鎮劉力平來信索閱《先秦時代的傳播活動》一書，寄贈之。

十一月一日，姚季農來信，謝孫英善轉寄《新知雜誌》，擬購第一年各期全部（共六期）。

十一月三日，收到員林實中陶然老師為新知所寫之

詩稿。

十一月七日，孫英善來信，謂為辦包機忙，並索1963-1964 年間他在《文星》上所發表的雜文。

十一月七日，王衍豐自 New Hampshire 來信，謂聽王士英說新知銷路不佳，當努力為新知寫稿。

十一月十二日，王士英自 New Jersey 來信，討論為新知找財源，謂環宇出版社為《大學雜誌》的後台老闆，不知能找美加補習班作為新知的後台老闆否？又謂孫英善辦包機，擬每人多收二元，可得五百元，資助新知。

十一月十八日，近史所通知，六十一學年度國科會補助研究費已核定，請辦理簽約手續。

十一月二十日，張緒心自美國來信，謂收到新知第二年第五期五本（發表稿件贈送）。

十一月二十二日，呈所長梁敬錞擬購黨史會出版的《民立報》，梁將報告批交事務室曹介甫，曹謂定價24,750 元太貴，本所有微捲可閱讀。

十一月二十五日，下午出席師大歷史研究所師生聯誼會。

十一月三十日，王衍豐自 New Hampshire 來信，謂新知社友能寫稿者不多，有新見解者亦不多，而許多人又懶散，故拉稿困難。

十二月四日，中央研究院中美人文社會科學合作委員會聯合研究工作室寄發公啟，告知歷年來舉行學術座談會的情形，其中 1971 年十二月二十一日下午七時座談

辛亥革命，主講人為張玉法、William Johnson、Anthony Sukowatay。

十二月五日，秦賢次自民生東路來信，附補充〈近代中國書報錄〉（玉法撰）二十餘條。

十二月九日，臺大歷史系四年級陳錦標來信，謂現在師大旁聽我的課，想做點研究，擬定四個題目，問我那一個可做。又謂現正讀我介紹的 Jerome Chen "Historical Background"，望多介紹英文論文，以便閱讀。

十二月二十日，陳三井自法國來信，謂正推銷新知雜誌，並擬為新知寫稿，告知香港林天蔚已收到新知。

十二月二十九日，李又寧自紐約來信，謂收到《晚清革命文學》，並寄來支票，買幾本送人。又謂美國的學風漸壞，許多大學教授連打分數的制度也取消了。

十二月三十日，Earl Peters 太太自賓州 Manheim 來信，謂聖誕假期她們走訪親人，先去自己的父母家，父已七十四歲，做牧師；又去 Peter 的父母家，母親有癌症，健康如常。

十二月，林燕珠來信，望能開些中國史、日本史書單，供她閱讀，以利教學。

是年，《大學雜誌》社務委員已一百零二人，仍列名其中，列名而已！

1973 年（民國六十二年）

　　是年三十九歲，完成《清季的革命團體》書稿，參
加李國祁主持的「中國近代化的區域研究（1860-1916）」
集體研究計畫，研究山東省。

　　一月二十日，呈代所長王聿均，《清季的革命團
體》專刊稿打印費八千二百元，請比照抄寫費補助四千
八百八十元。

　　一月，辦理後備軍人儘後召集手續。

　　二月一日，三十九歲生日。

　　二月五日，賴澤涵自伊利諾來信，謂功課太忙，無力
支援新知。

　　二月六日，臺灣省新聞處來函，謝允參加大專院校
教授省政參觀團。

　　二月十日，下午二時半至史語所參加食貨出版社第
二次談話會，討論任股事，從五十股至二百股不等，我任
五十股。

　　二月十四日，參加六十二年度寒假大專教授省政參觀
團，中國國民黨青年工作會主辦，參加者一二九人。上午
十時至臺中火車站報到，參觀期間住臺中寶島飯店、臺南
飯店、高雄華王飯店，參觀項目包括基隆港、曾文水庫

等，至十七日結束，自高雄乘莒光號北返。

二月十四日，李本京致函李雲漢，謂新知編輯冷硬，應找美編朋友幫忙，願出股金四百元。

三月八日，李雲漢來信，為《中華學報》拉稿，並謂下週二李國祁在中華民國史料研究中心講演，望捧場。

三月十四日，臺北市南港區後備軍人教育召集，在臺肥六廠聽訓一天。

三月二十九日，李雲漢來信，對我的《清季的立憲團體》提出一些意見。

三月三十日，*The China Quarterly* 助理編輯 Mrs. Jill Kitson 來信，為 *Modern China Studies: International Bulletin* 徵稿，並謂為支援經費，歡迎訂閱。

四月一日，近史所王聿均代所長聘為出版基金委員，任期至 1975 年三月三十一日。

四月十日，李雲漢來信，謂十八日與蔣永敬、呂芳上至近史所參觀。又提到新知經費困難，恐要停刊。

四月十八日，李雲漢來信，希於中國歷史學會現代史組作論文報告，彼與蔣永敬、李守孔為現代史組召集人。

四月十九日，巨煥武寄來一千元，作為新知雜誌股金。

四月二十五日，葉郁寧自關島來信，謂在領事館找到工作，並寄兩元美金訂新知雜誌。

四月二十五日，孫英善自洛城來信，提到我參加中央日報的座談會。

四月二十七日，吳章銓自紐約來信，謂新知苦撐兩年

不易,因海外政治轉向(親中),欲其支持中華民國困難(意為新知論調以中華民國為本位)。

四月三十日,師大歷史研究所來信,請為今年度碩士班畢業考試命題一道,為「中國史第四段」。

五月五日,近史所通知,六十二年度國科會研究獎助名單,我研究的題目是「民國初年的政黨」。

五月十三日,郭所長自紐約來信,自稱「七十年已過而百無一成」,等候讀我的《清季的立憲團體》一書。

五月十六日,李雲漢來信,不贊同我為林瑞翰的「岳飛是軍閥」撐腰,因為教科書與學術論文不同。

五月二十日,至輔仁大學參加中國歷史學會第九屆會員大會,於會中講「論辛亥革命」,理事長黃季陸主持。

五月二十二日,陳祚龍自法國來信,索閱新知各期,並願為新知供稿。

五月三十一日,賴澤涵自伊利諾來信,謂收到新知,現值博士學科考,無暇寫文。

六月一日,政治作戰學校聘為政治研究所碩士學位考試委員。

六月三日,李雲漢來信,謂李本京正向中廣董事長谷鳳翔、總經理董彭年推銷新知雜誌。

六月十一日,王士英自美國來信,謂新知在紐約銷路極差,日後每期只寄十冊,並寄來股金二百美元。

七月九日,晚李雲漢在同慶樓宴張緒心、劉紹唐、郭榮趙、玉法等。

七月二十八日，利開演自香港來，晚師大史地係四十八級同學多人在鐵路餐廳餐敘。

七月，撰近史所四至六月績效報告：續寫「民國初年的政黨」，編輯「清季科學期刊敘目選輯」。

八月二日，六十一學年度近史所考績列壹等。

八月十二日，李雲漢來信，對《清季的革命團體》一書提意見：一為只談團體的組織、宣傳，少談活動；二為有些革命團體是同盟會的分支，不是獨立團體，如文學社、共進會，這些團體與同盟會有同有異。

八月二十三日，中午李雲漢約李又寧、蔣永敬和我在峨眉餐廳餐敘，談出版「中國現代史論文集」和出版「中國婦女史專號」事。

八月二十四日，上午李又寧來近史所，表示要獨資出版《近代中國女權運動史料》。

八月二十四日，林毓生之弟毓彬索近二期新知雜誌。

八月三十日，晚與王壽南、王爾敏參加谷鳳翔晚宴，玉法決定為文化復興委員會擬出版的「近代思想家小傳」叢書寫「章太炎」。

八月，與國科會訂研究補助條款，題目「中國近代化的區域研究──山東省（1860-1916）」，補助額三萬六千元，每三個月領九千元。

八月，於三年三期《新知雜誌》發表「請成立『歷史法庭』審理岳飛被誣案」。

九月二日，王士英自美來信，願任新知二十股，並謂

叢樹朗的美加補習班表示願支持新知雜誌。

九月八日，近史所出版基金會開會，王樹槐主席，玉法記錄，另一小組委員為張存武，列席錢望之（會計）、李念萱（圖書館）。小組決定：由本基金出版之圖書，贈送及交換名單送本小組；本基金之出版品，除成本折扣外，另以百分之三十撥本基金，作為保值之用。

九月二十日，香港留美學生陳錦標來信，謂彼原讀臺大，去年上學期曾到師大歷史所旁聽我的「中國現代史研究」課，今年六月在臺大畢業後，申請到 Ball State University 歷史系，在該校讀書的李朝津回港後考上中文大近代史研究所。在 Ball 讀書的中國學生有十餘人，中國籍教授有五、六位。

九月二十三日，《青年戰士報》發表國科會六十二年度研究補助名單：教授級四七五人，副教授級四零二人，講師級四一零人，助教級二一六人。玉法為副教授級。

十月十七日，李雲漢來信，謂新知辦不下去就停刊，不要找人接辦。又因此間稿債太多，無法再助李又寧研究婦女史。又謂我在新知上對近史所長有批評，是少壯派應該做的。

十月二十九日，陳祚龍自法國遠東學院來信，謂擬為新知寫稿。

十月三十一日，張喻成自軍中來信，謂已自湖口調臺中。

十月，撰近史所七至九月績效報告：發表〈洪門及

其反滿活動〉，寫「論辛亥革命」在近史所討論會提出
報告。

十一月五日，臺灣省交通處來函，謂暑假省政參觀，
對交通建設之意見甚為寶貴，特此致謝。

十一月五日，研訂「中國現代史」課程教學參考大綱
小組委員會在教育部開會，原聘小組委員李國祁因故不參
加，由張玉法遞補，小組委員另有李守孔、呂士朋、李雲
漢、王聿均等。

十二月十一日，閻沁恆來信，謂接了政大歷史系主
任，又逢文學院接受評鑑，加以不斷審查各方論文，忙得
人仰馬翻。

十二月十二日，劉增華自加拿大來信，謂九月八日搭
機離臺，經洛杉磯機場（遇孫英善送友）回加已三個月，
忙著找房子及準備開學，迄今始能寫信。並謂收到寄給他
的新知四本。

十二月二十八日，陳祚龍自法國遠東學院來信，謂
收到新知五冊，並寄來「簡介法國元老教授院及其華學講
座」一稿給新知。

十二月，高雙英老師（日語）自紐約來信，謂梁敬錞
找他翻譯史迪威事件，因未找到出版社，尚未定。

十二月，於第三年第六期新知發表「從傳記文學到
傳記史學──評介李雲漢先生近著三種」。

是年，王聿均審查《清季的革命團體》書稿，通過
出版。

1974年（民國六十三年）

是年四十歲，仍住研究院路宿舍，自二弄四號搬至三弄二號；續研究「中國近代化的區域研究——山東省（1860-1916）」；續在師大歷史研究所開「中國現代史研究」，新至政戰學校政治研究所開「中國國民革命史」；停辦《新知雜誌》，創刊《山東文獻》；發生《幼獅月刊》事件。

一月二日，「新知雜誌業務報表」寄臺北市政府。

一月三日，張喻成自澎湖港底來信，約我們全家去玩。

一月四日，上午列席中研院宿舍分配會議，分得研究院路二段六十一巷三弄二號。

一月五日，三弄二號宿舍擬整修，下午約羅記工程行來估價，約四萬元之譜。

一月七日，師大歷史研究所「中國現代史研究」今為本學期最後一節課，選課學生呂芳上、江勇振、劉德美、李春美。

一月十五日，約柯淑芳為臨時私人助理，每週來一天，先做「近代山東大事記」。

一月二十日，自研究院路六十一巷二弄四號遷居三

弄二號。

一月二十九日，陳錦標自印地安納州的 Ball State University 來信，謂請鄭竹園為指導教授，擬研究中國鐵路建設，不知到何處找材料。

一月三十一日，美國新聞處來函，謂可至美國新聞處圖書館閱讀資料。

二月一日，四十歲生日。

二月五日，近史所出版基金會開會，王樹槐主持，張存武記錄，玉法為委員，列席者錢望之（會計）、李念萱（圖書館）。所長王聿均報告基金存款八十萬元，原規定出版基金用於出版原始檔案，今年除出版原始檔案外，尚餘二、三十萬元。會議決定向所務會議建議，移作出版專刊。

二月九日，美國亞洲學會駐中華民國辦事處艾文博（Robert L. Irick）來信，謂威斯康辛大學圖書館請贈《新知雜誌》一套。

二月十八日，陳祚龍自法國來信，問及陳三井，希望將《歐洲雜誌》改為月刊出版，俾介紹歐洲學術文化。

二月十九日，出席教育部高教司召開的研訂中國現代史課程教學大綱委員會議，建議將教學大綱中的「國父」改為孫中山先生、「總裁」改為蔣中正先生。

二月二十八日，近史所通知，國科會六十三年度資助本所學術書刊出版費，有張朋園、陶英惠、黃嘉謨、黃福慶、張玉法的書。玉法之書為《清季的革命團體》，補助

八千元。

三月五日，報上年綜合所得稅，繳 1,180 元。

三月十六日，於近史所討論會講「歷史研究的量化問題」。

三月十八日，王正明自美國來函，由於我問其如何能使新知支撐下去，自稱「十年來，留學、留居、流亡，一無所成，連自己也對不起，更何談對國家的責任、對學術的義務」。

三月十八日，臺大教授兼政戰學校政治研究所主任繆全吉來，約在政治研究所開「中國近代革命史」，我以題目太大，建議改為「中國國民革命史」。

三月二十六日，晚與陶英惠逛光華商場，係牯嶺街之舊書攤遷至工專附近大橋下者。

四月十一日，李又寧自紐約來信，謂正搜集女權史料，並試著向哈佛燕京申請經費。又謂鮑家麟的工作與我們有些重複，惟她從專題著手，我們從史料著手。

四月十四日，李守孔告知，教育部不接受將教學大綱中的「國父」改為孫中山先生、「總裁」改為蔣中正先生。（二月十九日開會討論教學大綱時提出的建議）

四月十六日，楊展雲校長自員林來信，寄六百元助新知，並討論到創刊《山東文獻》事，希擬定好參與人、撰稿人等告知。

四月三十日，楊校長來信，謂收到我四月二十日的信，《山東文獻》應由屈萬里領導，成立發起會，由小組

推動。

四月三十日，下午繆全吉陪同我至政戰學校政治研究所為班上同學上「中國國民革命史」的課，選課學生四人，程度尚好。

四月，史家嫻自 New Jersey 來信，謂她們為我經管的帳戶尚餘 43.09 美元。又謂唐德剛已搬至 Norwood 住。

四月，撰近史所一至三月績效報告：開始寫「中國近代化的區域研究──山東省（1860-1916）」，發表「興中會時期的革命宣傳」、「同盟會時期的革命宣傳」、「現代中國史的分期問題」，審查陶英惠《蔡元培年譜》書稿。

四月，於《新知雜誌》第四年第二期發表「史學革命論」。

五月六日，李又寧在哥倫比亞大學複印《新譯界》八冊寄來，謂編婦女史料原想與鮑家麟合作，似有拒意。又謂哈佛燕京學社若不補助，女權史料擬自費出版。又提到我擬辦「現代中國史研究季刊」，會極力支持。

五月十四日，中國歷史學會理事長黃季陸來信，謂第十屆年會籌備小組推我為年會論文宣讀召集人、《史學集刊》第六期審稿委員。

五月二十三日，楊展雲校長自員林來信，謂屈萬里答應參與發起山東文獻甚好，所擬山東文獻出版大綱亦好，每年需款二十萬不算多，一次捐二百多萬基金不算少。

五月二十六日，出席在臺大法學院舉行的中國歷史學

會會員大會，由黎東方講「歷史不僅是一種科學」。

五月三十日，商務印書館結賬，1974.1.1-1974.3.31《先秦時代的傳播活動及其對文化與政治的影響》，只賣二本，一百元，得四十元。

五月，草「發起現代中國研究會啟」。

六月六日，我與李又寧合編的《近代中國女權運動史料》，前由師大歷史研究所長李國祁代為向哈佛燕京學社申請出版費，今接哈佛燕京學社來信，謂哈燕不資助出版費，僅資助研究費，給一千美元作為資料搜集費。

六月十日，楊展雲校長為創刊《山東文獻》，在會賓樓宴客，到者劉安祺、劉安愚、孔德成、屈萬里、姜增發、于仲昆、陶英惠和我，決定由姜增發起草章程。

六月二十日，所長王聿均決定出版《清季的革命團體》書稿。

六月二十五日，楊展雲校長自員林來信，謂姜增發所擬山東文獻章程甚好，可請屈萬里先生校閱。

七月六日，傳記文學出版社劉紹唐為推出「民國人物小傳」，晚約人商議寫稿事，到者蔣永敬、李雲漢、李守孔、黃大受、陶英惠、秦賢次和我。

七月二十二日，近史所六十二學年度考績列壹等。

七月二十四日，歷史語言研究所與近史所聯合舉辦「歷史學研討會」。錢穆主講「如何加強研究機關、大學、公共圖書館設備使臺北地區成為國外文史學者嚮往的中國文化研究中心」，沈剛伯主講「如何鼓勵青年從事本

國古代史研究」，屈萬里主講「各學術及文教機關所藏明清以來檔案及其他史料如何加強整理俾便學術研究」。主題講演後進行討論。

七月二十六日，李又寧自紐約來信，謂哈佛燕京學社對女權史料補助雖少，但可喜。

七月二十六日，近史所聘書發，所長以一人一職為名，建議將李國祁改為兼任。

七月三十日，師大歷史研究所接學校通函，凡未辦理教師資格審查者，統限於六十四年一月底以前補辦。

七月，撰近史所四至六月績效報告：續寫「中國近代化的區域研究——山東省（1860-1916）」，發表「歷史研究的量化問題」。

八月五日，張京育、劉源俊、趙守博、楊孝溁聯名來信為《人與社會雙月刊》約稿，謂下期出「國是問題」專號。

八月六日，寫「民國人物小傳」十篇，交陶英惠轉劉紹唐，作為「交差」。

八月八日，孫英善自洛杉磯來信，謂此次回國只見到我、戴之昂、莊惠鼎、馬寧等數人，已絕從政之念。並謂今晚美國總統尼克森辭職，無奇不有。

八月八日，晚與安志遠、王吉林在大利餐廳餐敘，吉林擬接辦《新知》，囑其籌資本、找社員，如本社社友贊同，明年一月可正式接辦。

八月九日，下午去青潭晤張忠棟、張京育、劉源俊，

彼等之《人與社會》擬合併《新知》。

八月十一日，葉郁寧自關島來信，謝寄《新知雜誌》，但忘了寄訂費。

八月十二日，建議政戰學校政治研究所，下學期將課名「中國近代革命史」改為「中國國民革命史」。

八月十四日，近史所「中國近代化的區域研究」計畫第一年完成，召開「傳統經濟與人口問題研討會」，玉法報告「山東的農民與土地的關係」。

八月十五日，政大東亞研究所陳健傳來信，擬購《新知雜誌》四年一期迄今。

八月二十二日，收到《中華文化復興月刊》發表「中國現代化的動向」稿費四千二百元。

八月二十二日，陳祚龍自法國來信，寄「留學簡札」給《新知》。

八月二十六日，李又寧自臺北返美途中於大阪來信，謂蔣君章所編《傳記精華》一套四冊，頗可讀。

八月二十六日至次年二月九日，政治作戰學校政治研究所「中國國民革命史」一課排於星期二上午十至十二時，軍車接送，任課者有任卓宣、王昇等。

八月，國科會獎助「中國近代化之區域研究——山東省（1860-1916）」研究計畫，自 1974 年八月至 1975 年七月，共 48,000 元，分四期撥給。

九月四日，范延中（在臺北開神嘉建設公司，父范熙壬為晚清立憲派人）來函，謂明年擬組公司，專司出版，

盼先期規劃。

九月五日，蔣永敬來信，謂如登記出版社，可以他的名義。

九月二十日，何秉志自士林來信，約師大史地系四十八級班友於九月二十八日下午在其家一聚。

九月二十六日，范延中來信，談到我請李又寧複印《新譯界》事。

秋，卓文義自空軍官校來信，謂今年元月開始，任教於空軍官校政治系。又謂為新知長期訂戶，盼能補全以前各期。

十月六日，陳勤自國史館來信，係回答我之詢問，如何習漫畫：1. 先畫石膏像。2. 從事速寫人物。3. 表意要有幽默感。4. 需要有一個容忍和開放的社會，大家都開得起玩笑。

十月十五日，與張朋園聯名向所務會議提「請加強本所與各大學合作案」。

十月十六日，楊展雲校長自員林來信，謂到過南投、雲林、臺南、高雄，並計畫去花蓮、臺東，讓各地同學、同鄉支持《山東文獻》；如臺北同學聚會，當去參加。

十月十六日，與張朋園聯名呈院長、總幹事：近史所所務會議討論與各大學合作案，發言反對者二人，發言贊同者八人，王所長不付表決，逕予擱置。

十月十九日，參加國史館舉行之討論會，由沈雲龍講「黃膺白先生的生平及其識見」。

　　十月二十六日，孫英善自洛杉磯來信，謂與王士英聯絡不上，新知能撐到年底已不錯，等大家經濟穩定再辦吧！

　　十一月二日，師大歷史研究所碩士班畢業生學科考，為中國史第四段（現代史）命題。

　　十一月五日，鉛印「發起山東文獻啟」和「山東文獻徵稿簡約」。

　　十一月五日，幼獅月刊社原約我為 Pye 的 *Warlord Politics* 寫書評，排好付印前被抽下，寄來稿費 1,500 元，抽印本 20 份，謂明年一月可刊出，據說該文有為軍閥張目之嫌。

　　十一月九日，中華文化復興委員會寄來「中國歷代思想家」叢書體例，玉法撰《章炳麟》。

　　十一月十五日，張存武一再表示要介紹我入國民黨，我以「國民黨人才已多」，婉拒之。

　　十一月八日，美國 Kansas 大學博士生 Douglas H. Easter 來信，謂擬研究五四時期的東西文化論戰，請指教。

　　十二月三日，楊展雲校長自員林來信，謂上月去宜蘭、花蓮、臺東、臺中，與同學、同鄉相聚，談《山東文獻》出版事，並寄來「陳明侯年譜」、嶧縣地圖，又謂曾探詢彰化縣政府登記事，需有資金三十萬元。又謂十二月五日，會與孫繼丁同去臺北。

　　十二月十九日，王壽南來信，為《新知》停刊婉惜，謂新知遺言九大願望，充滿對國家和社會的關懷。

十二月十九日，國史館長黃季陸、故宮博物院長蔣復璁、史語所長屈萬里、近史所長王聿均開整理檔案小組會議，決定整理各機關所藏檔案，編聯合目錄。

十二月二十三日，劉曉武老師自員林來信，謂接到十二月份《新知雜誌》，並知已停刊。問及《山東文獻》籌備的如何，曾陪楊校長去嘉南地區聯絡同學支持。

十二月二十八日，陳祚龍自法國來信，為《新知》停刊婉惜，盼能再創學術月刊，發現發明，重美重歐，興文興化，救國建國。個人目下為《人與社會》寫稿。

十二月，於二年五期《人與社會》發表「現代中國史研究的趨勢」。

1975 年（民國六十四年）

　　是年四十一歲，創刊《山東文獻》，與東華書局訂約撰《中國現代史》，出版《清季的革命團體》，晉升研究員，蔣中正總統病逝臺北，郭廷以老師病逝紐約，李超老師病逝臺中，出版《近代中國女權運動史料》。

　　一月五日，《人與社會雙月刊》來函，謝我為該刊撰稿，並捐出稿費（以夏文正為筆名）。

　　一月九日，楊展雲校長自員林實中來函，索印刷廠證明書，以便為山東文獻辦理登記。

　　一月九日，張煥卿自政大東亞研究所來信，謂申請去哈佛燕京學社訪問需口試，請告知口試大體內容。

　　一月十日，褚承志自中興新村來信，請代為複印山東教育史料；一月十九日又來信索山東督軍、省長、主席之姓名、任期。

　　一月十四日，張筠山老師自員林來信，寄來「蒙陽絮語」稿給新知。

　　一月十四日，China Post 社長余夢燕老師來信告知，哥倫比亞大學副校長 William T. DeBary 來臺，一月十七日哥大同學有歡迎午宴，希購餐券參加。

　　一月十五日，永裕印刷廠告知，幼獅月刊已決定將

評軍閥政治一文抽出，是後知道幼獅月刊編輯部為欲發表此文改組。

一月十六日，孫英善自洛杉磯來信，謂收到為李超老師編印的哀思錄。

一月二十五日，楊展雲校長自員林來信，謂已辦妥《山東文獻》登記，三月初可核下。聯絡之撰稿人有田誼民、田少儀、魏懋傑等，另擬約有關立監委、國代撰稿。

一月二十五日，永裕印刷廠為山東文獻估價，100 頁，印 5,000 本，37,050 元。

一月二十八日，向國科會寫六十三學年度期中研究報告「中國近代化的區域研究——山東省（1860-1916）」。

二月一日，四十一歲生日。

二月三日，佟秉正自倫敦大學來信，謂荒戲海外，未能為新知寫稿。

二月十四日，呂芳上自黨史會來信，謂囑譯 Marry Wright 之文已完成，請改正。

二月十四日至八月二日，在政治作戰學校政治研究所開「中國國民革命史研究」的課，上課在上午十至十二時，軍車接送（北投至南港），時謝延庚為所長。

二月二十五日，李雲漢來信，謂李又寧要他寫婦女史的文章，只好接受。

三月十二日，為紀念孫中山逝世五十週年，李雲漢、蔣永敬和我在中華民國史料研究中心的討論會報告研究孫中山的史料，我負責介紹研究孫中山的英文史料，介紹了

Sharman、Schiffrin 等人的著作與觀點。

三月十四日，馬先醒自文化大學來信，謂前編《漢史目錄》，因不成熟，已毀棄，無法寄贈。

四月五日，夜十一時許，蔣總統心臟病發，病逝於榮民總醫院。副總統嚴家淦繼為總統，蔣經國仍為行政院長。

四月十日，臺北醫學院學生陳勝崑來信，謂讀《新知雜誌》，知有《清季科學期刊敘目選輯》，甚有興趣，不知所列科學期刊，國內何處可見。

四月十二日，約朱炎、趙儒生、張存武、陶英惠談主編《山東文獻》事，決定英惠編第一期，玉法編第二期，存武編第三期，朱炎編第四期，儒生任發行。

四月二十二日，李雲漢來信，謂《綜合月刊》發行人張任飛二十四日晚在藍天請吃飯，受約者有逯耀東、張忠棟、李永熾、蔣永敬、李雲漢、胡春惠、玉法等。

四月二十四日，今與東華書局老闆卓鑫淼訂約寫《中國現代史》，呂實強寫《中國近代史》，李國祁寫《中國通史》。

四月，寫近史所績效報告：續寫「中國近代化的區域研究——山東省（1860-1916）」，撰「章炳麟」三萬字，撰「評石約翰《德國在山東》」，《清季的革命團體》付印中。

五月三日，楊展雲校長自員林來函，謂《山東文獻》事與陶子厚、苗育秀談過，又謂發起《山東文獻》名單列

入王志信、苑覺非校長甚好，另可以「山東史料室」的名義，徵求山東史料。

五月十一日，楊展雲校長自員林來信，謂昨晚由高雄歸，所得山東同鄉會名冊老舊，地址多變更。又謂月中再去基隆聯絡。寄來李升如「八年抗戰之山東」抄稿及有關山東之書四冊。

五月十二日，中華文化復興委員會寄來《章炳麟》稿費及《蔡元培》審查費，共六千九百元。

五月十八日，李又寧自紐約來信，謝助其完成《中國婦女史論集》的編輯，盼續出二輯、三輯。又謂我擬成立出版社，盼擬定宗旨、章程，俾向有關機構申請資助。

五月二十二日，孫英善自洛杉磯來信，讚佩與莊惠鼎等辦實中校友會。

五月二十五日，下午出席政大新聞研究所在信義路中心餐廳為曾虛白老師舉辦的祝壽茶會。

五月二十五日，羅剛在史學年會借題發揮，批評我在《人與社會》所發表的〈中國現代史研究的趨勢〉一文。

五月三十日，為師大歷史研究所碩士班學科考試「中國現代史」命題。

五月，臺北醫學院學生陳勝崑來信，謂「中國書報錄」載有《格致彙編》、《科學一斑》二雜誌，不知何處可以找到。

五月，草「山東文獻發刊詞」及「山東文獻預算表」。

六月七日，楊展雲校長自員林來信，謂屈萬里所寫

「山東文獻發刊詞」甚好，並謂趙儒生告知，基隆山東同鄉名冊已得三百餘人。

六月七日，近史所升等投票，李念萱、陳存恭升副研究員，趙中孚、陳三井、張玉法升研究員。玉法因有《清季的革命團體》專刊，八票全贊同。

六月十日，綜合月刊社張任飛來函，謂擬為「總統蔣公」出一本書，望稿能早日寄下，八月四日又來信催稿。至八月十一日，胡春惠、蔣永敬和我都已交稿。

六月二十三日，褚承志自中興新村來信，提到為《山東文獻》寫稿事。

六月二十四日，政府控制學術的氣氛濃厚，文崇一、楊國樞、胡佛談現代化的稿子登不出來，近史所突破困境，還在做「中國近代化的區域研究」。

六月二十五日，李雲漢來信徵稿，謂擬編《研究中山先生之史料與史學》。

六月，李符桐老師自師大歷史系來信，謝贈《清季的革命團體》一書。

六月，創刊《山東文獻》季刊，與陶英惠輪流主編，楊展雲校長任發行人，趙儒生做實際發行工作。

七月五日，李超老師在臺中菩提醫院過世，享年七十二歲。七日與李實馨、潘元民、陶英惠、徐炳憲去臺中，至殯儀館料理超師喪事，葬魯青公墓。下午回臺北。

七月十三日，呂芳上自黨史會來信，介紹加拿大Carleton 大學博士生蕭始耀來見，彼研究 1900-1949 年中國

婦女運動。

七月十五日，政治作戰學校聘為政治研究所碩士學位考試委員。

七月二十日，孫英善自洛杉磯來信，討論為李超老師出哀思錄的事，並捐給《山東文獻》美金五十元。又謂為建國會數度回國，身為形役，雙重人格。

七月二十一日，近史所六十三年度考績列貳等。

七月三十一日，臺北當代名人錄出版社來信徵集資料。

七月，撰近史所績效報告：「中國近代化的區域研究——山東省（1860-1916）」計畫，完成「政治的現代化」、「經濟現代化」，約二十萬字。

七月，受聘為近史所集刊編輯委員。八月六日上午開第一次會，推張存武為執行編輯。

八月一日，李雲漢來信，謂我辦《山東文獻》，將他列為編輯，許多朋友向他索《山東文獻》。又詢問我家的電話裝好未？

八月五日，李又寧自曼谷來信，謂二十二日抵臺北，二十三日晚約我與李雲漢、蔣永敬等餐敘。

八月五日，近日答應師大歷史所黃益謙、劉汝錫，政治作戰學校陳南星、王瑋琦，指導其論文。

八月八日，楊展雲校長自員林來信，謂許多同鄉不知如何訂閱《山東文獻》，可發通知告知如何利用郵政劃撥。又謂房租和用人費每月五千元太浪費，不需租房，找個住家掛牌即可。

八月十一日，王興惠老師自員林來信，告知各地前來公祭李超老師的情形，並討論出版追思錄事。

八月二十日，楊展雲校長自員林來信，謂《山東文獻》訂戶三百多人，不必悲觀，擬找陶子厚、苗育秀登廣告。

八月二十五日，魏懋傑致函楊展雲校長，告知向孫繼丁、丁芸初（前膠縣縣長）訪談山東名人逸事。

八月二十七日，王興惠老師自員林來信，謂苑覺非校長對為李老師出哀思錄極為贊成，當此世風日下、師道掃地之際，尤有意義。

九月三日，李雲漢再來信，謂擬編《研究中山先生的史料與史學》，我答應介紹英文史料。至九月十二日，李雲漢來信，謂收到「孫逸仙博士的一篇回憶錄」等史料。

九月十二日，為國科會審查研究獎助案一件。

九月十四日，Arthur L. Rosenbaum 自美來信，介紹其學生 Miss Brond Sansom 來臺習中文。

九月十五日，曾虛白先生新聞獎基金會來信，謂已捐得 506,282 元，附捐款人名冊。

九月十五日，所長王聿均告知，郭廷以所長在紐約病逝，享年七十二歲。

九月十七日，下午與楊展雲校長、趙儒生、周群等談《山東文獻》社務，現有訂戶八百餘，榮譽贊助戶七十人。

九月二十一日，闞宗愷自臺中大同國小來信，謂李超

老師的墓園已修好，並附寄照片。

九月二十四日，李又寧來信，告知郭廷以師在紐約病逝，張朋園參加喪禮。又謂范延中要出版的立憲派雜誌均印完，明天寄出。又謂擬介紹在政大讀書的聯合報記者江陵燕助編婦女史資料。又計畫將晚清期刊盡量搜集，將寫晚清期刊史。

九月二十七日，張朋園自芝加哥來信，謂此次至美，曾在哥倫比亞大學、普林斯頓大學、喬治華盛頓大學、密西根大學、芝加哥大學報告中國近代化區域研究的成果，並提出清朝晚期力事改革，並不腐敗，改變了美國史學界原來的看法。又謂我所需要的《憲政雜識》，已在哈佛印好寄出。又謂拜見郭師母不幾天，即聞郭老師過逝。

九月二十八日，孫英善自洛杉磯來信，謂我繼《新知》之後，又主編《山東文獻》，並附寄在《中央日報》發表的「悼念我師李超」。

九月三十日，王興惠老師自員林來信，謂已與闞宗愷、李盛緒、臧德文聯絡，李超老師的哀思錄盼能於李超老師去世百日前出版，于春軒老師已寫好祭文。

九月，參加何廉先生的追思禮拜。

十月一日，在《中華文化復興月刊》八卷十期發表寄去的「蔣中正與辛亥革命」（王壽南約稿），但未經同意，改題為「蔣公與辛亥革命」（當時「蔣公」為官稱），又將蔣刺殺陶成章一段刪除。

十月四日，《實中校友通訊》第一期和《李超然先生

哀思錄》出版。

十月十二日，香港學生陳錦標（原讀臺大，曾在師大歷史研究所旁聽「中國現代史研究」）自 Buffalo 來信，謂已在 Indiana 讀完碩士，現在水牛城的紐約州立大學深造，擬研究武漢三鎮，請提示資料。

十月十四日，王興惠老師自員林來信，謂收到李超老師的哀思錄，百日祭訂在十月二十六日上午九時。

十月十九日，近史所假臺大醫院外科教室開郭廷以先生追思會。

十月二十三日，《幼獅月刊》來函，謂所寫評論 Lucian W. Pye 的《軍閥政治》一文，原擬於本期刊出，因稿擠無法排入，而下期為語言學專號，要待明年度始能發表。至十一月四日，《幼獅月刊》先將稿酬寄來，並抽印二十份。

十月二十四日，褚承志自紐澤西來信，索《山東文獻》第二期，並謂曾去哥大圖書館看書，搜集山東史料。

十月二十七日，王興惠老師自員林來信，謂昨有中南部同學至李超老師墓前致祭，又謂印製李超老師哀思錄，欠款四千元，已囑闞宗愷、臧德文寄去。

十月，*The Journal of Asian Studies* 將 "The Chekiang Provincial Autonomy Movement, 1917-1927" 一文，請商務印書館的阮毅成審查。阮謂浙江自治運動不始於孫傳芳，至 1976 年一月二十八日亞洲學報回函致謝。1980 年五月三十日，阮毅成又函國史館長黃季陸，謂國史館出的《中華民

國史紀要》謂聯省自治運動始於孫傳芳為非。至 1980 年八月二十一日又致函玉法，深以玉法在所編的《中國現代史論集》選載其三十年前的舊文為幸。

十一月二十八日，王興惠老師來信，將印李超老師哀思錄不足之款 4,130 元寄來，李老師之遺款尚餘 3,418 元，交闞宗愷作為日後祭掃之用。

十一月，國科會來函，謂民國四十八學年度設立研究補助費迄今，人文及社會科學方面已補助九百二十一人，請核閱所受補助之專題研究名稱。

十二月一日，政治作戰學校校長許歷農聘為政治研究所王瑋琦、陳南星論文指導教授。

十二月四日，臧德文自實中來信，謝與陶英惠編印《李超然先生哀思錄》。

十二月七日，施玉貞自新竹師專來信，謂已預閱《近代中國女權運史料》，並詢及如何買到《清季的立憲團體》和《清季的革命團體》。

十二月十日，在師大歷史系講「歷史研究的新方向」。

十二月十八日，陳祚龍自法國遠東學術院來信，詢及東華書局出版之歷史叢書，已預閱我的《中國現代史》和李國祁的《中國上古史》（原擬寫《中國通史》，因與東華發生誤會，寫完上古史即停筆）。

十二月三十日，呂芳上自黨史會來信，謝為其改正論文。

十二月，政治作戰學校學生呂逢周來信，謂政治研

就所的同學，謝信堯在陸軍官校任講師，施子中在安全局任研究工作，朱浩萍在聯勤總部任督察官，他在國防大學人事室任祕書。

十二月，香港學生陳錦標自水牛城來信，謂暑假回港遇李朝津，彼已修完港大碩士，現已教書。

十二月，為「中國近代化的區域研究——山東省（1860-1916）」研究計畫招考研究助理，報考者四人，使標點山東方志，淡江文理學院歷史系畢業生白玉雯入選。

十二月，趙彥賓自加拿大來賀卡。

是年，審查國科會獎助研究臺大副教授孫會文案一件。

是年，《近代中國女權運動史料》由傳記文學出版社出版。

1976 年（民國六十五年）

是年四十二歲，裝電話，「中國近代化的區域研究—山東省（1860-1916）」三年研究計畫完成，教育部核發教授證書，黨史會創刊《近代中國》。

一月八日，鄒豹君自美國康州致函楊展雲校長，談為《山東文獻》寫稿，並贊助新臺幣六千元。

一月十日，於一卷七期《中國論壇》發表「重建歷史的權威」。

一月十六日，賈祥久老師自員林來信，談為《山東文獻》寫稿，並推廣榮譽贊助戶。

一月十八日，黨史會主任委員秦孝儀來信，謂該會擬創刊《近代中國》季刊一種，定於一月二十一日下午在中央黨部開編輯會議，邀請出席。嗣李雲漢來函約稿，請撰文報導近史所的中國近代化的區域研究計畫，刊於《近代中國》創刊號。

一月三十日，與中文、孝寧、孝威去臺中岳家過年，今為陰曆除夕。

一月，撰近史所去年十至十二月績效報告：撰「民國初年的內閣」、「民初政黨之量化分析」、「蔣中正與辛亥革命」發表於不同刊物。

　　一月，評派氏軍閥政治一稿發表於《食貨》月刊，此稿原擬發表於去年《幼獅月刊》，以政治考慮（為軍閥張目），臨時抽掉。

　　二月一日，四十二歲生日。

　　二月十日，李雲漢來信，謂薛光前、李大陵都要他選購中文史學著作寄去，供他們寫書評。擬將我的《清季的革命團體》寄去。

　　二月十六日，出席郭廷以先生獎學金籌募會議，李國祁召集。已募得十萬元，推李國祁、王家儉、呂實強為管理委員。

　　二月二十五日，李雲漢來信，謂收到《近代中國女權運動史料》。該書以傳記文學出版社的名義出版，出版費由李又寧支付，贈書名單由其決定。

　　二月二十七日，方豪來信謝贈《近代中國女權運動史料》。

　　二月二十八日，李鍾桂來信謝贈《近代中國女權運動史料》。

　　三月二十日，中國文化復興月刊社來信，謂《近代中國女權運動史料》導言，已發表在該刊九卷三期。

　　三月，「論學者從政」發表於《中國論壇》第十一期。

　　四月五日，清明節，與數十位實中校友回員林實中省師，並去魯青公墓祭拜李超老師。

　　四月六日，向電信局申請裝電話，裝機費一萬七千元。

　　四月九日，陳錦標自水牛城來信，聞劉翠溶在哈佛

研究漢江流域的發展，擬與她聯絡。又謂擬訂閱《新知雜誌》，購買《晚清革命文學》。

四月十四日，晚去淡江大學歷史系講「西方學者對中國現史的研究」。

四月十六日，收到教育部核發的教授證書，過程約半年。

四月二十五日，孫英善自洛杉磯來信，謂此次回國，相談甚歡。並謂已收到《近代中國女權運動史料》，擬寫書評，關照鄭佩芬在《中央日報》發表。

四月二十七日，林燕珠自紐約來信，謝贈《清季的立憲團體》、《清季的革命團體》和《晚清革命文學》，並謂已收到預閱的《近代中國女權運動史料》。

四月二十七日，國民學校教師研習會主任崔劍奇來信，謝允任史學與社會科學專題討論人，請於六月十九日至二十日至該會參加座談會。

四月二十七日，臺灣新生報報導東華書局社會科學叢書，包括玉法的《中國現代史》。

四月，近史所薪：薪餉 3,390 元，專業補助 6,500 元，交通費 60 元。

五月十一日，賈祥久老師自員林來信，謂這次辦校友著作展，共收到四十幾位校友著作，專書二百種，十位有博士頭銜。

五月十六日，李雲漢自紐約來信，謂韋慕庭已退休，預計六月三日啟程去臺北。

五月十六日，李又寧自紐約來信，謂收到《近代中國女權運動史料》十套。又謂聽李雲漢說我正在寫《中國現代史》，希慎重。又謂《清季的革命團體》中有關婦女部分，擬選入《中國婦女史論文集》。

五月十九日，前些日交給《中國論壇》一稿，編者有顧慮，文崇一今電告已抽下。

五月三十日，參加歷史學會第十二屆年會，立委李文齋於會中大罵費正清，羅剛和之。《中國歷史學會會員錄》載約五百人。

六月一日，認股中研院消費合作社一百五十元。

六月五日，《中國論壇》社楊選堂假聯合報舉行「美國與世界座談會」，約定發言張忠棟、關中、金神保等五人，到者顏元叔、朱炎、孫同勛、李鍾桂、沈君山、李亦園、孫震、張京育、玉法等。

六月二十八日至三十日，國科會為近史所的「中國近代化的區域研究」成果開研討會，臺視、華視、中視三家電視台均有報導。

七月五日，近史所六十五年度考績列壹等。

七月十五日，王治中自員林來信，談到四月校友返校以及《山東文獻》推銷事。

七月二十日，政治作戰學校聘為政治研究所碩士學位考試委員。

八月八日，李朝津自日本來信，謂拿到日本文部省獎學金，擬入慶應大學讀碩士班。欲將我所需之《山東

調查局公牘》、《山東諮議局》二書照相印出，需三萬七千三百元日幣。

八月十八日，西雅圖華盛頓大學圖書館員 Yeen-Mei Chang 太太來信，欲訂《山東文獻》。

八月二十日，自上週起，《臺灣時報》社寄贈報紙一份，給予特約撰述名義，迄無一稿寄出。

八月二十四日，研究助理江淑美隨夫赴美留學，自北卡羅來納州來信報告生活，並謂碰到我的另一位研究助理蘇梅芬（皆「中國近代化區域研究」助理）。

八月三十一日，「中國近代化的區域研究」計畫三年完成，因為分十區研究，國科會為延長半年，寫全計畫的總論，綜合成全國性。張朋園寫前言，呂實強、趙中孚、王萍寫政治，王樹槐、林明德、玉法寫經濟，李國祁、蘇雲峰、陳三井寫社會。

八月，近史所薪：薪餉 3,940 元，專業補助 6,630 元，交通費 60 元。

八月，「社會責任與專業精神」發表於本期《中國論壇》。

九月一日，郭廷以先生獎學金基金會開會，整理出各方捐款名單，國內三十人，每人捐款五百至一萬元不等，玉法捐六千元；總計 143,029 元；美國捐款二十一人，美金十元至一百五十元不等，包括 Martin Wilbur 和 John K. Fairbank 各五十元，Andrew Nathan 二十五元。

九月三日，李又寧自紐約來信，商出版史料叢書事，

包括「中國婦女問題叢書」、《現代中國女權運動史料（1912-1949）》。

九月五日，張忠棟建議在聯合報闢「塔裡塔外」方塊，今玉法發表「納稅人的錢」。

九月十六日，晚參加《臺灣時報》撰述委員會議，到者關中、金神保、劉清波、湯慎之、邱勝安等十餘人。

九月二十一日，德州大學教授 Edward Rhoad 來信告知，他在這期 *Journal of Asian Studies* 發表書評，評論我的《清季的革命團體》。

九月二十三日，褚承志自紐澤西來信，《王鴻一遺集》望能在明年七月二十六日王逝世四十七年紀念以前出版。

九月二十九日，李朝津自日本東京來信，謂所需之兩本書已製成微捲，由王德毅帶回臺北，並囑代購近史所的出版品一批。

九月二十九日，楊展雲校長自員林來信，告知為《山東文獻》倡始人之一孫繼丁祝壽事。

九月，這學期在中山大學中山學術研究所開「中國政治社會史專題」的課。

十月四日，政大陳聖士來信，索閱「興中會時期的革命宣傳」、「同盟會時期的革命宣傳」。

十月八日，《中國論壇》社寄來「社會責任與專業精神」稿費六百元。

十月十日，李雲漢自中華民國史料研究中心來信，

介紹陳孝祖稿刊《山東文獻》。

十月十二日，政治作戰學校聘為政治研究所碩士論文指導教授。

十月二十三日，賈祥久老師自員林來信，談為《山東文獻》譯「寧老太太」事，又謂《山東文獻》索閱者多、訂閱者少。

十月二十三日，在近史所討論會講「心理學在歷史研究上的應用」。

十月，〈澎湖的鄉土味〉發表於《中國論壇》第二十六期，此文原為聯合報副刊「塔裡塔外」而寫，因不合欄旨退稿。

十一月三日，張喻成自清泉崗來信，謂匯去之兩萬元已收，作為購房分期付款之用。

十一月五日，加拿大 Bobly Sin 來信，寄美金五元，購《清季的革命團體》。

十一月十一日，〈制度化的考驗〉發表於聯合報副刊。

十一月十二日，靳慶鈺自臺東岩灣國小來信，告知生兒育女等家庭生活及黃良銘（基隆中學學生）在屏東師專任教事。

十一月十五日，近史所通知六十五年度國科會研究獎助款撥付事。

十一月二十七日，岳父來函，告知為我打聽渦陽馬玉崐的有關情形。謂八國聯軍之際，馬率敗兵百餘人原欲打劫，中途遇慈禧太后乃轉而迎駕，封為引路侯，並謂渦

陽人王家儉正在搜集馬玉崑的資料。

十一月，於十六卷一期《新時代》發表〈為中國現代史進一解〉。

十二月十日，林燕珠自紐約來信，謂今夏曾獲美國政府獎學金，去印度學習八星期。

是年，繳師大校友會費二十元。

1977 年（民國六十六年）

是年四十三歲，出版《中國現代史》，「中國近代化的區域研究（1860-1916）」計畫結束，「中國現代化的區域研究（1916-1937）」計畫開始，訂購桃花新城，交預付款七千元。

一月一日，政治作戰學校政治研究所學生蔡豐年、岳宗義來信致謝，謂使彼等對近代史有更深更廣的認識。

一月二日，李雲漢來信，謂忝列《山東文獻》編委，全未理事，擬每年為《山東文獻》撰稿一篇。

一月四日，陳祚龍自法國遠東學術院來信，謂該院所藏《山東文獻》不全，希望相贈，以便珍藏。

一月十二日，江淑美自北卡羅來納來信，謂夫婦生活和樂，並謂已與蘇孟芬聚了好幾次。

一月十四日，《中華學報》社長吳俊才來信，邀寫有關同盟會的稿件。

一月十九日，〈論借調與兼差問題〉發表於聯合報副刊「塔裡塔外」。

一月二十四日，李又寧自紐約來信，謂全力支持我找書局出版清季憲政運動史料。

二月一日，四十三歲生日。

　　二月一日，「中國現代化的區域研究（1916-1937）」開始執行，仍分十省區，由玉法主持。

　　二月十日，訂購桃花新城，交預付款七千元。

　　二月十四日，以南港站有三班公車過站不停（車很鬆，據說因站上等車的客人少，急著去下面候車客人多的站去搶客人──公車處以載客多少論獎懲），致函公車處長寇龍江，查處此事。

　　二月十六日，上午中文去南港照相館取回日前交洗的一批照片，其中有一張是北京紅衛兵的照片，翻照自外國書籍，為照相館告密。警察至，將中文帶去問訊。幸組長尚識大體，謂係誤會，無事而回。真是一個恐怖世界！

　　二月二十日，至是年四月號始發表於《幼獅月刊》的〈章炳麟生平述略〉，提前今寄來稿費 2,250 元。

　　二月二十五日，謝秀文自陸軍官校來信，謂國文中有張爾岐的「辨志」一文，請代查是否出自張氏之《蒿庵集》。至三月二日，來信謝為其為其複印《蒿庵集》中的「辨志」及「序」。

　　三月九日，卓文義自空軍官校來信，謂自 1973 年在員林實中畢業後，在空官任政治教官，後轉為文職講師，教中國通史、中國現代史等。

　　三月十一日，李雲漢自黨史會來信，要我為其在政大的課講一個題目「軍閥政治評議」，謂我曾為永敬的課講，也得為他的課講。

　　三月十二日，蔣永敬來函，謂邁阿密大學陳福霖囑

其代購近史所出版品，惟謂《清季的革命團體》已無書，請賜寄一本。

三月十四日，中國歷史學會理事長黃季陸來函，定於四月十七日召開理監事會。

三月十四日，鄒承頤自紐約州立大學來信，謂聞師大史地系校友為郭廷以教授募集獎學基金，寄來美金二十元請代轉。

三月十七日，李升如致員林賈祥久老師一函，謂山東文獻社索《八年抗戰之山東》原稿，因僅此一本，只好抄錄寄去。

三月二十二日，《臺灣時報》許世兆來函，謂〈人權運動的歷史與時代意義〉已刊於今日該報，近兩次撰述會議未見出席，望多賜稿。

三月二十二日，賈祥久老師自員林實中來函，謂為《山東文獻》所譯的《蓬萊寧老太太自傳》，已全部譯完。

三月，「從婦運史看婦運工作」發表於三月號《家庭月刊》。

四月四日，王立哉寄來兩千元，作為兩個榮譽贊助戶，另一份《山東文獻》寄給其友人。

四月九日，陳祚龍自法國遠東學術院來信，謂補足《山東文獻》各冊已收到，望能為文獻多寫稿，作為購費。

四月，撰近史所一至三月績效報告：研究「中國現代化的區域研究——山東省（1916-1937）」的「政治現代化」部分，發表論文兩篇，一為〈清末民初山東的地方

自治〉，一為〈清末民初山東的教育發展〉。

四月，師大歷史研究所聘為博士班甄試委員，定於五月九日舉行甄試。

五月四日，東海大學歷史系學生吳懋祖索閱《清季的立憲團體》一書。

五月七日，上午在臺大法學院講「山東的政治領導階層」，中午與孫廣德、繆全吉、賀凌虛在福利餐廳餐敘。

五月十日，劉汝錫來信，謂二十日可將論文全稿送來，學校規定六月五日以前需提出口試申請。

五月二十一日，孫英善自洛杉磯來信，談為《山東文獻》寫稿事。

五月二十七日，受聘為政大三民主義研究所碩士論文口試委員。

六月十日，中研院三民主義研究所湯承業來函，謂讀張文伯《吳敬恒先生傳記》，又知其尚著有《稚老閒話》，不知有此書否？乃將《稚老閒話》借其一閱。

六月二十日，侯繼明自美國來信，贊許「清末民初的農業改良」一文，但謂農業改良的實際成果似不多。

六月二十二日，李雲漢來信，謂師大史研所的課下學期辭掉，希望我繼續教。

六月二十三日，師大聘為歷史研究所第二學期碩士生王漪、劉汝錫、黃淑梅、李慶西、藍宏等論文口試委員。

六月二十六日，李又寧自紐約來信，謂《近代中國女權運動史料》已印在香港一家書店的目錄上，每部三十美

元，想係劉紹唐手下的人所為（九月十五日李又寧來信，謂劉紹唐告訴她，遺失一批《近代中國女權運動史料》）。又謂幼獅出版社已同意出版《中國新女界雜誌》。

六月，近史所月薪：薪餉 3,940 元，專業補助 6,630 元，交通費 60 元。

七月六日，葉明自臺中師專來信，談臺北聚首事，並謝贈其《環山村山胞之研究》。

七月十日，政治作戰學校聘為政治研究所碩士班考試委員。

七月二十五日，於四卷八期《中國論壇》發表「我對中國近現代史教學的一些意見」。

七月，秋季版的 *American Association for Chinese Studies Newsletter* 有文介紹玉法的《清季的革命團體》一書。

七月，《中國現代史》由東華書局出版。

七月，李雲漢來信，指正我的《中國現代史》一書，謂係與蔣永敬的共同意見：1. 武昌起義寫得太草率。2. 洋人有中文名字者不必重譯，如高慕柯（Michael Gasster）、包大可（Doak Barnett）。3. 有令查禁的書，最好不要引用。

七月，於政治作戰學校政治研究所開「中國國民革命史研究」。

八月一日，近史所聘為集刊編輯委員，任期兩年。

八月十日，褚承志先生致函楊展雲校長，謂《王鴻一先生遺集》已編定，後由山東文獻社出版。

八月二十一日，李又寧自紐約來信，謂幼獅出版社

對出版立憲派的期刊似無興趣，又謂讀了我的〈清末民初山東的教育變革〉，我注意到「變」的一方面，有無反對改革的？

八月二十六日至二十九日，中研院經濟研究所召開「近代中國經濟史會議」，我提〈二十世紀初期的中國農業改良〉論文一篇。

八月二十八日，黨史會張大軍來函，甚讚《山東文獻》內容充實。

九月一日，於《書評書目》發表「對寫書評的一些意見」。

九月二日，「中國現代化的區域研究」計畫同仁宴劉廣京、侯繼明，劉、侯二人建議下年度另向國科會提新計畫，將第一期計畫成果整合成全國性的。

九月二日，韋慕庭師自 Pleasantville 的來信，提到週前在臺北及在我家餐敘的事，又謂讀我在紐約時去他家過感恩節的日記給師母聽。

九月十三日，臺大李守孔索閱《清季的立憲團體》一書。

九月十五日，李又寧自紐約來信，謂《中國婦女史論文集》的稿子，已收到鮑家麟一篇，希望向呂芳上約稿。

九月十六日，報載誹韓案二審定讞，被告郭壽華賠三百元。憤甚，即草〈誹韓案之我見〉，至十八日發表於《聯合報》。

九月十七日，東華書局發函各方，推薦所出版的《中

國現代史》，並附目錄。

九月十九日，蘇瑞屏自故宮博物院來信，談哥大同學會聚會事。

九月二十二日，於《臺灣時報》發表「誹韓案論辯中若干論點的商榷」。

十月二日，李雲漢來信，謂常在報刊上看到我的文章，希望有暇至青潭（國史館在新店青潭）小聚。

十月三日，張喻成來信，謂買房的尾款尚差三萬五千元，盼能寄去二萬元，即寄去。

十月四日，前山東省議會議長裴鳴宇發函各方，為挽回世道人心，擬於十月十五日假中山堂開會，發起成立人文學社。

十月六日，撰〈最近來臺訪問的韋慕庭教授〉，發表於《中國時報週刊》。

十月十二日，王爾敏自香港中文大學來信，謂初到中大，教近代史，望東華書局能寄《中國現代史》一套。

十月十六日，政戰學校學生（前基中生）謝早金來信，謂畢業後上月分發海軍官校任參謀，又問錢穆謂中國古代並不專制，是否？

十月二十二日，劉汝錫來信，謂李慶西、黃秀政都轉往大專學校任教，希望自己也有機會轉大專院校任教。

十月二十六日，賈祥久老師自員林來信，謂李似玉近隨教會自美來臺，擬去員林探訪老師。

十月二十六日，近史所通知，向國科會申請六十六

學年度研究獎助，已獲核准。

十月三十一日，所撰〈蔣總統五次就職演說所昭示的方向〉，發表於聯合報（時嚴家淦為總統、蔣經國為行政院長）。

十一月一日，所撰〈從誹韓案論辯看社會心理〉，發表於《臺灣時報》。

十一月四日，鄒豹君致函孫繼丁，謂山東形狀像駱駝，駱駝是沙漠之舟，耐力最強。

十一月五日，王爾敏自香港中文大學來信，盼忍辱負重，維護近史所，免人覬覦，並告知李又寧向其約寫婦女史之論文。

十一月五日，黨史會主任委員秦孝儀召開「研討評閱海外出版有關中國現代史著作事宜」會議，通知李國祁、侯健、閻沁恆、王曾才、張忠棟、姚朋、王壽南、張朋園、蔣永敬、玉法等二十一人參加，出席者十七人，玉法未參加。

十一月十日，李又寧自紐約來信，謂薛君度寫書評，很稱許我的《清季的革命團體》一書，並告知已向王爾敏、林維紅等邀稿，為《中國婦女史論文集》寫文。

十一月十日，於五卷三期《中國論壇》發表〈從人的歷史說到歷史法庭〉。

十一月十二日，淡江大學歷史學會來信，擬約時為該學會所辦的《史訊》訪談。

十一月三十日，王爾敏自香港來信，稱許拙著《中國

現代史》。

十二月一日，〈修路的見證〉發表於《聯合報》。

十二月一日，《史訊》第六期發表羅惠光〈訪近史所張玉法教授〉。

十二月三日，王爾敏自香港來信，為其甥女找抄寫工作，並要我將《中國現代史》贈給廖光生一套。

十二月九日，張天佑自東海大學來信，謂來東海大學講演事，請告知車次，以便迎接。

十二月十日，山東文獻社址原在衡陽街周群律師事務所，今移南港何國隆家，月付租金五百元，另月酬一千五百元，代發雜誌。

十二月十三日，王爾敏自香港來信，謂為文復會編論文集，每書應有導論。時王壽南於文復會推動選編《中國近代史論文選集》，共十五種，每本二十萬字，由王爾敏、呂實強、玉法三人主編。

十二月十九日，晚在東海大學歷史系講「近代中國民主政治的發展」，至車站迎接者呂芳上、林載爵。講演時，曾在黑板劃升降線，事後芳上告訴我，真怕老師對北伐以後的國民黨時期劃得太低。

十二月二十七日，仙人掌出版社主持人林秉欽請編《中國現代史論文集》，由王克文、朱雲漢助之。

十二月二十九日，「中國現代化的專題研究計畫」送國科會，十人參加，玉法主之。

十二月三十日，〈主僕之辨〉發表於《聯合報》副刊。

1978 年（民國六十七年）

是年四十四歲，發生《中國現代史》事件，《清季的革命團體》出版，與東華書局訂約撰《中國現代史略》和《中國近代現代史》，任《臺灣時報》特約撰述，為《聯合報》副刊「塔裡塔外」方塊供稿，編《中國現代史論文集》，與中文參團遊合歡山，蔣經國繼嚴家淦任總統。

一月一日，「從誹韓論辯看社會心態發展」發表於《臺灣時報》。

一月三日，卓文義自空軍官校來信，謂擬研究空軍建軍史，謝贈《中國現代史》。

一月八日，校「中國現代化的區域研究——山東省（1916-1937）」計畫「政治現代化」抄稿。

一月十日，王爾敏自香港來信，謂其舍內妹考上郵局工作，需二人作保，要我與呂實強為之。

一月十一日，「選舉垃圾」發表於聯合報副刊。

一月十三日，與文崇一、張忠棟、李亦園四人商定，每人每月為《聯合報》副刊「塔裡塔外」方塊撰文二篇。

一月十七日，下午《大華晚報》記者來訪談「從歷史觀點看蔣院長競選總統」。

一月二十二日，〈歷史教育的危機與補救〉發表於

《臺灣時報》。

　　一月二十六日，《中國現代史》出版以來，「有問題」的傳言四起，歷史叢書主編李國祁大為緊張，我說可退出「歷史叢書」，單獨負責。

　　一月二十七日，下午出席《臺灣時報》撰述會議，主編許世兆大嘆報紙難辦，成立撰述會也受到政治干擾。

　　一月三十一日，晚赴東華書局卓老闆宴，卓謂《中國現代史》客觀公正，很暢銷。

　　二月一日，四十四歲生日。

　　二月一日，《臺灣日報》社聘為特約撰述。

　　二月二日，陶希聖假湖北小館宴張忠棟、楊國樞、張朋園、胡佛、袁頌西、玉法等，謂國民黨在此次選舉失敗後有鬆緊兩派，在座者皆主開放。

　　二月四日，Tim Wright 自 Wolfson College, Oxford 來信，謝贈《清季的革命團體》，並寄來短文一篇。

　　二月八、九兩日，與中文隨微笑協會遊合歡山，與中文皆有高山症。至則兩腿沉重，無法走路。即僱計程車下山，至廬山即癒，住廬山賓館。

　　二月十二日，〈人權大進擊〉發表在《聯合報》副刊。

　　二月二十日，〈改革研究所教育〉，發表於本期《大學雜誌》。

　　二月十六日，李國祁傳曹伯一的意見，勸我把《中國現代史》中的孫中山均改稱國父、西元紀年改民國紀元，拒之。張朋園、蘇雲峰批李保守，李謂怕師大解聘他。我

說可退出歷史叢書。嗣接警總意見，乃據以申復，謂稱孫中山、用西元皆為在中研院寫學術論文的習慣。

二月二十三日，晚繆全吉、孫廣德、賀凌虛聯合請在衡陽路鴻達川菜館餐敘，謝答應為臺大法學院政治研究所博士班講演，嗣時間定在五月二十七日上午八時。

二月二十五日，〈為中國國民黨黨史催生〉發表於五卷十期《中國論壇》。三月十五日，李雲漢持以示黨史會主委秦孝儀，秦批：「張玉法何許人也！」

二月二十五日，晚東華書局卓老闆邀餐敘，謂《中國現代史》警備警部曾討論禁與否，現問題已過。總經理馬之驌力勸繼寫《中國近代現代史》。

二月二十五日，〈批評引起的三種衝突〉發表於《中國時報》人間副刊。

三月八日，下午《民眾日報》副刊編輯室主任鍾肇政約於豐祥樓茶敘，商為其方塊供稿事。

三月十二日，《臺灣時報》主編許世兆來函，謂〈中文橫寫問題〉即可見報。

三月十二日，《自立晚報》有文評介《中國現代史》，純捧場。

三月十二日，將《中國現代史》簡化為另外一本書，題名《中國現代史略》，作為一般科系的教科書之用。

三月十二日，〈教育豈可寓禁於徵〉發表於《聯合報》副刊，「塔裡塔外」決定絕筆。

三月十四日，〈左右為難的中文橫寫問題〉發表於

《臺灣時報》。

三月十七日，晚《臺灣時報》約餐敘，擬闢「新政府新希望」專欄（時蔣經國為行政院長，至三月二十一日，第六屆國民大會選蔣經國、謝東敏為正副總統），到者陶百川、周道濟、楊國樞、金神保、胡佛、陳少廷、玉法等。

三月二十二日，收東華書局合約兩份：一為《中國現代史略》，一為《中國近代現代史》。

三月二十五日，張煥卿自 Delaware 大學來信，謂匆忙受邀，至該校訪問半年。

三月二十七日，李又寧自紐約來信，謝贈《中國現代史》，望能冷靜度過風雨。

三月二十八日，商務印書館寄來《章炳麟》一書的校稿。

三月三十一日，晚應《書評書目》的邀請，參加「五四運動的意義」座談會。

三月三十一日，〈大有為政府的康莊大道〉發表於《大學雜誌》。

三月，草近史所一至三月績效報告：謄寫「中國現代化的區域研究－山東省（1916-1937）」政治現代化第一部分交國科會，整理〈清末民初的山東社會──宗教信仰與人物崇拜的變遷〉發表於近史所集刊，整理〈清末民初的礦業發展〉發表於《師範大學歷史學報》。

四月二日，王洪鈞師來信，對近在《臺灣時報》發表

的一些文章表贊許。

四月四日，C. Martin Wilbur 師來信，謂剛完成為劍橋中國史所寫的 1922-1928 部分；收到我的《中國現代史》，很高興我在書中介紹了西人的著作；建議近史所同仁於明年三月舉行的亞洲學會年會安排一個 Panel，介紹近史所對區域現代化的研究。

四月六日，〈心智的蒙昧是迷信的泉源〉發表於《中國時報》副刊。

四月十日，晚去師大史學會講「心理學在史學上的應用」，聽講者百餘人，往日講演無此盛況，可能與《中國現代史》事件有關。

四月十一日，東華書局編輯部馬之驌來函，告知警備總部來函，謂去年七月出版的《中國現代史》內容欠妥，請照所附修正意見修正後再版。當即草答辯書，於十五日函馬之驌轉警備警部，堅持不改者為稱孫中山、用西元，改者傀儡政權改為偽政權及史實錯誤者，刪掉兩小段論述中共之文字。答辯去後，至五月五日，承莊惠鼎之囑，致書國民黨文工會總幹事龔聲熹說明此事。至五月九日警備總部來函接受。傳說該書要禁，銷路大增。

四月十四日，有不具名的讀者來信，不贊同我因反對迷信而反對宗教。

四月十七日，將王克文所寫之《中國現代史》書評寄《中國論壇》。

四月二十八日，師大聘為歷史研究所博士班入學甄試

委員。

五月七日，劉秉義等六人聯名來信，謂校友李實馨經營藝品店負債，要求同學贊助。

五月八日，王克文自麗水街來信，謂仙人掌出版社擬將《中國現代史論文集》第九冊「國共鬥爭」改為「剿共與叛亂」，拒之。

五月九日，哈佛燕京圖書館吳文津接受褚承志之請，贊助《山東文獻》美金三十元。

五月十日，陳孟堅自 East-West Center 來信，謂研究《民報》，今年八月返國。

五月十八日，淡江大學歷史系寄來訪問稿。

五月十九日，王克文、朱雲漢來談《中國現代史論文集》第一輯截稿事。

五月二十日，蔣經國總統就職，〈我的理想〉百餘字，與眾多人物的理想發表於《中國時報》。

五月二十一日，C. Martin Wilbur 師來信，感謝我與中文於四月間去他家見面，並謂正讀我送給他的《中國現代史》，注有資料來源甚可貴。

五月二十三日，張朋園自師大歷史研究所來函，介紹香港珠海大學文史研究所出席中國歷史學會第十四屆會員大會代表團林天蔚、余偉雄等十四人。

五月二十六日，《臺灣時報》登出上週該報記者陳某的訪問稿內容全不對，請張存武函該報總編輯俞國基抗議。

　　五月二十六日，臺中市某高中教員陳有福來信，謂讀二月二十五日《中國時報》〈批評所引起的三種衝突〉一文有同感，歷數其校人事主任鄉愿之狀，希撰文揭發。

　　六月三日，上午出席黨史會召開的「研討評閱海外出版有關中國現代史著作事宜」會議，秦孝儀主持。到者侯健、王曾才、李守孔、張忠棟、張朋園、李國祁、蔣永敬、玉法等二十餘人。不意，秦孝儀只談如何建立民生主義史觀，又謂約人編寫叢書，非黨員不可約。

　　六月四日，應聯經出版公司林載爵之約，編成《歷史學的新領域》一書。

　　六月六日，王爾敏自香港中文大學來信，謂澳洲Macquarie University 徵求講師，教中國近代史，囑申請。

　　六月八日，《民眾日報》郭榮趙來信拉稿，六月二十日回函問言論尺度，七月十二日回函「頗寬」。

　　六月十三日，戚世皓來信，謂正擬研究近代中國職業婦女，到六月二十九日近史所開研討會時再面議。

　　六月十三日，國科會鮑家聰約山東同鄉侯健、李雲漢、巨煥武、陳孝祖、玉法等共十二人於十八日晚在天廚餐敘。

　　六月二十日，上午出席臺灣省國民教師研習會舉辦的國民學校實施新課程座談會。

　　六月二十日，政治作戰學校聘為政治研究所碩士學位考試委員。

　　六月二十一日，東華書局總經理馬之驌來信，寄來

《中國現代史》上、下冊各二十本，五套為贈送，十五套為購買，付款 1,920 元。

六月二十六日，〈兵戰、商戰、學戰〉發表於本期《中國論壇》。

六月二十九日，近史所開「近代中國思想史研討會」，王家儉報告「近代中國海權意識的覺醒」，李定一評論；呂實強報告「近代中國維新思想與儒家傳統」，王爾敏評論；李雲漢報告「庚子至辛亥間（1900-1911）革命思想的分析」、張朋園報告「革命與立憲派推展民主政治的進程」，李守孔、張玉法評論。此為近史所第一次舉辦大型研討會，時所長為王聿均。

六月三十日，東華書局將《中國現代史略》校稿寄來。

七月一日，臺北市團管區聘為本管區後備軍人通訊小組副組長。

七月二日，「從歷史觀點論蕭規曹隨」發表於《臺灣時報》。

七月三日，王克文自麗水街來信，謂仙人掌出版社對《中國現代史論文集》第一冊尚未排好。

七月四日，函政治作戰學校政治研究所主任陳澤普，辭下學期課，謂兼課已超過四小時。次日來信慰留。

七月五日，邵玉銘自美國文化研究所來信，謂看到我在報端發表文章鼓吹開放史料，甚喜，附寄彼所鼓吹史料開放之文。

七月五日，於師大中學教師暑期部開「中國現代史

討論」的課。

七月六日，國立臺灣大學聘為政治研究所博士班入學考試委員。

七月八日，楊展雲校長自員林來信，謂周群、趙儒生將《山東文獻》之款借出被倒，周群已賠出六萬元，餘不必追討。

七月十日，臺灣中華書局來函徵集《中華民國名人錄》資料。

七月十四日，《出版與研究》社來信，謂「學者對清代傳統思想的考察」一文將於近期發表。

七月十五日至十六日，師大史地系四十八級同學為紀念畢業三十週年，舉辦兩日活動，中南部同學晚宿中研院學術活動中心，每人五百元，共二十七位同學參加。

七月十九日，王德毅來信，訴說其兄王德宏神經病為他所帶來的困擾。

七月二十四日，上午參加臺大政治研究所博士班入學考試朱浤源的口試。

七月二十五日，晚去三軍軍官俱樂部參加政治作戰學校政治研究所所辦的謝師宴，學生八人，老師四、五十人，包括蔣緯國、王昇、任卓宣、郭華論、胡秋原等。

八月一日，與聯經訂約，出版《歷史學的新領域》。

八月四日，上午參加國科會舉辦之「人文與社會科學研究計畫檢討會」，到者孫震、于宗先、李亦園等。

八月九日，威斯康辛大學教授 David D. Buck 來信，

並寄來有關山東研究的論文數篇。

八月十六日，晚與林載爵、王克文、朱雲漢餐聚，決定將《中國現代史論文集》由仙人掌出版社轉歸聯經出版公出版，並決定前五集目錄。

八月十八日，晚參加《臺灣時報》餐會，出席者吳基福（發行人）、許世兆（社長）、蘇墫基（總編輯）、楊國樞、金神保、陳少廷、張溫波，擬約為主筆，排定日期撰寫社論和星期專論。

八月十九日，王爾敏自香港中文大學來信，討論《中國現代史論文集》之編輯問題，不選小的考據文章。

八月二十五日，〈民營報紙應有的道德勇氣〉發表於《臺灣時報》。

八月三十日，《臺灣時報》董事長吳基福聘為主筆，蘇墫基旋送聘書來，月撰社論二篇、兩個月撰專論一篇。時任副所長。

八月，於《綜合月刊》發表文章，介紹蔣介石的家世。

八月，孫英善自洛杉磯來信，謂我主持的中國近代史學會，有聲有色。

九月一日，Tim Wright 自英國 Wolfson College, Oxford 來信，謂他所寫的有關中國煤礦業論文係用大陸拼音，如果無妨，將寄一份給中研院，並告知目前的研究計畫。

九月二日，上午參加黨史會舉辦的《中華民國經濟發展史》編輯會議。

九月七日，秦孝儀約九人餐敘討論《中華民國經濟

發展史》撰寫事宜。

九月八日，晚《臺灣時報》社長約餐敘，到者胡佛、劉清波、陳少廷、金神保、玉法等。

九月十日，〈重讀《中共興亡史》〉發表於本期《中國論壇》。

九月十一日，李雲漢自國史館來信，索《中國現代史論文集》。

九月十一日，朱雲漢來信，討論《中國現代史論文集》分冊選文的事，並附寄王克文所擬部分論文集目錄。

九月十二日，楊展雲校長自員林來信，謂《山東文獻》社長孫繼丁於昨晚過世，二十三日開弔。

九月十二日，聯經出版公司晚約餐敘，到者李守孔、傅樂成、王曾才、張朋園、邱天生、許先堯、玉法以及總編輯林載爵、總經理劉國瑞等。

九月十七日，王爾敏自香港中文大學來信，勸為包德威（David D. Buck）所寫的山東研究寫書評，不必求疵。

九月十八日，「從自強號風波論中國自強之道」發表於《臺灣時報》社論。

九月二十二日，政治作戰學校聘為政治研究所王肇宏碩士論文「訓政前期的地方自治」指導教授。

九月二十五日，「聞國營事業員工減薪有感」發表於《中國論壇》。

九月二十八日，王克文自史丹佛大學來信，談為編《中國現代史論文集》選譯西文著作事。

九月三十日，在近史所研討會講「淺論比較歷史」。

九月，師大歷史研究所選修「中國現代史研究」者，有博碩士班朱鴻、劉德美等十四人。另有一本選課名單則記有林麗月、呂芳上、范毅軍等八人。

十月二日，〈公路橋樑收費制不宜輕言廢止〉發表於《臺灣時報》。

十月四日，王爾敏自香港中文大學來信，謂擬為《中國婦女史論文集》寫「近代湖南婦女解放思潮」。

十月六日至八日，出席美國文化研究所舉辦之「中美理想比較研討會」。

十月十一日，〈從彈導飛彈製造成功談國防工業發展〉發表於《臺灣時報》。

十月十二日，李又寧自紐約來信，謂編《中國婦女史論文集》，可以選一些已發表的，王爾敏的論文擬改名「晚清湖南的婦女運動」。

十月十二日，兀冰峰（任職於中國資料研究中心）自美國來函，謂託印之十七種資料已得十三種，將陸續複印寄上，資料中有「通州興實業章程」、《奉天全省農業調查報告》等。

十月十七日，王競康（政治作戰學校政治研究所學生，現任連長）來信，謂已遵囑將碩士論文一份寄李又寧教授。

十月十八日，東華書局馬之驌轉來逢甲大學侯紹文長函，贊同我的中華民族一詞始於辛亥革命時期之說。

十月二十二日，〈中美理想之異同〉發表於《臺灣時報》。

十月二十四日，家中報紙、雜誌為患，報紙贈閱者有《民生報》、《臺灣日報》、《臺灣時報》，訂閱者有《聯合報》、《國語日報》；雜誌贈閱者有《中國時報週刊》、《幼獅月刊》、《綜合月刊》、《書評書目》，訂閱者有 *Time*。

十月二十四日，文化大學史學社來函邀講演。

十月二十九日，Tim Wright 自澳洲國立大學來信，謂已自牛津來此，預計三年，研究中國煤礦史。

十月三十日，《中國近代現代史》由東華書局出版。

十月，草近史所七至九月績效報告：「近代中國工業發展」資料搜集大體完成，〈學者對清代傳統思想的考察〉發表於《出版與研究》。

十一月一日，中興大學歷史系主任任育才來信邀講演，嗣訂在十一月二十七日晚七時，題目：「清季知識份子的政治運動」。

十一月二日，與聯經出版公司訂合約，為編《中國現代史論文集》十輯。

十一月三日，晚去淡江大學歷史系講「民國以來的知識份子」。

十一月三日，近史所通知，六十七學年度國科會研究獎助已核定。

十一月六日，文化大學史學社來信邀講演。

　　十一月十二日，李又寧自紐約來信，謂近來對婦女史的資料頗注意搜集，包括訪問婦女名人。又謂東華書局寄去的《中國現代史》十冊，已分贈友好。又謂王競康已將論文寄給她。

　　十一月二十日，〈從多元外交看中美關係前途〉發表於《臺灣時報》。

　　十一月二十二日，臺大聘為歷史研究所碩士研究生學科考試委員。

　　十一月二十六日，員林實中于鑑甫老師來信索閱《中國近代現代史》。

　　十一月二十七日，上午在臺大門口見有陳鼓應、陳婉真的大字報，攻戒嚴法、倡言論自由。

　　十二月四日，哥倫比亞大學東亞圖書館來函，謝贈《山東文獻》，希能將所缺各期補齊。

　　十二月七日，政大聘為歷史研究所碩士生林貞惠論文「馮玉祥與北伐後的中國」指導教授。

　　十二月十一日，王爾敏自香港中文大學來信，謂龍門書店翻印五四時期的期刊可買，但不能郵寄，怕被查扣。

　　十二月十一日，〈從越南難民潮談共黨暴政〉發表於《臺灣時報》。

　　十二月十六日，美國通知中華民國政府，自明年一月起美國與中華人民共和國建交。

　　十二月十八日，陳秋坤自史丹佛大學來信，謂匆忙來美，下學期可註冊上課。

　　十二月二十日，王爾敏自香港中文大學來信，謂美國
承認中共乃意中之事，並對中共大事批評，指其「二十年
要經濟起飛」為癡人說夢。又謂為《中國婦女史論文集》
所寫之稿為「近代湖南女權思想先驅」。

　　十二月二十日，政大寄來歷史所碩士研究生林貞惠
指導費二千元。

　　十二月二十三日，〈擴大自強救國基金運動〉發表於
《臺灣時報》。

　　十二月二十八日，〈結民心，勵民志，用民力〉發表
於《臺灣時報》。

　　十二月，孫英善自洛杉磯來信，對美國承認中共甚憤。

1979 年（民國六十八年）

　　是年四十五歲，《中國近代現代史》與《中國現代史》暢銷，編《中國近代史論文集》（文復會）與《中國現代史論文集》（聯經），助李又寧編《中國婦女史論文集》，為《臺灣時報》寫社論與專欄，第一次接到二哥自家鄉來信。

　　一月三日，文化學院史學社來函，謂講演稿已發表於該校校刊，附寄講演照片數張。

　　一月五日，李雲漢自國史館來信，望《山東文獻》能刊登陳孝祖的文稿。

　　一月六日，東華書局編輯部馬之驌來函，列出去年《中國現代史》銷售情形：上冊 1,432 冊，下冊 1,002 冊，合訂本 380 冊，精裝 77 冊，共得版稅 27,321 元。

　　一月八日，王爾敏自香港中文大學致函呂實強和我，謂我們三人為文復會編《中國近代史論文集》必須慎重，免為他人笑。

　　一月九日，〈國民有旅遊的自由〉發表於《臺灣時報》。

　　一月十二日，李又寧自紐約來函，討論編《中國婦女史論文集》事。

　　一月十三日，二哥第一次自家鄉來信（張敏代寫），時爺、娘尚在，奶奶、大姐已不在，家中除爺、娘外，尚有大哥及離婚的大嫂尚氏及其子張全（大哥自共軍中復員）、二哥（自共軍中復員）、二嫂及長子張敏（其後又生張杰、張華、張莉）、妹妹，八口之家。

　　一月十六日，〈自由民主與資本主義結有不解緣〉發表於《臺灣時報》。

　　一月十七日，東華書局總經理馬之驌離開東華，自開經世書局。

　　一月二十二日，上午出席政大歷史研究所碩士生郭芳美論文口試，題目：「居正與中國革命」。

　　一月二十五日，〈尊重別人愛國的自由〉發表於《中國論壇》。

　　一月二十五日，與陶英惠、趙儒生、莊惠鼎應陶子厚之約，赴其白丁山莊之宴。

　　一月二十七日，李又寧自紐約來信，謂已寄中國婦女史論文數篇，供編《中國婦女史論文集》之用，已寫一篇介紹《中國現代史》的文章，寄給《全美中國研究通訊》和《中國歷史研究》兩刊。

　　二月一日，四十五歲生日。

　　二月一日，〈中國人追求自強的艱辛歷程〉發表於《中國時報》。

　　二月六日，〈春節以來所見、所聞、所感〉發表於《臺灣時報》。

二月七日，李恩涵自新加坡大學來信，稱許《中國現代史》，並請寄《山東文獻》，自稱因美國與中華民國斷交，個人應做國民外交工作。

二月四日，逯耀東自香港來函，為《新亞學報》催「清代學術思想研究」一稿，並謂美國與中華民國斷交，國家處境益堅，在港與友人創《中國人》月刊，臺灣尚不能進口。

二月十六日，〈從黨政人事異動談人才登用問題〉發表於《臺灣時報》。

二月二十四日，劉汝錫自臺中第二高中來信，寄來「宋濂的政治思想」，望介紹發表。又希望能去中興大學兼課，請與系主任聯絡。

二月二十七日，李雲漢自國史館來信，索閱《歷史學的新領域》。

三月九日，李又寧自紐約來信，知我與張朋園、呂實強將於月底赴美開會，屆時將約友聚會。

三月十日，《歷史學的新領域》由聯經出版公司出版。

三月十一日，孫英善自洛杉磯來信，安排我於三月二十八日去洛城開會之接機及住房等事。

三月十一日，《臺灣時報》許世兆來信，告知「新春中的一個希望」早已刊出，已囑資料室剪寄。

三月十二日，王爾敏自香港中文大學來信，謂近史所創所之初，方豪欲做通訊研究員，為郭所長所拒，望能維護近史所的純淨。來信附有致錢院長及王聿均所長函，

謂彼與方豪有過節,故申請教育部學術獎不得(方為委員),且有人謂其在港與王德昭(師)過從(按時王偏左)。請明察。

三月十五日,二哥來信,謂祖母 1958 年病逝,大姐 1956 年病逝,父親今年 79 歲,母親 78 歲,大哥在棗莊煤礦工作,他在公社(區)做水利工程員。

三月十七日,臺大社會學會來信,擬於四月十、十一日舉行「現代化的審視座談會」,後屢經變更,引言人亦多所改變,最後定在五月十四日舉行。五月十四日引言者:1. 葉啟政「社會發展」,2. 葉日松「經濟發展」,3. 蔡政文「政治發展」,4. 高承恕「從知識社會學觀點看現代化之歷史淵源」。十五日引言者:1. 張玉法「中國現代化的回顧」,2. 潘伯世「哲學架構的建立」,3. 胡佛「民主憲政」。

三月二十二日,劉汝錫來信,謝修改「宋濂的政治思想」,並介紹發表。

三月二十六日,李雲漢自國史館來信,謂讀到《歷史學的新領域》,附錄「為中國國民黨黨史催生」沒有批評他。

三月二十七日,王爾敏自香港中文大學致函呂實強和我,謂自美國與中華人民共和國建交,香港人心浮動,自臺旅居香港之人恐有人誣陷他,所中可能有人將他排走,若當年排李國祁、李恩涵然。王德昭變節,彼僅執弟子禮,與之已少有往還,已函院長、所長說明一切。

三月二十八日，與呂實強、張朋園飛舊金山轉洛杉磯，參加亞洲學會年會。

三月二十八日，University of Wisconsin, Milwaukee 歷史系邀訪，為期兩週。

三月三十日，晚洛杉磯北美事務協調會於金龍酒家設宴，款待參加北美第三十一屆亞洲學會年會華裔代表，下午與張朋園、呂實強於會中報告中國現代化的區域研究成果。此後開會至四月一日。

三月，金貞和自韓國來信，謂調查不出 "Yuan Shih-k'ai and the Japanese" 的作者 Kwanka Yim 的背景，似不是韓國人。

四月二日，卓文義自空軍官校來信，寄來「抗戰前中國法幣政策之探討」，謂南部查書不便，望將缺漏之處代為補上。

四月二日，與張朋園、胡佛至 Las Vegas。

四月四日，與張朋園、胡佛同遊大峽谷。

四月五日，卓文義自空軍官校來信，謂購讀《歷史學的新領域》收穫甚大，前寄之「抗戰前中國法幣政策之探討」不知能否發表於《近代中國》。

四月六日，自洛杉磯乘大陸航空至 Lubock 李中興家。洛杉磯美亞旅遊公司為安排的旅遊行程是：洛杉磯、舊金山、Alborquerque、Lubock、Washington, D. C.、紐約、波士頓、芝加哥、Kansas City、洛杉磯。

四月八日，自 Lubock 搭機飛華盛頓。

四月九日，上午去中國資料中心訪余秉權，下午去
亓冰峰家，冰峰在中國資料中心服務。

四月十日，上午參觀國會圖書館，下午飛紐約，葉
炳然來接。

四月十一日，訪哥倫比亞大學東亞圖書館，晚宿沈
大川家。

四月十二日，中午與唐德剛師、胡昌度、李又寧餐
敘，晚宿李又寧家。

四月十三日，中午與陳陡陽、史家嫻兄嫂餐敘，晚
宿葉炳然家。

四月十四日，自紐約飛波士頓，王衍豐來接。參觀
MIT、Harvard 等地後，回至其 Manchester 的家。

四月十六日，臺大歷史系查時傑來信，邀參加該系
於四月十八日晚舉辦的「中國近代史分期座談會」。

四月十六日，回波士頓，居莊英章家，遇江勇振等。

四月十七日，上午訪 Philip A. Kuhn，下午飛芝加哥
轉汽車至 Milwaukee，訪 David Buck，居其家。

四月十八日，乘汽車至芝加哥機場飛洛杉磯，住 City
Center Hotel，次日中午孫英善來接。

四月十九日至二十一日，自洛杉磯經夏威夷、東京
飛返臺北，中文帶孝寧、孝威來機場迎接。

四月二十五日，王克文致函朱雲漢，朱雲漢附數語
寄來，討論為《中國現代史論文集》編中、英、日文書目
的事。

四月二十七日，桃花新城產權已清，開始催工整修。

四月三十日，〈加強國際宣傳〉發表於《臺灣時報》。

五月二日，受臺大青年社、大學新聞社、大學論壇社邀請在臺大禮堂講演「五四運動及其影響」，聽講者五、六百人，係臺大舉行的紀念五四運動六十週年活動。自政府遷臺後，鑑於五四運動促使青年覺醒、造成中國共產黨的成立與壯大，政府一向不准公開辦理紀念五四運動的活動。此時大陸適有自由民主運動，為支援大陸同胞，宣傳單位適度開放紀念五四活動。講演後，獲贈「青年與國運系列活動紀念」圓形石刻一片（保管至 2000 年三月二十七日丟棄）。之後，師大同學亦邀請作類似的講演，已答應，嗣訓導處人員來電，謂有人將於講演會中作串聯活動，乘機鬧事，希望取消講演，答謂由學生決定。嗣後學生前來告知學校取締，遂作罷。在此前後曾應邀至臺灣大學社會系講演，獲贈木質合金紀念牌一枚（保管至 2000 年三月二十七日丟棄）。

五月二日，「突破國際觀光瓶頸」發表於《臺灣時報》。

五月三日，《聯合報》和華視均報導昨天在臺大講演五四事。上午警察廣播電台記者陳梅珍訪談五四，晚臺視播放前此的五四訪談錄影，晚《新生報》記者李瑟電話訪談五四。

五月七日，聯經出版公司出版《五四論文集》，選載我的〈民初政局與五四〉。

五月八日，成文出版社創刊《史學評論》，於該刊發表「二十世紀初年的中國農業改良」。

五月十日，「對召開國建會的一些建議」發表於《臺灣時報》。

五月十一日，王克文自史丹佛大學來信，謂朱雲漢入伍後，《中國現代史論文集》的編印，由他和林載爵負責，希早定下五輯（共十輯）的目錄，俾找人寫論文或寫書評。

五月十四日，晚至臺大法學院參加現代化的審視座談會。

五月十五日，孫英善自洛杉磯來信，告知近期香港有刊物謂我與吳相湘是臺灣能客觀研究近代史的兩位。

五月二十七日，晚至臺大法學院講「近代中國的社會變遷」。

五月十九日，〈調整待遇應自基層開始〉發表於《臺灣時報》。

五月二十三日，晚至政大政治系講「中國現代化的審視」。

五月二十五日，王爾敏自香港中文大學寫信給我與呂實強，謂吾人所編之近代史論文集，當與吳相湘、李定一、包遵彭所編者截然不同。

五月二十八日，繆全吉、孫廣德、賀凌虛聯名來信，感謝應允於六月二日上午至臺大政研所博士班講演。

五月二十八日，〈從清末洋務運動看中共四個現代

化〉發表於《臺灣時報》。

五月二十九日，晚《臺灣時報》開主筆及撰述會。

六月一日，中國時報來函，謂所賜外交問題一稿未能刊出為憾，望不吝賜稿。

六月一日，陽明醫學院醫學系二年級周德盈來信，贊許《中國現代史》一書。

六月一日，〈民國史研究刻不容緩〉發表於《聯合報》。

六月三日，擬在《臺灣時報》副刊闢一方塊，由李亦園、文崇一、劉清波、張存武、陳三井和我主筆政。

六月五日，臺灣商務印書館總編輯馬起華來信，謂擬編《民國名人大辭典》，請提供個人基本資料。

六月五日，鄭添進自新莊來信，謂讀《中國現代史》，對鄉村建設運動有興趣，擬作畢業論文題目，開一簡單書目，問去那裡去找書。

六月七日，〈從能源節約談轉移社會風氣〉發表於《臺灣時報》。

六月十一日，楊展雲校長自員林來信，告以下月二十二日為實驗中學建校三十週年，又提到我去澳洲開會，我於報端寫文建議修民國史。

六月十四日，〈哀越南華僑〉發表於《臺灣時報》。

六月十五日，政治作戰學校聘為政治研究所碩士學位考試委員。

六月十六日，卓文義自空軍官校來信，謝找人審閱

其「抗戰前的法幣政策之探討」，《食貨月刊》是很好的園地。

六月十九日，《臺灣時報》副刊方塊「街談巷議」今推出，每週二（今為週二）、五見報，由我發議。

六月二十日，王克文自史丹佛大學來函，談到要他為波多野善大的書寫書評事，謂找了一些人幫忙，迄無法完成。又為大陸學者李新發狂語要為中華民國修史，看到我在《聯合報》撰文呼籲，深有所感。

六月二十一日，〈議員不應限制選民說話〉發表於《臺灣時報》。

六月二十二日，致函院長，以王聿均所長即將屆滿，推薦呂實強、王樹槐為新所長人選。

六月二十七日，李又寧自紐約來信，謂所編《中國婦女史論文集》一定要收入蔣永敬〈胡漢民的女權思想〉。

六月二十八日，〈海外的接觸〉發表於《中國論壇》，刪掉不少，禁忌多矣！

六月二十九日，〈升格熱中的冷靜思考〉發表於《臺灣時報》。

六月，政大聘為六十七學年度新聞研究所碩士論文口試委員（時距我新聞研究所畢業十五年）。

七月一日，高雄市升格為院轄市，《臺灣時報》擬推出建言。

七月四日，史政編譯局長林克承來信，謝為該局講演。

七月六日，〈為國建會開幕說幾句話〉發表於《臺灣

時報》。

七月七日，東華書局來信，擬推薦《中國近代現代史》及《中國現代史略》參加今年度新聞局舉辦之圖書出版金鼎獎。

七月十二日，《高雄文獻》社謝浩來信，請為高雄的經濟、文化、交通等方面有系統地撰稿。

七月十二日，邵玉銘於去年十月三十一日在《中國時報》撰稿，鼓吹史料開放，今年六月初，我在《聯合報》著文，鼓吹史料開放。彼讀我文，日前來訪未晤，今始得見面。

七月十三日，晚臺北實中校友會理監事會在童子軍活動中心開會，商回校慶祝實中建校三十週年，竟有張、賈等四位同學前來鬧場，事前即造謠，謂少數同學欲衣錦還鄉，才要回校。

七月十六日，上午經世書局老闆馬之驌來，談《現代中國史》編譯事。下午成文出版社黃成助等來，擬找人修中華民國史，謂政府不做民間做。

七月二十一日，晚六時沈雲龍、劉紹唐假泰豐樓宴李璜，約陪客，並就中共修中華民國史事交換意見。

七月二十二日，近史所考績列壹等，晉俸一級，給予一個月俸額獎金。

七月二十二日，實中母校慶成立三十週年，北部同學乘三部遊覽車前往祝賀，席開一百零五桌。

七月二十三日，自 1974 年十一月十八日至今日，警

員檢查戶口十四次。

七月二十三日，有研究抗戰時期山東省的包達威
（David Pauler）自汀州路來信，擬約時來近史所請教。

七月二十四日，家中有小偷闖入，偷去照相機一、
美金數十元。

七月二十五日，〈從警匪格鬥談警民關係〉發表於
《臺灣時報》。

七月二十八日，〈政黨政治的暗影〉發表於《臺灣
時報》。

七月三十日，韓國留臺學生金貞和自韓國來信，談其
碩士論文修改事。

七月三十日，「如何在國際變局下開創新局」發表於
《臺灣時報》。

七月，東華書局結一至六月版稅：《中國現代史》
上 779 本，下 667 本，合訂本 7 本，共 12,285 元；七至
十二月版稅：《中國現代史》上 1,413 本，下 1,049 本，
合訂本 35 本，共 25,326 元。一至十二月，《中國現代史
略》943 本，《中國近代現代史》1,224 本，共 23,723 元。

七月，聯經出版公司結版稅：《歷史學的新領域》
414 本，3,761 元。

七月，愛知學院大學文學部歷史系教授波多野善大
來信，謂他的學生讀到我的《清季的革命團體》很受用，
書中引用了《中興日報》和《新世紀》，不知到臺灣後能
看到否？

八月四日，打印師大史地系四十八級同學錄，師大史地系四十八級同學慶畢業二十週年，到者三十家。

八月七日，〈培養民主人格〉發表於《臺灣時報》副刊。

八月八日，下午參加《中國論壇》舉行的「如何提高研究水準座談會」。

八月十日，晚參加《中國時報週刊》在忠孝東路大陸餐廳舉行的「民國史研究與史料開放座談會」。座談會記錄由《中國時報》記者李國利整理發表。

八月十日，師大聘為歷史研究所博士入學考試論文審查委員。

八月十六日，呂實強繼王聿均為近史所長，一番奮鬥沒有落空。

八月十八日，李又寧自臺北返美途中自漢城來信，感謝籌編《中國婦女史論文集》，並感謝代為邀請參加《中國時報週刊》所舉行的座談會。

八月二十日，二哥自家鄉來信，告知孫英善代寄回家美金一百元，已換人民幣一百五十三元交給父親，此為第一次寄錢回家孝順父母。

八月二十三日，〈試評吳擬「選舉罷免法」〉發表於《臺灣時報》。

八月二十六日，劉汝錫自省立臺中二中來信，謝助其「宋濂」一稿發表於《思與言》，謂另有「劉永福與抗法戰爭」已投寄《明道文藝雜誌》。

八月二十九日，師大暑期部同學施曼華來信，謂昨最後一節課我讓他們批評課程，因為無人發言，又怕同學說她逢迎，所以只講「美中不足」，同學所問皆為現實政治問題，與課程本身無關。八月三十一日，施曼華來信，備述「中國現代史討論」一課的優點。

八月三十一日，〈正視水源污染問題〉發表於《臺灣時報》。

八月，哥倫比亞大學人文及社會科學研究院校友會成立百年，來信徵求參加。又謂現任校長 McGill 退休，要求推薦校長人選。

九月二日，桃花新城之房，賣給高永超，已辦妥手續。

九月六日，於《臺灣時報》發表〈如何因應菲律賓二百里海域〉，次日政府宣佈十二里領海域。

九月八日，《美麗島雜誌》社下午在中泰賓館開創刊酒會，反共義士派的《疾風雜誌》社發動近萬人包圍中泰賓館，與會者數百人於警察將群眾驅走後離去。

九月九日，為正中書局審查郭恒鈺《中國現代史》。雖能廣泛運用資料對現代史實作有系統地敘述，但結構零亂，語詞多富宣傳味，而注釋不全、人名錯誤多、內文名號互用等，均宜改正、調整。次月該書出版，是否改正不詳。

九月十日，卓文義自空軍官校來信，謝助其〈抗戰前的法幣政策〉在《近代中國》發表。

九月十日，李又寧自紐約來信，謂收到《歷史學的

新領域》一書。

九月十二日，黃益謙來信，謂在師大史研所未能畢業，係張朋園不願指導，李國祁痛罵，希跟我研究現代史。

九月十三日，李疏影自臺南來信，謝其論文被選入《中國現代史論文集》，聯經給版稅 1,620 元，寄來收據。

九月十五日，孫英善自洛杉磯來信，謂收到美金五百元，已予張干寄去一百元。

九月二十日，王爾敏自香港中文大學來信，告知謝文孫訪港等事。

九月二十一日，正中書局寄來郭恒鈺《中國現代史》審查費二千元。

九月二十三日，《青年中國雜誌》社有四人來訪，因無暇寫稿，交〈文化建設不容忽視大陸文物〉一文備轉載。

九月二十六日，卓文義自空軍官校來信，謝將其〈抗戰前的法幣政策〉選入《中國現代史論文集》。

九月二十七日，王競康（政戰學校學生）自金門來信，謂畢業一年，仍是做工頭（挖山洞），學非所用。

九月二十七日，施曼華來信，謂因在五專兼課，希早點完成論文寫作，以備審查講師。

九月三十日，《聯經書訊》介紹《中國現代史論文集》十輯內容。

九月，師大歷史研究所本學期選課生劉妮玲、劉紀耀、陳能治等五人。

十月三日，下午出席中華民國史料研究中心（李雲

漢）舉辦的「從歷史學觀點看地方文獻的職能及其發展方向座談會」。

十月三日，〈欣見政治溝通有了好的開始〉發表於《臺灣時報》。

十月七日，《中國現代史論文集》第四輯校稿中。

十月十日，〈辛亥革命六十八年紀念詞〉發表於《臺灣時報》。

十月十六日，嘉新水泥公司文化基金會來函，要求審查陳大絡《中華民族融合歷程考求》一書。

十月十七日，〈鄉鎮長暨縣轄市長由選舉改為官派問題〉發表於《臺灣時報》。

十月十八日，找研究生五人選譯西文書編為《現代中國史》，應經世書局索稿也。

十月二十四日，為政大歷史研究所碩士生學科考試「中國現代史研究」命題。

十月二十五日，陽明醫學院同學蔡果荃來信，擬約時訪談「中國現代史」的有關問題。

十月三十一日，孝威得肝炎，住宏恩醫院療養，至十一月六日恢復，回家休息。發現我的血壓偏高，100-160，試吃降血壓藥。

十月，撰近史所七至九月績效報告：〈二十世紀初年的中國農業改良〉發表於《史學譯叢》，「近代中國工業發展研究計畫」完成「官督商辦工業」二萬字。

十一月二日，晚在臺大歷史系講「近代史上的知識

份子」。

十一月六日，聯經出版公司林載爵來信，討論為《中國現代史論文集》編索引問題。

十一月六日，孝威患急性肝炎住宏恩醫院一週，今出院，費一萬五千一百元。

十一月十日，王家儉自哈佛大學來信，謂孔復禮曾與他談到我的研究工作，又謂見到近史所老同仁吳章銓。

十一月十日，於重慶南路文復會禮堂講「近代中國民主政治的演進」。

十一月十二日，朱雲漢自軍中來信，謂軍中的事雖忙，仍聯絡幾個同學為《中國現代史論文集》寫稿，不知王克文聯絡的幾篇書評寫好未？

十一月十五日，近來在幾個醫院量血壓，都不算高，停藥。

十一月十五日，施曼華來信，謂上星期六聽我的講演，將民主政治定了五個指標，按不同的時期來檢討，很有學術性，但看稿的時間太多，不太好。

十一月十七日，沈雲龍自中央新村來信，謝為其祝壽。

十一月二十一日，聯經公司林載爵來信，謂《中國現代史論文集》可編索引，每本酬五千元。

十一月二十九日，法國博士生尼娃爾（L. Nivard）自廈門街來信，謂擬研究《婦女雜誌》，望約時請教。

十二月四日，輔仁大學歷史學會來信，約於該校成立五十週年講演，題目定為：「清末民初的知識份子」。

十二月五日，〈盼民青兩黨發揮在野黨的功能〉發表於《臺灣時報》。

十二月七日，施曼華來信，謂暑期進修班的成績下來，我與李國祁、張朋園都給她很高的分數。又謂近已照我給她的題目「戰前的鐵路建設及其對抗戰的貢獻」找材料。

十二月八日，政大聘為歷史研究所碩士生王惠姬的論文指導教授，題目：清末民初女子留學教育。十二月十八日，政大寄來指導費二千元。

十二月十日，《中華日報》編者來函，謂〈近代中國民主政治的演進〉一文已發表於十二月九日該報，盼續賜稿。

十二月十日，美麗島雜誌社人在高雄慶祝人權節，與軍警發生衝突，其後數日，張俊宏、魏廷朝、呂秀蓮、黃信介等人被捕。

十二月十五日，〈憑弔北平西單民主牆〉發表於《臺灣時報》。

十二月十七日，去信愛望檢查眼睛，有一百度老花。

十二月十九日，〈遵守法治，肯定民主，謀求團結〉發表於《臺灣時報》。

十二月十九日，朱浤源自木柵來信，談到為《中國現代史論文集》譯稿及收到稿費一萬零二百元。

十二月二十五日，〈開創歷史的新頁〉發表於《臺灣時報》。

十二月二十七日，陳祚龍自法國遠東學術院來信，
為美國與大陸建交表氣憤。

是年，國大代表周開慶來信，謂擬將發表於《臺灣時
報》的〈文化建設不應忽視大陸文物〉轉載於《中國地方
文獻年刊》。

1980年（民國六十九年）

　　是年四十六歲，代理所長，與美國文化研究所商合蓋辦公大樓，《中國現代史》續暢銷，續編《中國現代史論文集》，為經世書局主持《史學譯叢》，為《民眾日報》寫方塊，在師大暑期部中學教師進修班開「中國現代史研究」，續資助家鄉大家庭，開始戴老花眼鏡，中正紀念堂落成，中研院召開漢學會議，參與編寫《中華民國建國史》。

　　一月十一日，黨史會通函，催交中華民國政治、經濟、社會、文化發展史之稿。

　　一月十二日，〈泛論美俄對抗的新形勢〉發表於《臺灣時報》。

　　一月十二日，東華書局卓老闆送來《中國現代史》版稅 45,000 元。

　　一月十五日，朱雲漢自軍中來信，謂受訓後留在航校任教，以後時間較多，可投入《中國現代史論文集》的編譯工作。

　　一月二十日，王家儉自哈佛大學來信，謂決定利用此次出國，辭去師大歷史系主任之職，李國祁可請張朋園任此職；又謂呂實強任近史所長，近史所當能正常發展。

一月二十六日，所長呂實強以眼疾開刀，請代理其職，囑找王樹槐、王聿均皆不應。至三十日，呂實強住進三總，奉命代理所長。

一月三十日，王克文自史丹佛大學來信，提到與陳永發等為《中國現代史論文集》寫書評的事，並謂編書由他與朱雲漢起意，現都落在他身上。

一月，近史所聘為專刊審查委員。

一月，開始戴一百度老花鏡。

二月一日，四十六歲生日。

二月四日，下午參加中研院漢學會議籌備會。

二月九日，陳祚龍自法國遠東學術院來信，問及近史所研究區域現代化的情形，並希望將《山東文獻》自五卷一期起贈閱。

二月十四日，上午建築師來，商與美國文化研究所蓋聯合辦公大樓事。

二月十九日，〈美國的失敗主義〉發表於《臺灣時報》。

二月二十三日，時以代所長，發現近史所：1. 上班的情形不佳，2. 寫稿的情形不佳，3. 人事鈎心鬥角。

二月二十八日，本所人員鄭豔霞轉總辦事處辦公，今自竹東來信，謂已將辦公室的東西搬運回家，並將鑰匙交劉增富。

二月二十九日，《民眾日報》編者鍾肇政來信，謂《民眾日報》擬加強方塊文章，請執筆供稿。

三月五日，《民眾日報》開始為民眾副刊方塊作家排供稿日期：共十七人，尉天聰排在六日、二十四日，玉法在十三日，朱炎在二十五日。

三月九日，施曼華來信，關於戰前鐵路建設的研究，又提了許多問題，又提到我為她看的《粵漢鐵路通車與抗戰的關係》一書。

三月九日，〈不容恐怖主義繼續擴散〉發表於《臺灣時報》（二月二十八日，臺灣省議員林義雄之母及三個女兒被暗殺，其中一女受重傷，迄未破案）。

三月十五日，主持所務會議，通過：研究同仁每二年至少為集刊寫論文一篇，不寫論文之年寫書評。

三月二十一日，《臺灣時報》編者許世兆來信，請勿辭主筆，近日事忙可減少供稿。

三月二十九日，〈青年應為國家做些什麼〉發表於《臺灣時報》。所長呂實強恢復上班，卸任代所長。

三月三十一日，呂實強再度住院治眼疾，又代所務。

四月一日，晚至陽明醫學院參加座談會，主題為「民主政治在中國」。我談1949年以前，彭懷恩談今日臺灣，賴金男（淡江大學教授，研究未來學）談未來。談兩小時，討論兩小時，參加者六、七十人。

四月四日，中正紀念堂舉行落成典禮。

四月八日，黨史會發「民國初年的經濟」稿費 58,500 元，該部分我撰第一、四、五、六、七節，83,570 字，王樹槐撰第二、三節，33,250 字。

四月十日，電辭《民眾日報》方塊，推薦賴金男繼之。

四月十三日，李雲漢（中國歷史學會）來信，謂《史學集刊》稿件已夠，分組討論的事，宋、遼、金、元委宋晞，明、清委呂士朋，民國委李守孔、蔣永敬、張玉法。

四月十六日，政大歷史研究所碩士班學科考試，為「中國現代史」命題兩則。

四月二十七日，校《中國現代史論文集》第五輯。

四月二十八日，盧建榮來信，謂原對近代史有興趣，受李國祁的影響改習古史，並謂在思想史的研究上，除不足與余英時、林毓生抗衡外，餘不在話下。

四月二十九日，文化大學（是年二月二十日，文化學院行政會議決定改名為文化大學）三民主義研究所主任曾虛白老師聘為博士生陳孟堅的口試委員，論文題目：「大眾傳播與辛亥革命——民報及其影響」。

四月，草近史所一至三月績效報告：「近代中國工業發展」（下）完稿，交國科會；整理「清末民初山東地區的中外交涉」論文。

五月二日，楊展雲校長自員林來信，寄來「張丕介先生傳略」等稿，備《山東文獻》發表。

五月五日，二哥自家鄉來信，謂春節前孫英善代寄的一百美元已收。

五月五日，呂實強所長眼疾癒，恢復上班，交卸代所長。

五月十二日，下午出席黨史會（秦孝儀）舉辦的「一二八淞滬之役口述歷史座談會」。

五月十四日，師大（郭為藩）聘為張瑞德碩士學位口試委員。

五月十五日，Lea E. Williams 自 Brown 大學來信，謝請其在近史所講演（時呂實強為所長），建立了 Brown 與近史所的關係。

五月十五日，政大（歐陽勛）聘為東亞研究所碩士學位口試委員。

五月十五日，政大聘為歷史研究所碩士論文口試委員。

五月十五日，李恩涵自新加坡大學來信，告知近年研究狀況，並感謝邀請其參加漢學會議。

五月十六日，師大人文學社寄來舉辦座談會的照片，回憶讀師大時曾入人文學社。

五月十六日，朱雲漢自左營來信，談為《中國現代史論文集》譯稿事，並望得到 Kapp 所著川軍閥一書。

五月二十日，王克文自史丹佛大學來信，談與朱雲漢助編《中國現代史論文集》事。

五月二十三日，出席師大歷史研究所張瑞德碩士論文口試。

六月三日，周玉山自國關中心來信，提到彼所編的《五四論集》及我所主譯的《現代中國史》事。

六月五日，審查近史所專刊稿，蘇雲峰《中國現代化的區域研究－湖北省》。

六月十三日，久不為報刊寫稿，《中國論壇》數約，今草「知識青年的出路問題」。

六月十六日，孫英善自洛杉磯來信，報告為我經管的美金帳戶以及最近兩次寄款給二哥的情形。

六月十九日，大華晚報記者程榕寧來訪談「民國史研究的一些問題」。

六月二十日，師大聘為歷史研究所博士班入學考試命題委員。

六月三十日，下午出席文化大學陳孟堅博士論文口試，研究民報，寫了一百萬字，創記錄。指導教授四人：曾虛白、李瞻、秦孝儀、朱謙，創記錄。考委除指導教授曾虛白外，有陳立夫、馬星野、閻沁恆和我。總分八十八分。

七月四日，與中文、英惠、明正自基隆港登花蓮輪往遊花蓮。

七月五日，東吳大學中國文化研究所來信，謂外籍研究生傅竹嵐（Ureulle）之論文口試由七月十日延至二十二日。

七月七日，臺大政治研究所（主任張劍寒）寄來研究生楊仁生之論文及研究計畫請先審閱，再口試。

七月十六日，《中國現代史論文集》第六至十輯資料整理完，開始改稿。

七月十七日，近史所考績列壹等，晉一級，給一個月薪俸之獎金。

七月二十二日，臺大歷史系薛樂琳來信，擬約幾個同學請教修習中國近代史及研讀古史的一些問題。

七月二十六日，民生報寄來座談會記錄稿，望修改後寄回。

七月二十九日，下午出席臺大政治研究所楊仁生博士入學考試口試。

七月，東華書局結一至六月版稅：《中國現代史》上 622 冊，下 548 冊，合訂本 111 冊，共 13,920 元。

七月，聯經公司結一至六月版稅，《歷史學的新領域》185 冊，2,775 元。

八月一日，本會計年度薪水調整為 23,000 元，領考績獎金 10,100 元。

八月一日，近史所聘為圖書資料購置設計小組委員，任期三年。

八月八日，《中國現代史論文集》一至五輯，王克文、朱雲漢、林載爵幫忙甚多，六至十輯的編輯工作今完成，多靠自己。

八月十四日，上午至自由之家出席中央月刊社（王洪鈞）舉辦的「編輯中華民國建國史及史料整理之途徑座談會」，由國史館長黃季陸、黨史會主委秦孝儀、近史所長呂實強主持。

八月十五日，綜合月刊社來信約稿。

八月十六日，二哥自家鄉來信，謂孫英善代我寄的一百五十元美金已收到，為老人買了一口棺木。又謂以前

是掙公分，現已分田，每人一畝。公分是實行公社時期，每年公社總生產量，除以工作天數，依照個人不同的工作天數，而得的不同報酬，生活還過得去，花錢最大的是為孩子們結婚。張杰附信說，他爸為了照顧爺爺、奶奶，留在農村。

八月十五日至十八日，中研院舉行漢學會議，其中中國近代史組分為政治外交、經濟、思想、社會、區域研究、史學等組討論，玉法論文報告「一次世界戰期間中國棉紡織業的發展」。

八月十九日，教育部召集國史館、黨史會、近史所三個單位的負責人開會，籌編《中華民國建國史》。由國史館黃季陸、許師慎、賴愍，黨史會秦孝儀、李雲漢、蔣永敬、許朗軒，近史所呂實強、李國祁、王聿均、張玉法等十一人組成編輯小組。

八月二十日，中華雜誌社胡秋原來信，謂為其祝七十歲壽，勞駕千餘人。

八月二十四日，梅寅生自新竹來信，自稱「平常閉戶讀書，很少與外界來往」，現正譯 Herbert Feis 的 *The China Tangle: The American Effort in China From Pearl Harbor to the Marshall Mission*，望能代找大型出版社出版。

八月二十五日，下午出席中華民國史料研究中心舉辦之「中國革命同盟會成立七十五週年學術研討會」，由黎安友（Andrew Nathan）報告「近代中國輿論的興起」。

八月二十五日，C. Martin Wilbur 來信，謝邀其參加

漢學會議，數被邀請來臺，非常愉快。

八月，在師大歷史研究所暑期部開「中國現代史研究」，學生四十九人。

八月，經世書局寄發新書出版小冊，介紹玉法主譯之《現代中國史》、華力進著《行為主義譯介》、黎劍瑩《新聞英語》等。

九月九日，王克文自史丹佛大學來信，謂明年初可進行博士口試，並問及《中國現代史論文集》第三、四、五輯是否順利出版，後五冊之編輯需幫忙否？又謂大陸欲修民國史，臺灣只開放史料即可，官修國史不可靠。

九月十三日，郭廷以先生獎學金委員會推為下屆監督委員會委員。

九月十五日，陳祚龍自法國遠東學術院來信，對此間史學界數友推崇備至，並索玉法、王曾才、李國祁、陳三井等在漢學會議中的論文。

九月十七日，二哥自家鄉來信，告知寄去的一百元美金已收，並寄來全家合照。

九月二十日，Tim Wright 自澳洲大學來信，謝我送他有關山東礦業的論文，他在這方面正繼續研究，計畫寫一本書。

九月二十五日，〈知識份子的定義問題〉發表於《中國論壇》。

九月二十七日，施曼華來信，謂跟我學習寫論文已有進步，去年寫了一篇研究報告，一萬二千字花了一個月，

今年寫了一篇一萬四千的研究報告只花十一天。

九月，於政大歷史研究所開「中國現代史料分析」的課。

十月三日，西德學者 J. D. Bernal 臨回德國前來信，謂研究清末民初的科學思想，在臺大圖書館的《新知雜誌》上，複印了我的「清季科學期刊敘目選輯」（一）至（七），尚缺（八），託友人留下三十元複印費，盼能代為複印。

十月八日，魏仲韓自新竹芎林私立大華工專來信，謂教書七年，曾以「中古代的庶與士」升講師，現擬寫「先秦社會制度」，俾升副教授，希能代擬撰寫大綱及參考書目。

十月九日，晚在師大湘菜館開會，李國祁主持，討論《中華民國建國史》撰寫綱要問題。李主張對國民黨要有讚美的字眼，我主張用中立的詞句。事後國史館來電話，謂實際的綱要不可能完全照開會的決定。

十月十五日，政大雷飛龍來信，謂原欲借閱 James E. Sheridan 的 *China's Disintegration*，蒙賜複印本一份，為謝。

十月十七日，晚去師大人文學社講演「五四運動的歷史意義」，聽講者四、五十人。

十月二十四日，出席中國歷史學會理監事會，黨史會主委秦孝儀主以宣揚政績的立場寫《中華民國史》，館長黃季陸受黨部的壓力，欲刪改《中國近代史論文選集》中的論文，我皆反對。

十月二十七日，政大聘為歷史研究所「中國現代史研究」命題及閱卷委員。

十月，陳勤寄來《五四運動在上海》譯稿樣品，待與書局訂約後再續譯。

十月，馬之驌與梅寅生有書信往來，談為經世書局譯書事。

十一月三日，中國地方文獻學會李士賢約至國大代表黨部談《地方文獻年刊》編輯事。

十一月五日，仕女雜誌與黃河雜誌聯合邀請參加「女權與婦女參政——如何提升婦女在政治上的地位座談會」。

十一月二十一日，張朋園自哥倫比亞大學來信，婉拒明夏近史所兩次研討會的約稿。又謂在夏志清宴沈從文的餐會上見到沈從文，八十歲的老人已無任何脾氣。

十一月二十五日，王克文自史丹佛大學來信，討論《中國現代史論文集》譯稿事，並謂擬回國找博論的資料，問黨史會有無 1920-1930 年代的各省地方報。

十一月二十五日，〈太平洋兩岸的選舉〉發表於《中國論壇》。

十二月八日，孫英善轉來二哥的信及全家照片，甚激動。父母年八十，大哥、二哥之子均已生子，連妹妹共二十五口，連我家四口共二十九口。遙望雲天，日後只能多寄些錢回去。

十二月九日，下午去宏恩醫院看董玉京大夫，血壓高至 102-160，決定吃藥。

十二月十一日，政大聘為歷史研究所碩士學位考試委員。

十二月十一日，收到政大研究生論文指導費四千元。

十二月十五日，政大聘為歷史研究所王玉碩士論文指導教授。

十二月十六日，梅寅生自新竹來信，談其所譯《中美戰時外交》出版事。

十二月十八日，上午近史所同仁去黨史會參觀，大溪資料只能參觀，不能使用。

十二月二十三日，晚去政大歷史聯誼社講「民國初年的軍閥政治」。

十二月二十六日，謝浩來信，甚佩我呼籲國民黨修黨史，並謂自己自高雄文獻會調高雄市研考會，明年將轉職臺灣省文獻會。

十二月二十九日，孫英善自洛杉磯來信，談為二哥寄錢的事。又謂西人不願看到中國強大，Monterey Park 近有排斥白人的事。

十二月二十九日，趙慶河自中國青年反共救國團來信，謂現在總團部團史編纂小組工作。

十二月三十一日，今年收到的賀年片，到今日止共四十份。

十二月，與教育部（朱匯森）訂中華民國史撰述合約，預計撰八萬字，預付二分之一稿費二萬四千元。

　　是月，波多野善大自日本來信，感謝在臺期間的照顧與接待。

　　是年，劉安祺假天廚飯店宴山東籍學界人士凡二十四人。

　　是年，公務員健檢：高 166 公分，重 67 公斤，血壓 90-144，血糖 100，膽固醇 205。

　　是年，列名臺北員林實驗中學校友會幹事。

1981 年（民國七十年）

是年四十七歲，被中研院選拔為年度研究最優人員，任近史所副所長，近史所裝冷氣，參加歐洲文化訪問團，出版《中國現代化的區域研究——山東省（1860-1916）》、《中國現代史論文集》、《中國婦女史論文集》、《現代中國史》譯本，參與《中華民國建國史》撰寫。

一月二日，李又寧自紐約來信，謂收到《中國現代史論文集》第一至五輯，並謂索取之 *Chinese Republican Studies Newsletter* 當寄奉。

一月三日，卓文義自空軍官校來信，謂所購之《中國現代史論文集》第三輯尚未收到，另希望能借到劉馥的 *A Military History of Modern China*。一月十日又來信，謂收到劉馥的書複印本，寄來印費四百元。

一月四日，孫英善自洛杉磯來信，謂已寄美金三百五十元給二哥。

一月五日，李雲漢自國史館來信，謂我懷疑民國元年黃興覆中山電中之「撥前款數兩」有誤，經查為「數萬兩」。又問及《中國現代史》中謂東北軍減俸 20% 等問題。

一月九日，薛君度自馬利蘭大學來信，謝贈《清季的

革命團體》一書，並告知其《黃興與中國革命》一書大陸已翻譯出版，此書為哥倫比亞大學的博士論文。

一月十日，中國青年反共救國團總團部函知，〈從革命變法論中國之命運〉一文選入《放眼神州》第六輯。

一月十二日，為《中國現代史辭典》撰稿，今黨史會寄來稿費 4,930 元。

一月十八日，上午參加臺灣省文獻會舉辦的臺灣省通誌綱目草案座談會。

一月二十三日，〈理想與災難——開國七十年的歷史回顧〉發表於《綜合月刊》。

一月二十四日，經世書局馬之驌告知，《現代中國史》譯本去年賣了 498 本。

一月二十八日，上午出席政大歷史研究所陳春美碩士論文「吳佩孚的挫敗」口試。

一月二十九日，王玉來函，謂論文的主題擬由「文學研究會」易為「革命文學」。

一月三十一日，所長呂實強因割治視網膜請假三週，所長由玉法代理，至二月二十一日，續假二週，仍代理。

一月，撰去年十至十二月近史所績效報告：《中國現代化的區域研究——山東省（1860-1916）》書稿修改完畢，交專刊審查會；國科會研究計畫的研究成果「民初國民黨與進步黨之比較研究」。

一月，東華書局結去年七至十二月版稅：《中國現代史》上 1,426 冊，下 1,200 冊，合訂本 373 冊，共 38,474

元；一月至十二月版稅：《中國近代現代史》1,494 冊，
《中國現代史略》1,930 冊，共 49,157 元。

一月至三月，教育部與中國廣播公司聯合舉辦「中國
歷史人物」廣播講座，歷史人物共七十二人，玉法於三月
七日講沈葆楨，三月十日講梁啟超。

二月一日，四十七歲生日。

二月三日，今年不至岳家過年，因知家中平安，留下
來祭祖，年初二才陪中文回娘家。

二月四日，Tim Wright 自澳洲大學來信，謝我評論他
的書，並對我研究的「外人在山東的投資」很感興趣。

二月八日，施曼華來信，謂《鐵路建設與八年抗戰》
已出版，謝我將她領進研究之門，現擬第二個研究計畫。

二月十日，〈會黨與辛亥革命〉刊於《傳記文學》
三十八卷二期，稿酬四千元。

二月十日，李國祁告訴呂實強，師大歷史系主任原欲
推薦張玉法，因非黨員，怕有人懷疑「忠貞問題」。

二月十九日，付費美金十元，訂閱 *Chinese Republican
Studies Newsletter* 一年。

二月十九日，為經世書局主編史學譯叢，陳勤所譯的
《五四運動在上海》完稿。

二月二十五日，〈髒亂乃國民之恥〉發表於《中國
論壇》。

三月二日，晚去文化大學史學系史學週講「纂修民國
史的體例問題」，聽講者七、八十人。

三月三日，行政院經濟建設委員會葉萬安來信，索《近代中國工業發展史》。

三月四日，上午參加淡江大學舉辦的中美關係史研討會，宣讀論文「美國與辛亥革命」。

三月四日，所長呂實強因割治視網膜請假三週，所長由玉法代理；三月二十七日續假三週，續代理。

三月六日，施曼華來信，謂我把學生視為「流水」，不收「長期生」。因其說話難聽，訓了一頓，三月九日來信求諒解。

三月二十日，《中華學報》社來函，約寫有關辛亥革命的論文約一萬字。

三月二十三日，政大聘為歷史研究所碩士學位研究生學科考試委員。

三月二十四日，史政編譯局長林克承來信，謝前為講「研究國民革命史的方法與趨勢」，寄贈何應欽著《軍政十五年》、《東路軍北伐作戰紀略》。

三月二十九日，在奧克拉荷馬留學的孫法治來信，謂研究中美關係，購得《中國現代史論文集》第一、二輯，甚喜，閱報知臺灣舉行中美關係史研討會，望能獲得研討會的論文。

四月四日，中山大學聘為中山學術研究所「中國現代史研究」學科考試命題委員。

四月七日，師大聘為歷史研究所碩士研究生考試閱卷委員。

四月十四日，近史所史蹟考察隊中午乘遊覽車出發，由所長呂實強領隊，下午三時到鹿港，七時抵曾文水庫青年活動中心。十五日上午抵臺南，下午三時半至彰化，四時半北返。

四月十六日，孫英善自洛杉磯來信，告知七月來臺參加國建會，又謂近日曾轉去二哥的信，不知收到否？

四月十七日，《中國現代化的區域研究──山東省（1860-1916）》近史所通過出版。

四月二十一日，所長呂實強因眼疾請假兩週，所長由玉法代理。

四月二十二日，黨史會張大軍來函，擬購買近史所出版之《民國九年中俄關係史料》中與外蒙古有關的史料，乃將該部分資料複印寄去，四月二十六日來函致謝。

四月二十二日，錢院長向總統府推薦研究院本年度研究最優人員：化學所洪楚章、動物所周延鑫、近史所張玉法。

四月二十三日，師大聘為歷史研究所碩士班本年度學科畢業考試命題委員。

四月二十五日，張朋園自哥倫比亞大學來信，謂來美已八個多月，再三個月即返臺。平日忙著到各處講演，無暇聽課、讀書。又謂李又寧八月初抵臺北，預定在臺北停留二十天，是否可安排住師大綜合大樓。

四月二十七日，李雲漢轉來臺北市黨部主委余鍾驥函，謂《山東文獻》一至六卷合訂本已收，寄款二千元。

五月一日，李又寧自紐約來信，談到《中國婦女史論文集》出版等事。

五月四日，中興大學任育才來函，謂其學生詹素娟至近史所請教，獲益甚多。

五月四日，程榕寧在《大華晚報》介紹陳勤譯的《五四運動在上海》，謂為我主譯，實則我為經世書局主譯「歷史譯叢」，其中《現代中國史》我曾參與，《五四運動在上海》全由陳勤翻譯，我看了一遍。

五月六日，王洪鈞師來函，感謝為《自由時報》撰稿（已刊於三月二十九日該報）。

五月六日，楊展雲校長來函，謂「我的一生都在為你們搖旗吶喊」，甚感鼓勵。

五月七日，為中國文化大學所擬出版的百科全書寫辭條二：太平洋天國、大清會典。

五月七日，孫英善函二哥，不要二哥把玉法寄去的錢買棺木，要全部拿來照顧二老的生活和健康。

五月十日，暑期部研究生施曼華來信，謂《中國現代史論文集》第二輯「史料與史學」已看完，問：什麼是原始材料？

五月十八日，政大歷史系學生陳郴來信，謂《中國現代史》有關德國顧問團部分有引證錯誤之處，回函致謝。

五月十日至二十二日，為中山大學中山學術研究所碩士生「中國現代史研究」閱卷。

五月十九日，政大聘為政治研究所碩士研究生論文

口試委員。

　　五月二十日，師大歷史研究所學生鄭以芳因病回高雄休養，「中國現代史研究」一課，口頭報告擬改為書面，並擬於六月底前將期中及期末報告寄來。

　　五月二十七日，師大歷史研究所畢業生劉汝錫自臺中第二高中來函，擬以「清代臺中盆地的社會經濟發展」為題，作些研究。

　　五月二十九日，孫英善自洛杉磯來信，謂七月四日抵臺參加國建會，擬於二十日左右同去參加員林實中校慶。

　　五月二十九日，上午出席政大歷史研究所研究生黃芙蓉碩士論文「袁世凱與進步黨」口試。

　　五月二十九日，中研院核准參加太平洋文化基金會舉辦的歐洲文化訪問團。

　　五月三十一日，李慶西自沙鹿弘光護專來信，謂下學年學校擬逐客，謀入臺灣文獻會工作（林衡道）。

　　六月一日，中華文化復興委員會聘為中國近代史論文集編輯委員。

　　六月五日，《中央月刊》社約於六月十日在聯勤信義俱樂部舉行「三民主義文化建設的取向與做法」座談會，會議紀錄登《中央月刊》。

　　六月七日，員林實驗中學劉曉武師來函，謂勝利中學旅臺校友所編印的紀念冊《源流》寄山東文獻社一份。

　　六月十七日，東海大學呂士朋來信，謂辭去夜間部主任，接歷史研究所主任，擬請任研究所「中國近代史專

題研究」課，每兩週上課四小時。

六月十八日，曹志鵬自美國來信，詳述武昌革命，謂彼曾於《暢流》介紹曹亞伯的《武昌革命真史》。謂自北伐完成後，國民黨強調孫中山、蔣中正的革命正統，忽視武昌革命，並曾禁《武昌革命真史》，佩服我於《清季的革命團體》中大書武昌革命。

六月十九日，師大寄來歷史研究所暑期進修班「中國現代史研究」課表，每週三上午上課四小時。

六月二十九日，致函香港羅炳綿，告知八月中旬去大陸將經香港，七月四日回函謂將陪遊香港。

六月三十日，張存武辭《山東文獻》編輯之職，日後與陶英惠輪流編之。

七月一日，下午出席中華民國史料研究中心舉辦的「蕭一山與中國近代史學」座談會，由蔣復璁、陳捷先、呂實強、王家儉等人報告。

七月四日，佟秉正自英倫敦來信，知我八月初要去歐洲旅行，告知英倫的一些景點。

七月四日，出席政大政治研究所碩士衛民之論文口試。

七月六日，賈祥久師自員林來信，因知孫英善回國參加國建會，邀其去員林一聚。

七月六日，褚承志寄來二千五百元，購山東文獻第六卷合訂本十本，寄桃園馮永承，轉贈諸鄉友。

七月六日，為《國立政治大學學報》審查論文一篇。

七月七日，近史所通知，考績列壹等，給予一個月

俸額獎金。

七月七日，受聘為師大歷史研究所博士班入學考試命題、閱卷及論文審查口試委員。

七月十五日，參加師大歷史研究所李孝悌博士論文甄試、吳安家博士入學考試論文甄試。

七月十六日，與中文、陶英惠、李明正隨李鍾桂的太平洋文化基金會所辦的文化訪問團去歐洲各國旅遊，為期四週，自松山機場搭國泰航空至香港轉德國航空，十一日晨抵雅典。參觀巴森農神廟（Parthenon）、雅典大學。七月十八日飛羅馬，參觀君士坦丁拱門、許願泉。七月十九日自羅馬至龐貝城（Pompeii），七月二十日飛 Capri 島，乘飛船至 Naples 港，返羅馬。七月二十二日去佛羅倫斯，參觀 Pisa 斜塔。七月二十三日往威尼斯，二十四日經列支敦士登，二十五日至維也納。二十五日往慕尼黑，二十八日至盧森堡，三十日至瑞士的蘇黎世（Zurich），下午至巴黎。此後數日參觀凡爾賽宮、巴黎大學。八月一日飛西班牙馬德里，與陶英惠訪周承鎬（中學同學，在彼地開餐館）。八月三日飛倫敦，此後數日參觀白金漢宮、海德公園、倫敦大學。之後搭船過英吉利海峽至比利時的布魯塞爾。八月七日至荷蘭的阿姆斯特丹。八月九日至丹麥的哥本哈根。八月十日搭火車至德國漢堡，參觀漢堡大學。八月十一日飛法蘭克福轉機飛香港，八月十四日回臺北。

七月二十二日，孫英善來信，謂明日返美，在臺相談

甚歡。

七月二十九日，陳曾燾自美來信，談其《五四運動在上海》一書由經世書局翻譯出版未經其同意事（實則事前無法打聽到陳曾燾的地址，不意書剛出版彼即來臺灣）。

七月三十一日，陳祚龍自法國來信，謂八月十日將抵臺北，與老友歡聚。

七月，聯經公司結版稅：今年一至六月，《歷史學的新領域》204本，3,060元。

八月二日，劉汝錫自臺中第二高中來信，謂博士班考試時，論文受到李國祁老師的批評，擬修改出版後明年再考。

八月十六日，二哥自家鄉來信（1979年大陸可經香港寄信至臺灣，到1988年臺灣始可寄信至大陸，之前二哥來信、玉法去信皆由洛城孫英善代轉），謂七月寄去的美金150元已收。張杰附寄信，抱怨留在農村受苦。

八月十八日，近史所研究室裝冷氣，自是夏天可安心研究。

八月二十三日至二十八日，黨史會、國父紀念館、近史所、政大國關中心聯合舉辦中華民國開國七十年研討會，玉法提論文「光復會與辛亥革命」。

八月二十六日，卓文義自空軍官校來信，索開國七十年研討會論文目錄，俾了解學者研究現代史的情形，並欲購買《清季的革命團體》及《中國現代史論文集》第四、第六輯（其他各輯已買到）。

八月二十九日，傳記文學社劉紹唐邀學者數人，座談民國史研究的問題；三十日，近史所開討論會，討論民國史研究的問題。

八月三十一日，施曼華來信，謂看到開開國七十年會時記者對我的訪問。

九月一日，受聘為近史所第八屆集刊編輯委員會委員。

九月一日，陶英惠受聘為中研院祕書組主任。

九月一日，假家鄉樓宴唐德剛師。

九月四日，王爾敏自香港中文大學來信，謂臺北之聚甚歡，盼寄《中國婦女史論文集》一冊。

九月六日至十日，所長呂實強赴香港開會，奉命代所長。

九月九日，臺大大陸問題研究社來信，謝為其講演。

九月十一日，黨史會孫子和來信，謂正為《中華民國建國史》趕稿，盼代借幾本有關汪精衛的書。

九月十一日，《傳記文學》社劉紹唐來信，告知《亞洲人雜誌》有〈建國史討論會透視〉一文，可影印寄奉。

九月，師大歷史研究所「中國現代史研究」選課生有林桶法、李宇平等十人。

九月，本學期在東海大學歷史研究所開「中國近代史專題研究」。

十月十一日，於政大中國藝文活動週講「中國知識份子對西方衝擊的反應」。

十月十二日，王克文自史丹佛大學來信，謂正擬寫

博論,約以國民黨訓政時期為範圍,考慮去臺灣找資料。
又謂近史所是理想的研究場所,陳永發月內歸國。又談到
《中國現代史論文集》的編輯工作。

　　十月二十日,上午錢院長頒最優人員獎:張玉法、
周延鑫、洪楚璋。

錢院長向總統府推薦本年度之研究最優人員
自左至右:張玉法、周延鑫、錢院長、洪楚璋

　　十月,《聯合報》專欄組魏誠來信,謂我的〈辛亥革
命第一槍〉發表後,有自稱參加過辛亥革命的人提供武昌
首義的背景資料,寄上供參考。

　　十月,張力申請來近史所工作,與王聿均分任審查
人,皆支持。

　　十月,撰今年七至九月績效報告:撰「光復會與辛亥
革命」,發表於中華民國開國七十年討論會。

　　十一月五日,東海大學歷史系助教唐啟華來信,告知

我在東大兼課薪水及報稅等事。

十一月五日，二哥來信，謂十月二十三日在安徽宿縣與孫英善會面，了解我的一切。

十一月十九日，全漢昇自新亞書院來信，介紹其學生德人 Koln 來訪，彼研究博山煤礦。

十二月五日，孫英善自洛杉磯來信，謂做官靠軟工夫，做學問靠硬工夫。

十二月二十一日，楊展雲校長自員林來信，談為《山東文獻》拉稿事。

十二月二十三日，師大歷史研究所選課生陳惠芬、李盈慧、金貞和等八人共同簽名來一賀年片。

十二月三十一日，為中國文化大學編的中華百科全書撰辭條章炳麟、梁啟超各五百字。

十二月，為張力申請哥倫比亞大學和普林斯頓大學寫推薦信。

是月，馬大任自荷蘭漢學研究院來信，謂歐洲十個國家的漢學圖書館已於九月成立歐洲漢學圖書館協會，盼贈書。

是年，經世書局出版玉法主譯的「史學譯叢」第一本《現代中國史》。

是年，與李又寧合編的《中國婦女史論文集》由商務印書館出版。

是年，近史所舉辦「近代中國維新運動——變法與立憲研討會」，於會中提「學者對清季立憲運動的評估」。

是年至1983年，協助黨史會撰寫《中華民國建國史》。

1982 年（民國七十一年）

是年四十八歲，續資助故鄉的大家庭，《中國現代史》和《中國近代現代史》續暢銷，赴美參加美國亞洲學會第三十四屆年會並與章開沅辯論辛亥革命的性質，參加《中國時報》舉辦的樓蘭之會，任副所長。

一月一日，近史所聘為第七屆專刊審查委員，任期一年。

一月二日，謝秀文自鳳山陸軍官校來信，囑審查蔣子駿升講師之論文〈羅福星與臺灣抗日運動〉。

一月四日，鄭會欣自香港中文大學來信，至六月十六日又來信，談其博士論文撰寫、通過事，並感謝在《近代中國史研究通訊》上為其發表一部分。

一月八日，政治作戰學校學生王肇宏自中正理工學院來信，謂教書才是他讀書的開始。

一月十八日，孫英善自洛杉磯來信，謂已寄給二哥二百美元，合人民幣三百五十元，夠過春節了，因為大陸一般人民的薪水每月只三、四十元人民幣。又囑代購《中國歷史演義全集》。又附寄代我經管的小帳戶：在1979.12.28-1982.1.15間共收1,729.5元，共支1,480.35元，餘249.15元。

一月二十四日，劉汝錫自臺中二中來信，討論碩士論文〈憲政編查館研究〉的修改及擬考博士班的事。

一月，撰近史所去年十至十二月績效報告：為《中華民國建國史》撰「內閣的遞嬗」和「政黨的分合」，共約八萬字。

一月，聯經公司結上年七至十二月版稅：《歷史學的新領域》183 本，2,745 元。

一月，東華書局結版稅：去年七至十二月，《中國現代史》上 1,597 冊，下 1,316 冊，合訂本 90 冊，37,116 元；《中國近代現代史》1,605 冊，《中國現代史略》1,628 冊，40,334 元。

一月，《山東文獻》去年一至十二月帳：收入去年移下 380,335 元，訂閱及賣 120,913 元，榮譽戶 90,300 元，文工會補助 4,000 元，支出印刷、事務、津貼、房租等 230,576 元，餘 390,576 元。

一月，經世書局結版稅：1980.4.10-1981.12.31《現代中國史》1,251 本，《晚清革命文學》67 本，共 15,211 元。

一月，聯經公司結版稅：去年七至十二月，《歷史學的新領域》180 本，2,700 元。

二月一日，四十八歲生日。

二月三日，王爾敏自香港中文大學來信，對港中人士遊走兩岸，左右逢源，深為不滿，言及趙令揚等。按兩岸學術交流到 1990 年才正式開始，在此之前，趙曾至近史所，張存武、繆全吉等與之在路邊談話，適我經過，我不

識趙，亦不知趙係何許人，有人介紹，握手而去，未談一語。事後，中研院管安全的趙保軒來訪，謂我與趙關係頗深，余曰：走路碰到，友人介紹，握手而去，如是而已。趙不信，余曰：情報資料錯誤，趕緊修正。趙半信半疑而去，其後未再騷擾。

二月四日，玉法呈院長：應國民黨中央黨部之約，於四月初去美國參加亞洲學會年會，會後分訪有關學術機構，約需十四日，請致函教育部辦理出國手續。

二月十四日，蔣子駿自鳳山軍校來信，謂在軍中服務多年，退伍後至鳳山軍校任教，感謝審查〈羅福星與臺灣抗日運動〉，錯誤之處已修改。

二月十四日，施曼華來信，謂尋找中印公路資料已得六十種。

二月十四日，二哥來信，謂收到信及寄去的二百美元，全家可過好年。又謂年初二與孩子們去庫山看了新來（大哥的長子）的林地。

二月二十六日，王衍豐自 New Hampshire 來信，謂我四月有芝加哥之行，陶英惠做了祕書主任，又提到王德毅、馬先醒先後有哈佛大學之行。

二月二十七日，謝國興自師大歷史研究所來信，寄來〈蔡馮事件前後的輿論〉求審閱，又謂遵囑請教過沈雲龍先生。

二月二十八日，上午出席中國歷史學會第十七屆第三次理監事會。

二月，《中國現代化的區域研究——山東省（1860-1916）》出版。

二月，師大歷史研究所「中國現代史研究」下學期選課生黃克武、陳惠芬等十人。

二月，在政大歷史研究所開「中國近代史料分析」，選課生林桶法、蘇啟明等七人。

三月三日，韋慕庭師聞我將去芝加哥開會，約我於四月六日下午至他家，他會約一些朋友一起進晚餐。

三月八日，高雄市孔子廟暨忠烈祠管理委員會尹德民來信，希望《山東文獻》能刊出山東百年大事記。

三月九日，羅炳綿自香港來信，謂為近史所集刊所寫的稿已寄出。

三月十日，俎鴻才自臺中警察局西區戶政事務所來信，謂訂閱之《山東文獻》多期被朋友拿走，擬再購齊。

三月十一日，Arthur Rosenbaum 自威斯康辛 Milwaukee 來信，知我月底要去芝加哥開會，邀我去他家住幾天，並希望我能為他的書寫書評。

三月十六日，孫英善自洛杉磯來信，知我四月初去芝加哥開會，報紙已報導雙方陣容，約我去程或回程去洛城。

三月十六日，卜銳新自南昌街舊書肆來信，祝赴美開會成功。四月二十一日又來信，謂辛亥革命之討論，立論精闢，譽滿彼邦。

三月十六日，張喻成自澎湖軍中來信，謂讀了二哥

的信，感受良多，提到叔伯輩，但謂不要告訴他的現職。

三月十八日，中山大學中山學術研究所全體同學來信，謂擬編該所簡介，盼提供基本資料。

三月二十日，東海大學歷史研究所呂士朋來信，囑為碩士班學科「中現代史研究」考試命題閱卷。

三月二十五日，師大郭廷以先生獎學金第二次募款，捐七千元。共得 185,680 元。

三月二十七日，楊選堂來信，歡迎參加《中國論壇》編委會。編委的義務是設計討論的議題、邀請適當的學者講演或參加討論。編委會開會，七月二十五日為第 151 次，八月五日為第 152 次。

三月三十日，與秦孝儀、李雲漢、張忠棟、林明德自臺北飛芝加哥，參加美國亞洲學會年會「辛亥革命與民國創建」討論組。

三月三十一日，抵芝加哥，準備參加明日的會議。

四月一日，美國歷史學會第三十四屆年會開幕。

四月二日，於年會辛亥革命組報告論文「辛亥革命的性質與意義」，與大陸學者章開沅辯論辛亥革命的性質。

四月三日，續參加會議。

四月四日，續參加會議。《中國時報》刊出記者周天瑞的專題報導〈辛亥革命當然是全民革命──海峽兩岸學者有關辛亥革命的一場學術討論〉。

四月五日，自芝加哥飛紐約。

四月六日，紐約大風雪，與紐約朋友聚會取消。

四月七日，訪哥倫比亞大學，見到高雙英老師等。高老師事後寄函臺北，寄來領帶、口紅等禮物，要我分贈張朋園、蘇雲峰、王萍、黃福慶、王家儉、藍旭男。高老師係當年郭廷以所長為鼓勵同事習日文，特別請來近史所教日文的老師，每週一次。

四月八日，經濟部致函近史所，交由本所保管整理之大陸時期經濟部檔案，同意開放作為研究之用。

四月八日，與紐約的師友唐德剛、李又寧、吳章銓等聚會，再訪哥倫比亞大學。

四月九日，自紐約飛波士頓，訪哈佛大學，王衍豐自 New Hampshire 來會。

四月十日，自波士頓飛洛杉磯，住孫英善家。四月十三日，孫英善來信，要為我留下的支票和李中興贈給我的五百元支票開一帳戶儲存。

四月十一日，自洛杉磯飛臺北，次日抵臺北。

四月十五日，施曼華來信，謂擬將研究的題目定為「八年抗戰時期西南西北國際公路」。

四月十五日，中山大學聘為中山學術研究所碩士班招生「中國現代史」命題委員。

四月十六日，李又寧自紐約來信，擬自費辦《二十世紀中華史學年刊》，並為年刊催稿，又謂已將《中國現代史》分贈唐德剛、Gasster。

四月十九日，二哥自家鄉來信，謂在《人民日報》上看到我去美國開會的事。

四月二十三日，受聘為師大歷史研究所碩士班畢業學科考試委員。

四月二十八日，孫英善自洛杉磯來信，謂僑報對兩岸學者在芝加哥之會交峰大加報導。

四月，為政大歷史研究所碩士生學科考試「中國現代史研究」命題、閱卷。

四月，撰近史所一至三月績效報告：為《中華民國建國史》寫「興中會時期的革命宣傳」、「同盟會時期的宣傳」、「革命與君憲的論戰」，共約八萬字。

五月十四日，成大歷史系李冕世來信，謝答應至成大講演，擬派助教何培史前往請教一切。五月二十一日又來信，謂據何培史報告，五月二十八日乘火車至臺南，擬於晚餐後安排講演，晚宿禮賢樓。

五月二十日，施曼華來信，告知指導她所寫的書已審查通過，五月十八日拿到講師證書。

五月二十日，王惠姬自臺中僑光商專來信，希介紹去東海大學兼課。

五月二十三日，二哥自家鄉來信，謂自美國寄去的三百美元（其中一百五十元為張喻成的）已收。

五月二十四日，趙中孚自密西根大學中國研究中心來信，報告在該中心訪問研究的情形，由費維愷接待。

五月二十九日，孫英善自洛杉磯來信，提到我自波士頓寄錢給二哥、他亦寄二百元給二哥的事，又提到我與莊惠鼎等退出校友會（因有同學欲利用校友會為他選市議

員，並大鬧校友會）。

五月三十日，中國歷史學會第十八屆年會會員大會在故宮博物院舉行，任現代史組召集人。中國歷史學會列名者有會員 749 人，姓名筆劃編為 364 號。歷屆出席者百餘人。

五月，中山大學中山學術研究所聘為碩士生招生委員，為「中國現代史研究」科命題、閱卷。

五月，東昇出版公司來信，謂擬將《劍橋中國史》中的「隋唐篇」、「晚清篇」委人翻譯出版，答應找人翻譯「晚清篇」。

六月三日，在史政編譯局講「芝加哥辛亥革命討論會紀略」。

六月八日，臺大聘為歷史研究所碩士班研究生論文口試委員。六月二十二日下午至臺大歷史研究所出席碩士生方惠芳〈曹錕賄選之研究〉論文口試。

六月八日，上午出席政大歷史研究所王玉〈文學研究會與新文學運動〉碩士論文口試。

六月十二日，正中書局寄來〈如何在歷史中提煉經驗〉稿酬五千元。

六月十四日，劉汝錫自臺中二中來信，謂已報考師大博士班，有顏尚文、黃秀政及政大國關中心副研究員和臺大一碩士生報考。

六月二十六日，韋慕庭師自美國來信，謝為其結婚五十年與李雲漢、蔣永敬、蘇雲峰和 Madelleine Chi 修女

合送的文徵明畫冊。

六月三十日，師大聘為歷史研究所暑期部中等教師進修班教授。

七月五日，史政編譯局長林克承來信，謂推介陳能治至該局服務，陳同學已報到上班。

七月六日，孫英善自洛杉磯來信，謂收到《中國現代化的區域研究——山東省（1860-1916）》，並收到翟允賢帶去的《實中三十週年紀念特刊》。又謂八月初再寄二百美元給二哥。

七月十二日，晚劉紹唐假國賓飯店為梁敬錞慶八十壽，致送「史學泰斗」銀盾，擅自列李國祁、張玉法、陳三井、張朋園、呂實強、陶英惠之名。玉法、朋園皆不悅，不便離席，拒吃蛋糕、壽桃。

七月十三日，上午出席師大博士班入學考試論文口試。

七月二十一日，再捐六千元給郭廷以先生獎學金，現總數已有三十五萬元。

七月二十二日，近史所七十學年度考績列壹等，晉俸一級，給一個月俸額獎金。

七月二十三日，下午傳記文學社假國際學社辦創刊二十週年茶會，史學界多人往賀。

七月二十三日，謝文孫與張忠棟、李雲漢、林明德、玉法寫信，謂芝加哥之會討論辛亥革命的英文論文，北京社科院擬出版，各位既拒絕，美國亞洲學會正出面防阻。John Isreal（Virginia 大學教授）認為照學術倫理，大陸不

致冒然出版。哈佛大學吳文津認為，如由我們四人聯名去信，要避免被利用作為「三通」之口實。

七月二十六日，王克文自史丹佛大學來信，謂正寫論文，暫無申請近史所的計畫，並謂已收到《中國現代史論文集》數輯。

七月二十八日至三十日，《中國時報》社假宜蘭棲蘭山莊召開「近代中國的變遷與發展研討會」，參加者有胡佛、楊國樞、葉啟政、李鴻禧、余英時等，玉法於會中報告「近代中國民主政治的發展」。會議期間，李登輝召見余英時，時天雨路斷，以機車送過一段路。

七月三十一日，曾孝明自清華大學電機工程系來信，對孫中山、蔣介石在革命史上的地位大為貶抑。

七月，受聘為師大歷史研究所博士班學科考試委員、博士班入學考試委員、碩士班論文口試委員。

七月，王玉於政大歷史研究所碩士班畢業。

七月，東華書局結版稅：是年一至六月，《中國現代史》上 979 冊，下 698 冊，合訂本 275 冊，共 26,724 元。

七月，聯經公司結版稅，《歷史學的新領域》181 冊，2,715 元。

七月，何國隆報告山東文獻社於一至六月的收支，尚餘 310,412 元。

八月二日，孫英善自洛杉磯來信，告知接待楊校長及師母的事，並將《中國現代化的區域研究——山東省（1860-1916）》拿給楊校長看。楊校長說：《山東文

獻》，玉法出力最大。英善並告知，已聯絡到幾位同學贊助《山東文獻》：麥松三十元，王廣沛一百五十元，劉珍修五十元。

八月四日，Arthur Rosenbaum 自威斯康辛大學 Milwaukee 來信，謂收到《中國現代化的區域研究——山東省（1860-1916）》，擬在 *Journal of Asian Studies* 寫書評。

八月四日，為國科會審查獎助案十件，其後又審查十件。

八月十二日，孫英善自洛杉磯來信，謂捐款出版《實中三十年紀念冊》的美加同學十二人，共六百九十元；捐款給《山東文獻》者二人，共一百五十元。

八月十八日，李恩函自新加坡大學來信，談與美國亞洲學會聯絡事。

八月二十一、二十二日，近史所舉辦辛亥革命研討會，提論文「辛亥革命的性質與意義」。

八月二十三日，國史館聘為《中華民國建國史》編審委員會委員。

八月二十三日，耶魯大學博士生（Jonathan Spence 的學生）湯若杰（Roger Thompson）來信，謂擬於1982-1983年之間至臺北故宮博物院和近史所看資料，研究清末的地方自治。我的《清季的立憲團體》對他很有用，屆時擬去近史所拜訪。

八月二十三日，所長呂實強因眼疾請假三週，奉命代所長。

　　八月二十四日，致函員林賈祥久老師，謂旅美加校友為出版《實中建校三十週年紀念冊》，捐款 28,635 元，寄上，並附捐款名單。

　　八月二十六日，上午呂實強所長因病住院，以代所長出席中央研究院院務會議。九月十六日，上午代呂實強所長出席中央研究院人事委員會議。

　　九月八日，賈祥久老師自員林來信，謂少數人欲利用校友會達到私人目的（如選舉），甚為遺憾。又謂所寄美加校友捐款二萬八千餘元已收。

　　九月九日，孫英善自洛杉磯來信，提到李雲漢之長子英年早逝以及孝寧上基隆女中的事。

　　九月十二日，中國論壇社舉行「日本竄改教科書史實研討會」，玉法主持，參加者王曾才、蔣永敬、林明德、李鴻禧等。

　　九月十三日，所長呂實強以入院治療眼疾請假，奉命代所長。

　　九月十五日，嘉新水泥文化基金會函請審查陳瑞鵬《黃帝遺族宗系姓氏淵源考》。

　　九月十五日，聯經公司來函，謂《中國現代史論文集》（共十輯）五套已分寄荷蘭 W. T. Chang、聖芭芭拉加州大學、愛荷華大學、劉廣京、李又寧。

　　九月二十二日，南昌街舊書肆卜銳新來信，謂有一批舊書，請來檢閱。

　　九月二十二日，永和王松江來信，謂有關近代史的

油畫，近又增繪九幅。

九月二十六日、二十七日，參加中國論壇社所組的教授訪問團，共十三人，參觀退輔會的附屬事業，包括桃園榮民之家、福壽山農場、武陵農場、榮工處等（可能因為《中國論壇》的作者群有人寫文批評到退輔會，退輔會邀請參觀）。

九月二十七日，中國地方文獻學會發通函為《中國地方文獻社團薈要》徵稿，寄玉法處編纂。

九月二十八日，實中校友會假博愛路二十五號召開本屆第一次理監事會。

九月三十日，孫英善自洛杉磯來信，謂已代寄四百五十元給二哥，三百元作為張杰結婚之用，一百五十元貼補家用。又謂近擬返鄉探親，擬約二哥在徐州一會。

九月，在東海大學歷史研究所開「中國現代史專題研究」，選課生戴月芳、洪麗完等八人。

九月，波多野善大自日本來卡賀教師節。

十月三日，朱炎致書員林賈祥久老師，問實中校史館何時建成。

十月四日，陳三井自巴黎來信，談臺海兩岸寫《中華民國史》事。又謂 Mrs. Bergère 已答應近史所的邀訪，英國可邀劍橋大學 Martin Bernal。

十月六日，林天蔚自香港大學來信，謝贈《中國現代化的區域研究——山東省（1860-1916）》一書。

十月十六日，譚桂戀自東吳大學來信，謂劍橋中國史

翻譯中。

十月十六日，國立編譯館函約，於十九日在該館與日本學者森本真章座談「現代史教學座談會」。

十月二十一日，王松江自永和寄來其所繪油畫目錄，自鴉片戰爭至高雄事件，凡五十一幅，約時觀賞。

十月二十二日，「三民主義統一中國大同盟」假陽明中山樓舉行成立大會。

十月，國民黨要黨員推薦黨友，陶英惠推薦我。評語：「治學謹嚴，熱愛國家。」

十月，撰近史所七至九月績效報告：撰〈近代中國民主政治的發展〉，於中國論壇社舉辦的「近代中國的變遷研討會」宣讀。

十一月一日，師大《史學會刊》編者曹若梅來信，問十二月十五日在班上的講演記錄，可否發表在會刊上。十二月一日又來函謝允發表。

十一月八日，尹德民自高雄市孔廟暨忠烈祠管理委員會來函，謂《山東文獻》以史實取勝，正為《山東文獻》拉稿。

十一月十五日，實中校史館籌備委員會來函，謂校史館預計於十二月十五日完成，望提供典藏資料。

十一月十六日，呂實強呈錢院長，擬設副所長，推薦張玉法、陶英惠、王樹槐三人。時英惠為祕書組主任，總幹事高化臣屬意英惠，俾使其離開祕書組，院長批：「仍以張玉法先生為宜。」高不悅。中研院遂聘為近史所

副所長。時玉法為近史所主持集刊編輯、為近史所籌開
「中華民國初期歷史研討會」、為教育部推動《中華民國
建國史》民初時期（1912-1928）的撰寫（主要由近史所
人員執筆）。

　　十一月十九日，師大碩士班黃中興來信，報告搜集
楊度資料的情形，並擬論文大綱。

　　十一月二十一日，Benjamin Elman 自 Coby College,
Maine 致函呂實強所長，謂受 Fulbright 基金會資助，擬來
近史所訪問研究一年，研究的主題為「清朝的新儒學」。

　　十一月二十二日，王克文自史丹佛大學來信，謂張
朋園和我都希望他畢業後來近史所工作，但畢業為期尚早
（按克文畢業後留在美國教書，據云因乃父曾受國民黨
迫害）。

　　十一月十六日，任副所長，月支特支費六千元。此事
醞釀月餘，十月一日，呂實強呈請錢院長設副所長，錢囑
推薦人選，呂推薦玉法、陶英惠、王樹槐三人。

　　十一月二十三日，馬大任自荷蘭 Leiden 回函，謂寫
文報導此間學者對中國近代史的研究有困難，因需要調查
工作。

　　十一月二十三日，楊選堂來信，謂索忍尼辛座談會
記錄，付印前被抽版，詳情面陳。

　　十二月一日，上午有趙繼璧者來訪，彼提倡中文直寫
亦應由左至右，因玉法在《新知雜誌》上曾倡此說。

　　十二月二日，吳相湘寄贈新出版的《孫逸仙先生傳》

一套。

十二月二日，林滿紅自哈佛大學來信，謂正準備學科考試，並思考論文題目，想到馬丁路德的宗教改革論文為何傳播如是之廣，因此想參考我的《先秦時代的傳播活動》一書，另並購《中國現代史論文集》一套，託梁啟源帶去。

十二月三日，李金強自香港來信，謂近月香港學術會議甚多：十一月，浸會學院辦了「亞洲現代化研討會」，港大辦了「族譜研討會」；本月港大將辦「晚明至民國思想史研討會」，明年新亞書院將辦「明清社會經濟史研討會」。

十二月六日，《中華學報》社約稿，希能評吳相湘《孫逸仙先生傳》。因梁敬錞已為該書寫跋，婉拒。

十二月九日，中華民國史料研究中心寄來建黨八十八週年紀念講演會之發言記錄，請改正寄還，俾便付印。

十二月十三日，永和王松江來信，謂介紹《民生報》記者訪問，未來，請介紹別的報社。

十二月十四日，李雲漢來信，謂國史館長黃季陸擬於二十六日為陳幹辦百年誕辰紀念會，請楊展雲報告行誼，望《山東文獻》社諸公支持。

十二月十四日，徐中約自加州大學來信，謂正校改翁佳音所譯《劍橋中國近代史》清季外交關係章。

十二月十五日，在師大歷史系講「量化的歷史」。

十二月二十日，施曼華來信，報告撰寫滇緬公路書稿

的進度，並謂記住我的「史料無止境」一語。

十二月二十二日至二十四日，教育部在中信花蓮大飯店召開「中國現代史教學研討會」，由呂實強、李國祁報告，之後討論。

十二月二十六日，革命黨人陳幹百年誕辰紀念大會在三軍軍官俱樂部舉行，孔德成、秦孝儀、黃季陸、劉安祺、李雲漢、玉法等百人列名發起。

十二月三十日，王爾敏自香港中文大學來信，謂邀港中學者開會事，已告知郭穎頤、廖光生，不要邀左派學者趙令揚，雖然余英時、張存武對其寬大。

十二月，參加中興大學法商學院「中國民主政治的過去與未來」系列講演，玉法於十二月六日晚講「近七十年來中國民主政治的發展」，荊知仁於十二月八日晚講「政治安定與人權保障」，張忠棟於十二月九日講「中國統一的道路」。十二月十六日晚舉行座談，謝延庚主持。

十二月，各方來賀年及聖誕卡者九十六封。

是年，《自立晚報》蔡詩萍、宋國城寄來有關近代中國史事訪談稿八張，請修改後寄回。

是年，受聘為政治作戰學校政治研究所碩士論文指導教授，指導崔夏英「訓政時期河南省政之研究」。

是年，陶英惠示知，前院長機要祕書萬紹章對我的品德、才能、學識、工作成績評論極佳。

是年，正中書局出版《給你一把鑰匙》，玉法於其中發表〈神遊遠古，漫步中外〉。

1983 年（民國七十二年）

是年四十九歲，主譯劍橋近代史，參與編審《中華民國名人傳》，二哥任人大代表，錢思亮院長病逝，父親病逝。

一月五日，教育部函黨史會，貴會秦孝儀等五人參加美國亞洲學會 1982 年年會，往返機票及兩週生活費，共 617,414 元，將函外交部報銷結案。

一月十日，王衍豐自美國來信，寄來《山東文獻》捐款美金三百元，其中鄧明臣二百元，曹立棟一百元。要我將《中國時報》寄給他的稿費 11,900 元捐 4,500 元給《山東文獻》，餘備他回臺時用。

一月十四日，下午三時至中正紀念堂出席《中華民國名人傳》編纂會議，由秦孝儀主持，出席者另有蔣永敬、李國祁、王曾才、呂實強、李守孔、張朋園以及黨史會的李雲漢、呂芳上等。

一月十六日，中央研究院總幹事高化臣退休，錢思亮院長聘韓忠謨為總幹事。

一月二十日，李又寧自紐約來信，謂正為《中華民國建國史》寫「北伐中的婦女」，若有此類資料請賜寄。

一月二十二日，上午出席國立編譯館舉辦的「日本侵

華史實補充教材內容商討會議」，到者李雲漢、王壽南、呂實強、李國祁、李守孔、蔣永敬等二十六人。

一月二十七日，接孫英善託人帶來的家書，謂父親於去年十二月去逝，享年八十六歲，由二哥料理喪事，弔客六十桌，准土葬。

一月三十日，在臺大三民主義研究社舉辦的冬令營講「清季知識份子與政治改革運動」。

一月三十一日，美國文化研究所長朱炎來信，謝參加該所上月舉辦的「一九四零年代中美關係研討會」。

一月，東華書局結版稅：去年七至十二月，《中國現代史》上 1,162 冊，下 829 冊，合訂本 844 冊，共 44,148 元；去年一至十二月，《中國近代現代史》612 冊，《中國現代史略》2,105 冊，共 38,381 元。

一月，聯經公司結版稅：去年一至十二月，《歷史學的新領域》382 冊，5,730 元。

一月，經世書局結版稅：去年一至十二月，《現代中國史》275 冊，3,039 元。

二月一日，四十九歲生日。

二月一日，玉法（時為副所長）偕同張瑞德等數人至臺南市政府民政局禮俗文物科，請導引參訪臺南史蹟。

二月二日，郝延平自美國田納西大學來信，談審閱劍橋中國近代史譯稿事。

二月二日，玉法偕同張瑞德等數人至高雄市政府文獻委員會，請導引參訪高雄史蹟。

　　二月二日，東海大學歷史研究所碩士生鍾美芳來信，謂為師大國文系畢業，歷史學養不夠，研究報告請延期交稿。

　　二月四日，王衍豐自美國來信，謂正辦短命雜誌為馬先醒申請綠卡；又謂在臺所賺之稿費直接寄給他，不必再由我管；又謂趙彥賓四月回臺。

　　二月五日，王爾敏自香港中文大學來信，謂郭穎頤赴臺開會無問題，安排兩節評論、一節主席甚好。

　　二月七日，永和民間畫家王松江來信，謝介紹《自由日報》報導其畫作，並介紹林衡道往觀。

　　二月七日，東海大學鍾美芳再來信，為遲交研究報告為歉，擬研究五四的社會背景，不知魯迅的小說能作史料否？

　　二月八日，文化大學史學系廖猛坤來信，邀於三月二十一日至二十八日史學週講演辛亥革命。

　　二月十四日，郝延平自田納西大學來信，謂劍橋近代中國史譯稿已看完，譯文氣息重，盼找人潤色。

　　二月二十日，李又寧自美國來信，為《中華史學年刊》創刊集稿，並謝我與呂芳上等為她找材料。寄送《辛亥革命時論選集》五集。

　　二月十九日，朱昌崚自俄亥俄大學來信，高興參加近史所舉辦的學術會議。

　　二月二十八日，白玉雯（前助理）自 San José 來信，謝贈書，謂已找到一份工作。

三月一日，李利國（中國時報記者，赴聖約翰大學讀書）來信，謂年底可讀完碩士，原望回國發展，但被院長聘為院長助理。自己擬考師大歷史研究所博士班，院方希望能與師大建立交換學生關係。

三月二日，孫英善自洛城來信，提到寄給二哥五百美元，並提到我為他辦臺大成績單。

三月四日，劉廣京致函李國祁，談李國祁主譯之劍橋史事，謂譯文問題多，擬找其研究生周啟榮仔細校對，彼再閱覽。按劍橋晚清史，係玉法找學生翻譯，由李國祁領銜。劉先生如是細心處理，非常感激。信中附言，我寄贈的《中國現代史論文集》一套（十輯）已收。

三月六日，二哥自家鄉來信，叮囑以後來信都要提到大嫂和新來，因為我每次去信，他們都會看。

三月十一日，張冠五自嘉義來信，謝寄贈其煎餅，想起了我們三兄弟，又想起了陳先明、陳先知。

三月十八日，成功大學歷史系吳振芝來信，謂歷史學會開年會，李雲漢囑派一人提論文，一人評論，問是否可提西洋史？

三月二十日，因中國地方文獻學會委我主編《中國地方文獻社團薈要》，《海南文獻》編者王萬富今寄來稿件一篇。

三月二十日，李恩涵自新加坡大學來信，謂至新大十年，終升副教授（Reader），可入教授之列，以前只能稱Doctor。又謂託其審閱徐中約書中之譯稿，需稍待時日。

三月二十一日，下午在文化大學史學研究所講「論辛亥革命」。

三月二十一日，為政大歷史研究所碩士學科考試「中國現代史研究」命題兩則。

三月二十二日，林載爵自東海大學歷史系來信，謂奉示於五月的歷史學會年會上報告「嚴復對自由的理解」。

三月二十五日，政大社會科學資料中心來函，謂荷蘭漢學研究院來函索我的《中國現代史》、《中國現代史略》、《中國現代史論文集》第六至十輯。

三月二十六日，史政編譯局長范英寄來去年六月在該局的講演記錄稿「芝加哥辛亥革命討論會紀略」。

三月三十日，文化大學史學系學生廖坤猛來信，寄來華岡史學週活動講演記錄稿。

三月，二哥在棗莊市第十屆人代會上被選為出席山東省人大代表。

四月一日，為中研院三民主義研究所審查古鴻廷為兼任研究員案。

四月四日，國立臺灣大學歷史研究所函知，為該所碩士班學科考試命題三則。

四月八日，政大歷史系傅寶玉來信，寄來訪問稿，謂要發表於《史薈》。

四月八日，下午至中正紀念堂文物簡報室參加《中華民國名人傳》編輯會議，秦孝儀主持，到者宋晞、蔣永敬、程光裕、李守孔、李國祁、呂實強。

　　四月九日，張灝自俄亥俄來信，謂審核譯稿費時，主因譯誤太多，不知能否找人重譯再審。

　　四月十一日，陳福霖自邁阿密大學來信，謂盛世才一文之修改稿已寄來，又謂請將近史所現代化研究計畫示知，俾與張朋園的湖南現代化寫書評。

　　四月十二日，立法委員蘇秋鎮擬將近史所與國史館合併，呂實強所長今草函回覆，強調近史所與國史館性質不同。

　　四月十五日，中興大學歷史系任育才來信，請於五月七日至其系講演。

　　四月十五日，李金強自香港浸會大學來信，並寄來章開沅〈答臺北學者辛亥革命性質〉一文。

　　四月十九日，李又寧自聖約翰大學來信，詢及臺灣有無有關辛亥革命的中文書目，並贈所撰《秦始皇》一書。

　　四月二十一日，王治中自員林來信，謂美加地區同學已捐款 34,325 元，討論出版《實中建校三十年紀念冊》事。

　　四月二十三日，下午出席在中山堂堡壘廳舉行的中國地方文獻學會第六屆會員大會，到者九十五人，包括黃季陸、陳立夫、陳奇祿等，玉法參加，當選為理事。理事有黃季陸、周開慶、李士賢、陳捷先、玉法等三十人，監事有陳立夫、蔣復璁等。當時入會文獻社有五十七家。

　　四月二十九日，中山大學聘為中山學術研究所碩士班招生「中國現代史」命題委員。

　　五月五日，王文燮（1949 年七月在澎湖編兵的流亡學生）榮任澎湖防衛司令官，同學二十一人組團去澎湖祝賀。計周群、李實馨、朱炎、陳墨書、傅家英、綦建仁、欒心蕊、王曾才、滕以魯、陳永昭、陶英惠、張煥卿、范貽皋、劉永憲、陳為君、巨煥武、杜惠平、解宏賓、張玉法、侯志漢、徐炳憲、張榮禮、薄正任、趙儒生、莊惠鼎、薄次屏。

　　五月八日，中國歷史學會假東海大學舉行第十九屆會員大會，任近現代史組召集人。

　　五月十日，南天書局魏德文來信，謂即與劍橋大學出版社訂約，取得劍橋近代中國史翻譯權，並付版稅。

　　五月十一日，上午於政大三民主義研究所舉辦的研討會宣讀論文「中國現代化區域研究的重要發現」。

　　五月十三日，政大聘為歷史研究所碩士生論文口試委員。

　　五月二十三日，政治作戰學校聘為政治研究所碩士學位考試委員。

　　五月二十三日，呂士朋來信，為東海大學歷史系於三十日晚七時安排一座談會，主題「從傳統到現代化」，由林明德、林載爵和我各講二十分鐘。

　　五月二十三日，劍橋出版社來函，同意南天出版社魏德文翻譯劍橋中國史。

　　五月二十五日，中山大學聘為中山學術研究所碩士班招生「中國現代史」閱卷委員。

五月二十五日，李國祁自西德來信，談校閱劍橋近代史譯稿事。

五月二十六日，聯經公司林載爵來信，謂所譯《劍橋近代中國史》，聯經主管未同意出版為歉（其間已安排由南天書局出版）。

五月二十九日，中國歷史學會第十九屆理監事會在信義路中心餐廳召開。

五月十九日，師大史研所碩二生黃麗生來信，謝對「中國現代史」的啟發，改變了她對現代史敬而遠之的態度。

五月三十日，為國科會審查研究獎助申請案十件。

五月，何思瞇、傅寶玉〈訪張玉法先生談近代中國婦女地位〉發表於政大歷史系出版的《文薈》。

五月，為中研院三民主義研究所審查賴澤涵升等著作十二件，時所長為陳昭南。

五月，受聘為文化大學中美關係研究所碩士研究生熊淑華學位論文考試委員。

六月一日，於耕莘文教院青年寫作協會講「五四時代的思潮」。

六月七日，下午出席師大歷史研究所碩士候選人謝國興論文口試。

六月十一日，劉廣京院士在舊金山院士座談會中，書面建議為近史所建立檔案館，以容納經濟檔及外交檔。

六月十九日，晚出席山東同鄉為劉安祺上將在天廚

飯店所舉行的祝壽餐會，到者二十八人。

六月十九日，傳記文學社長劉紹唐來信，告知中共《近代史研究》1983 年第一期有章開沅之文駁我的「辛亥革命為全民革命」說。五月三日李金強自香港來信曾提到我不願回應。

六月二十日，中山大學聘為中山學術研究所碩士學位論文口試委員。

六月二十日，為呂實強所長草函致中美科學文化基金會王紀五，為近世中國經世思想研討會海外學人德州大學教授 Judith Whitebeck、普林斯頓大學教授 Thomas C. Barnett、加州大學戴維斯校區教授金基赫、加州州立大學教授李三寶等九人申請來臺機票費。

六月二十九日，玉法（時為副所長）偕同近史所同仁數人訪高雄縣政府民政局，請導引參訪高雄縣史蹟。

六月三十日，玉法偕同近史所同仁數人至屏東縣政府禮俗文物科，請導引參訪屏東縣史蹟。

七月九日，師大聘為暑期部中學教師進修班教授。

七月十二日，出席臺大政治研究所葉仁昌碩士論文口試。

七月十二日，永和民間畫家王松江寄來所繪臺灣歷史圖目錄，凡六十件。

七月十四日，應允政大東亞研究所研究大陸問題講習班四週課程。

七月十五日，二哥自家鄉來信，收到為母親等買的

便服、六雙襪子、兩條褲襪以及手帕之類，皆大歡喜。

七月十五日，劉廣京自加州大學來信，提到找周啟榮校改我找學生所譯劍橋近代中國史，謂譯錯者不少，已更正。

七月二十日，近史所考績列壹等，晉俸一級，給予薪俸一個月之獎金。

七月，東華書局結版稅：今年一至六月，《中國現代史》上1,007冊，下764冊，合訂本563冊，共34,764元。

八月十九日，出席近史所舉辦的「近世中國經世思想研討會」。

八月二十日至二十二日，近史所召開「民國初期歷史研討會」，所長呂實強主持，玉法為執行祕書，與各方往來信件，皆由玉法起草。於會中提論文「二十世紀初年中國的自由主義運動」。《民生報》記者王震邦報導此會，盛讚我籌劃極佳。

八月二十三日至二十五日，出席國科會主辦的「社會文化與科技發展研討會」。

八月二十六日，出席中研院院務會義。

八月三十一日，晚《中國時報》余範英假中國信託聯誼會宴參加棲蘭之會的余英時、胡佛、玉法等。

八月三十一日，楊展雲校長轉來「國立湖北中學始末」一稿，囑發表於《山東文獻》。

八月，在師大歷史研究所暑期進修班第六期開「中國現代史研究」，學生四十五人。

　　九月二日，施曼華來信，謂所撰《鐵路與八年抗戰》銷路不錯。九月二十九日又來函賀教師節，謂讀四年暑期部，最大的收穫不是增加一千七百元薪水，而是我指導她走入研究之路。

　　九月五日，《聯合報》副刊主編來信約稿，題為「一件永遠無法挽回的憾事」。

　　九月十日，上午近史所所務會議討論新聘案，其中張炎憲聘為副研究員案，投票者二十二人，贊成五票，反對八票，棄權九票，未通過。

　　九月十一日，Tim Wright 自西澳洲的 Murdoch 大學來信，感謝近史所邀請他參加民初歷史研討會，並提到在會中與 Eastman、Alitto、Price 等見面。

　　九月十五日，錢思亮院長病逝，十一月二日，吳大猷院長蒞新。

　　九月二十二日，下午出席錢思亮院長治喪會。之前，孫英善來信，囑代送花籃，以南加州臺大校友會長孫英善的名義。

　　九月二十三日，陳能治來卡賀教師節，提到史政編譯局工作，預計和男友十一月訂婚。

　　九月二十三日，王惠姬來卡賀教師節，原介紹她與李又寧合編《近代中華婦女留學史料彙編》，因無法看到教育部檔案作罷。

　　九月二十三日，張灝自俄亥俄州立大學來信，謂劍橋近代中國史正請此間博士研究生代為校改。

九月二十六日，王玉來卡賀教師節，告知教書（在逢甲等專科）愉快，家庭生活美滿。

九月二十七日，林貞惠自明志工專來卡賀教師節，謝我參加她的婚禮，謂夫君對她很好，已去美進修。

九月，在師大歷史研究所開「中國現代史研究」，選課生蔡淵絜、陳秀卿、施志汶、謝蕙風、黃克武等十三人。

九月，黃良銘、王競康、鄭榮勝來卡賀教師節。

十月二日，臺北中國名人傳記中心來信徵稿，該中心去年已出版中英對照的《現代名人錄》，現又擬出中、英、日文對照版。

十月三日，錢思亮院長過世，葬陽明山公墓，研究院同仁於參加公祭後多散去，送葬者僅呂實強、張玉法、高去尋、李文蓉、林爾康等，不足十人。

十月七日，在華視教學節目講「辛亥革命的性質」。

十月十五日，參加中國論壇舉辦的「大學的危機座談會」，到者胡佛、李亦園、楊國樞等二十人。

十月十六日，下午參加教育部召開的「中華民國建史寫稿事宜會議」，由秦孝儀、朱匯森聯合主持。

十月十七日，孫英善自洛城來信，談到前此為二哥寄錢的事，謂十二月底將再寄三百美元。

十月十七日，輔仁大學同學來卡謝講演。

十月二十二日，中國地方文獻學會發文各文獻單位，徵求編印《中國地方文獻社團薈要》資料，由張玉法編輯。

十月二十五日，下午出席歷史學會十九屆第一次理監事會議。

十月，審查中山大學講師「洪秀全革命與太平天國政治文化」獎助案。

十一月十四日，父親在家鄉病逝，享年八十三歲，由二哥辦喪事，與中文在家設祭。

十一月十六日，李朝津自芝加哥大學來信，謂彼在該處讀外交史，提到在該校教書的何炳棣、李歐梵、錢新祖、入江昭等。

十一月十八日，二哥自家鄉來信，收到孫英善寄的二百元，又收到參茶、人參、布等。

十一月十八日，去東海大學歷史系講演。

十一月三十日，我請 Don Price 為我看一篇英文論文，回信譽揚一番，竟未改一字。

十二月五日至 1989 年九月一日，南港一支局郵政存簿儲金最多時 165,000 元。

十二月八日，下午出席臺大歷史系碩士生論文口試。

十二月十二日，林毓生自威斯康辛大學來信，提到參加民初歷史研討會提論文並評論艾愷之論文事。

十二月十五日，上午中央研究院院務會議通過近史所設置諮詢委員會辦法。

十二月十七日，在輔仁大學歷史系講「民國初年的政黨政治」。

十二月二十二日，出席臺大歷史研究所碩士生陳淑銖

論文口試。

十二月二十七日，下午出席中國論壇社舉辦的「中國權力結構的檢視與展望座談會」，楊選堂主持，參加者韋政通、文崇一、沈雲龍、胡佛、袁頌西、張忠棟等。

十二月二十七日，尹德民自高雄來信，提到我在華視教學節目講北洋軍閥之成因。

十二月二十九日，下午出席臺大歷史研究所胡平生博士論文「復辟派在中國」口試。

十二月，《大學雜誌》陳達宏來信，為「文化與科技整合」約稿。

十二月，臺大聘為歷史研究所博、碩士論文口試委員。

十二月，為太平洋文化基金會（李鍾桂）審查阮大元論文七篇獎助案。

十二月，各方來賀年卡及聖誕卡者二十封。

是年，個人資料刊於芝加哥出版的 *Marquis Who's Who*。

是年，《歐洲日報》介紹玉法主編的《中國現代史論文集》十輯。

1984 年（民國七十三年）

是年五十歲，續在師大歷史研究所開「中國現代史研究」、在政大歷史研究所開「中國現代史料分析」，續在東華書局、聯經公司、經世書局領版稅，續資助故鄉大家庭，參加實中校友團重遊澎湖，參加北美學術研討會，為《自立晚報》寫專欄。

一月五日，與趙中孚合編之《中國近代區域研究資料目錄——東三省》獲漢學研究資料及服務中心資助十萬元。

一月七日，韋慕庭師回函，謂傳記文學社擬翻譯顧維鈞的回憶錄出版，應無問題，應與哥倫比亞大學訂版權之約。

一月十九日，中國名人傳記中心來信，謂擬出版《中華民國現代名人錄》，並附所擬基本資料。

一月二十六日，政大三研所來信，請以北洋軍閥為主題，為中山學術講座講演。按國民黨的革命史觀，強調孫、蔣領導，忽視武昌革命（如禁曹亞伯的武昌革命真史），僅述晚清腐敗（忽視其從生產技術到實行君主立憲的改革過程）、北洋軍閥亂國（忽視其政黨、內閣的政治運作和力抗帝國主義的辛酸）。玉法寫《中國現代史》，始論述晚清改革、武昌革命、軍閥政治。

　　一月二十九日，劉廣京自加州大學來信，謂劍橋近代中國史之譯，劍橋大學出版社原反對，因他力爭獲允，說有中央研究院的學者參與其事。又謂在《中國論壇》看到我的自傳，深為贊許。

　　一月三十一日，韋慕庭師來信，以傳記文學社擬翻譯哥倫比亞大學訪問的顧維鈞回憶錄不與哥大訂約付版稅，斥臺灣以出「盜版」聞名於世。

　　一月，魏外揚於《附中青年》發表〈辛亥革命之性質與意義〉，介紹玉法等對辛亥革命的看法。

　　一月，東華書局結版稅：去年七至十二月，《中國現代史》上 1,281 冊，《中國現代史》下 945 冊，合訂本 815 冊，共 56,272 元；《中國近代現代史》1,770 冊，《中國現代史略》2,336 冊，共 30,368 元。

　　一月，聯經公司結版稅：去年七至十二月，《歷史學的新領域》206 冊，3,090 元。

　　一月，經世書局結版稅：去年一至十二月，《現代中國史》469 冊，5,183 元；《晚清革命文學》37 冊，1,305 元。

　　一月，《山東文獻》社上年度收支：收入 540,602 元，支出 212,087 元，尚餘 328,515 元。

　　二月一日，五十歲生日。

　　二月二日，郝延平自美國來信，二月七日李恩涵自新加坡來信，均提到為所譯劍橋近代中國史校改譯稿事。

　　二月十四日，澳洲大學 John Fincher 來信致意，並寄贈 *Chinese Democracy* 一書。

二月二十七日，黨史會主委秦孝儀來函，謂承允為
《中華民國名人傳》撰章炳麟、蘇曼殊、梁啟超、王世杰，
至謝。

二月，在政大歷史研究所開「中國近代史研究」，
選課生彭明輝、萬麗鵑、蔡淑瑄等十二人。另開「中國現
代史料分析」，選課生彭明輝、楊明哲、萬麗鵑、蔡淑瑄
等十一人。

二月，在師大歷史研究所開「中國現代史研究」，
選課生蔡淵絜、黃克武、施志汶、謝蕙風、陳秀卿等十
三人。

三月二日，聯經公司林載爵來信，謂五月四日為聯
經成立十週年，請為撰一千字左右之文為打氣，擬出紀念
特刊。

三月四日，李又寧自美來信，謂 *Journal of Asian Studies*
有文推介《中國近代化的區域研究——山東省》。

三月七日，立法委員趙公魯捐《山東文獻》三萬元，
係以其全家九口的名義。

三月十四日，二哥被選為台兒莊區首屆政協副主席。

三月十九日，二哥來信，謂春節前寄的二百五十元
已收，三間瓦屋已蓋好，除中為廳堂外，兩間廂房，一間
母親住，一間由張杰結婚住。

三月十九日，政大聘為歷史研究所碩士班學科考試
委員，於「中國現代史研究」、「中國近代史研究」各命
二題，並閱卷。

三月十九日，中華文化復興委員會來函，謂出版《中國近代現代史論文集》，選我的論文十八篇。

三月二十三日，孫英善來信，請為其編印《臺大校友會年刊》。

三月，與趙中孚、陳存恭負責籌備召開「抗戰前十年國家建設史研討會」，與劉鳳翰參加近史所口述歷史小組，該小組由王聿均為召集人，陳存恭為執行祕書，朱浤源任助理祕書，委員另有陸寶千。

四月一日，《秋海棠》月刊發表宗明輯「現代史料公開再商榷」，引證吳相湘、李雲漢、玉法等的觀點，呼籲公開史料。

四月二日，受聘為臺大政治研究所（袁頌西）博士班研究生范振乾學科考試委員。

四月二十一日，於近史所報告「民國初年的國會（1912-1913）」。

四月二十九日，上午出席中國地方文獻學會七十三年度第一次理監事會，討論推動各省修方志，出版各省文獻社薈要。時玉法以國史館有《中華民國建國史》的編修，民國各省縣市方志乏人編修，曾向國史館建議，謂無此力量，乃向各省同鄉在臺辦各該省市文獻者提出呼籲。後玉法主持編印《民國山東通志》。

四月，陳孟堅寄贈「化雨春風——記新聞元老曾虛白對我的影響並恭賀他的九十華誕」。孟堅為政大新聞系、新聞所畢業，文化大學三民主義研究所博士。

五月五日，與實中同學二十餘人自松山機場搭機遊澎湖，由澎湖防衛司令官王文燮接待。時張喻成在澎湖軍中任中校參謀，亦隨同照料。

五月八日，政治作戰學校聘為政治研究所碩士班招生考試委員。

五月十九日，孫英善自美來信，擬購遠流書局出版的《中國名著精華》，今回函代購。

五月二十一日，受聘為臺大歷史研究所碩士班學科考試委員。

五月二十二日，馬之驌介紹雷震夫人贈《自由中國》一套，今函謝。該書後轉贈給廈門大學，因該校有學者研究《自由中國》。

五月二十四日，下午於文化大學史學社講「五四的性質」。

五月二十五日至二十七日，參加黨史會在中山樓舉辦的「中華民國的歷史與文化研討會」。

五月二十六日至二十七日，政大中文系舉辦「鴉片戰後至五四以前中國小說研討會」，玉法於會中講「鴉片戰爭前後中國歷史發展的動向」。

五月，政大聘為三民主義研究所碩士學位考試委員。

五月，臺大聘為歷史研究所博士學位考試委員。

五月，政治作戰學校聘為政治研究所碩士學位考試委員。

六月五日，二哥自家鄉來信，謂收到美金三百元，

並告知祖母 1865 年生，父親 1900 年生，母親 1901 年生，大姐 1924 年生，大哥 1927 年生，二哥 1930 年生，妹妹 1936 年生（按年齡推算）。

六月八日，《自立晚報》顏文閂晚在僑福樓請吃飯，約為「每週專欄」（星期一）執筆

六月十一日，劉祥光自政大來信，謂我想找人翻譯一些現代化的文章，非常值得做，可找幾位同學協助。又謂已譯齊錫生的 *Financial Constraint on Northern Expedition*，十月十八日齊錫生有信回他。八月二日寄來譯文，並告知在政大擬研究熊十力。

六月十一日，受聘為臺大政治研究所博士學位學科考試委員。

六月十五日，上午出席臺大法學院翁志宗碩士論文口試。

六月二十二日，致美國在臺協會一函，說明今夏擬與妻子帶子、女各一人去美國旅行，希望能給他們簽證，因明年兒子將滿十六歲，此間政府不允任何十六歲以上的男子出國，以防逃避兵役。女兒明年考大學，妻子教中學，只能暑假出國。

六月二十五日，政大校長歐陽勛來信，謂去年該校舉辦第六屆三民主義學術研討會，蒞臨主講「中國現代化區域研究的重要發現」，講詞已收入《三民主義學術研討會專輯》（六），特檢奉五冊。

六月二十六日，上午出席師大歷史研究所洪德先碩士

論文口試。

六月二十五日，芝加哥出版之 *Who's Who in the World* 第七版，載有玉法之簡介。

六月二十九日，與朱炎、李亦園抵洛杉磯，參加孫英善參與籌辦的北美學人學術研討會（在 Airport Hilton 召開），七月二日結束。於七月一日下午在「中國文化與文學組」報告「中國傳統思想的蛻變與更新」。同場講演者有趙寧，講題「人生何處不桃源」。其間孫英善安排與二哥通話，接者謂「下田幹活了！」此次開會，向中研院報銷經費97,384元。此次開會，我先行，行前與美國在臺協會一函，中文、孝寧、孝威皆獲簽證，會後即與中文、孝寧、孝威同遊加州、德州、夏威夷各地。七月二十五日回臺北。事後孝威回憶說：「這就是我將來發展之地。」

六月，《自立晚報》排定自六月十八日至明年一月二十八日每週專欄，參與者陶百川、文崇一、呂亞力、李鴻禧、胡佛、張忠棟、黃光國、黃越欽、楊國樞、瞿海源、玉法，玉法排在七月三十、十月八、十二月二十四。

六月，在政治作戰學校政治研究所指導之盧國慶，撰《中國抗戰初期的黨派合作》，本月畢業。

七月九日，政大聘為歷史研究所俞忠烈之論文指導教授，題目：「民國初年的無政府主義運動──劉師復與《民聲》」。

七月十日，師大聘為中等學校歷史教師暑期進修班教授。

七月十三日，William C. Kirby 自聖路易（密蘇里）的華盛頓大學來信，謂申請到 The American Council of Learned Societies 的資助金，望近史所能給予方便，在十月中旬至十二月中旬去訪問研究。

七月十九日，近史所考績列壹等，進年功俸一級，給予一個月俸額之獎金。

七月二十六日，秦孝儀設宴款待學者，討論參加奧克拉荷馬市立大學（Oklahoma City University）邀兩岸學者舉辦研討會事（擬仿芝加哥之會）。至十二月三日，以大陸不欲派學者參加，該大學來函謂會議延期。

七月三十日，上午參加臺大政治研究所博士班盧瑞鍾論文口試。

七月，於中國歷史學會第二十屆會員大會當選理事。

七月，東華書局結版稅：一至六月，《中國現代史》上 827 冊，《中國現代史》下 520 冊，合訂本 331 冊，共 24,108 元。

八月一日，東海大學歷史系呂士朋來信，安排下學期與張朋園至東海開課事。

八月十四日，幼獅通訊社為其《幼獅通訊社稿》刊物徵稿，供全國報刊選載。

八月十七日，William C. Kirby 自密蘇里聖路易華盛頓大學來信，感謝我和呂實強所長安排他至近史所做訪問研究，並參閱經濟部檔案。

八月十八日，Giorgio Melis 教授自羅馬來信，謂去年

在近史所面敘，今年又要去臺北兩週，搜集近代中國法律
名詞資料，希望得到我、張偉仁和李亦園的幫忙。

八月十七日至十九日，近史所召開「抗戰前十年國
家建設史研討會」，玉法在會中宣讀「山東省的政治領導
階層（1928-1937）」。

八月二十三日，中午參加復興園宴，賀孔德成任考試
院長、王曾才任祕書長，到者劉安祺、劉安愚、宋梅村、
楊展雲、張玉法、陶英惠、張存武、李雲漢、趙儒生。

八月二十六日，在天廚飯店為劉安祺將軍設壽宴，
參與者山東同鄉二十三人，包括李雲漢、侯健、王曾才、
玉法等。

八月二十八日至三十日，出席《中國論壇》舉辦之
「臺灣地區的社會與文化發展研討會」，主持一場會，評
論一篇論文。

九月二日，國大代表王禹廷來信，指出《中國現代
史》有一些錯誤。

九月八日，上午以副所長代所長呂實強主持所務會
議，報告明年召開抗戰建國史研討會，由陳三井、陳永
發、陳存恭負責籌備。

九月十一日至十三日，政大國際關係研究中心召開
「第一屆中歐國際學術研討會：中國現代化」，玉法提論
文 "Trends of Modernization in Late Ch'ing China"。

九月十三日，代呂實強所長擬吳院長呈，擬於九月
十五日上午十時請法國歷史學家白吉爾和畢仰高蒞所講演

「中國現代化的過程及其問題」。會後便餐招待，由研究同仁十位作陪。（時研究院會計部門為履行政府節約政策，宴客須報請院長批准，且不得超過五千元。後玉法做所長時，多自費宴客。）

十月六日，二哥自家鄉來信，謂母親身體尚好，孫英善代寄的二百元已收。

十月八日，上午於國防醫學院講「發揚辛亥革命精神，完成反共復國大業」。

十月十二日，王爾敏自中文大學函呂實強，謂六年所長功德圓滿，玉法可作替。又謂劉廣京對近史所呵護備至。又謂開抗戰史會宜精選外國學者，有些是想借近史所之名抬高身價者。

十月十三日，下午《中國論壇》舉行「我對孫中山先生的認識座談會」，到者胡佛、文崇一、張忠棟、王曉波、玉法等。

十月十七日，王爾敏自香港中文大學來信，謂韋慕庭、孔復禮、劉廣京、費維愷、賈士杰、馬若孟、魏斐德、易勞逸、包德威、墨子刻、伊邁可等皆近史所好友。

十月十八日，下午出席《中國時報》專欄組舉辦的「蔣公百年誕辰座談會」。

十一月一日，教育部聘為本年度公費留學考試委員。

十一月六日，哥倫比亞大學 James W. Morley（政治系主任）來信為哥大捐款，謂哥大成立二百多年，東亞研究所成立 35 年，在此 35 年中，共有 217 人獲得該所學

位，而我是其中之一。（我實在歷史系註冊）

十一月十三日，傅寶真自東海大學來信，謂郭廷以師的《近代中國史綱》和我的《中國現代史》都對德國在華顧問團有些誤解，望再版時修訂。

十一月十五日，聯合報系的梅新、瘂弦聯名來函為《聯合文學》約稿，說我的文章風格特殊。

十一月二十一日，下午在黨史會舉辦的學術討論會報告「興中會的宣傳」。

十一月二十一日，經世書局馬之驌來信，約我為該書局籌編「民國史叢書」。

十一月二十二日，晚故宮博物院長秦孝儀在士林張大千紀念館摩耶精舍宴近代史學者一桌。

十一月二十二日，入出境管理局發下出境證，因俱後備軍人身份，申請出境需繳五百元，並需獲臺灣軍管區後備軍人管理處同意。效期至 1985 年五月二十一日。此次申請請出國，係赴美開會。

十一月二十三日，王爾敏自香港中文大學函呂實強和我，謂汪某章太炎中文稿已發表兩次，不該再以英文稿佔近史所集刊版面。

十一月，臺大聘為史學研究所博士學位考試委員。

十二月一日，政大聘為歷史研究所碩士班萬麗鵑「辛亥革命時期的社會主義思想」指導教授。

十二月二日，下午在臺大三研所講「七十年來中國民主政治的發展」。

十二月三日，為國科會審查研究獎助案一件。

十二月三日，林載爵自英倫來信，謂現研究十九世紀英國政治思想。

十二月四日，王爾敏自香港中文大學致信呂實強及玉法，謂明年二月近史所慶成立三十週年，宜請王聿均講創所經過，張朋園講郭廷以的貢獻，王樹槐講近史所的學風，褒獎兼事務的魏秀梅。

十二月四日，C. Martin Wilbur 來信，告知寄來其回憶錄。

十二月十日，師大聘為歷史研究所博士研究生學科考試委員。

十二月十日，與呂實強、陳三井赴美出席「中國國民黨建黨九十週年學術研討會」。

十二月十一日，政大聘為歷史研究所碩士學位研究生論文口試委員。

十二月十三日，高雄醫學院學生鍾宏濤、蔡正浩來信，約於明年三、四月講演。

十二月十六日，李金強來信，謂現在新加坡，九月在芝加哥大學為三年級，論文寫「辛亥革命在福建」。

十二月二十二日，黨史會主委秦孝儀來通函，為明年建黨九十年約稿。

十二月二十四日，日本山田辰雄（Tatsuo Yamada）來信，感謝上次去近史所時的招待，近擬去臺北搜集編寫近代中國名人錄的資料。

十二月二十四日，王榮川來信，謂其碩士論文〈太平天國的初期運作〉送審副教授已通過，並獲國防部學術佳作獎。

十二月二十七日，出席國史館召開的「匪版外版史料審鑑人座談會」，朱匯森主持，到者王聿均、蔣永敬、閻沁恆等十五人。是日，玉法與國史館訂約，評林增平等編《辛亥革命史》。

十二月二十八日至三十日，中國論壇召開「臺灣地區的社會變遷與文化發展研討會」。

十二月，王玉自臺中來信，報告工作與生活，謂生一女由母帶，工作由私立南開工專轉到國立臺灣教育學院，先生在中油煉製研究中心，「求學就業，結婚生子，一切順遂」。

十二月，各方來卡賀聖誕及新年者十一人，包括美國李又寧、曹志鵬，香港李木妙，臺北陳鴻誠。

1985 年（民國七十四年）

是年五十一歲，任近史所長，近史所慶成立三十年，中研院籌開漢學會議，續資助故鄉大家庭，參加《聯合報》舉辦的全省巡迴文藝營。

一月一日，徐天基自竹南來信，謝昨日在我家與孫英善等聚會，擬託英善寄一百美元回家，不知可否？

一月十五日，佟秉正、黃易自臺北返英後來信，以與老友相聚為樂。

一月十五日，夏友平自 California State Polytechnic University 來信，以與老友相聚為樂，謂已見到孫英善。

一月十一日，李又寧自紐約來信，謂《憲政雜誌》第一至二十三冊缺頁，在哥大查不到原書，謂該書可能被哥大圖書館丟棄，擬再託日本友人一試。

一月二十日，柳西銘老師自員林來信，寄來「逃亡線上」一稿給《山東文獻》，並補購所缺《山東文獻》四本。

一月三十一日，呂實強所長呈請吳大猷院長，擬於二月二十八日近史所慶成立三十周年之際，將近史所圖書館改名「郭廷以圖書館」，獲准。

一月三十一日，中研院漢學會議籌辦設計小組在史語所開會，丁邦新、呂實強、陳昭南、劉斌雄參加，決定

成立語言文字組、歷史與考古組、明清與近代史組、民俗
與文化組、文學組。

　　一月，東華書局結版稅：去年七至十二月，《中國現
代史》上 776 冊，《中國現代史》下 519 冊，合訂本 989
冊，共 39,276 元；去年一至十二月，《中國近代現代史》
2,897 冊，《中國現代史略》2,565 冊，共 85,491 元。

　　一月，聯經公司結版稅：去年一至十二月，《歷史學
的新領域》372 冊，5,558 元。一月，經世書局結版稅：
去年一至十二月，《現代中國史》579 冊，6,399 元；《晚
清革命文學》36 冊，1,800 元。

　　二月一日，五十一歲生日。

　　二月二日，孫英善自洛杉磯來信，謂一月二十七日
安抵洛杉磯，在臺期間與實中老友在天廚重逢，玉法陪去
員林、馬公，在馬公見喻成。又謂給二哥寄去二百美元，
代天基寄給徐天增一百一十美元。

　　二月七日，鄉人李惺初寄贈自己出版之《茹素道簡
史》給山東文獻，並捐給山東文獻三萬元。

　　二月八日，東海大學歷史系助教洪麗完來信，告知
這學期排了「中國現代史研究」的課。

　　二月九日晚，赴王曾才兄嫂宴。

　　二月十八日，李恩涵自新加坡大學來信，謝邀回所
參加近史所三十週年慶，欣見近史所已有小康之局。又謂
今年的抗戰史會，明年的漢學會議都會來參加。

　　二月二十四日，中興大學校長劉道元自臺中回信，

告知山東臨時參議會的情形。

二月二十六日，二哥自家鄉來信，謂春節前兩次寄美金四百元均收，其中張喻成的百元已轉交其弟。

二月，近史所慶成立三十週年。二月二十八日上午舉行紀念活動，包括舉行「郭廷以圖書館」命名揭幕禮，參觀「郭廷以紀念室」，舉行「中國近代史研究的過去與未來座談會」，座談會由沈雲龍、李國祁、王聿均、王樹槐主講。

三月二日，《自立晚報》寄來每週評論稿酬三千元。

三月六日，經世書局馬之驌寄來一萬元，作為《晚清立憲運動期刊彙編》資料複印費，又謂「民國史叢書」簽約，即可寄出。

三月十二日，高雄醫學院醫三學生蔡正浩、鍾洪濤來信，為學校不准我去其學校講演為歉。

三月十四日，施曼華來信，問所寫的抗戰時期的場礦內遷改好未？

三月十九日，Key Rery Chong 自德州理工大學來信，感謝為其申請太平洋文化基金會寫介紹信。

三月二十日，上午在國家建設研究會（博愛大樓）講「民國史研究的過去與未來」（時任副所長），出席者主任委員陳雪屏、董文琦，會本部丁中江、尹殿甲等，政治組連震東、李模等，軍事組鄒堅、畢超群等，財經組楊家麟、薛琦等，文化組劉真、陳廷元等，共三十二人。

三月二十日，蘇雲峰自史丹佛大學來信，謂王克文

願將論文交近史所審查，又謂將於四月一日去哈佛大學。

三月二十七日，張延中自鳳山軍校來信，謝指示其如何研究劉銘傳，又問資料如何搜集。

三月二十七日，彭友生的太太來信，謂友生近來頹廢，華副編輯找他寫二十個老人成功的故事，他找不出，希望協助他完成，使他恢復信心。

四月二日，哥倫比亞大學東亞研究所長 James W. Morley 來信，謝捐東亞研究所基金會一百五十美元。

四月十五日，李又寧自紐約聖約翰大學來信，謝購贈《白話史紀》。

四月十六日，東海大學圖書館傅寶真來信，謂旅居美國二十三年，曾攻讀博士，研究戰前德國軍事顧問。擬報考師大歷史研究所博士班，請將招生簡章及報名表寄給他。

四月二十日，蘇雲峰自哈佛大學來信，謂讀到 Paul Cohen 的 *Discovery History in China*，駁 Challege-Response、Modernization 與 Imperialism 三種模式。

四月二十二日，作家魏子雲自新店來信，五月十五日又來信，安排於六月一日下午在文復會講「晚清歷史與晚清小說」。

四月二十二日，政大國際關係研究中心來信，寄來去年在中歐會議所提的論文英文稿，盼修訂，俾刊於五月份英文月刊。

四月二十三日，陳能治自臺南新營來信，謂日為孩

子、教書忙，看到我常在報端發表文章，綜論古今，優游各學，羨慕。

四月二十六日，孫英善自洛杉磯來信，謂五月節到了，為二哥寄去二百元。

四月二十六日，*Biography International* 編者自印度德里來信，寄來個人基本資料請審核。

五月十四日，孫英善自洛杉磯來信，謂綜合我前後所說的話，可稱為三不主義：不想做的事不做，不想見的人不見，不想說的話不說。

五月十五日，楊翠華自美國水牛城來信，感謝近史所已通過他的聘任，希望能趕回參加八月一日近史所召開的抗戰史研討會。

五月二十日，曹志鵬自 Monterey Park 來信，謂在五月十四日的《世界日報》看到我的求學歷程，讀了我的《清季的革命團體》，凸顯了武昌革命在辛亥革命中的角色，非常佩服，因一般講辛亥革命史的人只講孫中山在廣東、廣西的活動，不重視武昌。日後常與我通信。

五月二十日，John Fincher 自澳洲國立大學來信，介紹其博士生 Terry Marramote，彼研究 1900-1930 年代的上海報業。

五月，鄭去病自洛杉磯來信，謂在五月十四日在《世界日報》看到我的簡史，很有興趣，自嘆無機進大學，垂垂老矣，比我大八、九歲，願常通訊，以便學習。

六月五日，中研院人事室簽：本院近史所長呂實強

第二任期至八月十五日屆滿，應聘何人接任？吳院長批：
由現任副所長張玉法接任。

六月十五日，師大系友會出版《史流》，據之，玉法
於 1977-1985 年間在師大史研所所指導的學生有七：1. 劉
汝錫於 1977 年六月提「憲政編查館研究」。2. 李慶西於
1977 年七月提「段祺瑞與民初政局」。3. 張瑞德於 1980
年五月提「平漢鐵路與華北的經濟發展」。4. 陳能治於
1982 年六月提「戰前十年的大學教育」。5. 謝國興於
1983 年六月提「黃郛與華北危局」。6. 洪德先於 1984 年
六月提「辛亥革命時期的無政府主義運動」。7. 李筱峰於
1985 年六月提「臺灣光復初期的民意代表」。同一時期，
在政大史研所指導的學生有：1. 王玉於 1982 年六月提「文
學研究會與新文學運動」。2. 劉祥光於 1985 年六月提「西
潮下的儒學：熊十力與新儒家」。在政治作戰學校指導的
學生有：1. 崔夏英於 1983 年六月提「訓政時期河南省政
之研究」。2. 盧國慶於 1984 年六月提「抗戰初期的黨派
合作」。3. 胡興梅於 1985 年六月提「建國大綱與我國政
治發展」。

六月十六日，為慶祝《山東文獻》創刊十週年，假
國父紀念館辦有關山東文物的展覽，山東大老多至，來參
觀者甚多。

六月二十日，經世書局馬之驌通函：近因出版套書，
張玉法主編之「民國歷史叢書」延明年出版。

六月二十日，下午出席政大史研所朱容德碩士論文

口試，題目：「戴季陶反共思想之研究」，蔣永敬指導。

　　六月二十六日，經世書局馬之驌來信，謂玉法主編之《清末民初期刊彙編》已於二十四日在《中央日報》登廣告一天（七千元），前天、昨天在《中華日報》登廣告兩天（共六千元）。

　　七月三日，劉道元（前中興大學校長）應詢，回函告知山東行政督察專員設立情形。

　　七月六日，師大歷史研究所暑期部開學，八月底結束，每週三上「中國現代史研究」四小時。

　　七月十二日，臺北神嘉工程公司范延中來信，為經世書局馬之驌出版《清末憲政運動期刊彙編》為賀，並謂序文「簡明扼要，持論公允，甚佩史筆」。該書彼本擬出版（立憲派的後人），數年未行。

　　七月二十一日，施曼華來信，祝榮升所長，八月十六日就職。

　　七月二十五日，孫英善自洛杉磯來信，提到李先念訪美，聯合僑界抗議，但謂設宴歡迎者多，餐會票分三百元、五百元、一千五百元三種。

　　七月二十八日，李恩涵自新加坡來信，謂院已發表所長職，為賀。問及漢學會議籌備情形。

　　七月二十八日，二哥自家鄉來信，謂孫英善轉寄的二百元已收，母親年已八十，身體尚好。

　　七月二十九日，黨史會秦孝儀來信，催繳為《中華民國名人傳》所寫的詞條：章炳麟、蘇曼殊、梁啟超、

王世杰。

七月，商務印書館結版稅：一至六月，《中國婦女史論文集》60 冊，1,539 元。

八月一日，近史所召開抗戰史研討會。

八月一日，經世書局將玉法主編《清末民初期刊彙編》函各界訂閱。

八月四日，新加坡亞洲歷史學者國際協會將於年十月召開第十屆會議，函請近史所派員參加。

八月五日，李筱峰自史丹佛大學來信，謂對政治活動已厭倦，想去近史所做研究，但因資料安全問題，怕與老師為難。

八月八日，呂實強所長在所務會議報告，任期將於八月十五日屆滿，八月十六日所長由副所長張玉法繼任。

八月九日至十日，參加師大歷史系舉辦的國際歷史教育研討會。

八月十日，王爾敏自香港中文大學來信，謂玉法繼任所長在四月初聽呂實強言及，仍應聘近史所研究員。

八月十日，國史館長朱匯森來信，謂應美國學人易社強（John Isreal）之請，擬將諸人對其論文的評論列入記錄，回函不贊同。八月十九日即回信免列。玉法的評論意見：將論文題目「重慶與昆明：西南聯大對政府教育政策的反應」改為「西南聯大自由主義教師對政府教育政策的反應」。又政府規定：「中華民國之教育宗旨，應本於三民主義。」不能將「黨化教育」歸咎於西南聯大。

八月十二日，政大歷史研究所畢業生林德政來信，謂考上師大博士班，感謝於口試時愛護。

八月十四日，孫英善自洛杉磯來信，寄來抗議李先念訪問洛杉磯時的照片及報導。

八月十六日，玉法接任中央研究院近代研究所所長，吳大猷院長來主持。第一任期三年，至 1988 年八月十五日屆滿，續聘三年，至 1991 年八月十五日屆滿。

玉法接任所長，吳院長主持交接典禮

八月十五、十六日，孫英善連日來信，前者告知擬寫「國父思想與貨幣經濟」，後者賀玉法任所長。

八月十七日，參加《聯合報》、臺灣省新聞處、《聯合文學》及《臺灣月刊》聯合舉辦的第一屆全省巡迴文藝營，是日在臺南成功大學講演。

八月十八日，南昌街舊書肆老闆卜銳新來信，賀任所長。

八月十八日，國民大會代表喬家才（曾任保密局北平站長）來信，賀任所長，並望能完成吳院長所期望的一部易讀的近代史，擬約時見面。

八月十九日，政大外交系趙國材來信，賀任所長。

八月十九日，張大軍自臺中來信，賀任所長。

八月二十四日，上午漢學會議第一次籌備會開會，高去尋主持。近史所由呂實強、李國祁參加，決定明清與近代史組由劉廣京、黃彰健、李國祁為召集人，呂實強為祕書，並決定劉、黃、李、呂四人為該組策劃委員。

八月三十一日，呂實強致函丁邦新，明清近代史組加聘張玉法、劉翠溶、徐泓、蔣永敬、李雲漢為策劃委員，共九人。

八月，歷史畫家（自稱）王松江自永和來信，賀任所長，並提到最近我發表的兩篇文章：一為〈中庸社會與兩極社會〉，一為〈莫讓省府妾身未明〉。

九月二十四日，上午漢學會議明清近代史組籌備小組在近史所開會，黃彰健主持，劉廣京（在美）、李國祁未到，丁邦新列席。

九月，這學期在政大歷史研究所開「中國現代史料分析」，選課生侯坤宏、劉文賓等九人；在師大開「中國現代史研究」，選課生黃綉媛、朱瑞月、黃銘明、游鑑明、張梅芝等五人。

十月九日，出席張瑞德博士論文口試。

十月十九日，上午出席吳文星博士論文口試。

十月二十日，二哥自家鄉來信，謂孫英善代寄的二百元已收，轉寄給喻成家的二百五十元已轉交。

十月二十一日，上午漢學會議明清近代史組策劃小組開會，黃彰健主持，丁邦新列席，劉廣京、李國祁未到。決定本組出席名單。

十一月二日至五日，由黨史會等單位召開的「孫中山先生與近代中國學術研討會」在高雄市中山大學舉行，玉法提論文「二次革命的根源」。

十一月八日至十日，香港珠海書院（校長梁永燊）舉行「孫中山先生與中國現代化學術研討會」。

十一月二十九日，教育部成立教育部人文及社會學科教育指導委員會，劉真、李國祁先後任主任委員，玉法列名委員。決定事項報教育部，教育部一個職員即可擱置，一次玉法憤曰：「我們指導誰呀！」

十二月八日，近史所興建檔案館，決選者三家，玉法圈由三大承建，王紀五乃姐王秋華未能入選，頗不悅。

十二月二十五日至三十日，中國歷史學會（秦孝儀）、近史所（玉法）、國關中心（邵玉銘）等單位假圓山飯店召開「辛亥革命與南洋華人研討會」，玉法主持會議一場。

十二月二十六日，孫英善自洛杉磯來信，謂已將我的簡略自傳寄給二哥。

是年，商務印書館結版稅：《中國婦女史論文集》，上半年 60 冊，1,539 元；下半年 81 冊，2,232 元。

十二月，各方來卡賀聖誕及新年者一百二十三人。

1986 年（民國七十五年）

　　是年五十二歲，史學界組團遊南園，近史所辦冬令自強活動，續在東華書局、經世書局、商務印書館領版稅，與中文在香港會二哥及張杰。

　　一月，東華書局結版稅：去年七至十二月，《中國現代史》上 1,141 冊，《中國現代史》下 773 冊，合訂本 880 冊，共 44,088 元；《中國近代現代史》2,533 冊；《中國現代史略》3,528 冊，共 82,312 元。

　　一月，商務印書館結版稅：去年七至十二月，《中國婦女史論文集》87 冊，2,232 元。

　　二月一日，五十二歲生日。

　　二月五日，出席在中正紀念堂召開的「蔣中正先生與現代中國學術研討會」第一次籌備會。

　　二月十八日，二哥自家鄉來信，謂孫英善代寄的二百元及「我的自傳」已收。

　　二月，經世書局結去年版稅：《現代中國史》197 冊，《晚清革命文學》32 冊，共 3,329 元。

　　二月，在臺大史研所開「中國現代化的專題研究」，選課生沈松僑、鍾淑敏、陳淑銖。

　　三月八日，上午漢學會議明清與近代史組策劃委員

會在近史所開第三次籌備會，黃彰健主持，出席者蔣永敬、徐泓、劉翠溶、張玉法、呂實強、李雲漢。

三月九日，出席中國歷史學會史學叢刊編委會議，宋晞主持。

三月十四日，下午出席在三軍軍官俱樂部召開的「紀念先總統蔣公百年誕辰籌備會」成立大會。

三月十四日，國立編譯館寄來為《中華民國建國史》撰稿的最後校樣。

三月十七日，考試院聘為七十五年度特種考試、公務人員甲等考試應考人著作審查委員，並寄來審查著作一份。

三月十九日，商務印書館寄來《中國婦女史論文集》版稅 2,230 元。

三月二十一日，下午《自立晚報》開「對執政黨三中全會的期待與建言座談會」，到者陶百川、楊國樞、張忠棟、呂亞力、玉法等十人。

三月二十二日，政大聘為歷史研究所和三民主義研究所碩士班學科考試命題閱卷委員。

三月，收中國論壇稿費 2,000 元，聯合月刊稿費 800 元，聯經公司版稅 2,570 元。

四月十日，中研院人事委員會推定丁邦新、玉法等八人為專案小組，研擬行政、事務人員任用及升等資格標準。

四月，為政大歷史研究所碩士班學科考試「中國現代史研究」、「中國近代史研究」命題，為政大三民主義

研究所碩士班學科考試「中國國民黨黨史研究」命題。

　　四月，收到寄贈的《革命思想》（國父遺教研究會辦）五十八卷四期，該期為紀念任卓宣先生九十大壽專號，作者有曹伯一。曹伯一曾於 1970 年代向警備總部告發我的《中國現代史》有問題，而任卓宣曾與我同在政治作戰學校教書。任先生原為左派，後轉為右派，1949-1952 年曾任國民黨中央宣傳部副部長，後在政治作戰學校政治研究所教書。1980 年前後我曾在政治作戰學校政治研究所兼課，開「中國國民革命史」數年。我去兼課，是臺大法學院繆全吉任政治研究所所長時請我去的，課原名「中國革命史」，我建議改為「中國國民革命史」。繆全吉做了一年，因為公然說「孫中山有學問，蔣中正沒有學問」，被辭退。之後由中興大學法商學院的謝延庚任所長，我繼續在該所任教。謝延庚因說「要把政研所辦得像文學校一樣」，做了一年也被辭退。我繼續任教。後來的所主任都出自政戰學校，未再出問題。但有學生告任卓宣以馬列思想講三民主義，也被辭退。我去任教時有訓導主任來聽課，謂要向我學習，聽了幾次，託事忙，就不來了。在課堂上有幾位同學與我辯論激烈，我說：「我的教室是自由的，出了教室就歸別人管了！」我在政戰學校教了多年無事，其實我的講義與在政大、師大歷史研究所所開的「中國現代史研究」略同。後來這些講義集編為《中國現代史》出版，就被曹伯一管到。除了曹還有李守孔，他們都向警備總部告狀。警總一度插手，我寫了答辯書。據蔣永

敬告知：聯合審查我的書者有文工會主任宋楚瑜、黨史會主委秦孝儀。秦主張辦我，宋曰：中研院的事少管，動關國際視聽。事情不了了之。後來秦對我很禮遇，與曹、李見面寒暄如舊。

五月四日，上午出席中國地方文獻學會年會。

五月十日，出席曾虛白師九二華誕餐會。

五月十日，上午於近史所討論會報告「論二次革命」。

五月十三日，政大聘為政治研究所碩士學位、三民主義研究所碩士學位、歷史研究所博士學位論文口試委員。

五月二十日，收《聯合文學》所刊〈五四的歷史意義〉稿酬二千元。

五月二十七日，上午漢學會議明清與近代史組策劃小組在近史所開會，黃彰健主持，丁邦新列席，出席者蔣永敬、徐泓、劉翠溶、張玉法、李雲漢、李國祁、呂實強。決定本組邀請人遞補人選。

五月二十八日，上午出席師大黃中興碩士論文口試。

五月二十九日，為國科會審查研究獎助申請案十七件。

五月，為逢甲大學審查教師升等〈國民政府之建立及初期成就〉論文一件。

五月，臺大政治系學生李文忠因修課不及格，依章被迫退學，引起李及一群同學抗議。

六月一日，考試院聘為公務員甲等考試口試委員。

六月一日，出席政大歷史研究所舉辦的「青年軍研

討會」。

六月七日，上午出席「蔣中正先生與現代中國學術研討會」籌備會第二次會議，秦孝儀主持，出席者宋長志、朱撫松、丁懋時、朱匯森、張京育、玉法等。

六月八日至十日，政大國際關系研究中心召開第十五屆「中美中國大陸問題研討會」，近史所為協辦單位，代表近史所致閉幕詞。

六月十三日，下午出席政治作戰學校三民主義研究所碩士生鞠德風論文口試。

六月十六日，上午出席臺大歷史研究所碩士班邱雯雯之論文口試。下午主持師大歷史研究所李惠惠的論文口試，沈雲龍、蔣永敬皆給九十分，玉法給八十八分。

六月十七日至十九日，參加新竹師專舉辦的「社會科學研討會」，與呂實強、李國祁等皆提論文。

六月十八日，下午出席師大歷史研究所碩士生游鑑明論文口試。

六月十九日，下午出席師大歷史研究所碩士生張梅芝論文口試。

六月二十日，上午出席政大歷史研究所林澤震碩士論文口試。

六月二十五日，上午出席政大政治研究所蔡體楨碩士論文口試。

七月三日，上午中國歷史學會於中央圖書館舉行會員大會，為中國近現代史組討論會召集人。

七月十五日，近史所考績列甲等，晉年功俸一級，予一個月薪俸之獎金。

七月十八日，由沈雲龍、陳捷先、劉紹唐發起，史學界數十人組團遊聯合報系的南園。

七月二十日，段家峰函吳院長，擬至中研院任研究員，建請三民主義研究所表示意見。

七月二十六日，上午出席中國歷史學會理監事會。

七月二十六日，國立編譯館寄來高中歷史教科書請審查。

七月，東華書局結版稅：一至六月份，《中國現代史》上 1,002 冊，《中國現代史》下 854 冊，合訂本 720 冊，共 39,522 元。

七月，商務印書館結版稅：一至六月，《中國婦女史論文集》33 冊，846 元。

八月十四日，為國科會審查研究獎助案一件。

八月二十日至二十二日，近史所舉行「近代中國區域史研討會」，玉法主持。

九月二日，於政大國際關係研究中心舉行的第三屆中歐學術會議「二十世紀中國之改革與革命運動」評論哥本哈根大學（University of Copenhagen）教授 Leif Littrup 的論文 "China and World History"。

九月四日，香港中文大學中國文化研究所長陳方正來函，邀請於明年一月下旬至二月間至該校訪問一週，作一、二次學術講演。

九月十二日,與國史館訂約,評論何幹之編《中國現代革命史》。

九月十三日至十五日,中國論壇社於南園舉辦「知識份子與臺灣發展研討會」,評論尉天聰「民族主義知識份子」。

九月二十七日,上午出席吳大猷院長八秩華誕酒會。

九月,委香港金振琳辦理在港會二哥手續,需辦香港入境證及臺灣入境證。至 1987 年一月二十二日金先生來信,謂二哥入境手續已辦妥。

九月,這學期政大歷史研究所選課生有呂紹理、李道緝等十人。

十月十六日,遠見雜誌社來函,要求推薦「遠見人物」,並寫五十字之推薦詞。

十月二十日,二哥自家鄉來信,提到金振琳為他和張杰辦入港手續事,並謂中文的五舅曾去拜訪,住了兩天。

十月二十二日,受邀為政大歷史研究所碩士班學科考試「中國現代史研究」命題。

十月二十六日至三十日,黨史會、國史館、近史所等單位假中央圖書館召開「蔣中正先生與現代中國學術研討會」,玉法提論文「北伐時期的山東戰場（1927-1928）」。此期間,新加坡亞洲史學家國際協會（International Associatiom of Historians of Asia）召開「孫中山與中國革命研討會」,主辦人梁元生邀請參加,因與臺北之會撞期,婉拒。

十月三十一日，上午十時出席在中正紀念堂廣場舉行的蔣公百年誕辰紀念大會。

十月，為《中國時報》雙十節特刊、蔣公百年誕辰紀念特刊以及《時報新聞周刊》撰文，共稿費 6,000 元。

十一月三日，於《文星雜誌》第 101 期撰文一篇。

十一月四日，臺大聘為歷史研究所博士研究生學位考試委員。

十一月二十九日，政大聘為歷史研究所碩士研究生論文口試委員。

十二月六日、七日，率同仁乘遊覽車從事冬季自強活動，由濱海公路經宜蘭，走北橫，到武陵農場。次日回程，經福壽山農場、梨山、谷關、東勢、豐原，回臺北。晚參加李惠惠、湯振平婚宴。

十二月二十九日至三十一日，中研院召開漢學會議，玉法提論文「清末民初工業發展背景的分析」。

十二月三十一日，《山東文獻》社結帳：今年收入 671,987 元，支出 279,302 元，餘 392,685 元。

十二月，各方來卡賀聖誕及新年者一百二十二封。

是年，商務印書館結版稅：《中國婦女史論文集》上半年 33 冊，846 元；下半年 32 冊，821 元。

是年，政治作戰學校聘為唐明輝碩士論文指導教授。

1987年（民國七十六年）

是年五十三歲，續在東華書局、聯經公司、商務印書館領版稅，為《中國時報》寫專欄、為《自立晚報》寫每週評論、為《自由時報》供稿，近史所舉辦「近代中國區域史研討會」，訪問香港中文大學一週，在香港會二哥和張杰，續資助家鄉大家庭。

一月六日，康綠島自 Colorado 的 Metropolitan State College 來信，謂先生於暑假至生醫所訪問，擬隨之至近史所看民初報刊。

一月七日，王爾敏自香港中文大學來信，謂系主任吳倫霓霞擬編印英文版《孫中山與海外關係》，請供稿，並謂已代為向李雲漢、蔣永敬、李國祁等索稿，均未供。又謂韋慕庭、史扶鄰、余英時等已交稿。又謂來中大講學，請備履歷及著作目錄，以便所長陳方正介紹。又索《近代中國史研究通訊》第一期。

一月八日，東海大學呂士朋來信，謂下年度休假，擬來近史所做訪問學人，應之。

一月九日，羅炳綿自中文大來信，謂來港會接機，並謝邀請參加自強運動研討會。

一月十日，中研院為紀念蔡元培 119 歲生日，舉辦

講演會，受邀講演，題目：「五四時期的思潮」。之後，文化大學李震（軍中退役）來信，謂討論時所問有關社會史問題未回答為憾。

一月十二日，《自立晚報》社吳豐山今晚在國賓大飯店宴客一桌。

一月十三日，二哥來信，謂孫英善代寄的六百美元已收，他與張杰預計於二月三日到廣州轉香港相會。

一月十三日，新聞局長張京育（自 1984 年九月出任）發通函，為該局主辦的 *Free China Journal*、*Free China Review* 徵稿。

一月十三日，林德政自成功大學來信，謂呂實強師到成大，帶給的《清季的立憲團體》、《清季的革命團體》已收到。

一月十七日，東海大學王孟梅為研究婦女史，擬訪問蔣夫人，來信問可能性。

一月十八日，孫英善自洛杉磯來信，謂託朋友帶給我美國的教科書五套，請聯絡索取。又謂二哥去香港的手續辦的如何，已代我寄去六百元，不知收到未？

一月二十日，新聞局出版事業管理處來信，寄來《三大戰役》一書，要求於週內審查完畢，並寄審查費四百元。

一月二十日，上午出席政大歷史研究所碩士班萬麗鵑論文口試。

一月二十日，鄭興弟自政大來信，謂已辭兼《中央日報》主筆，感謝前此賜稿。

一月二十一日，王家儉自香港來信，謂我六月初要去香港講演。

一月二十二日，王爾敏自香港中文大學來信，寄來數篇其在香港所發表的反共文章，自謂「大膽」。

一月二十三日，卜銳新今又來信，但前此數稱所藏舊書甚多，均未見示，曾寄二千元給他。

一月二十三日，Tim Wright 自澳洲 Murdoch University 來信，謂無法參加近史所舉辦的自強運動研討會，因為近年的研究已轉到二十世紀，盼與近史所保持友誼。

一月二十三日，上午出席臺大政治研究所邱榮舉博士論文口試。

一月二十七日，臺大歷史研究所來信，感謝俞允擔任碩士生考試委員，計邱澎生、鍾淑敏等七人。

一月二十九日，漢城國立大學來信，感謝近史所贈送書刊，計有《近代中國史研究通訊》第三期、近史所專刊（53）、近史所集刊第十五期、區域史研討會論文集上、下冊。

一月二十九日，陸培湧自紐澤西 Upsala College 來信，謂收到《近代中國史研究通訊》。

一月三十一日及二月一日，白瑜自美國紐澤西來信，謂可為《山東人在臺灣》寫小傳。

一月，洪德先自勤益工專來信，謂去年考上中山獎學金，因論文研究無政府主義，後來未被錄取。

一月，東華書局結版稅：去年七至十二月，《中國現

代史》上 965 冊，《中國現代史》下 655 冊，合訂本 845 冊，共 39,720 元；一至十二月，《中國近代現代史》2,619 冊，《中國現代史略》4,114 冊，共 100,624 元。

一月，為與李又寧合編《中國婦女史論文集》第二輯，向有關作者徵求同意，收到同意書者：劉靜貞、戚世皓、林天蔚、王壽南、廖秀真、吳平、李樹桐等。為與李又寧合編《臺灣婦女史論文集》，向有關作者徵求同意，已收到同意書者：謝繼昌、張素碧、梁惠錦、吳文星、劉斌雄等。其中誤將「媽祖傳說的展開」選入，被作者提醒，並訓說一番。

一月，商務印書館結版稅：去年七至十二月，《中國婦女史論文集》32 冊，821 元。

一月，聯經公司結版稅：去年一至十二月，《歷史學的新領域》286 冊，4,290 元。

二月五日，立委白瑜自美國來信，拒絕為《山東文獻》提供任何個人資料，謂軍校畢業後在蔣校長辦公室任職，與胡漢民、汪精衛有往來，與李宗仁則無往來。

二月六日，David D. Buck 自 University of Wisconsin-Milwaukee 來信，謂將過臺、港去大陸訪問研究。

二月六日，經世書局馬之驌來信，感謝為其「民國叢書」約稿，因書局業務不振，所約之稿望轉別家書局出版。

二月七、八日，師大史地系四十八級同學於高雄國軍英雄館聚會。

　　二月八日至十四日，與中文至香港中文大學中國文化研究所訪問，兼會二哥及張杰，時老母已八十六歲，不克回去探望。在中文大學講「近代中國社會變遷」。出國期間所務由王樹槐代理。

　　二月十二日，王孟梅自東海大學來信，感謝鼓勵其研究婦女史。

　　二月十四日，吳相湘自美國函陶英惠，提到我打聽當年北大之事，告知可參閱之諸文獻。

　　二月十四日，國立編譯館寄來《國民中學歷史》，請審查。

　　二月十七日，呂士朋自東海大學來信，謂下年度休假，申請至近史所訪問研究一年，並寄來有關資料，望提所務會議通過。

　　二月十八日，范毅軍自史丹佛大學來信，謂同仁如有需要複印胡佛圖書館的資料者，請告知。

　　二月二十日，葉郁寧自關島來信，謂關島當局將受大學教育的年資計算在退休年資之內，請去師大代為說明，因前信被師大退回，可能是不懂其意之故。

　　二月二十二日，孫英善自洛杉磯來信，謝購贈《古今文學修養》，並謂三月二十日赴臺。

　　二月二十七日，Unula Richter 自歐遊途中來信，謝其在近史所訪問研究期間所給予的協助。

　　二月二十八日，王家儉自香港中文大學來信，談赴香港講演事，並謂香港學風與臺灣相差甚遠。

二月二十八日，范雅乾自美國喬治亞來信，感謝在近史所訪問期間的款待，並告知自碩論到博論研究鄭觀應辦理官督商辦企業的過程。

二月，這學期，師大歷史研究所選「中國現代史研究」者廖咸惠、姜文求等八人。

二月，這學期，臺大歷史研究所選「中國現代史料分析」者李達嘉、鍾淑敏等五人。

二月，文化大學聘為三民主義研究所博士生周玉山論文口試委員。

三月一日，臺北吳家輝來信，不滿每逢二二八，有些人窮嚷嚷，他是見證人（因家人被殺），不是這樣的。

三月二日，王爾敏自香港中文大學來函，謂前在中大講演，所寄照片已分送，望另寄李弘祺數張，以免向隅。又謂此間擬邀陳三井，三井未同意，決定邀陸寶千。三月五日又來信，謂寶千很願意去香港訪問，以便會親。

三月十一日，為國民黨舉辦的中山獎學金留學考試「中國現代史研究」命題。

三月十二日，陳明銶自香港大學來信，謂前聽講演，寄來照片數張。

三月十三日，成功大學蕭瓊瑞來函，謝講演及賜書。

三月十八日，金貞和自漢城來信，謂在臺北兩年（讀研究所），回國四年，已六年級了，今年要申請學科考試，考試通過，才能考慮寫論文的事。

三月十九日，陳存恭自史丹佛大學來信，謂得到馬

若孟的協助，可進書庫看書。四月六日又來信，報告胡佛圖書館的一些特殊史料目錄，問近史所需要複印否？四月二十八日再來信，謂擬開始複印所中所需文史資料中的史料。

三月二十三日，《自立晚報》寄來每週評論稿一篇稿酬三千元。

三月二十六日，中國時報專欄組來信，盼續賜稿。

三月二十九日，美國聖約翰大學李又寧來信，討論編印《中國婦女史論文集》第二輯。

三月二十九日，孫英善自洛杉磯來信，謝為銀婚之旅盛宴招待。四月二十六日又來信，談出版《國事、家事、天下事》一書事。五月十一日再來信，謂已代我寄二百美元給二哥，並謂將二哥寄到他家的信已轉寄給我。

三月二十九日，下午中國歷史學會論文叢刊編輯委員會開第二次會議，玉法主持。

三月三十日，陸培湧自 New Jersey 的 Upsala College 來信，謝賜謝早金的論文，並談到為《近代中國史研究通信》寫稿事。

三月三十日，下午出席中國歷史學會第二十三屆會員大會籌備會第一次會議。

三月三十一日，史政編譯局長鄧祖謀來信，謂已調聯合作戰部任職，感謝前此的協助。

四月一日，李弘祺自香港中文大學來信，謝二十一日所寄贈之照片，又謂在港所錄之電視片，臺灣不能轉錄。

四月一日，二哥來信，謂收到孫英善所轉寄的二百元。

四月二日，為中國歷史學會史學叢刊審查專書二種：一為陳炯明與粵軍，一為煙臺貿易研究。

四月二日，汪榮祖自 Virginia Polytechnic Institute and State University 來信，謂近史所自強運動會議，擬寫「吏治問題：試論清季自強運動失敗的一個關鍵」。

四月三日，卜銳新自木柵來信，盛贊我的臺灣史不可自外於國史之說，並謂近擬遷居，暫借一萬五千元，四月八日又來信催之。

四月四日，王爾敏自香港中文大學來信，謂向此間所長劉殿爵建議，下年度邀請王樹槐至中大訪問，已通過，並謂該校對大陸學者較拉攏。

四月十四日，國大代表周開慶來函，謂師大學生研究民生公司，當協助其搜集資料。

四月十四日，東京細野浩二來信，謝在近史所訪問一年所給予的照顧。

四月十五日，前中興大學校長劉道元來信，擬受約在山東文獻發表回憶錄：「九十自述」。

四月十五日，北美二十世紀中華史學會會長吳天威來函，謂即將在紐約舉辦的「七七事變五十週年紀念學術研討會」如無暇參加，盼推薦人選。

四月十五日，政大聘為三研所碩士生入學考試「中國近代史」閱卷委員。

四月九日，臺大三民主義研究社張娟芬來信，提到為

三研社講演的先生，最推崇蔡詩萍的口才，又說我的白髮很丰采。

四月二十日，為臺大歷史研究所（徐泓）出碩士班畢業生學科考試試題。

四月二十二日，陳儀深來信，報告在東吳大學寫論文以及我為他批改後的整理。

四月二十五日，新加坡華人、留學日本學生張潤福寄來美金百元，要求印寄《清末科學期刊敘目選輯》。

四月二十七日，王爾敏自香港中文大學來信，謂中大出版英文本《孫中山與海外關係論文集》，望臺灣學者若蔣永敬、呂芳上等賜稿。

四月二十九日，政大聘為政治研究所博士論文口試委員以及歷史、三民主義研究所碩士論文口試委員。

四月，文化大學聘為史學研究所碩士生、博士生學位學科考試委員。

四月，為中山獎學金留學考命題並閱卷。

四月，師大聘為歷史研究所碩士招生考試閱卷委員、博士生學科考試委員。

四月，為政大歷史研究所碩士研究生學科考試出題，「中國現代史研究」和「中國近代史研究」各兩則。

四月，王樹槐、陸寶千為近史所集刊審查玉法的「清末民初的外資工業」一稿。

五月一日，哈佛大學 Philip A. Kuhn 來信，謂將於五月二十日為 John K. Fairbank 過八十壽，望能以許多學者的

名義致贈紀念品，請同意列名。

五月二日，韋慕庭自哥倫比亞大學來信，討論其論文中譯本在近史所集刊發表事。

五月三日，王爾敏自香港中文大學來信，謂何炳棣抱怨近史所向不送集刊、專刊給他，不如史語所，盼只送他集刊。又謂近史所開的自強運動研討會，羅炳綿已收到機票，他尚未收到。

五月三日，高雄市文獻委員會金祥卿來信，感佩研究國史並重視地方文獻。

五月五日，吳天威自 Southern Illinois University 來信，謂擬開七七事變五十週年紀念學術討論會，已致函臺北秦孝儀、李雲漢、蔣永敬等請參加，但蔣、李均謂不能前來。

五月十五日，國民黨青年工作會黃昆輝來信，謝為七十六年度中山獎學金留學考命題。

五月二十七日，政治作戰學校聘為政治研究所碩士學位考試委員。

五月三十日，上午臺大（孫震）舉辦朱家驊九十五誕辰紀念會，玉法於臺大醫院第七講堂講「中國近代自然科學的發軔」，孫震主持，院長吳大猷親臨，方志懋並來信致謝。

五月，師大聘為歷史研究所碩士班論文口試委員，於五月八日口試朴貞薰論文。

六月七日，下午出席臺大歷史研究所碩士班張儁畢業論文口試。

六月十日，臺大政治研究所來信，請審查衛民申請博士班案，碩士論文為「中國學生與政治」，博士論文研究計畫「國民政府的建立」。

六月十二日，為政大學報審查「先秦傳播思想之整理分析」一稿。

六月十二日，師大聘為歷史研究所碩士論文口試委員。

六月十六日，陳祚龍自法國來信，索閱近史所新創刊的《近代中國史研究通訊》及郭廷以先生逝世十週年論文集。

六月十八日，下午出席師大歷史研究所博士生藤井志津枝論文口試。

六月二十五日，上午出席臺大歷史研究所碩士班杜繼平畢業論文口試。

六月二十八日，出席政大歷史研究所博士生陳儀深論文口試。

六月至十月，為國科會審查研究獎助案二十三件。

七月二日，下午出席中國時報專欄組假占美餐廳舉辦的紀念七七事變五十週年座談會，出席者另有許介鱗、呂芳上、段昌國、胡昌智。

七月五日，下午中華民國團結自強協會為七七抗戰五十週年舉辦講演會，玉法在中央圖書館講「七七抗戰的歷史意義」。

七月六日，近史所考績列甲等，給予一個月俸額之獎金。

七月十一日，黨史會假中山樓召開「抗戰建國五十週年學術研討會」。

七月十二日，中國歷史學會假陽明山中山樓召開第二十三屆會員大會，當選理事，任近現代史組召集人。

七月十五日，上午出席師大歷史研究所碩士論文口試。

七月十六日，《山東文獻》結一至六月帳：收入 486,567 元，支出 144,437 元，餘 342,130 元。

七月二十一日，國立編譯館（曾濟群）聘為「吳鳳史實研究小組」委員，因該館編輯之教科書有關吳鳳之史實，近年頗有爭議。

七月二十六日，二哥來信，謂二百美元、族譜複印本及臺灣年鑑均收，並提到建台兒莊大戰紀念館事。

七月二十七日，於《自立晚報》發表每週評論一篇，酬三千元。

七月三十一日，張存武來信，謂寫山東移民史有困難，由海路去東北者固為山東人，乘津浦、北寧路去東北者，則有山東、河北、河南、山西等省人。研究移民南洋者，亦有此困難。

七月三十一日，下午出席新聞局主辦的諮詢大陸出版的有關文史哲出版品會議，七人出席。至十二月二十八日再開會，二十人出席。

七月，師大聘為歷史研究所碩士班入學考試口試委員。

七月，商務印書館結版稅：一至六月，《中國婦女史

論文集》39 冊，1,200 元。

七月，東華書局結版稅：一至六月，《中國現代史》上 771 冊，下 616 冊，合訂本 509 冊，共 28,860 元。

八月十九日，臺灣省訓練團教育長賀雨辰來信，請於九月十四日下午三時至該團中正堂中興學術文化講座講演，定題為「中國國民黨與中國現代化運動」。

八月二十一至二十三日，近史所舉辦「清季自強運動研討會」，玉法主持。

八月三十一日，金丸裕一寄文，批評南京歷史檔案館。

八月三十一日，日本宮城教育大學高橋孝助來信，謝邀請參加清季自強運動研討會。

八月，於師大歷史研究所暑期部第七期開「中國現代史研究」。

九月五日，徐旭東來信，謝張朋園、蘇雲峰和我捐給哥倫比亞大學同學會三萬元。

九月十日，《自由時報》顏文閂來信，謂該刊「自由論壇」專欄每逢週三、五出刊，每篇二千字，並寄來首篇稿費五千元。

九月十四日，新聞局長邵玉銘聘為金鼎獎評審委員，九月二十六日開初審會議，二十三人出席，十月二十五日開複審會議。

九月二十三日，於《自立晚報》發表每週評論一篇，酬三千元。

九月二十四日，趙淑敏自木柵來函，討論與海關總

署接洽，整理海關資料事。

九月二十四日，下午出席教育部人文及社會學科教育指導委員會召開的歷史學科教材大綱研究報告討論會，李國祁主持，出席十六人。

九月二十六日，為國科會審查研究獎助申請案五件。

九月，師大歷史研究所「中國現代史研究」選課生張建俅、李順民等七人。

九月，教師節來賀卡者：除政大、師大歷史研究所全體學生外，另有蕭瓊瑞、胡興梅、游鑑明、賴盟騏、謝蕙風、林德政、廖咸惠、黃良銘、王華昌、萬麗鵑、盧國慶、陳能治、朱瑞月、唐明輝、陳德馨、蔡淵絜和陳惠芬。

十月三日，王志信校長來信，更正孫英善《國事、家事、天下事》中的錯字數十個。

十月二十二日，二哥來信，謂孫英善代寄的美金二百元已收。

十月二十二日，政大聘為歷史研究所碩士班招生學科考試命題閱卷委員。

十月二十五日，陸培湧自 Upsala College, New Jersey 來信，謂奉示將十月七至十日至南京大學參加「民國檔案與民國史學術研討會」有關資料寄上，供《近代中國史研究通訊》發表。

十月，近史所薪俸：薪餉 21,610 元，專業補助費 21,475 元，食物代金 2,046 元，主管特支 12,950 元。

十一月二日，哈佛大學 Paul A. Cohen 來信，介紹「中國二十世紀革命（China in Revolution, 1911-1949）歷史紀錄片」製作人 Kathryn Dietz 夫人，希望能為其介紹一些人接受她的訪問。同日，Dietz 夫人亦來信，而哥倫比亞大學 Andrew Nathan 亦於十一月四日來信談到此事。

十一月三日，為臺大歷史研究所博士生學科考試「中國近代史」命題。

十一月四日，Martin Wilbur 師來信，謂收到《中央研究院近代史研究所三十年史稿》，對郭廷以先生網羅二十幾位年輕同仁開創近代史研究深為佩服。

十一月四日，為 University of Wisconsin-Milwaukee 評估 David Buck 升等資料。

十一月九日，臺大歷史研究所聘為博士班學科考試命題、閱卷委員，並付交通費四百元。

十一月十二日，於《聯合報》發表〈國民黨扮演反對黨的歷史〉，酬 5,400 元。

十一月十七日，於《中國論壇》發表〈開拓生存的空間〉，稿酬二千元。

十一月十八日，《中國論壇》發行人楊選堂、編委會召集人韋政通聯名來信，謂《中國論壇》自 1975 年創刊迄今十二年，自 1988 年元旦起，將擴大結合海外知識份子讀者層面，出版「知識份子與中國前途」專號，請於十二月底以前交五千字的稿件一篇。

十一月二十二日，於《聯合報》發表〈急躁激進皆非

所宜〉，酬二千元。

十一月二十三日，於《自立晚報》發表每週評論一篇，酬三千元。

十一月二十八日，上午中國歷史學會「中國編年史編纂規劃小組」假文復會大樓召開第一次會，國史館長朱匯森主持，杜正勝、李國祁、玉法等八人出席。

十一月二十八日，下午出席國立編譯館召開的吳鳳史實研究小組委員會第二次會議，李亦園主持，出席委員有張玉法、曾濟群（館長）等八人。

十一月二十八日，Martin Wilbur 師來信，請近史所及同仁不要再寄書給他，他的藏書已開始送給哥大圖書館和紐約公共圖書館。

十一月三十日，為淡江大學審查學報稿子一件。

十一月，師大聘為歷史研究所博士生學科考試委員。

十二月二日，《自由時報》論壇為撰稿人陶百川、文崇一、于宗先、李亦園等三十人排定供稿日期。至民國七十七年九月三十日止，玉法排在七十七年二月十日、六月十五日、九月二十一日。

十二月八日，Philip A. Kuhn 自哈佛大學來信，由於明年正月去香港開會，擬於一月十日至十四日至近史所訪問。

十二月十日，熊秉真自西雅圖華盛頓大學來信，謂華大的中國近代史研究很弱，如與合作，可邀請他們到近史所研究。

　　十二月十二日，下午出席臺北市哥倫比亞大學同學會。

　　十二月十二日，李又寧自紐約來信，謝邀其寫「六十年來中國婦女史研究的回顧與檢討」，並謝我助她研究婦女史。

　　十二月十五日，下午出席師大歷史研究所博士生全寅永論文口試。

　　十二月十七日，中午出席吳大猷院長宴請韓國延世大學名譽教授閔永貴宴會。

　　十二月十七日，下午出席輔仁大學召開的南懷仁逝世三百週年國際學術研討會。

　　十二月十七日，政大（陳治世）聘為歷史研究所碩士生陳昭順、林秋敏、柳麗敏論文指導教授。

　　十二月十八日，出席「周以德（Walter Judd）與中美關係研討會」。

　　十二月二十三日，下午於臺大三民主義研究所系列講演講「民國初年之政黨政治」。

　　十二月二十四日，出席政大國際關係研究中心舉辦的「現代華人地區發展經驗與中國前途研討會」，主持一場會。

　　十二月二十八日，二哥來信，謂孫英善代寄的三百美元和蔘精已收，母親身體尚好，要我買些近代史的書給他。

　　十二月二十九日，晚李國祁約於歐香西餐廳商辦《歷史教學》雜誌事。

十二月三十日，Lloyd E. Eastman 自伊利諾大學來信，介紹該校畢業生謝葆華來近史所工作，謂自己與他並不熟，又請 Patricia Ebrey 教授寫信來。

十二月三十一日，David D. Buck 自威斯康辛大學來信，謝謝作為他的升等評估人，並願為近史所寫中國近代城市史研究的成果檢討。

十二月，文化大學三民主義研究所寄來周玉山〈五四運動與中共〉博士論文預評表，作為是否准予參加博士論文口試的依據。

十二月，《自立晚報》來函，為「放眼世紀前景，展望臺灣將來」系列約稿。

十二月，師大聘為歷史研究所博士生全寅永口試委員。

十二月，政大聘為歷史研究所碩士學位研究生論文口試委員。

十二月，各方來卡賀年及賀聖誕者一百五十八封。

1988 年（民國七十七年）

是年五十四歲，蔣經國總統病逝、副總統李登輝繼為總統，近史所召開「近代中國初期歷史研討會」，與《中國時報》、《自立晚報》、《中央日報》等寫稿，東華書局、聯經公司、經世書局、商務印書館續結版稅，續資助家鄉大家庭，與中文去澳洲開會，張喻成回家探親，陶英惠卸任祕書組主任。

一月四日，新聞局長邵玉銘假來來飯店宴Mrs. Kathryn Dietz，應邀作陪。

一月六日，通函近史所各同仁，本所同仁分組頃已完成，請賜函推薦各組主任。

一月十二日，上午出席國民中學歷史教科書編審委員會議，李國祁主持。

一月十三日，蔣經國總統病逝，副總統李登輝繼為總統。

一月十四日，上午出席《中國論壇》舉辦的「蔣經國先生與現代中國座談會」，楊選堂主持。

一月十六日，李金強自浸會學院來信，謂《香港近代史學會會刊》第二期出版，刊出訪問我的稿件，附寄三冊。

一月二十二日，上午出席文化大學三民主義研究所博士生周陽山論文口試。

一月三十一日，於《中國時報》發表〈面對新世代的省思〉，稿費 4,500 元。

一月，於《自立晚報》發表評論一篇，酬二千元。

一月，東華書局結版稅：去年七至十二月，《中國現代史》上 763 冊，《中國現代史》下 481 冊，合訂本 1,372 冊，共 47,856 元。

一月，聯經公司結版稅：《歷史學的新領域》409 冊，6,135 元。

一月，經世書局結版稅：去年一至十二月，《現代中國史》332 冊，《晚清革命文學》15 冊，共 4,584 元。

一月，商務印書館結版稅：去年七至十二月，《中國婦女史論文集》27 冊，693 元。

二月一日，五十四歲生日。

二月一日，上午中研院組團謁蔣陵園大溪陵寢。

二月五日，收中國論壇「當代知識份子對國事的關懷」稿費 7,900 元。

二月十一日至十五日，澳洲國立大學在坎培拉開「澳洲亞洲學會成立一百週年學術研討會」，玉法偕中文前往參加，提論文 "Societal Change in Modern China"，評論 John Fincher "Oriental Democracy: The China Case"。回程經新加坡返國。

二月二十四日，上午李登輝總統至研究院視察，與

各所所長座談。

二月二十八日，上午出席海外華人研究會理監事會（十三日被選為監事），張存武主持。

二月，為國科會審查研究獎助案三件。

二月，臺大歷史研究所「中國現代史料分析」選課生邱澎生等六人。

二月，《聯合報》社出版《大陸的改革前景與思想出路——余英時教授與兩位大陸青年思想家對話記錄》（胡平、丁學良）。

二月，東華書局寄來 1987 年七至十二月版稅清單：《中國現代史》上 763 冊，《中國現代史》下 481 冊，合訂本 1,372 冊，10% 版稅，共 47,856 元；《中國近代現代史》4,469 冊，《中國現代史略》3,474 冊，10% 版稅，共 125,604 元。

二月，經世書局寄來1987 年一至十二月版稅：《現代中國史》332 冊，《晚清革命文學》15 冊，共 580 元。

三月一日，中國歷史學會聘為《歷史教學》月刊編輯委員會委員。

三月七日，教育部大學聯合出版委員會寄來《國父人性進化論》書稿，要求於一個月內審畢。

三月七日，孫英善自洛城來信，提到我去澳洲開會的事，並寄來所撰〈永浴春風〉，為楊展雲校長賀九十壽（發表於二月六日《中華日報》）。

三月八日，中央日報付稿費四千元。

三月八日，北京「中國中日關係史研究會」寄函臺北「臺灣中日關係史研究會」，邀臺灣學者參加十月二十五日至三十一日在北京舉行的「中日關係史的過去與未來研討會」，信寄中央研究院，陶英惠複印示知，謂為中央研究院收到的第一件來自大陸的信件。

三月十日，下午出席「北伐統一六十週年學術研討會」籌備會議，秦孝儀主持，中國歷史學會、國史館、近史所、黨史會主辦。

三月十一日，陳宏自 Virginia, V. A. 來信，謂寄來其父的資料二千八百頁供近史所收藏。

三月十四日，下午去中正紀念堂文物展視簡報室參加「北伐統一六十週年學術研討會」籌備委員會第一次會議，該會由黨史會（秦孝儀）、中國歷史學會、國史館、近史所主辦。

三月十四日，《歷史月刊》付「歷史與生活」稿費七千八百元。

三月十四日，於《自立晚報》發表〈民國史上的政黨協商〉，酬三千元。

三月二十八日，於《自立晚報》發表〈對中國實行聯邦制的一些遐想〉，酬四千元。

三月，美國影片製作公司來臺拍 China in Revolution, 1911-1949 紀錄片，曾於 1987 年十月二十二日來函告知一切，由朱浤源從中聯絡。朱於 1988 年三月二十一日致函行政院長俞國華，希望能安排訪問蔣夫人及張學良，嗣

行政院新聞局來文，希黨史會副主委李雲漢、近史所長張玉法、政大歷史研究所長王壽南能提出受訪者名單。

三月，近史所擬聘胡國台、陳儀深為副研究員。

三月，審查本年度中國歷史學會金簡獎著作胡平生《民國初期的復辟派》。

三月，臺大政治研究所聘為博士生林忠山專門學科考試閱卷委員。

四月四日，劉祥光自臺北《商業周刊》社來信，謂已申請到哥倫比亞大學的博士班，但希望能申請到柏克萊加州大學的博士班。

四月五日，政大聘為歷史研究所碩士班學科考試命題委員。

四月八日，John K. Fairbank 致信給南天書局魏德文，對我與李國祁主持翻譯劍橋中國史第十、十一卷非常滿意。

四月八日，國科會寄件要求審查政大推薦蔣永敬出席國際會議之件。

四月十二日，李又寧來信，謂收到我四月五日的信，知我不能參加其於五月所舉辦之會。

四月十四日，為國科會審查研究獎助案一件。

四月十九日，政治作戰學校聘為政治研究所碩士班招生考試委員，並寄來命題紙二份。

四月十九日，出席教育部人文及社會學科教育指導委員會議，李國祁主持。

四月二十日，政大聘為歷史研究所、三民主義研究所

碩士班研究生論文考試委員。

四月二十三日，下午在中山堂堡壘廳講演「從地方史的研究看臺灣與大陸文化交流」，中國地方文獻學會辦。

四月二十四日，於《自立晚報》發表〈國民黨的性格應重新定位〉，酬三千元。

四月二十五日，師大聘為歷史研究所碩士班學科考試委員。

四月三十日，與朱匯森、陳奇祿、宋晞等八人以中國地方文獻學會常務理事的名義致函內政部，請明訂大陸政策，以促進臺灣與大陸之學術文化交流。

四月二十七日，孫英善自加州來信，謂已將亞洲學會的會費寄去，並索會員申請表以便入會。

五月二日，國科會寄來七十七年度學術審查費。

五月三日，林滿紅自哈佛大學來信，謂自己用電腦處理英文文書已一年多，聽說現在已有電腦可以處理中文文書。五月二十日又來信，謂所裡如果買電腦，應有具有寫E-Mail 功能者，比打電報方便。又謂在哈佛看英文資料，用 microfiche 比 microfilm 方便。

五月五日，臺大聘為歷史研究所學科考試委員。

五月八日，二哥及張杰來信，告知四月二十三日張喻成已返家探親，並告知帶去的兩隻金鐲和三百美元均收。

五月八日，妹妹來信，謂年已五十二歲，家有十口人。

五月十二日，呈吳大猷院長，謂近史所擬訪問孫立人，

並請其子女及舊屬餐敘。

五月十五日,上午去中正紀念堂文物展視廳簡報室參加中國歷史學會第二十三屆第四次理監事聯席會議,秦孝儀主持。

五月十七日,《中央日報》副刊梅新(章益新)來信為「我走過的路」徵稿,為寫「童年走過的一段路」。

五月十八日,為臺大歷史系審查教師升等案一件。

五月二十六日,晚中研院各所長丁邦新、孫同勛、周延鑫、莊英章、玉法等為陶英惠卸任祕書組主任(七年),於長風萬里樓設謝宴。

五月二十七日,《中央日報》寄來稿費二千四百元。

五月,臺大政治研究所聘為博士班「晚清政治思想專題研究」學科考試命題閱卷委員。

五月,文化大學聘為史學研究所博士班學位學科考試委員。

六月一日,政治作戰學校聘為政治研究所碩士班學位考試委員。

六月三日,出席國民中學歷史教科用書編審委員會第六次會議,李國祁主持。

六月五日,范毅軍自史丹佛大學來信,謂我徵詢他對購買電腦的意見,他認為 IBM 系統對處理中文文書較有用,如能下定決心買,不僅行政系統及圖書館可以電腦化,同仁的研究工作也能充分利用電腦。

六月六日,張朋園自哈佛大學來信(係在學術交流

項下去哈佛訪問者），謂在紐約見到唐德剛、李又寧、章開沅，到哈佛由林滿紅照料，見到 Philip Kuhn、Fairbank 及東亞研究所的 MacFarquhar。與 MacFarquhar 談到與近史所加強合作等事。

六月七日，吳章銓自紐約來信，謂收到近史所寄贈的《抗日戰爭史研討會論文集》至感，西方學者很少提中國抗日史，日本學者更不提。

六月九日，下午出席教育部人文及社會學科教育指導委員會議，李國祁主持。

六月十二日，上午出席第二十四屆中國歷史學會理監事會議，秦孝儀主持。

六月十四日，為國科會審查研究獎助申請案十七件。

六月十六日，林滿紅自哈佛大學來信，除提到我在近史所推動立法、推動電腦化、推動學術發展以外，建議我應注意同仁的感情生活，希望能促使呂老師與師母和好。

六月十七日，下午二時主持師大歷史研究所碩士生陳雲卿論文口試。

六月十七日，下午四時主持師大歷史研究所碩士生黃綉媛論文口試。

六月二十一日，商務印書館代售《中國婦女史論文集》第一輯五冊、第二輯二十九冊，共 6,661 元。

六月二十三日，二哥來信，謂張喻成回家探親，談到我的一切，甚慰。

六月二十八日，上午出席文化大學史學研究所博士生

安嘉芳論文口試。

　　六月，受聘為臺大歷史研究所學科考試「中國現代史料分析」出題閱卷委員。

　　六月，出席太平洋文化基金會主辦的「孫中山思想與當代世界研討會」。

　　七月四日，中央研究院總辦事處來文，謂所長第一任期（三年）至八月十五日屆滿，奉院長示，續聘第二任期，自八月十六日起至民國八十年八月十五日止。

　　七月四日，於《自立晚報》發表〈十三全大會的歷史任務〉，酬三千元。

　　七月四日及七月二十五日，與 Ohio State University 的朱昌崚聯絡，將其對李鴻章的研究狀況刊於《近代中國史研究通訊》事。

　　七月七日，鄧汝言自 Arizona 大學來信，謂主持東方研究圖書館分館，希續贈《近代中國史研究通訊》，他會為該通訊寫稿，報導亞洲研究學會西部分會第二十五屆年會。

　　七月八日，中研院計算機中心來函，謂自去年十二月開始進行「本院研究人員著作查詢系統」作業，並已於今年六月底完成。

　　七月十三日，下午主持師大歷史研究所博士生金貞和論文口試。

　　七月二十三日，上午出席海外華人研究學會理監事會議，張存武召集。

七月二十三日，下午出席《歷史教學》社務委員會議。

七月二十四日，二哥來信，謂孫英善代寄的二百美元已收，並謂修墳之事目前政府不允，老爺、奶奶的墳都是骨灰罈深埋的，沒有墳頭，每年上墳只是在那個地方燒紙而已！好在爺的骨灰係埋在庫山腳，以後再說。

七月，東華書局結版稅：一至六月，《中國現代史》上 770 冊，《中國現代史》下 956 冊，合訂本 716 冊，共33,576 元。

七月，商務印書館結版稅：《中國婦女史論文集》第一、二輯，共 62 冊，2,174 元。

七月，列名教育部「歷史學科組研究委員」。

八月一日，《中央日報》付〈從經濟大國到文化大國再到政治大國〉稿費四千元。

八月一日，於《自立晚報》發表評論一篇，酬三千元。

八月二日，清華大學歷史研究所聘為研究生資格考命題委員，以中國近現代史為命題範圍，並先開閱讀書目。

八月三日，近史所考績列甲等，給予薪金兩個月之獎金。

八月十三、十四日，「北伐統一六十週年學術研討會」假中央圖書館召開，中國歷史學會（秦孝儀）、國史館（朱匯森）、近史所（玉法）、黨史會（秦孝儀）聯合主辦，玉法主持第七次討論會，報告人李雲漢、蔣永敬。

八月十七日，下午新聞局召開諮詢會議，徵求對「三十年代文學」在臺灣印行的問題，參加者曹伯一、周

玉山、沈清松、張玉法等。

八月十七日，金承藝自墨爾缽大學來信，謝我建議他申請太平洋文化基金會，並為寫推薦函，並提到在上周的《中央日報》看到我的自述。

八月十七日，谷風出版社主編張懷文來函，擬將刊於《歷史月刊》第二期的〈中國歷史上的男女關係〉選入《風起雲湧的女性主義批評》。

八月二十五日，《中央日報》付稿費三千四百元。

八月二十五日至二十七日，近史所舉辦「近代中國初期歷史研討會」，玉法主持。

八月三十一日，胡適紀念館主任呂實強呈吳院長，擬將撥給紀念館二人之缺，一在近史所，一在史語所（原皆撥給近史所，我主張撥給史語所一個）。

八月三十一日，經世書局馬之驌來信，謝我為他提供《紐約時報》上有關雷震的消息，並寄來刊於《時與潮》的〈自由中國半月刊違法言論摘要〉。

九月一日，考試院長、典試委員長孔德成聘為公務員甲等考試應考人著作審查委員，並寄來應考人著作，付審查費六千四百元。

九月二日，韋慕庭師來信謂正清理圖書，將《張發奎日記》送給近史所，將《陳公博自傳》送給我。

九月一日至五日，出席政大國際關係研究中心舉辦的第五屆中歐學術會議。

九月四日，林德政自成功大學來信，提到參加「近代

中國初期歷史研討會」的最大心得是我在閉幕詞中所說：
「明末清初中西文化交流，中國不再是孤立的國家；學術
思想從空疏走向務實；清帝國的建立，為了建立一個大的
中國，不惜漢化，這要有很大的氣魄。」

九月五日，二哥來信，謂張杰、張華已去台兒莊幹
工，張莉也想去，故擬把家遷到台兒莊，看能否做點生意
養老。

九月九日，臺灣公共電視台擬拍攝與中國史和臺灣史
有關的節目，邀逯耀東、王壽南、王曾才、張玉法、陳三
井交換意見。九月中下旬，五人擬定「中國文明的精神」
電視節目編撰計畫草案，定為十二單元、二十五集，約
二十五人參與編撰，1989 年六月一日截稿。

九月十日，《歷史月刊》付〈從雷震回憶錄被焚談
現代史料保存〉稿費三千一百元。

九月十二日，日本野澤豐來信，他所創辦的《近鄰》
雜誌擬於明年五月出中華民國史研究專集，分別找人介紹
各國研究中華民國史的概況：大陸張憲文，臺灣張玉法，
韓國閔斗基，香港林啟彥，歐美 Linda Grove（上智大學
教授）。

九月十二日，為國科會審查研究獎助費申請案三十
二件。

九月十三日，電腦小組召集人蘇雲峰謂半年來在黃克
武、胡國台的鼎力協助下，已將電腦採購安置妥當，並已
訓練人員，公布管理辦法，日後電腦小組更專業化，請辭

去小組委員及召集人之職。

九月，師大歷史研究所同學選課名單：張曉芳（東吳）、陳君愷（輔仁）、張建俅（東海）、黃瓊瑤（師大）、池勝昌（師大）、張起鳳（師大）、李順民（臺大）、葉高樹、黃宗德等。

九月，出席清華大學歷史研究所研究生資格考試。

九月，為國科會審查研究獎助申請案四件。

九月，政大歷史研究所「中國現代史料分析」選課生廖風德、賴淑卿等十五人。

九月，來卡賀教師節者：除師大歷史研究所廖咸惠等十三人外，有賴盟騏、陳逢申、盧國慶、施曼華、鄭亦芳、王華昌、林秋敏以及《中國時報》專欄組衛民等八人。

十月一日，國立編譯館聘為國民中學歷史科教育用書編審委員會委員。

十月三日，新聞局公布審查大陸地區出版品委員名單，六十三人分為五組：文史哲、政法經、科技醫學體育、社會心理教育、戲劇音樂美術，玉法在第一組，主要審查擬在臺灣出版之大陸出版品。

十月四日，韋慕庭師來信，介紹其學生 Mrs. Shernan Weidenbaum 來臺搜集有關周恩來的資料，同時並寫信給張朋園、李雲漢。

十月六日，政大聘為歷史研究所碩士班學科考試命題委員。

十月八日，二哥來信，謂秋節前孫英善代寄七百美

元，已照我之意，二百元給大哥，二百元給妹妹，家中留三百元。又謂這次喻成來，帶去美金三百元，已給大嫂、二嫂、妹妹各一百元。

十月二十日，新聞局長邵玉銘聘為公共電視歷史節目編纂委員。

十月二十九日，近史所口述歷史委員會決定出版口述歷史叢刊，陳存恭主持。

十一月二日，《中央日報》楚崧秋、石永貴聯名來信，為蔣經國逝世週年徵文，每篇五千字。

十一月四日，漢學研究中心寄來「漢學人才檔」一千三百餘人，請審查，以便改易。

十一月四日，中國科學院近代史研究所副所長李宗一病逝，享年五十四歲。

十一月五日，二哥來信，謂台兒莊於 1962 年建為區級單位，屬棗莊市，澗頭集屬台兒莊區。目前只張敏一家戶口在澗頭集，餘均遷至台兒莊。二哥仍是臨時工，區政府已撥給百餘平方尺的土地，如蓋一棟二層房，需二萬五千美金。

十一月五日，下午出席《歷史教學》社務委員會議，李國祁主持。

十一月八日，教育部人文及社會學科教育指導委員會寄來《人文及社會學科專題研究報告》，中載玉法〈國民中學中外歷史教材混合編制之研究〉，稿費二萬元。

十一月十五日，國立編譯館聘為國民中學歷史教科書

編審委員會委員。

十一月十日，林滿紅自哈佛大學來信，提到我欲設副所長，擬以陶英惠充之，並謂將來能接所長，甚好。

十一月十五日，為政大歷史研究所碩士班學科考試「中國現代史研究」命二題。

十一月十七日，下午出席教育部人文及社會學科教育指導委員會議，李國祁主持，討論國中、高中歷史教科書編纂問題。

十一月二十一日，上午出席新聞局召開之會議，研商雜誌記者事宜。

十一月二十二日，上午出席教育部召開的審查各大學院校研究生中國現代史獎學金問題。

十一月二十三日，為文化大學史學研究所博士班學科考「中國近現代史專題研究」開參考書目，包括郭廷以《近代中國史綱》、教育部《中華民國建國史》、劍橋中國史晚清篇、張玉法《中國現代政治史論》。

十一月二十七日，岳老爺自基隆來信，寄給孝寧三萬元，作為孝寧赴美留學的機票錢，說奶奶生前最疼愛孝寧。

十一月二十九日，教育部人文及社會學科教育指導委員會成立三週年，時劉真任主委，發銅鑄紀念章一枚。玉法有一次開會時發言：我們這指導委員會能指導誰？教育部一個科員即可否決我們的決議。

十一月三十日，日本亞細亞大學學長衛藤瀋吉來信，

謝近史所贈書給他。

十一月，為國科會審查研究獎助申請案三件。

十一月，師大聘為歷史研究所學科考試「國民革命史研究」命題閱卷委員。

十二月五日，上午於政大國際關係研究中心舉辦的第九屆中韓學術會議講演「中國歷史上的分與合」。該會議於五、六日舉行，討論分裂國家中不同體制的互動關係。

十二月十五日至十七日，中原大學、東海大學聯合舉辦的「基督教與中國本色化學術研討會」在臺大舉行，主持一場會，評論呂實強「民初時期若干教會人士對中國基督教社會使命的看法」。

十二月十八日，上午新聞局舉辦書香社會專題講演，玉法於國父紀念館講「歷史與人生」。

十二月十九日，師大歷史研究所學生劉湘王自軍中來信，提到我講課時「平和、寧靜、和偶而一點有趣的笑話」。

十二月二十日，《歷史月刊》付〈近代中國民主政治的困境〉稿費 10,600 元。

十二月二十三日，獲總統府頒一等服務獎章一座。民國 66-75 年中研院考績皆列壹等或甲等。

十二月二十五日，政大歷史系所辦《汗青》（創刊於 1984 年十一月十五日）轉載原刊於《中國論壇》四卷八期的〈我對中國近現代歷史教學的一些意見〉。

十二月二十六日，每週評論刊於《自立晚報》，稿酬三千元。

十二月二十七日，中研院聘為「中央研究院組織法」專案小組委員，於十二月三十日下午召開會議，總幹事韓忠謨主持，討論組織法修訂問題。

十二月，捐助哥倫比亞大學同學會一萬元，會長徐旭東致感謝牌一。

十二月，近史所薪：薪餉 24,620 元，專業補助 24,700 元，主管特支 14,100 元，實物代金 2,046 元。

十二月，商務印書館結版稅：《中國婦女史論文集》第一輯 26 冊，667 元；第二輯 36 冊，1,507 元。

十二月，《山東文獻》社一至十二月收入 407,291 元（去年交下 268,519 元，榮譽贊助戶 67,450 元，雜誌費 52,638 元，郵局利息 7,684 元，廣告費 6,000 元，獎助金 5,000 元），支出 279,773 元（印刷費 194,700 元，房租 60,000 元，郵費 19,829 元，合訂本裝訂 2,000 元，郵局手續費 2,044 元，雜誌發行車費 1,200 元），餘 127,518 元。

十二月，來卡賀年或聖誕節者，除臺大歷史學會、成大歷史系、政大史研所以外，有廖咸惠、孫正豐、姜文求、Arthur L. Rosenbaum、王孟梅等十五人。

是年，時報文化出版公司擬將前在樓蘭山莊開「近代中國的發展與變遷研討會」的論文出版成書，來函催我所寫的「近代中國民主政治的發展」。

1989 年（民國七十八年）

　　是年五十五歲，在所長任內，與徐炳憲、王貴彬赴
大陸探親，孝寧留美住洛城，繼二哥後大哥來信，在台兒
莊蓋房，為母親買輪椅，與實中同學遊小琉球，史地系
四十八級同學慶畢業三十週年，辭故宮文物清點委員，續
在東華書局、聯經公司支版稅，續在《自立晚報》、《聯
合報》、《中央日報》、《青年日報》發表時論，近史所
召開近代中國農村經濟史研討會，與張瑞德合編中國現代
自傳叢書，大陸發生學生民主運動。

　　一月三日，林滿紅自哈佛大學來信（交換學人身
份），謂要她傳給 Philip Kuhn 的意見已傳知：1. 近史所
影印與費正清中心往返的信函，以便撰寫合作史。2. 合作
編寫近代史學者名錄。3. 介紹一些學者來近史所訪問。
　　一月三日，美國在台協會來信，擬將美國文化研究
中心出版物按時寄送。
　　一月三日，Suzanne W. Barnett 自 University of Puget
Sound 來信，感謝邀請參加基督教與中國研討會，碰到一
些美國朋友 Jessie Lutz、Murray Rubinstein 和近史所的
朋友。
　　一月三日，孝寧搭機赴美留學，劉岫琴接機，告訴

孫英善不必接機。

一月五日，葉文心自柏克萊加州大學來信，談為《近代中國史研究通訊》寫稿介紹魏斐德（Frederic E. Wakeman, Jr.）事，並擬寫書評評 Esherick 所寫的義和團起源論。

一月五日至七日，經濟研究所舉辦近代中國經濟史研討會，玉法提論文 "The Development of Communication and Transportation in Shantung Province, 1912-1937"。

一月八日，為中華文化基金會和中華電視公司視聽中心聯合舉辦的「中華文化講座」講「五四時期的儒家」。

一月九日，政大國際關係研究中心（張京育）召開「中華民國民主化研討會」，應邀參加。

一月九日，〈童年走過的一段路〉發表在《中央日報》副刊。

一月九日，金承藝自墨爾缽來信，謂受太平洋文化基金會資助，將於一月十六日抵近史所訪問，望能安排一研究室。

一月十日，U. S. News 的編者 Daniel J. Boorstin 自華盛頓來信，感謝訪問近史所時的招待，如有所需請告知。

一月十六日，幼獅文化事業公司編譯部來信，欲選已發表之〈從經濟大國到文化大國再到政治大國〉，編入《前瞻與期待》一書。

一月十七日，於《自立晚報》發表每週評論一篇，酬三千元。

一月十八日，上午九時外交部領事人員講習所第二十二期三十七人來近史所參觀，九時半為作簡報，十時參觀檔案館，十時半參觀圖書館，之後茶會。

一月二十三日，經濟研究所長李庸三來信，報告所長聯誼會（每月餐敘一次）收支狀況。

一月二十三日，上午列席近史所口述歷史委員會議。

一月二十三日，澳洲國立大學圖書館來信，願設法為近史所製作大陸出版之年鑑、期刊之複印本或微卷，約需新臺幣十萬元。

一月二十三日，錦繡文化企業聘為《二十世紀中國大紀錄》編審委員，出席者陳三井、李國祁、蔣永敬、胡春惠、王樹槐、黃俊傑、周玉山、玉法等。

一月二十四日，新聞局長邵玉銘來信，謂任局長兩年以來，多承協助，特此賀年。

一月二十四日，Jessie Lutz 兩度來信，謂願提供 Knight Biggerstaff 的資料，為《近代中國史研究通訊》之用。

一月二十九日與二月五日，李又寧兩度自美國來信，前者提到我替她編校《中國婦女史論文集》，後者提到我代新聞局為「中國文明的精神」電視節目向她約稿，寫婦女對中華文明的貢獻。

一月三十一日，劉湘王自軍中來信，謂「以默默幹活，代替一切諍言」，以端正此間野蠻之風。

一月，東華書局結版稅：七至十二月，《中國現代政治史論》190 冊，6,840 元；七至十二月，《中國現代史》

上 1,041 冊，下 741 冊，合訂本 1,218 冊，共 50,616 元。
一至十二月，《中國近代現代史》4,016 冊，《中國現代史略》3,400 冊，共 118,108 元。

一月，聯經公司結版稅：去年一至十二月，《歷史學的新領域》276 冊，4,123 元。

二月一日，五十五歲生日。

二月十四日，Ramon H. Myers 自胡佛研究所來信，提議與 Thomas Metzger 與近史所同仁共同組織研究計劃，研究 1950 年來臺灣的經濟發展。

二月十四日，二哥來信，謂孫英善代寄美金三百元、徐天基帶去美金四百元已收，又謂在台兒莊蓋房事，緊縮一點大概一萬多美元。

二月二十日，內政部長徐水德約一些學者於晨七時半共進早餐，研商有關政黨以相同名稱申請備案之處理事宜。

二月二十一日，《幼獅月刊》付〈前瞻與期待〉稿費一千元。

二月二十一日，聯合國中國同志會方志懋約於二十六日中午在長風萬里樓餐敘，到者另有陶英惠、王聿均、萬紹章、朱國卿。

二月，近史所薪俸單：薪餉 28,660 元，專業補助費 29,870 元，主管特支費 15,850 元，實物代金 1,480 元；扣除額：所得稅 4,350 元，公教存款 4,000 元，公保費 904 元，互助金 62 元，扣回房補 700 元，實發 65,844 元。

二月，聯經公司結版稅：去年七至十二月，《歷史學

的新領域》134 冊，15% 版稅，2,010 元。

三月三日，林滿紅自哈佛大學來信，謂哈燕圖書館欲以大陸出版品複本交換本所出版品，如為檔案最好用微卷，因圖書館藏書已滿。

三月九日，政大聘為歷史研究所碩士班學科考試委員、論文口試委員，就「中國現代史研究」命題四則。

三月九日，下午於中華民國史料研究中心講「地方史料與國史研究──《山東文史資料》的個案分析」。

三月十二日，上午在中正紀念堂文物展視廳簡報室召開中國歷史學會第二十四屆第三次理監事聯席會議，秦孝儀主持。

三月十四日，《聯合報》付〈從蔣經國時代再出發〉稿費五千元。

三月十八日，出席教育部人文及社會學科教育指導會議，討論國中、高中歷史教材。

三月二十三日，下午朱瑞月、黃明銘碩士論文口頭報告。

三月二十五日，下午出席中國歷史學會第三屆金簡獎評審委員會第一次會議。

三月二十八日，國史館何鳳嬌寄來玉法在史料研究中心學術講演的記錄，要求改正後寄回。

三月三十日，晚中研院各所長聯誼餐會，此次由數學所李國偉主辦，下次交給美國文化研究所孫同勛。

三月，為臺灣省中學教師研習會所舉辦的國民中學

歷史科教材教法研習班講課。

三月，為中華民國對外貿易協會所辦的貿易人才培訓中心講「近代中國商人的創業精神」。

三月，中國文化大學聘為歷史研究所博士班「中國近現代史專題研究」命題委員。

三月，受聘為中國文化大學三民主義研究所博士班研究生學位論文考試委員。

四月一日，劉祥光自哥倫比亞大學來信，謂兩岸的留學生都覺得對現實政治有無力感，大陸留學生學成不願回國，臺灣學文史的到美國後紛紛改行，想學些務實的東西再回去。

四月三日，范毅軍自史丹佛大學來信，謂經過日本，遇到即將拿到博士的黃自進，他表示畢業後願意去近史所工作，毅軍要自進與我聯絡。

四月七日，收到數學所長李國偉於三月十日晚所辦的所長聯誼餐會報告，謂出席十二人（包括主客二人），每人收六百元，另由動物所長周延鑫收到上期聯誼會結餘款三百六十元，收支相抵尚餘四百六十元。六月三十日的聯誼餐會由玉法承辦，出席十三人，每人收六百元，加上上次結餘的四百六十元，收支相抵尚餘三百六十元，移交下次主辦人地球所長葉永田。

四月十八日，中華民國對外貿易發展協會聘為該會貿易人才培訓中心養成班「中國歷史精華」課程顧問，並寄來顧問費二萬元。

四月二十一日，師大歷史研究所碩士生廖咸惠論文報告。

四月二十一日至二十五日，邀請香港大學校長王賡武訪臺，二十二日上午於近史所講「對近代中國移民史的看法」，二十三日上午於海外華人研究會講演，二十四日訪問臺大，二十五日訪問清華及交大。

四月二十三日，二哥來信，謂張喻成帶去的美金四百元已收，在台兒莊蓋房正精詳籌劃。又謂他現在是臨時工，統戰部副部長只是榮譽。

四月二十四日，妹妹自閩莊來信，謂寄給母親的錢及寄給她的錢均收。

四月二十四日，黃克武自牛津大學來信，謂指導教授 Mark Elvin 要轉去澳洲教書，自己擬讀完碩士去史丹佛大學讀博士。

四月二十五日，師大聘為歷史研究所碩士學位學科考試委員。

四月二十五日，史學界聯名致函教育部，反對將大學共同必修科之中國通史和中國現代史改為選修科。

四月二十八日，上午於國史館第二次史學講座講「對纂修國史的一些看法」。

四月二十八日，下午師大歷史研究所碩士生姜文求論文報告。

四月，受聘為中國文化大學史學研究所博士生學位考試委員。

　　四月，為臺大歷史研究所博士班學科考試「中國史
（七）：鴉片戰爭以後」命題。

　　五月四日，上午八時國軍莒光園地電視教學節目播
出錄影錄音講演「五四運動之歷史與文化意義及其對國家
民族的影響」。

　　五月四日，師大聘為歷史研究所博士學位學科考試
委員。

　　五月四日，孫立人舊部田世藩自鳳山來信，談與孫
立人討論孫立人回憶錄出版事，孫謂年老記憶不清，希望
多予更正。

　　五月九日，梁元生等自加州州立大學來信，邀請參加
明年六月在洛杉磯舉行的「國際孔孟思想與中國文化前途
研討會」，婉拒。

　　五月十三日，《歷史月刊》寄來稿費 6,800 元。

　　五月十三日，臺大教授賀德芬等成立「大學教育改革
促進會」，對立法院於五月十八日提出的新大學法審議，
提出修訂意見。主要意見有三：1. 學生參與學校事務，
2. 學術主管由民主方式產生，3. 保障學術自由。

　　五月十三日，《歷史月刊》付「腳踏五四，走出五四」
稿費 6,800 元；六月六日，《聯合報》付〈腳踏五四，走
出五四〉稿費 6,750 元。

　　五月二十日，為國科會審查研究獎助申請案九件，五
月三十一日一件。

　　五月二十日，下午在中山堂講「以中華文化統一中

國論」，中國地方文獻學會辦。

五月二十二日至二十三日，近史所舉辦自強活動，乘遊覽車經嘉義至阿里山，宿阿里山賓館。次日觀日出，參觀九族文化村，返。

五月二十六日，劉真校長致函現任師大校長梁尚勇，謂慶七十壽無意義，可與近史所呂實強、張玉法聯絡，看能否編印《臺灣文教建設史料輯要（1945-1990）》。

五月二十八日，員林實驗中學校友多人，由八軍團司令王文燮（流亡學校同學）安排，遊小琉球，夜宿高雄國軍英雄館。

五月二十九日至三十日，出席經濟研究所主辦的「儒家精神與東亞經濟發展研討會」。

五月，與張瑞德合編「中國現代自傳叢書」，由龍文出版社出版。該社出刊精美小冊介紹，《聯合報》、《民生報》皆有報導，《聯合報》的標題是：「張玉法、張瑞德跨海交流編傳記，60 位現代人物，蒐遍兩岸及海外」。

五月，為中國歷史學會審查「史學研究論文叢刊」書稿《國民政府的法幣政策及其實施》。

五月，為國科會審查科學與科技人員出國進修申請案一件。

五、六月間，師大歷史研究所研究生柳麗敏數來信，討論其有關梁漱溟的碩士論文，另並要開刀矯正脊椎手術，可感。

六月一日，故宮博物院長秦孝儀來信，擬聘為文物

清點委員，以不諳文物婉拒。

六月三日，大陸發生民主運動，時報文化基金會來信邀請出席「中國民主前途討論會」，每人付出席費二萬元、論文稿費三萬元、評論文稿費一萬元，對海外學人且付來回機票費及五天之食宿費。

六月六日，康寧祥創刊《首都早報》。

六月六日，《聯合報》寄來稿費 7,750 元。

六月九日，《青年日報》寄來稿費 4,500 元。

六月十日，院長吳大猷通函同人，譴責共軍在天安門前槍殺抗議學生，號召同人簽名抗議。

六月十日，時報出版公司來函，擬將〈腳踏五四，走出五四〉一文選入《五四再反省》一書。

六月十二日，韓國研究學會理事長胡春惠來信，邀於六月二十五日至二十六日參加該會舉行的第五屆中韓關係國際學術研討會，在政大公企中心（金華街），委員有張存武、繆全吉、賀凌虛、蔣永敬等。

六月十二日，蔣永敬來函，推薦該校歷史研究所碩士畢業生萬麗鵑為近史所助理研究員。

六月十三日，二哥來信，謂我計畫七月二十四日啟程回家，次日乘京滬轉津浦至徐州；並謂台兒莊的房子已動工。

六月十三日，下午出席劉真校長八秩華誕籌備小組會議。

六月十四日，上午主持臺大歷史研究所碩士班學科

考試「中國現代史料分析」。

六月十五日，成功大學教務處寄來該校教師升等副教授著作《聯俄容共史實之研究》審查費 1,500 元。

六月十五日，林滿紅自哈佛大學來信，提到 Philip A. Kuhn 將於 1990 年一、二月來近史所訪問一個月，又提到近史所與哈佛燕京圖書館圖書交換，哈佛希望近史所能代為搜集黨外雜誌。

六月十五日，臺灣電視台寄贈「天安門民運血淚實錄──臺灣新聞集錦」錄影帶。

六月十五日，大哥自棗莊化工廠來信，謂「分別四十餘載，思念之情難以形容」、「母親雖然已近九十高齡，但身體還很健康」。

六月十七日，胡適紀念館管理委員會主任委員呂實強呈請將近史所調派至胡適紀念館的萬麗鵑補為正式人員。

六月十八日，出席中國歷史學會第二十四屆第四次理監事會議，秦孝儀主持。

六月十九日，上午出席政大歷史研究所陳昭順碩士論文〈五四時期的反儒思想〉考試。

六月二十一日，《歷史月刊》寄來〈西方政治制度對近代中國的影響〉稿費 7,100 元。

六月二十四日，上午出席故宮博物院藏品文物清點委員會第一次會議，之後以不諳故宮文物辭職。

六月二十四日至二十五日，出席東海大學文學院（呂士朋）主辦的「第一屆中國思想史研討會」，主持一

場會。

六月三十日，二哥來信，謂孫英善代寄的三百美元已收。

六月，二至六月這學期，師大歷史研究所「中國現代史研究」選課生之成績：藍博堂 92，鄭建生 90，黃德宗 88，田川厚昌 83，葉高樹 78，郭鳳鳴 75。

七月一日，於國父紀念館講「歷史人物的評價問題」，新聞局主辦。

七月一日，臺大文學院寄來兼課費 4,080 元。

七月五日，中研院所長聯誼會召集人移交給地球所長林爾康，該聯誼會常為舊所長卸任、新所長上任而聚會。

七月十五、十六日，師大史地系四十八級同學舉行畢業三十週年紀念會，參加同學二十七人，另加眷屬。

七月十六日至二十三日，柏林自由大學郭恒鈺舉行中德關係研討會，並全程招待，因政府開放探親，急欲回故鄉，婉拒。

七月二十四日至八月十四日，請假回老家探親，所長由王樹槐代理，此為第一次返鄉，與徐炳憲、王貴斌同行，帶電視機一台，因不詳家中狀況，未帶中文往。第一站到上海，住城市酒店，次日乘京滬火車至南京，住玄武湖飯店，次日轉津浦火車至徐州，大哥、二哥、張杰來接，即至澗頭集看母親。後又與徐炳憲、王貴斌遊北京，住北京飯店。八月十四日返臺。去大陸探親期間，除東華書局、聯經公司、商務印書館結版稅以外，七月二十七

日，中研院總幹事韓忠謨召開中研院組織法專案小組第二次會；七月二十九日，哥倫比亞大學同學會開第一屆第一次會員大會；七月二十九日至三十日，民進黨在中山樓開第三屆全國黨員代表大會第二次臨時大會。

七月，東華書局結版稅：一至六月，《中國現代史》上 786 冊，《中國現代史》下 509 冊，合訂本 567 冊，共 29,148 元；《中國現代政治史論》228 冊，8,208 元。

七月，聯經公司結版稅：一至六月，《歷史學的新領域》144 冊，2,160 元。

八月一日至三日，臺大歷史系召開「民國以來國史研究的回顧與展望研討會」。

八月七日，近史所考績列甲等，給予兩個月薪俸之獎金。

八月十日，表姪馬先迎自前馬家來信，問我去北京有無見到他爸馬原及「那個媽媽」。

八月十六日至十八日，時報文教基金會假時報大樓舉辦「中國民主前途研討會」，玉法提論文「國民政府時期民主化成效不彰的檢討」。提論文者另有張朋園、戴國輝、呂亞力、胡佛等。

八月十九日，Philip A. Kuhn 自哈佛大學來信，介紹其學生 Elise Devido 來近史所工作。又來信，謂其學生擬研究 1940 年代的山東政治史，希望得到我的指導。十月二十七日該生來談，建議研究 1937-1949 年國共在山東的對抗。

八月二十四日至二十六日，近史所召開「近代中國農村經濟史研討會」，玉法主持，玉法於會中宣讀論文「山東的農政與農業（1916-1937）」。

八月二十五日，The American Academy of Sciences 的 Erich Pilz 來信，感謝我邀請他到近史所訪問三個月，對他的研究很有幫助。

八月三十日，受業生劉湘王自史編局寄贈所編史料一冊。

八月，為花蓮師範學院審查教師升等著作《我國現行體制下監察制度之研究》。

八月，捐助《山東文獻》五千元。

八月，孝威於延平中學畢業後考上中央大學天文物理系。

九月四日，Lloyd E. Eastman 自伊利諾大學來信，謂正申請 Fulbright 的獎助金來臺北研究，望來信歡迎我去近史所作研究。

九月六日，收到國立編譯館中小學教科書組主編之《國民中學歷史教師手冊》書稿，要求審查訂正，於九月三十日審畢。

九月七日，上午出席教育部人文及社會學科教育指導委員會主辦的「歷史實驗教材編輯事宜研討會」，李國祁主持，出席委員數十人。

九月八日，吳相湘自美國來函，談與畢乃德（Knight Biggerstaff）、鄧嗣禹、晏陽初等過往情形，勉張朋園、

趙中孚、林明德、王萍、張存武、陳存恭、楊翠華、玉法
等為近史所盡力。

九月九日，Martin Wilbur 自 Haverford, P. A. 來信，謂
已自 Pleasantville 搬到該地一個月，是很好的養老之地。

九月十日，下午在新聞局觀賞侯孝賢導演的「悲情城
市」，因內容涉及二二八事件，徵求歷史學者的意見。

九月十二日，香港作家簡而清接受《明報》訪問，
對玉法之《中國現代史》多美言，今刊出。

九月十二日，收到國科會人文處評審委員會寄來傑
出及優等研究獎助費提名案二件，要求於九月三十日以前
審畢。

九月十三日，周明之自康奈爾大學來信，討論其所
寫王國維論文在近代史研究所集刊發表事。

九月十三日，教育部致函政大王壽南，謂台端等三
十一人申請參加民國七十九年一月二日至九日在廣東舉辦
的「孫中山與亞洲國際學術研討會」，因非國際會議，不
宜參加。

九月十七日，張瑞德自史丹佛大學來信，談為自傳
叢書搜集資料事，已得魯迅自傳、周佛海回憶錄等。

九月二十二日，國史館簡笙簧來信，謂上月底至近
史所參加近代中國農村史研討會時，談到近史所與國史館
互贈出版品給學者，開來國史館贈送名單：處長遲景德、
簡笙簧，纂修賴暋、洪桂己、胡健國等。

九月二十五日，鍾淑敏自東京大學來信，報告日本

公私機構均重視公文書之典藏。

九月二十五日，二哥來信，謂我寫的家信已有三、四十封，又謂台兒莊的房子已蓋好，正裝修。

九月，政大歷史研究所選課生有許育銘、王凌霄、潘光哲、管美蓉、吳淑鳳、陳進金、毛知礪等十五人。

九月，教師節來賀卡者，除師大歷史所葉高樹等九人、政大歷史所碩一劉龍心等十一人、碩二潘光哲、吳淑鳳等十五人、師大歷史系友會、臺大歷史學會外，有朱瑞月、胡興梅、盧國慶、廖咸惠等十一人。

十月四日，政治大學聘為歷史研究所碩士班學科考試命題委員。

十月八日，黃克武自英倫牛津大學來信，謂該大學的中國研究很弱，一位比較強的 Mark Elvin 亦將轉去澳洲教書。

十月九日，王曾才約舊友與孫英善在閣家歡餐聚，英善係自美國來，參加僑選立委，無成。

十月二十五日，鄭會欣自香港中文大學寄來八月中旬玉法在該大學的講演照片。

十一月五日，洪秋芬自日本筑波大學來信，謂家人告知已收到近史所的聘書，預計月底可返臺北上班。

十一月五日，李又寧自聖約翰大學來信，謂收到寄贈的自傳叢書二十二冊。

十一月七日，中央日報寄稿費 1,200 元。

十一月十七日，陳秋坤自巴黎來信，謂十一月七日飛

抵荷蘭，十五日自荷蘭飛抵巴黎。在荷蘭見到 L. Blussé、
F. Vermem，在巴黎見到 Cheyereir、Lucien Bianco、Mme.
Bergère 等，各地的研究環境都不如近史所。

十一月十七日至十九日，出席成功大學歷史系主辦的
「臺灣史研究暨史蹟維護研討會」。

十一月二十一日，政大聘為歷史研究所碩士班論文
口試委員，又聘為碩士班學科考試命題閱卷委員。

十一月二十一日，楊翠華自哈佛大學來信，謂近數
年至哈佛大學留學者以大陸學生為多，臺灣很少。又謂
Kuhn 訪問近史所將延至明年三月。

十一月二十二日，表姪馬先迎自家鄉來信，對我給了
他一些人民幣不滿，謂下次帶點美金給他看看，還索電子
計算機、袖珍錄音機，並責其父官僚。

十一月二十三日，去金華街公企中心參加「中國國民
黨建黨九十五週年學術討論會」，秦孝儀（黨史會主委）
主持蔣永敬之論文報告，玉法主持王壽南之論文報告，張
京育（政大校長）主持朱堅章之論文報告，朱匯森（國史
館長）主持陳三井之論文報告。

十一月二十四日，上午在國防部史政編譯局講演「近
代中國社會變遷」。

十一月二十六日，二哥來信，討論為母親買輪椅的
事，謂在徐州、棗莊都沒有，已託人在濟南買到，現已天
冷，母親不出門，尚未運回。

十一月，為國科會審查研究獎助申請案五件，又寄來

一件。

十二月五日，為李榮泰寫申請美國學校的推薦信。

十二月十日，大哥自家鄉來信，列出其全家十六人（另有離婚的第一個大嫂），時二哥家已有十五人，我家尚只四人。

十二月十四日，下午出席公共電視「中國文明的精神」編纂委員會議，商討審查事宜。

十二月二十日，中午近史所便當餐會，由呂實強、張朋園和我報告大陸之行。

十二月二十六日，永裕印刷廠承印岳祖李良材所著《旅臺記事吟草》，精裝一百本，41,058 元，實收 35,000 元。玉法為寫序。

十二月二十九、三十日，出席政大國際關係研究中心舉辦的「大陸民主運動與中國前途研討會」。

十二月，各方來卡賀年及賀聖誕者七十一封。

是年，張杰寄來澗頭集示意圖，係受我之囑而繪，因離家四十年，對澗頭集的市區已模糊不清。

是年，羅卓君之父羅天俊病逝，卓君為實中校友，政戰學校畢業，師大三民主義研究所畢業，時任國防部《青年日報》社長，其父在南門市場旁開新愛群餐廳，為實中校友常聚之處。

是年，臺北市有十二個山東省縣市同鄉會，包括山東同鄉會、青島同鄉會、博平同鄉會、曹縣同鄉會、濮縣同鄉會。

1990 年（民國七十九年）

是年五十六歲，續在所長任，續在東華書局、聯經公司、經世書局、商務印書館結版稅，續資助故鄉大家庭，母親病逝，與中文去大陸探親，孝寧陪外婆去達拉斯，赴廣州開孫中山與亞洲研討會，近史所舉辦中國現代化研討會，林洋港、蔣緯國與李登輝、李元簇競選正副總統。

一月八日，國立編譯館長曾濟群來函，謝撰〈吳鳳的歷史地位〉。

一月九日，呈院長吳大猷，擬於 1990 年十二月與香港大學和大陸第二歷史檔案館舉行學術研討會，討論 1911-1949 年間中國近代史之研究狀況及資料收藏，獲准。時臺灣僅開放探親，兩岸尚未開放學術交流，吳院長私語曰：恐有人批評。答曰：不怕。

一月十二日，上午近史所開中國現代化研討會籌備會。

一月十三日，上午至世貿大樓參加七十九年度臺北國際書展開幕典禮，新聞局長邵玉銘致詞，遇馬之驌、王曾才、姚朋等。

一月十五日，《聯合報》寄來〈認輸再大步改革〉一文稿費二千元。

一月十八日，上午出席中研院人事委員會第 107 次

會議，各所所長出席，韓總幹事主持。

一月三十日，二哥來信，謂春節前孫英善代寄的美金五百元已收，計畫花二百元為母親買輪椅，餘三百元，大哥、大嫂、妹妹各五十元，剩下留給母親用。

一月，東華書局結版稅：去年七至十二月，《中國現代史》上1,058冊，《中國現代史》下701冊，合訂本1,068冊，共47,660元；《中國現代政治史論》205冊，7,380元。一至十二月，《中國近代現代史》3,869冊，《中國現代史略》4,008冊，共52,664元。

一月，聯經公司結版稅：七至十二月，《歷史學的新領域》211冊，3,165元。

一月，經世書局結版稅：《現代中國史》269冊，3,215元；《晚清革命文學》6冊，333元。

一月，商務印書館結版稅：《中國婦女史論文集》第一、二輯，共68冊，共2,409元。

一月，《山東文獻》，去年一至十二月，收入606,301元，支出261,677元，餘344,624元。

一月，近史所薪俸75,686元（包括主管特支15,850元），年終獎金111,570元。

二月一日，五十六歲生日。

二月一日，近史所打字油印《所務簡訊》一張。

二月二日，為慶祝三十六週年所慶，中午十二時在檔案館大廳舉辦慶祝餐會，每人備摸彩禮一份。

二月二日，妹妹自闞莊來信，謂我給二哥寄的美金，

二哥都已分給她，今年過春節很愉快。

二月五日，教育部同意設立「財團法人吉星福張振芳文教基金會」，二月七日在臺北地方法院登記為法人。基金新臺幣四百萬元，董事長孫震，董事楊其銑、侯健、于宗先、王曾才、朱炎、李雲漢、張玉法、李瞻。

二月六日，為近史所集刊審查張朋園 "Modernization and Revolution in China"，修改後採用。

二月十日，二哥來信，謂潘元民帶交的一千美金，分給大哥、大嫂、妹妹、姐夫各家各二百元，又年前寄到的美金五百元，買輪椅二百元，餘三百元分給大嫂、大哥、妹妹各五十元，又告知表哥馬原自北京來家看母親。

二月二十日，大嫂來信，謝給她二百五十美元過春節。

二月二十一日，下午出席公共電視「中國文明的精神」歷史專案委員會議，商討文稿移交等問題。

二月二十二日，函孫英善嫂：孝寧要陪外婆去達拉斯，希望外婆經洛杉磯時與她一起走，然後，外婆與孝寧自達拉斯回，孝寧留在洛杉磯，外婆直飛臺北。麻煩為孝寧安排一張由洛杉磯至達拉斯的來回機票。

二月二十四日，《中國的文明精神》編輯委員會（王壽南、王曾才、張玉法、陳三井）向新聞局提工作結束報告，於 1988 年九月至 1990 年二月共完成二十六集文稿，經審查修改完成。請新聞局找人寫腳本、拍影片。

二月二十五日及三月十五日，玉法之 "Societal Change

in Modern China, 1890s-1980s" 先後經陳秋坤、趙中孚審
查，在集刊發表。

二月二十五日，當選海外華人研究會監事，張存武為
理事長。

二月二十六日，中研院長召集各所所長等開會，商討
中研院研究所組織規程修正草案及員額編制。

二月二十八日，上午出席張建俅碩士論文〈清末自開
商埠之研究〉發表會，下午出席張曉芳碩士論文〈中國民
主同盟之研究〉發表會。

二月二十八日，晚七時出席臺大長青社舉辦之專題座
談：「從歷史觀點看戰後中國（1945-1949）」。我主講
「戰後中國」，賴澤涵主講「二二八事件經過」，曾祥鐸
主講「二二八事件的影響」。

三月三日，出席在臺大西餐廳舉行的吉星福張振芳
文教基金會董事會第三次會議，孫震主持，出席者楊其
銑、于宗先、王曾才、朱炎、李雲漢、李瞻、玉法等七
人。基金會成立於去年三月八日，有基金四百十餘萬元。
決議：儒家思想與現代化研究之講演由于宗先、楊其銑負
責，山東歷史人物研究之獎助由張玉法、王曾才、李雲漢
負責。

三月四日，中國歷史學會舉行第二十五屆第三次理
監事聯席會議。

三月五日，擬於八月赴廣州出席「孫中山與亞洲研
討會」的朋友蔣永敬、王壽南、玉法等在同慶樓餐敘，商

有關事宜。

三月六日，收《聯合報》專欄〈如果第八任總統出現競選的局面〉稿費三千元。

三月六日，母親病逝，享年八十九歲（1902 年生），玉法至四月一日始知。

三月七日，出席師大歷史研究所黃德宗碩士論文〈中國現代化過程中知識份子的困境——蔣廷黻的治學、論政與從政〉發表會。

三月七日，領國史館稿費 10,348 元。

三月七日，《自由時報》專欄組來信，謂專訪已登出，盼日後多賜稿。

三月七日，張瑞德自史丹佛大學來信，告知搜集民國自傳叢書的情形。

三月十日，近日報載由於李登輝競選總統，而林洋港、蔣緯國與之競選，討論李登輝是否曾加入共產黨事。

三月二十五日，吳緝華自澳洲國立大學來信，謂駱惠敏已辭去代理系主任，由 Mark Elvin 自英國來接任。

三月十五日，收《聯合報》專欄〈理解二二八，消弭人間戾氣〉稿費二千元。

三月十七日，周延鑫、管東貴、魏良才、莊英章等八人提案修訂研究院組織規程為：「新聘研究員之第一聘期為四年，在第一次聘期屆滿前，經評審通過續聘者，聘至年滿六十五歲為止。」平日以考績制度監督之。不必一評估、再評估、一次不過即予撤職。

　　三月二十四日，近史所行政人員舉行座談會，主張任用資格，舊人用舊法，新人用新法。至四月十六日，全院行政人員一百三十五人呈院，反對本院人事室所擬，依照政府規定，對全體行政人員進行考試換敘。

　　三月二十四日，以郵政定期儲金為抵押，向南港一支局借款一百萬元，年息一分五毫。自 1990 年三月二十四日起，借到六月九日止。

　　三月二十五日，上午出席蔣經國基金會國內諮詢委員會議，審查出版計畫五件、召開學會議八件。

　　三月二十七日，為中國歷史學會審查史學研究論文叢刊（博碩士論文）〈唐繼堯與西南政局〉。

　　三月三十日，上午主持師大碩士生謝國興論文報告，下午出席《近代中國史研究通訊》第九期編輯委員會議。

　　三月三十一日，下午出席臺大歷史研究所碩士生鍾淑敏畢業論文口試。

　　三月，近史所前此九個月的支出：人事費三千一百萬元，業務費一千二百萬元，維護費一百三十萬元，旅運費一百五十萬元，設備費四百十萬元，共約五千萬元。

　　四月一日，大哥自家鄉來信，謂母親病逝，次日二哥亦自家鄉來信告知。與中文在家設祭。輪椅已買好，母親未及用；台兒莊的房子已蓋好，母親未及住。

　　四月三日，上午出席教育部人文及社會學科教育指導委員會歷史學科組之國民中學歷史學科研究委員、高級中學歷史學科研究委員聯席會議，呂實強主持。

四月四日，近史所發函同仁，請提供資料，俾增訂同仁著作目錄。

四月六日，收基督教論壇社稿酬六百元。

四月六日，下午師大碩士生廖咸惠、姜文求論文報告。

四月六日，臺灣省教育廳論文發表委員會來信，請審查李慶西的〈段祺瑞與民初政局〉論文。

四月七日，收《中國時報》專欄〈國是會議的目的〉稿費二千元。

四月七日，為中原大學審查教師升等著作一件。

四月七日，與陳三井（副所長）列席口述歷史小組會議，陳存恭主持。

四月八日，上午出席中國歷史學會第二十六屆會員大會籌備委員會第一次會議，鄧元忠主持。

四月九日，下午主持近史所值班業務座談會，訂定值班辦法。

四月九日，聯經公司寄來去年七至十二月版稅 3,152 元。

四月九日，伊利諾大學 Lloyd E. Eastman 來信，謂申請到 Fulbright 的獎助金，擬攜眷來臺訪問研究九個月（九月至明年五月），請代為物色住處。

四月十日，收聯合報專欄「民主憲政的懸劍」稿費五千元。

四月十二日，出席國民黨主辦「蔣經國先生的思想、行誼與事功研討會」（蔣八十歲冥誕），有楊日旭、李雲

漢、馬英九、呂實強四人提論文，主持第三場會，由馬英九報告「蔣經國先生與復興基地建設」。

四月十四日，上午出席中研院第十三屆評議會第八次會議，討論院士選舉辦法等。

四月十五日，上午出席中國歷史學會金簡獎評審委員會第一次會議。

四月十九日，接故鄉表姪信，謂母親於四月一日病逝。已與中文在家設祭，未驚動親友。

四月二十日，師大校友月刊社以玉法為近史所校友聯絡人。

四月二十日，打電報回山東老家，費 536 元。

四月二十日，成功大學航太所長邱輝煌、中央大學天文學所長孫維新等二十八人發起推動人造衛星計畫，以引進高科技，培養人才，並謂世界已有二十七個國家擁有太空科技。既有文至近史所，玉法批：「支持國科會人造衛星計畫同仁，請於付張簽名。」並首先簽名。結果近史所簽名者不過十二人。由於各界反應冷淡，國科會的研究人造衛星計畫未通過，行政院將預算刪除。報紙對此計畫亦不支持，謂支持者還有學歷史者。直到二十年後，臺灣始造成第一個人造衛星，於 2019 年委美國發射，到 2021 年造成第二個人造衛星，委美國發射。

四月二十一日，審查顧燕翎升教授論文：以三篇短篇論文申請升教授，在數量上似嫌不足，但就論文品質而論，可達升教授水準（研究婦女史）。

四月二十四日，教育部高教司來函，要求審查中正大學於八十學年度增設歷史研究所碩士班案。

四月二十五日，哈佛大學 Philip A. Kuhn 來信，感謝邀請其至近史所訪問研究，對近史所的研究環境及年輕一代學人的表現非常稱讚。

四月二十七日，為國科會審查科學與技術人員出國進修案一件。

四月二十八日，近史所打字油印《所務通訊》一張（不定期）。

四月，為政大歷史研究所博碩士生學科考試出題、閱卷。

四月，日本中京大學檜山幸夫來信，並贈《臺灣史料綱文》上、中、下三卷。

五月一日，政大聘為三民主義研究所博士生論文口試委員。

五月四日，行政院新聞局聘為該局製作「走過四十年」影集節目諮詢委員。該委員會十三人，負責節目之籌備、諮詢、編撰、指導。

五月八日，收《中國時報》〈腳踏五四，走出五四〉稿費三千元。

五月九日，審查國科會專題研究獎助案二件。

五月九日，上午出席《近代中國史研究通訊》第十期編輯委員會議。

五月十日，收《自立晚報》稿費一千元。

五月十日，函南京大學張憲文，請茅家琦代為安排參觀南大、二檔館等事。

五月十日，下午出席國是會議籌備會諮詢會議，由董世芳、施啟揚、馬英九出面邀請，在聯勤信義俱樂部，討論國會改革、地方制度改革、中央政府體制改革、憲法修訂等問題。

五月十三日，下午應華視視聽中心葉明山之約，於華視「美麗新世紀，泱泱大中華」（朱炎為顧問）系列講「近代中國的興起」。

五月十六日，《臺灣新生報》社長邱勝安聘為該社特約主筆。

五月十六日，蘇雲峰擬具在政大歷史研究所開「中國現代化專題研究」課程，由李國祁、呂實強、王樹槐、張玉法、張朋園、趙中孚、陳存恭、林明德、呂芳上、熊秉真、朱浤源、楊翠華、陳存恭等十三人，每人講一次。

五月十七日，姬田光義自日本中央大學來信，謝在近史所訪問期間的款待，並寄贈新著《中國民主化運動的歷史》一書。

五月十九日，中午至臺大校友會館出席蔣經國基金會特別小組會議。

五月二十一日，二哥來信，謂孝寧寄的一千美元經香港轉匯 7,779 港元已收，作為母親過世之後治喪之款。

五月二十一日，為國科會審查研究獎助申請案六件。

六月一日，為赴廣州開會，旅行社告知已送港簽。

六月一日，華視視聽中心發出通告，六月份由呂實強、蔣永敬、王吉林、李國祁講演，張玉法為顧問。

六月二日，為參加廣州之會，寄稿給黃彥。

六月二日，下午大同黨主席江連興於臺中開會，感於國是會議召開前夕，國民黨固步自封，民進黨另有居心，擬以第三黨身份，監督國事，不參加國是會議。

六月五日，近史所發函各同仁，就同仁研究志趣作調查，如時期、政治、經濟、社會、文化，俾作為分組的參考。

六月六日，函章開沅，告以七月二十九日至八月一日到武漢拜訪。

六月九日，中午出席新聞局召開之「籌拍國歌『歷史篇』諮詢會議」，局長邵玉銘主持，到者黨史會副主委李雲漢、史政編譯局長張昭然、玉法（時任所長）、陳捷先等。

六月十四日，文化大學聘為史學研究所博士班邵銘煌學位論文考試委員。

六月十五日，下午出席中國歷史學會金簡獎評審委員會第二次會議，鄧元忠主持，出席者有呂士朋、李雲漢、蔣永敬、李國祁、管東貴、李守孔等七人。

六月十六、十七日，實中畢業三十五週年，同學六十四人有溪頭之旅，住青年活動中心。參加者有孫法彭、王德毅、巨煥武、王學書、侯志漢、張煥卿、陶英惠、張玉法、滕以魯等。

六月二十五日，國史館寄來審稿費 25,650 元。

六月二十六日，美國 *Republican China* 編者來信，謂擬將發表於《近代中國史研究通訊》中的「中華民國史研究在臺灣」一稿譯成英文，發表於 *Republican China*。

六月二十七日，出席文化大學博士生邵銘煌論文考試。

六月三十日，政大聘為歷史研究所博士班入學評審委員。

六月，本學期（1989.9-1990.6）師大歷史研究所「中國現代史研究」選課生陳正國、朱高影等七人，政大歷史研究所「中國現代史史料分析」選課生馮啟宏、劉龍心等十人。

六月，〈人文教育及其與歷史的關係〉發表於《人文及教育學科教學通訊》一卷一期。

七月三日，蘇雲峰為政大歷史研究所安排「中國現代化專題研究」課程，擬於下學年上半學期安排十三人專題講演，另兩週由學生報告。玉法於十月一日講「中國工業的現代化」。

七月八日，上午出席中國歷史學會會員大會，任近現代史組召集人。

七月八日，河南籍國大代表李士賢過世，享年七十五歲。李自 1968 年主持《中原文獻》，常於參加中國地方文獻學會時碰面，人很祥和。

七月十三日，捐助《新史學》六千元，由黃寬重負責。

七月十三日，下午出席政大歷史研究所博士班入學考試

論文及研究計畫審查委員暨口試委員會議。

七月十七日，與中文在山東探親之後，去武漢、廣州等處，於八月七日自廣州飛海口，經蘇雲峰安排由海南大學文學院長周偉民接待。八日僱車去三亞觀光，當晚回海口，九日回廣州。

七月二十六日，香港大學（校長王賡武）來信，謂原計畫與近史所合辦研討會，因大陸方面尚無具體答覆，決定延期。

七月二十二日，上午中國歷史學會舉行第二十六屆理監事會議，朱匯森召集。

七月三十一日，教育部（部長毛高文）聘為該部人文及社會學科教育指導委員會執行委員。

七月，商務印書館結版稅：一至六月，《中國婦女史論文集》第一、二輯 53 冊，1,861 元。

七月，近史所自七月至次年六月預算：人事費 37,178,000 元，業務費 16,792,000 元，維護費 1,500,000 元，旅運費 3,780,000 元，設備費 5,000,000 元，共 64,250,000 元。另有事務費 982,000 元，房屋建築費 75,350,993 元，資訊設備費 580,000 元。

八月三日至六日，偕中文赴廣東翠亨村參加「孫中山與亞洲國際學術研討會」，提論文「孫中山的歐美經驗對中國革命的影響」。之後遊海南島等地。

八月六日，捐給廣州孫中山基金會（黃彥）一百美元。

八月七日，受聘為國科會人文及社會學科評審委員會委員。

八月十一日至十三日，赴香港參加「近百年中日關係史研討會」，吳天威主持，章開沅亦參加。

八月十六日至十八日，近史所召開「中國現代化研討會」，玉法主持，張朋園執行，祕書呂芳上。籌委有陳三井、王樹槐、呂實強、陳永發等。玉法提論文「近代中國工業發展中的一些問題」，另評小島淑男「辛亥革命時期資產階級和經濟改革的摸索」。國內參加者有于宗先、李國祁、王曾才、呂士朋等，國外學者參加者有 Michael Gasster、Ramon Myers、Mark Elvin、Thomas Metzger、Gibert Rozman、Arif Dirlik、Prasenjit Duara、全寅永、小島淑男、溝口雄三、鈴木智夫等。

八月二十四日，上午出席公共電視台籌備委員會第一次會議，陳奇祿主持。

八月二十七日，下午出席國科會傑出及優等研究獎助費人文及社會學科評審委員會第一次會議。

八月二十七日，*Republican China* 編者 Roger B. Jeans 來信，謂刊於《近代中國史研究通訊》中的〈中華民國史研究在臺灣〉一文，不知譯好未？希望能早日刊於 *Republican China*。

八月二十九日，收《臺灣新生報》〈近代中國史學的困境〉（上）、（下）稿費 6,200 元。

八月，薪俸 100,171 元（包括主管特支 18,100 元，

補七月薪 12,615 元）；十二月，薪俸 87,576 元。

九月一日，患膽囊炎，住中華開放醫院，十日出院。

九月五日，教育部人文及社會學科教育指導委員會主任委員劉真來信，邀於教育廣播電臺作專題講演。

九月七日，中國名人傳記中心將基本資料收入《中華民國現代名人錄》七十九年增訂本。

九月七日，考試院聘為七十九年特種司法考試典試委員，共聘九十員。

九月十日，時玉法生病住院，所長由陳三井代，陶英惠來信勸節勞，並謂王衍豐已與太太分居。

九月十二日，蘇雲峰、謝清俊等四人辭去推動中研院圖書自動化工作，主因院長未給任何名義，推動困難。吳大猷院長照准，日後再議。

九月十四日，下午至自由之家出席七十九年度特種司法人員考試典試委員第一次會議，討論分組命題、閱卷等事宜。

九月十六日，下午出席新聞局金鼎獎初審會議，副局長廖正豪主持，出席者另有徐佳士、李亦園、沈君山、鄭瑞城等。

九月二十日，下午出席中央日報「名家會診新聞界」座談會，時報禁已解除三年，新興報紙如雨後春筍。

九月二十六日，公共電視台籌備委員會通知各委員，已登報徵求本會祕書長人選。

九月二十七日，出席教育部人文及社會學科教育指

導委員會七十九年度第一次諮詢委員會議，劉真主持，出席者吳俊才、高明、張鏡湖、李國祁、玉法等二十四人，制訂六年計畫，推動工作。

九月二十八日，由中部同學蔡敬儀、張冠五、宋汝沛等二十餘人發起，嶧縣中學同學於臺中教師會館為宋東甫校長開百歲紀念會，並出版紀念集。

九月二十九日，清華大學歷史研究所碩士班學科考試，玉法與王樹槐、陳永發為命題委員。

九月，教師節來賀卡者，除師大歷史系以外，朴宣泠、李惠惠、吳淑鳳、朱瑞月等十八人。

九月，近史所由陶英惠主編出版《王世杰日記》，中有「李敖有才華而品性不端」一語，李敖告所長張玉法、院長吳大猷毀謗。至十二月六日，玉法與陶英惠出庭，吳院長為聘許文彬律師。庭訊只十分鐘，律師不發一語，酬五萬元。

十月三日，為臺大歷史研究所博士班學科考試命題二則。

十月四日，政大歷史研究所聘為七十九學年度第一學期碩士班學科考試命題委員。

十月六日，下午 1990 年新聞獎小組會議（小組委員為皇甫河旺、李亦園、張玉法），推薦獲獎者九人，包括新聞評論獎經濟日報楊選堂。

十月九日，近史所考績列甲等，給予兩個月薪俸之獎金。

十月九日，國立歷史博物館舉辦「胡適百年紀念展覽」，受邀於十二月二十九日下午在該館講演，報題為「胡適的學術生涯」。

十月十一日，下午出席國立編譯館召開之國民中學歷史教科用書編審委員會第十八次會議，討論修訂第四冊教科書初稿內容，李國祁主持。

十月十二日，出席國科會傑出及優等研究獎助人文及社會學科評審委員會第二次會議，朱建民主持。

十月十六日及十一月七日，金觀濤、劉青峰自香港來信，謂至港一年，讀了臺灣學者對近代史研究的一些著作，覺得比大陸學者寫得深入。現創刊《二十一世紀》雙月刊，望能為「百年中國」及「二十一世紀展望」專號寫稿。

十一月十三日，立法委員王大任為其子王曉祥競選公視祕書長拉票，時玉法任公視籌備委員。按王曉祥主民視新聞部十年、任駐美新聞參事八年、任駐新加坡副代表一年。

十月十三日，為清華大學歷史研究所研究生資格考試命題。

十月十五日，新加坡國立大學中文系來信，邀請參加「漢學研究之回顧與前瞻國際會議」，回函婉拒。

十月十五日至二十六日，至南海路仰德大樓考選部城區會議廳閱卷，乙等司法官本國歷史考試一小時三十分鐘，凡四題：商鞅變法、漢武帝施政、明清之際科技傳

入、民國二十五年國民會議。

十月十七日，為教育部人文及社會學科教育指導委員會舉辦的專題講演錄音，題目：「人文教育及其與歷史的關係」。

十月二十一日，上午出席新聞局七十九年度金鼎獎（新聞類）複審會議，徐佳士主持。

十月二十二日，鄧汝言自 Arizona 大學來信，謂該校收到近史所寄贈的集刊及《近代中國史研究通訊》，希能補齊。

十月，為《人文及社會學科教學通訊》審稿一篇（謝國興）。

十月，列名教育部「人文學科教育研究委員會委員」、「歷史學科組研究委員」，在此前後多年，參與高、初中歷史教科書的審查等事宜。

十一月四日，上午出席新聞局七十九年金鼎獎作品決審會議，邵玉銘主持。

十一月六日，研究助理廖咸惠留學南加州，來信介紹葉金惠為我的助理。

十一月八日，與商務印書館訂《先秦時代的傳播活動及其對文化與政治的影響》版權約。

十一月九日，為國科會審查六件研究獎助申請案。

十一月十日，下午出席國科會七十九年傑出及優等研究獎助人文及社會學科評審委員會第三次會議。

十一月十六日，為國科會審查研究獎助申請案一件。

十一月十七日，香港中文大學吳倫霓霞來信，擬將我的〈孫中山的歐美經驗對中國革命的影響〉收入其所編《孫中山與世界》。

十一月十八日，下午公共電視台籌備委員會開第二次會議，陳奇祿主委主持，就熊杰（中華書局總經理）、林念生（世界新聞專科學校校長）、王曉祥（行政院新聞局駐紐約新聞處主任）三人中選舉一人，負責籌備公共電視台。

十一月二十三、二十四日，出席中興大學歷史系召開的第三屆史學史研討會，主持第四場會議，由逯耀東、張榮芳報告論文，孫同勛、雷家驥評論。

十一月二十七日，孫英善自加州來信，謂孫立人病逝，在《世界日報》上看到我對孫立人的評論。

十一月，為政大歷史研究所博碩士生學科考試命題、閱卷。碩士班學科考試必讀郭廷以《近代中國史綱》、玉法《中國現代史》和《中國現代政治史論》、李劍農《近百年中國政治史》等六種。

十一月，成功大學石萬壽因引證文字有損黃典權之名譽，黃告上法院，呂實強約我共同從中調停和解。

十二月一日，上午出席蔣經國基金會在葉財記大樓所舉行的七十九年度第一次諮詢會議，審查申請案件，執行長李亦園主持，出席者于宗先、朱堅章、金耀基、徐佳士、張玉法、楊國樞、馬漢寶、林文月等十三人，推薦申請案件的審查人。

十二月一日，前師大史研所學生劉湘王自馬利蘭大學來信，引清初屈大均的詩：「從來天下士，只在布衣中。」

十二月二日，近史所發函各同仁，計畫於明年元月下旬紀念本所成立三十六週年，舉辦全所桌球比賽，分甲、乙、丙三組。

十二月七日，上午出席教育部召開的審查申請該部七十九學年度專攻中國現代史的研究生獎學金事宜會議，申請人有臺大、師大、政大、東海研究生四十九人。計核定獲獎者博士生薛化元、李宇平、劉維開、張力等九人，碩士生王凌霄、薛月順、朱旭華等十二人。

十二月十日，下午出席新聞局舉辦的金鼎獎頒獎典禮。

十二月十一日，朱浤源報告口述歷史各委員，《口述歷史》叢刊第二期訂於 1991 年二月一日發刊。

十二月十二日，實中同學陳麾東來信，提到實中校歌：「駭浪驚濤，寶島迄無恙。」

十二月十三日，中午約實中同學陶英惠、杜惠平、張喻成、張友謙、潘元民、孫鍾坡、楊澍、徐天基來家與孫英善餐敘，事後徐天基寄來多張照片。

十二月十三日，鍾淑敏自東京大學來信，謂正修博士課程，日本老師注重對原始資料的研究，與臺灣不同。

十二月十五日，上午國科會假師大綜合大樓召開第四次全國科學技術會議，討論人文社會與科技發展之相互影響與調和（共分五個中心議題，此其一），由傅佩榮

報告，出席者有文崇一、李國祁、呂實強、張玉法、李亦園、孫震等二十八人。

十二月十五、十六日，政治大學歷史系舉辦「胡適與近代中國研討會」，主持末場綜合討論。

十二月十七日至明年一月六日，國立歷史博物館辦「胡適百年紀念文物展」，並於十二月十五日、二十二日、二十九日安排李又寧、呂實強、張玉法作三場講演。玉法講演的題目是「胡適的學術生涯」。

十二月十八日，為教育部學術審議委員會審查黃進興升等教授的專著《清初政權意識形態之研究》。

十二月二十六日，捐給沙學浚先生基金會獎學金新臺幣一萬元。

十二月二十八日，張朋園經手，委北京耿雲志購買大陸書籍一批，玉法付予人民幣三百元。

十二月二十八日，劉大年來信，邀請參加於 1991 年十月十五日至十九日在武漢舉行的「辛亥革命與近代中國研討會」。至 1991 年三月六日回函參加，擬提論文「辛亥革命與中國民主政治的建立」。

十二月，聯經公司結版稅：一至十二月，《歷史學的新領域》94 冊，1,410 元。

十二月，東華書局結版稅：一至六月，《中國現代史》上 520 冊，《中國現代史》下 291 冊，合訂本 750 冊，共 32,354 元；《中國現代政治史論》148 冊，5,328 元。七至十二月，《中國現代史》上 881 冊，《中國現代史》

下 530 冊，合訂本 981 冊，共 47,200 元；《中國現代政治史論》156 冊，5,616 元。一至十二月，《中國近代現代史》1,916 冊，《中國現代史略》4,932 冊，共 104,519 元。

十二月，商務印書館結版稅：一至六月，《中國婦女史論文集》第一輯 22 冊，564 元；第二輯 31 冊，1,297 元。七至十二月，第一輯 28 冊，718 元；第二輯 29 冊，1,214 元。

十二月，經世書局結版稅：一至十二月，《現代中國史》120 冊，《晚清革命文學》100 冊，共 2,256 元。

十二月，據本月統計：近史所召開的全國性或國際性學術研討會，王聿均時期一次（中國近代維新思想研討會，1978 年），呂實強時期五次（近代中國維新運動研討會，1981 年；辛亥革命史研討會，1982 年；近代中國經濟思想史研討會，1982 年；抗戰前十年國家建設史研討會，1984 年；抗戰建國史研討會，1985 年），玉法時期六次（近代中國區域史研討會，1986 年；清季自強運動研討會，1987 年；近代中國初期歷研討會，1988 年；近代中國農村經濟史研討會，1989 年；中國現代化研討會，1990 年；近代中國科技史研討會，1990 年）。

十二月，據本月統計：近史所中、西、日、韓文藏書 123,886 冊，微捲 11,921 捲，閱讀人數，國內 23,523 人，國外 4,335 人。

十二月，各方來卡賀年及賀聖誕者一百二十二封。

是年，南伊利諾大學教授吳天威在香港中文大學舉行第一屆近百年中日關係史研討會，自臺灣參加者蔣永敬、

李恩涵、玉法等九人，該研討會申請蔣經國基金會資助五千美元。

是年，國民中學歷史教科用書編審委員會成立，李國祁任主委，委員有王仲孚、呂實強、曾祥和、張玉法等二十四人。

1991 年（民國八十年）

　　是年五十七歲，近史所設四個組，卸所長任，陳三井繼為所長，大陸各地研討會多、難以應付，參與行政院二二八研究小組，參與公共電視籌備，費正清病逝，徐炳憲病逝，出版《歷史講演集》，與中文去大陸探親，有台獨學生被捕。

　　一月一日，中國青年反共救國團總團部聘為八十年冬令青年自強活動大專學生臺灣史蹟源流會指導委員。

　　一月三日，廣州市社會科學院來信，邀請參加紀念金田村起義一百四十週年研討會，回函婉拒。

　　一月八日，上午出席師大歷史系召開的沙學浚基金會籌備委員會議。

　　一月八日，員林實中同學陳麾東來信，提到紀念胡適百年誕辰，我曾於十二月十七日在學術活動中心講演，又曾於十二月二十七日在歷史博物館講演。

　　一月十二日，近史所發函各同仁，各組推薦各組組主任人選。時近史所有研究人員五十三人，一般近代史組九人，政治外交史組十七人，社會經濟史組十一人，文化思想史組十六人。

　　一月十二日，上午出席近史所第二十屆集刊編輯委

員會議。

一月十七日，Joseph Needham 自劍橋大學 The Needham Research Institute 來信，表示對熊秉真所寫的醫療史有興趣，望熊能去其研究所訪問。

一月十七日，行政院研究二二八小組成立，委員有陳重光、葉明勳、李雲漢、遲景德、張玉法、何景賢、陳三井、賴澤涵八位，由陳重光、葉明勳任召集人，賴澤涵擔任總主筆。另由賴澤涵、黃富三、許雪姬、吳文星、黃秀政擔任執筆。到次年一月二十二日公布「二二八事件研究報告」。

一月十八日，加州大學 Davis 分校 Don C. Price 來函，邀請參加四月四至七日舉行的「近代中國家族與政治學術研討會」。

一月二十七日，中午二二八小組召集人陳重光、葉明勳假臺視貴賓廳召開小組會議。

一月二十八日，何國隆整理出去年一至十二月《山東文獻》收支。收入：上年移交 344,624 元，榮譽贊助戶 246,930 元，訂費 43,810 元，廣告費 25,000 元，利息 4,074 元，獎助金 5,000 元。支出：印刷費 167,400 元，薪資 60,000 元，郵費 25,203 元，手續費 1,940 元，封套 20,000 元。尚餘 394,895 元。

一月，為國科會審查國內研究獎助專案二件，二月又為審查俄國學者申請案一件。

一月，商務印書館結版稅：去年七至十二月，《中國

婦女史論文集》第一、第二輯共 58 冊，共 1,932 元。

一月，政大聘為歷史研究所碩士班「中國現代史研究」考試委員。

二月一日，五十七歲生日。

二月二日，廖咸惠自加州大學來信，謂我四月要去加州大學開會，將與孝寧聯絡，俾能一聚。

二月四日，回函 Don C. Price，已收到去加州大學開會的機票，並分別轉交劉翠溶、許雪姬、賴惠敏、陳秋坤。

二月五日，上午二二八事件研究小組在臺灣電視公司十二樓開會，召集人陳重光為臺灣電視公司董事長、葉明勳為世界新專董事長。

二月九日，為彰化師範大學學報審查〈文學與政治：革命文學思想的萌芽〉一稿。

二月十四日，下午二二八小組召集人陳重光、葉明勳假國賓大飯店召開小組會議。

二月十五日，二哥來信，謂匯去的一千元美金已收，需存三個月始能領，領到後再分給各家。

二月十九日，澳洲雪梨大學中國研究會（Chinese Studies Association）會長 Mabel Lee 來信，邀請參加 Second Biennial Conference of Chinese Studies Association of Australia 會議，回函婉拒。

二月二十日，北京中國社會科學院近史所長劉大年來信，邀請參加九一八事變六十週年研討會，回函婉拒。

二月二十日，上海復旦大學歷史系主任來信，邀請參

加「城市研究與上海研究國際學術研討會」，回函婉拒。

二月二十五日，上午出席中研院舉行的修改第三期五年發展計畫座談會，吳院長主持。

二月二十七日，李敖創刊《求是報》，每日出版一大張，至八月二十日停刊。該報以「顛倒乾坤」自況，譬如四月二十日該報，倡言男人多搞女人，女人少搞政治；刊出露上兩點的裸體女，題為「一點不露」。

二月二十八日，上午近史所召開「近世家族與政治國際學術研討會」籌備委員會議，已募得新臺幣 496,500元，美金 600 元，玉法捐新臺幣一萬元。

三月一日，下午朱高正假國際會議中心召開中華社會民主黨成立會，寄來邀請函，未觀禮，送花籃一。

三月二日，院長吳大猷函各評議員，就歐美研究所和歐美文化研究所二名稱選擇其一，贊成歐美研究所者四十二票，通過。按中研院於民國六十一年設美國研究中心，至六十三年設所，名美國文化研究所。至民國八十年中研院成立小組，規劃各研究所名稱，玉法主張美國文化研究所名稱不變，李國鼎說：美國只有加油站、麥當勞，沒有文化，而且世界國家甚多，亦不能都設所研究，主張改名歐美研究所。因有評議員通訊投票之舉。

三月四日，上午黨史會主委秦孝儀邀於亞都大飯店商討召開建國八十週年學術討論會事。

三月四日，下午赴來來飯店出席《中央日報》社長石永貴、董事長楚崧秋、副刊主編梅新邀約的全國作家新

春聯誼茶會。

三月五日，中研院函入出境管理局，為我赴加州大學 Davis 分校開會辦理普通護照（與中文同往）。

三月七日，政大聘為歷史研究所碩士班學科考試命題委員。

三月七日，近史所舉辦自強活動，第一天自臺北經嘉義（午餐）至阿里山（夜宿），第二天由阿里山經玉山新中橫段至東埔（夜宿），第三天由東埔經水里回臺北。

三月九日，上午出席蔣經國基金會七十九年度各類補助申請案第二次會議。

三月十一日，上午二二八研究小組召集人陳重光、葉明勳假中信十三樓艾森豪廳召開小組會議。

三月十二日，上午與陳三井、陳存恭等參加國史館召開的全國口述歷史工作會議。

三月十三日，臺大黃俊傑來函，擬將其《中國農村復興聯合委員會口述歷史訪問記錄》交由近史所出版。

三月十六日，徐炳憲胃癌過世，享年五十七歲，玉法草「徐炳憲先生事略」。

三月十八日，政大文學院長王壽南為辦理本年度優良教師覆選，請審查蔣永敬之著作。

三月二十一日，臺大（孫震）聘為歷史研究所博士學位考試委員。

三月二十三日至二十四日，蔣經國學術交流基金會召開國內諮詢委員會民國七十九年第二次會議。

　　三月二十五日，為國科會審查李恩涵《近代中國史事研究論集》獎助案。

　　三月二十五日，李敖告毀謗案宣判：微罪不舉。我不承認有罪，請律師上訴，律師謂李某難纏，不要再惹他。

　　三月二十六日，行政院研究發展考核委員會寄來《社會科學人才名錄》一份，請增訂。

　　三月二十六日，德州大學教授 Thomas J. Bellow 來信，擬在 American Association for Chinese Studies 組織一個討論組，討論中華民國建國八十年，我為其介紹陳永發、朱洪源、黃自進。

　　三月二十六日，徐炳憲之弟徐炳寰等三人自故鄉來信，傷其兄炳憲過世，並謝玉法、潘元民等為炳憲所做的一切。

　　三月二十七日，為交通大學審查升等著作一份。

　　三月二十八日，在華南銀行結匯四千元，作為與中文赴美之用，同時與中文在中央信託局辦因公出差保險。是日與中文赴美，四月九日自美返。

　　四月三日，與熊秉真抵達加州大學 Davis 分校，參加家族與政治會議，劉廣京致開幕詞，玉法致閉幕詞，玉法宣讀論文 "Toward a New Family System: Some Discussions in the Era of the New Cultural Movement"。臺灣學者參加者另有劉翠溶、熊秉真、許雪姬、賴惠敏、陳秋坤。到次年一月，加大與近史所在臺北合開此一會議，玉法仍宣讀此論文，改以中文報告。

　　四月十日，晚應黨史會李雲漢在寧福樓之宴。

四月十三日，上午出席臺灣省文獻會（簡榮聰）在中研院活動中心召開的「臺灣近代史修纂籌備會議」。

四月十六日，晚出席行政院長郝柏村在新聞局舉辦的晚宴。

四月十八日，李雲漢出任代國民黨黨史會主委之職。

四月二十二日，二二八研究小組召集人陳重光、葉明勳假臺視貴賓廳召開小組會議。

四月二十四日，聯經公司結版稅：七十九年下半年，《歷史學的新領域》1,410 元。

四月二十八日，下午中國歷史學會召開第二十七屆會員大會籌備委員第一次會議，玉法主持，出席者李國祁、李雲漢、王曾才、胡春惠等九人。

四月，臺大學生群發表公開信，反對核電，出現學生領袖。自去年三一六學生運動開始，野百合反老國代憲改，接著反郝柏村（以參謀總長為行政院長）軍人干政，都出現不少學生領袖。

四月，近史所薪俸：薪餉 33,210 元，專業補助 35,700 元，主管特支 18,100 元，共 87,010 元。

五月一日，總統李登輝宣佈：動員戡亂時期結束。

五月六日，棗莊市台兒莊區第二人民醫院開具證明，母親於 1990 年三月六日因心臟病病逝於該醫院，享年八十九歲。據此證明，可在臺申請喪葬補助費。

五月七日，政大（張京育）聘為歷史研究所博士班論文口試委員。

五月八日，中研院函入出境管理處，為玉法辦赴美護照，出席第八屆美國中西區華人學術研討會。

五月八日，中興大學教授陳驥以心臟病病逝，享年五十五歲，生前倡海洋主義。

五月十二日，清華大學學生廖偉程涉嫌「台獨會」被補，有同學設法營救，有同學遊行示威、高唱台獨。

五月十六日，臺大歷史系主任徐泓函請審查該系講師林維紅升等著作。

五月十七日，中央公教人員住宅輔建及福利互助委員會核發母親喪葬費三萬一千元。

五月二十三日，韓生辛勝夏來信，擬將我的《中國現代政治史論》譯成韓文，在韓國出版。

五月二十三日，出席近史所研究大樓興建委員會議（陶英惠為主委）。

五月二十五日，收到某升等著作《中國婦女史初探》審查費一千元。

五月二十七日，杜維明函邀參加 1992 年八月二十九日至三十一日在 East-West Center 舉辦的紀念辛亥革命八十週年研討會，回函婉拒。

五月二十七日，上午二二八研究小組召集人陳重光、葉明勳假中信大樓十二樓召開小組會議。

五月二十七日，下午出席臺大歷史研究所博士生陳淑銖論文口試。

五月三十日，以密西根國建學術聯誼會在 Troy 舉行

「民主與中國前途研討會」，玉法於是日自臺北飛舊金山、自舊金山飛底特律（Detroit），住城北 Troy 的 Hilton。六月一日，玉法於會中作主題講演。六月二日離底特律飛波士頓，訪哈佛大學 Philip Kuhn，會王衍豐等。六月四日自波士頓飛紐約，住 Hilton，訪哥倫比亞大學，會 Andrew Nathan、吳章銓、李又寧等。之後於六月六日自紐約飛聖路易（St. Louis, 密蘇里州），參加由中國自由人協會主辦的第八屆美國中西區華人學術研討會，謝文蓀來接。六月七日，William Kirby 午宴。六月八日，於會中作主題講演。六月十日，自聖路易飛洛杉磯。六月十三日，自洛杉磯飛返臺北。

五月三十日，師大（梁尚勇）聘為歷史研究所碩士學位論文口試委員。

六月四日，新聞局長邵玉銘聘為公共電視籌備委員會委員。

六月六日，為國科會審查研究獎助案十二件。

六月七日，亞洲與世界社主任魏萼來信，邀請參加「亞洲發展：印度與中華民國學術研討會」，回函婉拒。

六月十四日，三民書局寄來《歷史講演集》排印校對稿。

六月十五日，民主基金會董事長關中來信，邀請參加「國會民主：中華民國與印度之經驗研討會」，回函婉拒。

六月十五日，近史所研究大樓上樑，與陶英惠（興建主委）共同上香。

　　六月二十日，國史館長朱匯森致函中研院長吳大猷，謂中國歷史學會第二十七屆會員大會於七月十四日在活動中心舉行，由近史所張玉法負責協助，請吳到大會致詞。

　　六月二十一日，中華民國史料研究中心在國立政治大學公企中心舉辦「民國開國人物與政風學術研討會」，由李雲漢主持，主講人有張玉法、李國祁、陸寶千、張存武、胡春惠、遲景德、呂芳上。玉法主講「革命洪流中的地方士紳——辛亥革命前後的譚延闓」。

　　六月二十四日，中午二二八研究小組召集人陳重光、葉明勳假臺視貴賓廳宴小組人員。

　　六月二十四日，臺灣省文獻委員會（簡榮聰）聘為《臺灣近代史》修纂小組顧問。

　　六月二十五日，劉安祺通函，謝為其過九十生日。

　　六月二十五日，上午主持張建俅碩士論文口試。

　　六月二十八日，出席師大歷史研究所張曉芳碩士論文口試。

　　六月，向蔣經國基金會申請召開「近世家族與政治比較歷史國際研討會」有關經費 2,354,000 元。

近史所與美國哥倫比亞大學東亞研究所簽合作計畫

　　七月九日，代表近史所與美國哥倫比亞大學東亞研究所黎安友簽合作計畫，並報院備查。

　　七月十四日，出席中國歷史學會第二十七屆會員大會，由理事長朱匯森主持，吳大猷院長致詞，杜維運講「憂患與史學」。

　　七月十七日，中央研究院函內政部警政署入出境管理局，張玉法於本年八月十七至三十一日去大陸探親，請辦理入出境許可。

　　七月十八日，總辦事處函近史所，張玉法所長第二任期於八月十五日屆滿，聘陳三井為近史所長。

　　七月十九日，二二八研究小組召集人陳重光、葉明勳假中國信託公司三樓召開小組會議。

　　七月二十日，上午出席《臺灣近代史》修纂小組第二次會議，臺灣省文獻委員會主委簡榮聰主持。

　　七月二十三日，劉廣京自加州來信，謂今日接院長

函，聘為近史所諮詢委員會召集人，並謂與許倬雲商，明年院士選舉擬提名我。

七月二十三日，柳麗敏自桃園來信，謂畢業兩年才把論文改好給我，對所研究的梁漱溟在論文考試時僅得八十分很不滿意。自己的母親過世父親沒有再娶，唯一照顧她的姐姐遠嫁美國。脊椎開刀，又發現有癌症，突然覺得這身體屬於自己，特別珍貴。擬赴美留學，希我為寫介紹信。

七月二十五日，上午中研院召開本年度第二次院務會議，玉法及副所長陳三井、組主任許雪姬、魏秀梅、王樹槐、陶英惠參加。

七月，為國科會審查研究獎助案二件。

七月，商務印書館結版稅：一至六月，《中國婦女史論集》第一、二輯共 52 冊，共 1,788 元。

七月，東華書局結一至六月版稅 38,290 元，計賣《中國現代政治史論》187 冊，《中國現代史》上 532 冊、下 342 冊、合訂本 842 冊。

七月，聯經公司結一至六月版稅，《歷史學的新領域》156 冊，3,510 元。

七月，近史所薪餉：薪餉 35,600 元，專業補助費 38,400 元，主管特支費 19,300 元，共 99,300 元。

八月七日，捐中華民國紅十字會五千元賑華中水災。

八月九日，實中同學三十六人組團遊金門，由金門防衛司令官李禎林安排，十一日回。

　　八月九日，列名臺灣省文獻委員會臺灣近代史修纂小
組顧問。

　　八月十二日，中華民國建國八十年研討會在圓山飯店
舉行，由王壽南（政大）、毛高文（教育部）、秦孝儀
（黨史會）、瞿韶華（國史館）共同主持。

建國 80 年研討會

　　八月十四日，張啟雄自東京來信，謂在東京大學見到
溝口雄三時，他說：「交流一號終於到了！」按：前些時
與東大訂立交流協定，由溝口雄三簽字。

八月十六日，近史所長交卸，陳三井繼任所長，吳大猷院長主持。

所長交接

八月十七日，與中文離臺北經香港轉南京至徐州，二哥及張杰來接。回家探親後赴東北旅遊，八月三十一日自青島經香港回臺北。

八月二十八日，日本野澤豐、藤井昇三等來函，邀請參加辛亥革命八十週年研討會，不擬參加。

八月，華中師範大學歷史研究所長章開沅來信，告知於「紀念辛亥革命八十週年研討會」時將舉辦「國內外辛亥革命研究成果展覽」，徵集資料。同月二十五日，該所劉望齡來信，意旨同，並告知與會人員會贈書十多種。又提到臺灣、日本、夏威夷皆舉辦性質相同的會。按武漢之會未能參加，但提論文由劉鳳翰代為宣讀，成果展覽資料則寄去。

九月一日，大嫂來信，謂她們家原為非農戶，1962年下放到農村。1978年實行落實政策，有海外關係者可優先落實，要我給棗莊市委統戰部寫信說明，嗣我據實寫了信，果然得到落實。

九月三日，近史所考績列甲等，給予兩個月薪俸獎金。

九月十九日，下午出席教育部人文及社會學科教育指導委員會國民中學歷史科課程標準修訂第一次全體會議，呂實強主持。

九月二十四日，下午出席公共電視籌備委員會第四次全體委員會議，陳奇祿主持，出席者于宗先、李亦園、邵玉銘、徐佳士、玉法等。

九月三十日，近史所（陳三井）聘為《近代中國史研究通訊》第十三期編輯委員。

九月，薪俸：薪餉35,600元，專業補助費38,400元，水電費60元，實物貸金566元，應扣公教存款4,070元，複印費63元，公保1,121元，互助金62元，扣回房補700元，尚餘64,610元。

十月一日，臺大（孫震）聘為歷史所博士研究生考試委員。

十月二日，下午參加國史館中華民國史專題研討會籌備委員會第一次會議。

十月十日，吳大猷院長在《民生報》發表〈編著一本「中國近代史」芻議〉，提到1983年冬與近代史研究所同仁座談，希望該所同仁能寫一部客觀的「中國近代

史」。時近史所同仁以寫專書為務，對吳院長的建議未太留意。吳院長又找劉廣京院士談此事。劉於十一月八日致函吳，謂「承約撰中國近代史，期許之深令人感激。……明年一月初將來南港參加近史所召開之國際研討會，屆時此事當有決定。」十一月十六日劉先生致函玉法，提出的辦法有三：一為玉法獨撰，二為與陳永發合撰，三為劉、張、陳三人合撰，並要我告之三案中每案約需助理費若干。

十月十一日，國家文藝基金管理委員會（郭為藩）聘為國家文藝獎評審委員，並寄來評審作品及評審資料三件五冊和評審費 12,420 元。

十月十二日，出席蔣經國基金會召開的七十八年度補助單位期中報告評估會議，李亦園主持。

十月二十日，上午中國歷史學會假中正紀念堂文物展視簡報室召開理事會，王壽南主持。

十月二十八日，二二八研究小組召集人陳重光、葉明勳假臺視貴賓廳召開小組會議。

十月二十九日，與臺灣省文獻委員會（簡榮聰）簽合約，撰《臺灣近代史》第四章第二節民主政治的發展。

十月，國防部總政治作戰部來信，邀請參加慶祝建國八十年國慶閱兵典禮，婉拒。

十月，領考績獎金 261,226 元（包括本月薪餉 35,660 元，專業補助費 38,400 元，食物代金 566 元，水電費 60 元，另加任所長時兩月薪餉和主管特支）。

十一月二日，加州大學教授谷蘭美與劉廣京來臺訪問，邀谷蘭美於今日來近史所講演，題目：從變法維新的觀點看俄國傳統與中國傳統。

十一月十日，玉法受約寫了一篇追思 Fairbank 的文章，題名 "A Real Leader Never Passes Away"，表彰其提倡近代史研究之功。

十一月十一日，上午出席高去尋治喪會。

十一月十三日，政大（張京育）聘為歷史研究所碩士生論文指導教授。

十一月十五日，澳洲國立大學遠東歷史系羅惠敏教授來信，感謝十月二十八日的邀請函，但雪梨飛香港的班機，只允其於十二月十七至二十一日在臺北停留五天，仍望能來臺北討論莫理遜日記出版的事。

十一月十五日，上午教育部人文及社會學科教育指導委員會於花蓮縣立花崗國中舉行國民中學歷史學科課程標準修訂第一階段東區座談會，玉法主持。

十一月十六日，出席八十學年度「傑出及優等研究獎助費」人文及社會學科評審委員會第三次會議，李亦園主持。

十一月十六日，李恩涵來函，請於 1992 年一月五日中午為其子柏恒證婚。

十一月十九日，為教育部學術審議委員會評審俞雨娣升教授著作《胡適的外交思想》，給八十一分。

十一月十九日，為國科會審查研究獎助案八件。

　　十一月二十五日，政大歷史系請戴國煇講「自四種回憶錄探討有關二二八問題」，由玉法任講評人。四種回憶錄為近史所出版的《魏火耀先生訪問記錄》、《林衡道先生訪問記錄》以及嚴演存《早年之臺灣》（時報文化公司）和汪彝定《走過關鍵的年代》（商周文化公司）。

　　十一月二十八日，下午出席國民中學用書編纂委員會第二十六次會議，商討第五冊教師手冊初稿之撰寫，李國祁主持。

　　十二月八日，上午出席中國歷史學會第八十一年度全體會員大會工作改進小組第一次會議，王壽南主持，出席者王曾才、呂士朋、李國祁、李雲漢、宋晞、陳三井、張哲郎、蔣永敬等。

　　十二月十四日，下午出席蔣經國基金會八十年度申請案第一次審查會議，李亦園主持。

　　十二月十三日，張瑞德自史丹佛大學來信，談到搜集自傳叢書資料問題。

　　十二月十四日，王曉波在《臺灣立報》發表「落日照巨棒」，強調二十一世紀是亞洲人的世紀。

　　十二月十五日，廖咸惠自加州大學來信，謂功課很緊，又謂遇到葉金惠，已結婚，又謂在我身邊薰陶過的學生，都有出國的可能。

　　十二月二十三日，鍾淑敏自日本來信，謂在日本修課有一特色，即老師和學生共同研究一本書，各提出心得報告，彼此不同。

十二月二十六日，蘇聯解體，一分為十五。

十二月二十七日至二十九日，參加中國文化大學所召開的第二屆國際華學研討會。

十二月二十八日至二十九日，二二八民間研究小組召集人陳永興舉辦二二八學術研討會，未參加，參加者林明德、李永熾、鄭欽仁、陳儀深、戴寶村、李筱峰、張忠棟等。

十二月，為國科會審查研究獎助案二件。

十二月，葉文心自美國來信，提到我與乃父一起開會的事，並謂已獲終身教職。

十二月，山田辰雄來信，謝贈《中國現代政治史論》。

十二月，唐德剛師來信，謝在臺時的款待，並謂已自紐約市立大學退休，轉至哥倫比亞大學作短期研究。

十二月，商務印書館結版稅：一至十二月，《中國婦女史論文集》第一、二輯共 92 冊，共 3,171 元。

十二月，來賀卡者：黃克武（史丹佛）、劉祥光（哥大）、吳翎君、彭明輝、麟蓀（哈佛，大陸生，忘其姓）、邱思鐸（夏威夷）、趙彥賓（加拿大）。

1992 年（民國八十一年）

　　是年五十八歲，參加二二八研究小組，參加中華齊魯文經協會，編印《山東人在臺灣》叢書，與中文隨中華齊魯文經協會訪問山東，近史所與加大合開「近世家族與政治比較歷史國際學術研討會」，參加香港「民族主義與現代中國學術研討會」，當選第十九屆院士。

　　一月一日，葉金惠自洛城來信，謂到洛城已二十天，曾遇廖咸惠。

　　一月三日至五日，近史所與加州大學戴維斯分校歷史系（劉廣京）聯合舉辦「近世家族與政治比較歷史學術研討會」，玉法提論文「新文化運動時期對中國家族問題的討論」（Toward a New Family System: Some Discussions in the Era of the New Cultural Movement, 1915-1923）。外國學者出席者有 G. W. Skinner、Susan Mann、William T. Rowe、M. Bastid-Bruguière、Don C. Price 等。

　　一月八日，所長陳三井聘為近史所研究人員聘任審查委員會委員。

　　一月九日，經世書局馬之驌寄來《現代中國史》年度版稅 1,114 元。

　　一月十七日，潘自蓮自 Berkeley 加大來信，謂擬往東

京及擬回臺灣事。

一月二十三日，孫英善自洛城來信，謂目前在美國留學的中國留學生有回歸熱，實以美國經濟恐慌，到處 lay-off 致之。

一月三十日，上午吉星福文教基金會舉行研究論文第二屆頒獎典禮。

一月二十二日，行政院二二八研究小組提出研究報告，至次年二月二十三日，有蔣渭川的子女提出糾正，謂對其父蔣渭川的敘述不客觀、不公正。

一月，商務印書館結版稅：去年七至十二月，《中國婦女史論文集》第一、二輯共 40 冊，共 1,383 元。

二月一日，五十八歲生日。

二月二日，余運先（中文的表哥）自北京來信，謂北京已接天然氣管道，可燒熱水。

二月十日，二哥來信，謂張杰、張華都是工人戶，但太太都是農業戶，張敏埋怨為何不為他辦工人戶。

二月十九日，因我問二哥，有故鄉人薛傳祥、張福才寄賀年卡，不知何人，二哥來信說：去年我回家，沈主席派台兒莊台辦副主任薛傳祥和科長張福才，一同陪我去泰安。二哥又謂：我以前在香港為張杰買的照相機，因轉戶的事送人了，張杰希望再為他買一台美能達（Minolta）700。

二月二十日，下午山東同鄉聯誼會在臺大校友會館開會，出席者史錫恩、于宗先、李瞻、張玉法、陶英惠、朱

正宗、朱炎、莊惠鼎、李宗正等十六人，討論編印《山東人在臺灣》叢書，並推薦各篇負責人，英惠、玉法負責學術界。後組織《山東人在臺灣》叢書編輯委員會，由孫震任主委，于宗先、史錫恩、李瞻任副主委兼總編輯，實由玉法推動，起草《山東人在臺灣》叢書編輯辦法，設計資料調查表，以中華齊魯文經協會名義，通函各界相關人等填具資料。

二月二十四日，加州大學博士生史瀚波（Brett Sheehan）（Frederick Wakeman、葉文心的學生）研究天津與中國近代化的關係，擬於六至八月來近史所請教。

二月二十八日，受業生范燕秋來信，謂所寫為林家平反的文章自信為真，由於我曾提示「不要淪為家族或政治的工具」，很怕被人拿來作為政治資源。

三月一日，廣東省誌續編籌備委員會聘為資料專輯顧問。

三月一日，邢慕寰自經濟所來信，請代查政府何時退出關貿總協，今欲返回而不可得。

三月八日，中華齊魯文經協會舉行成立大會，選國大代表李正宗為理事長，崔中、于宗先、孫震、李瞻、盧毓鈞、張玉法、趙儒生、巴信誠等二十人為理事，推史錫恩、于宗先、莊惠鼎、李瞻、張玉法、陶英惠、單超為編輯委員會籌組委員，負責草擬編輯委員會組織簡則及具體計畫。

三月十二日，上午國史館召開國內各機構口述歷史

工作會議。當時做口述歷史的機構已有中研院近史所、中研院臺灣史田野研究室、黨史會、史政局、空軍總司令部、臺灣省文獻委員會、臺北市文獻委員會、高雄市文獻委員會、宜蘭縣史館籌備處、國史館。按此類會議由近史所首創。

三月二十八日，政大文學院長王壽南來函，謂政大辦理優良教師獎，提名蔣永敬，寄來其著作請審查。

三月二十九日，國防部總政治作戰部第二處來函，請審查國軍軍事院校政治教育課程教材大綱。

四月五日，出版於廣州的《港臺新書目錄》總八十三期介紹與張瑞德合編的「中國現代自傳叢書」（龍文出版社，創於 1988 年二月，周昆陽辦）。

四月七日，在華視視聽史學專用教室錄製「近年大陸學者對民國史的研究（1950-1992）」，講演綱要為：一、前言，二、唯物史觀的建立，三、險學時期，四、顯學時期，五、結論。

四月三十日，國立編譯館長曾濟群調中央圖書館長，定於五月五日舉行交接禮。

五月一日，自購東華書局出版之《中國現代史》增訂版十冊，5,760 元。

五月四日，妹妹自闞莊來信，謂我託朋友寄一部電視到大哥家，大哥的孩子又把電視送到她家了。五月七日大哥來信，亦提到此事。

五月八日，吳天威自美國來信，謂第二屆近百年中日

關係史研討會由北京中國社科院召開，盼能援第一次會議之例，請蔣經國基金會資助五千美元。

五月九、十日，政大歷史系主辦「黃興與近代中國研討會」，玉法於九日上午報告「黃興與孫中山的關係」。大陸學者參加者有章開沅、張海鵬、姜義華、尚明軒、林增平、李喜所。出資人為黃興的女婿薛君度。大陸地區學者第一次有人來臺參加會議。

五月十九日，去內政部警政署入出境管理局，填寫「臺灣地區人民赴大陸地區登記表」，包括姓名、籍貫、身分證號碼、出生年月日、學歷、現職、探親對象、地址、前次入出境日期（1991.8.17-8.31）及此次入出境日期（1992.7.19-8.6）。

五月二十五日，韓國漢城大學亞洲歷史系閔斗基來信，擬於八月十三日在在中國現代史研究會安排一場座談會，請告知抵漢城的時間及班機號碼。

五月，中華齊魯文經協會推動編印「山東人在臺灣叢書」，成立學術編纂小組，小組委員為張玉法、陶英惠、于宗先、周延鑫、韓光渭，玉法為聯絡人。

六月十二日，銘傳管理學院院長包德明來函，請審查該院教師李哲賢的獎助著作《章炳麟及其在學術與政治間抉擇之兩難》。

六月十六日，香港入出境證加簽，效期至九月十六日。

六月，辦中國大陸入出境證與中文皆為 1992.6.6-1997.6.6。

　　六月十七日，政大學術發展基金會張京育函謝捐款二千元。

　　七月五日，由劉廣京、全漢昇等院士提名，於第二十一次院士會議當選第十九屆院士，於三十票中得二十一票，超過三分之二。同屆當選之人文組院士者另有王士元、王賡武、方聞、張灝。

當選第十九屆院士

　　七月十九日，近史所長陳三井與四川大學戴執禮訂立《四川保路運動史料彙報》出版合約。

　　七月十九日，與中文去大陸，八月六日回。

　　七月二十日，陶英惠傳真給濟南天龍光電通訊公司李實馨，告知玉法當選院士事，並告知玉法於七月十九日與太太先到南京，二十日到濟南，下榻南郊賓館，與齊魯文經協會（于宗先領隊）會合。今收到兩封友人代他安排到東北旅遊之行程函件，請轉交。因未傳到，次日英惠又

傳真給濟南陳希悅（山東臺辦）。

七月二十二日，上午齊魯文經協會文教科技訪問團訪問山東大學，由副校長喬幼梅等接待。該校有學生五千人。九十多年來畢業四萬多人，共有二十一個系，藏書二百萬冊。

七月，商務印書館結版稅：《中國婦女史論文集》第一、二輯共 106 冊，共 3,545 元。

七月，偕中文與大哥、二哥會於濟南，並隨齊魯文經協會至山東各地訪問。

七月，向近史所提出的八十年度研究計畫是：「中國工業化的區域研究：山東省（1916-1937）」。

八月三日，吳天威自美國函賀當選院士，並為第二屆近百年中日關係研討會募款。至九月十九日，玉法捐給五百美元。

八月六日至八日，國史館舉行「中華民國史專題第一屆研討會」，提論文「國民政府時期山東的行政督察專員（1928-1935）」。此會之籌備委員為瞿韶華（館長）、王壽南、宋晞、李雲漢、玉法等。

八月十五日，民族研究所長莊英章函邀參加「企業組織、社會關係與文化慣行：華人社會的比較研究」研討會，回函婉拒。

九月二日，Guy Alitto 自芝加哥大學來信，自我介紹，並謂擬寫中國學者對中國近代史的研究，請提供個人資料。

九月八日，吉林文史出版社王桂蘭（遊吉林時認識）

來信，謂欲買的書已找齊，只缺《中國近代軍閥人物誌》。

九月十二日，《聯合報》副刊陳義芝來信，為特闢之專欄約稿，每篇八百字，付簽名及照片。

九月十六日，大哥來信，提到為父母修墳的問題，雖然政府規定人死後實行火化，不准用棺木埋葬，骨灰在指定地點深埋，不准立墳頭，但仍要努力爭取。

九月二十五日，自吉林寄出中國大陸出版品十九包，包括蔡杏芬者十三本、韓靜蘭者十一本、倪心正者三十本，至十月一日至臺灣，為新聞局查扣。經交涉，至十月二十日領回。

九月，教師節來賀卡者，除政大歷史學會、師大史研所外，有林桶法、韓靜蘭、朱瑞月等十四人。

十月二日，中華齊魯文經協會開第四次例會，崔中報告工商團訪問山東的情形：十八人團，六月二十日至七月三日，訪問濟南、淄博、煙台、青島、威海。山東的生產，農業全國第一，工業全國第二。于宗先報告文教團訪問山東的情形：二十餘人參加，七月二十日至二十九日，訪問濟南、濰坊、煙台、威海、青島，以訪問各大學為主。玉法偕中文參加。

十月三日，近史所上年度考績列甲等，給予兩個月薪津之獎金。

十月十八日，澳門中山學會來信，邀請參加「東西文化交流國際學術研討會」，回函婉拒。

十月二十三日，吳天威自伊利諾來信，謂 1989 年六月

日本侵華研究會成立，舉辦第一屆近百年中日關係史研討會，承蒙提論文支持，今又捐款美金 500 元，至為感謝。

十一月五日，孫英善來信，謂十二月二十五日將來臺灣，並提到讀《劉安祺先生訪問記錄》之樂。

十一月十一日，楊選堂來信，謂我對《中國論壇》於十月六日停刊多所勉慰，並嫌許多知識份子缺乏獨立性和抗壓性。

十一月十二日至十三日，中華會（馬起華）於中央圖書館舉辦「兩岸關係學術研討會」，參加者有陶百川、朱堅章、傅宗懋、趙春山等，玉法受邀未參加。

十一月十四日，中華齊魯文經協會假聯勤信義俱樂部召開第二次理監事會，討論在煙台建一綜合大樓，並編纂《山東人在臺灣叢書》。

十一月三十日，函北京聞少華，謂近年大陸各省學者在臺灣出版書籍者多，吳廷嘉女士的史學論文集，僅有目錄無法考量，必全稿寄來，始能考量書局是否接受。

十一月，參加聯合報文化基金會舉辦的「當前國內的文化發展與展望研討會」，事後主辦單位寄贈照片若干張。

十一月，山東大學歷史系來函，邀請參加明年四月八日至十四日在台兒莊舉行的「紀念台兒莊大戰五十五週年討論會」及台兒莊大戰紀念館落成典禮。

十二月三日，孫英善來信，謂收到寄贈的《近代中國工業發展史》、《中國人的性格》等書。

十二月五日，黃自進自史丹佛大學來信，告知研究心得：對西方學界以人類學的角度研究歷史覺得很新穎；西方人對日本的研究也很出色；美國的經濟在衰退中，官僚作風也很嚴重。

十二月七日，金發根自香港大學中文系來信，賀當選院士，並謂我接受記者訪談的一句話尤具深義：「我們研究近代史的，有許多應該當選院士的。」又謂明年八月在香港舉行的第三十四屆「亞洲與北美研討會」，希能協助組一「民國之整合（1927-1937）」討論組。

十二月七日，政大新聞系《大臺北報導》記者張雅惠來信謝受訪。

十二月七日，陸軍官校張延中來信，謂寫升講師論文時曾蒙指導，寫了劉銘傳，現在要升副教授，請告知題目及資料（謝秀文介紹）。

十二月十一日，志遠旅行社開收據：香港簽證兩年多次 2,500 元，保險五天 282 元，機票港臺 8,800 元。

十二月十二日，中山文教基金會（劉真）於《中央日報》創闢「中山學術論壇」，今為創刊號，載吳大猷、謝東閔、沈清松等人的論文。

十二月十五日，中華齊魯文經協會（李宗正）寄來收據，捐款六千元，為山東各大學獎學金。

十二月十七日，為胡適一百零二歲誕辰講演。

十二月二十一日至二十三日，參加香港中文大學中國文化研究所舉辦的「民族主義與現代中國研討會」，宣讀

論文「帝國主義、民族主義與國際主義在中國近代史上的角色」。

十二月二十四日，近史所所務會議否決陳儀深續聘案。

十二月二十五日，與中文陪孝寧作環島之旅，二十七日回。

十二月二十八日，淡江大學學術審查委員會來函，催繳審查之件。

十二月，商務印書館結版稅：《中國婦女史論文集》，上半年，第一輯 55 冊，1,411 元；第二輯 51 冊，2,134 元。下半年，第一輯 16 冊，410 元；第二輯 32 冊，1,399 元；第一、二輯三套，142 元。

十二月，各方來卡賀年及聖誕節者一百七十六封。

1993 年（民國八十二年）

　　是年五十九歲，赴廈門大學參加「中國傳學初探座談會」，赴棗莊參加台兒莊大戰五十五週年研討會，澗頭集旅臺校友於澗頭小學設獎學金，校訂「中國歷史人物」套書三十二冊，辭公共電視籌備委員，為父母修墳。

　　一月五日，經世書局馬之驌來信，謂《現代中國史》銷路不佳，主因開學之際人在北京，未能去各學校推銷。

　　一月六日，徐乃力自 New Brunswick 來信，賀當選院士。

　　一月六日，晚政大歷史研究所長張哲郎假滿福樓宴所內師長。

　　一月六日，陳正國自清華大學碩士班來信，謂考上教育部公費留英，擬請寫推薦信申請學校，並謂曾在師大歷史研究所修習「中國現代史研究」，上學期 87 分，下學期 90 分。

　　一月七日，近史所部分同仁對陳儀深案表關切，發聯署書要求同仁設法補救。

　　一月十日，吳天威自北京來信，謂張瑞芳教授邀來北京舉辦第二屆近百年中日關係研討會（一月四日至七日由北京中國社科院辦），所捐美金五百元已交給大會。預計

第三屆在東京，第四屆在臺北，第五屆在紐約。

一月十日，何炳棣自美國艾爾灣加大來信，索近史所集刊和蘇雲峰的清華大學一書。

一月十二日，臺灣省文獻委員會主委簡榮聰為協助編寫《臺灣近代史》，寄來年禮。

一月十三日，民間畫家王松江自臺中潭子鄉來函，對其畫賣不出去，甚表激憤。

一月二十二日，孫英善自美國來信，謂此次回臺北，謝邀實中校友三十餘人在家聚會。

一月二十七日，史錫恩自司法院來信，邀參加二月二十日上午在臺大校友聯誼社的座談會，討論「山東人在臺灣叢書」編輯問題。

一月二十九日，余也魯自香港來信，感謝應允參加廈門大學舉辦的「中國傳學的初探座談會」，此會已得國家教委和國務院的批准。

一月三十一日，余敏玲自英倫來信，談到英國通貨膨脹嚴重。

一月，商務印書館結版稅：去年七至十二月，《中國婦女史論文集》第一、二輯共 54 冊，共 2,791 元。

二月一日，五十九歲生日。

二月一日，中文自松山商職退休。

二月一日，廖咸惠自洛杉磯加大來信，談回國時同學與師生相聚之樂，比美國的同學、師生有人情味。

二月一日，韓生姜文求來信，謂擬申請南京大學、

復旦大學博士班，請寫推薦信。

二月五日，下午出席國科會人文及社會學科諮詢委員會第七十九次會議，討論研究計畫申請案，孫震主持。

二月九日，韋慕庭師來信賀當選院士，並告知其回憶錄撰寫的情形。

二月十六日，陳三井轉來臺灣省文獻委員會會議資料，謂全國口述歷史工作會議（按為玉法任所長時倡辦，由各機關輪流報告該機關口述歷史進行的情形），多為各機關從事口述歷史的工作報告，下次口述歷史會議擬請玉法作專題講演（五月），嗣即以「新聞與歷史」為題函告。

二月十八日，郵購中華電視公司製作的「華夏萬里」節目，共七卷二十六集，因曾協助其製作此節目，僅收材料費八百四十元。

二月二十一日，北京近史所長王慶成來函，邀於1993 年內至該所訪問兩週。

二月二十三日，韓生金勝夏譯《現代中國政治史論》，據說印一千本，尚未賣完。

二月二十四日，太平洋文化基金會張豫生來信，李曉林以 "Chinese Women in the Military" 為題，申請研究獎助，請審查。

二月二十六日，中興大學歷史系來函，謝為審查《興大歷史學報》第三期稿，次日又來信，謝為該期賜稿。

二月，〈民族主義在國民黨歷史中的角色〉發表於

《二十一世紀》雙月刊。

二月，廈門大學新聞傳播系來函，邀請參加於五月二日至八日在該系舉辦的「中國傳統文化中『傳』的探索座談會」。

三月二日，陳正國自臺北來信，請寫申請英國大學推薦信，並附擬稿。

三月八日，王衍豐自 Penacook, N. H. 來信，賀中文退休，並謂自己常向《聯合報》副刊投稿。

三月九日，赴香港開會，十四日回。

三月十三日，前中興大學校長劉道元來信，同意將其回憶錄列為山東文獻社的自傳叢書。

三月十六日，函北京近史所長王慶成，謝邀請至該所訪問兩週，擬與內人於於四月十六日抵北京，二十八日離開。

三月十六日，呈近史所長陳：擬於 1993 年四月六日至五月六日前往大陸地區參加學術會議，預計四月八日至十四日參加山東大學舉辦的「紀念台兒莊大戰五十五週年國際學術研討會」，四月十五日至二十八日至北京近史所訪問兩週，五月二日至六日參加廈門大學新聞傳播系召開之「中國傳統文化中『傳』的探索座談會」。

三月十六日，港澳協會來函，感謝前在香港舉辦的文化中國展望研討會之發言。

三月二十一日，二哥來信，告知為父母修墳工程可於三月二十五日全部完工。

　　三月二十四日，葉文心自加州大學柏克萊校區來信，擬於十月八日至十日在 Monterey 召開「二十世紀前半期的中國研討會」，希能參加。

　　三月二十六日，陳慈玉自日本來信，謂鍾淑敏在日本外交文書蒐集到一批臺灣籍民（臺灣人加入日籍者）資料，她的博士生何思眯近去日，有事可託她。又謂馬若孟近憂台獨，怕影響臺灣的民主和安定。

　　三月二十七日，香港入出境證加簽，效期至六月二十七日。

　　三月三十日，院長吳大猷寄來選票，選舉評議員。

　　三月三十日，廖咸惠自加大來信，報告修課情形，並謂擬研究宋朝民間宗教。

　　四月一日，山西大學邀請參加「張學良、楊虎城、閻錫山學術研討會」，回函婉拒。

　　四月二日，華視觀眾顏沛霈自臺北來信，謂昨在「追追追」節目中知我之名，請教廢除不平等條約等問題。

　　四月四日，淡江大學大眾傳播系張煦華來信，謂可否把在教育廣播電台播講的「民族主義之政治、經濟及文化觀」一稿影印寄下，讓學生閱讀。時玉法不在國內，英惠找不到該文，未覆。

　　四月六日，與中文、孝寧、孝威飛濟南，晚山東大學歷史系李德征謂山大擬聘為客座教授，由潘校長出面簽約。答以回臺與吳大猷院長備案後再覆（回臺之後吳院長謂聘書可受，但恐有人攻訐，遂作罷）。在山大時，與歷

史系的孔令仁、路遙、呂偉俊等見面。

四月七日，亞洲與世界社魏萼來郵，謂北京中國社科院副院長劉光國等十人（多為經濟學者）來臺，訂於四月二十六日假臺大校友會館舉行第三屆兩岸關係新形勢研討會，討論市場經濟（即自由經濟）與經濟發展，冀能以臺灣的自由經濟改變大陸。

四月八日，偕中文、孝寧、孝威自濟南回老家，參加台兒莊大戰五十五週年學術研討會，宣讀論文「臺灣學者對台兒莊戰役的研究」。

四月十三日，父母新墳落成，與大家族人同祭祖。

四月十六日，臺灣省文獻委員會簡榮聰來信，謝允於六月二日在全國口述歷史工作會議上作專題講演。

四月十九日，陳正國自臺北來信，謂正申請英國牛津大學的亞非學院。

四月二十三日，Cornell 大學博士生陸延來信請教，擬研究「中國人的日本觀，1895-1945：以蔣百里、戴季陶、周作人、郭沫若為研究對象」（熊秉真建議他寫信給我）。

五月十日，《二十一世紀》雙月刊社來信，謝將〈民族主義在國民黨歷史上的角色〉稿費捐給該刊（一百美元）。

五月十日，金觀濤、劉青峰自香港中文大學來 FAX，高興能為他們審閱書稿，八月寄還即可。

五月十六日，Melbourne 大學碩士周邦慧來信，求為研究助理職，頗自誇，回函請正式申請。

　　五月十九日，新聞局長胡志強來函，准辭公共電視籌備委員。

　　五月十九日，徐天基自頭份來信，謂五月六日我與中文自大陸返臺，帶給其弟的四百美元已收。

　　五月二十一日，桂冠圖書公司賴阿勝假臺大校友會館召開「當代思潮叢書」出版事宜座談會，出席者楊國樞、徐佳士、韋政通、文崇一、于宗先等二十七人。該叢書由久大、桂冠合作出版，已出五十多冊，書稿多由大陸學者翻譯。玉法建議分組討論，加入年輕編委。

　　五月二十八日，陳正國寄來申請英國各大學推薦函，請簽名寄回。

　　五月三十一日，中午吳大猷院長於活動中心宴張學良，擬為做口述歷史，陪者梁肅戎、劉紹唐、唐德剛、張捷遷（院士）、劉廣京、陳三井、王聿均、玉法。

　　六月一日，二哥來信，謂收到「澗頭小學旅臺校友會章程」和「設置澗頭小學獎學金辦法」，建議獎學金也能獎助幾位優良教師。又謂張孝全改為工人戶已辦妥。

　　六月二日，於臺灣省文獻委員會主辦的八十二年度第三次全國口述歷史工作會議講「新聞與口述歷史」，國史館長瞿韶華主持。

　　六月三日，哥倫比亞大學校友會寄來選票，選舉下屆理監事。

　　六月五日，中國歷史學會假劍潭青年活動中心舉辦「全國大專學校中國歷史教學研討會」。

六月七日，熊秉真自波士頓來信，感謝對其研究的支持，並謂美國的新課題流行病學、人口學、衛生保健等也許對歷史的研究有新啟發。

六月十二日，大哥來信，謂為父母修墳墓，約需款七千餘元。

六月十日，陳儀深致函所內同仁，感謝讓其延聘一年。

六月十八日，下午齊魯文經協會第三次理監事會議在聯勤信義俱樂部舉行，李宗正主持。到者李瞻、于宗先、陳希昭、趙儒生、玉法等十人，討論組團訪問山東以及在煙台蓋文經大樓事。

六月二十日，二哥來信，謂為父母修墳，共提 2,300 美元，合人民幣 18,037 元，實支 16,983 元，尚餘 1,054 元。家庭基金尚餘 4,300 美元。關於澗頭小學設獎學金事，正在研究。

六月二十日，陳正國自臺北來信，謂正申請 Sussex、Edinburgh、Kent、Cambridge 四所大學。

六月二十三日，李雲漢來函，謂蔣復璁死後，並未留下什麼資料。又告知：十一月舉辦曾國藩學術研討會，秦孝儀擬請余英時和我主講。

六月二十四日，邵玉銘自費城 Foreign Policy Research Institute 來信，寄來司徒雷登一書，謂回臺後再晤。

六月二十四日，何炳棣自中研院社科所來信，謂前晚餐敘甚樂，並告知一些養生維他命。

六月二十五日，李朝津自美國 Oregon State University

來信，謂博論於七月中旬答辯，尚未在臺申請教職，暫在此任客座半年。

六月二十五日，廖咸惠自加大來信，謂如需什麼資料通知一下。又謂做了三年研究助理，下學年做助教，甚樂。

六月，孝威自中央大學天文物理系畢業。

七月十三日，交通大學校長鄧啟福來函，請推薦該校文學院長等職人選，推薦余英時、丁邦新為院長人選。至十一月五日回函致謝。

七月十五日，下午國史館長瞿韶華假福華飯店召開社會志第一次編輯會議，由玉法主持。

七月十九日，國史館召開「中華民國史專題第二屆研討會」第三次籌備委員會議，到者宋晞、王壽南、李雲漢、蔣永敬、陳三井、劉鳳翰、玉法等，館長瞿韶華主持。

七月二十五日，陳慈玉自日本來信，寄來對鈴木智夫《洋務運動的研究》的書評。

七月二十七日，孫英善自美來信，謂被選為第十四屆全國代表大會海外代表，預計八月十二日赴臺，二十二日回美。不少中央委員來信預約飯局。

七月二十七日，國史館寄來社會志編纂委員會第一次會議記錄及編委名單，並新聘沈清松、熊秉真、江東亮為委員。

七月二十九日，金觀濤、劉青峰自香港中文大學來

信，謂已收到校閱之書稿，該書稿陳方正所長亦在審閱。

七月，商務印書館結版稅：一至六月，《中國婦女史論文集》第一、二輯共 158 冊，共 9,609 元。

七月，張建俅來信，謂與吳怡萍等四人於八月二十日抵上海，二十六日抵南京。致函二檔館馬振犢，請為他們代訂鍾山賓館。

八月三日，下午華視視聽中心（葉明山）舉辦「甲午戰爭百年活動」座談會，主談者蔣永敬、李雲漢、李國祁、王家儉、黃秀政、張玉法。座談綱要：一、甲午戰爭的起因，二、甲午戰爭對臺灣的影響，三、甲午戰爭引發孫中山的革命運動和改進思潮。

八月九日，故宮博物院長秦孝儀來信，約於十一月二十日曾國藩逝世雙甲子之辰，赴故宮講「曾國藩先生之事功」。

八月十二日，黃頌康自比利時來信，讚所編《中國現代史論文集》客觀公正，謂近撰《五四遺產與中國民主進程》書稿，望能在臺灣出版。按黃原為北京社會科學院歷史研究所研究員，1989 年民運後留居比利時。

八月十九日，宋晞師（中國歷史學會理事長）自文化大學來信，謝允任二十九屆年會近現代史組召集人，並已代為約妥四位論文報告人。回函謝辭。

八月二十四日，行政院聘為人文及社會科學評審委員會委員。

八月三十日，二哥來信，謂已將潤頭小學獎學金一

千二百美元交給鎮財政所。又談到修家史的事，原則上自祖父母寫起，寫祖父母一家、父母一家、大哥一家、二哥一家、我一家。

八月二十七日、九月五日、十月八日、十月二十六日、十一月三日，陳正國先後來信，談為寫介紹信申請英國各大學的事，十一月三日的信謂已收到 Sussex、Kent 的入學許可。

八月，近史所聘王樹槐、陶英惠、玉法等十人為籌備慶祝近史所成立四十週年委員。

九月一日，國科會召開八十二學年度傑出及優等研究獎助費評審委員會第一次會議，參加者有李國祁、孫同勛、楊國樞、朱堅章、袁頌西、文崇一、馬漢寶、玉法等二十八人。

九月六日，吳大猷院長發通函，定於民國八十三年七月四日至七日舉行第二十一次院士會議，並於七月三日下午歡宴全體院士及本院評議員。

九月八日，陳正國來信，謂申請四所英國大學，三所落空，劍橋也不樂觀，擬推遲一年出國。

九月九日，國史館在中央圖書館舉行中華民國史專題第二屆討論會，近史所提論文者有玉法等八人。

九月十日，致函大連民族學院關杰，謂此間中華電視台擬為甲午戰爭百年製作節目，受聘為顧問，擬赴東北各地拍攝鏡頭，請與有關機構聯繫，予以協助。

九月十二日，吳天威自美國來信，謂第三屆中日關

係史研討會在日本召開有困難，擬移臺北召開。

九月十三日，國科會寄來八十二年度審查費。

九月十四日，教育部人文及社會學科教育指導委員會開第一次會議，討論高中課程標準（歷史、世界文化史）修訂，到者呂實強、王曾才、王壽南、張玉法等，由呂實強主持。

九月十五日，呈近史所長陳：擬於 1993 年十月七日赴舊金山，參加加州大學柏克萊校區東亞研究所舉辦的 Power, Culture, and Society: New Perspectives on China in the First Half of the Twentieth Century 會議，會後赴洛杉磯探親訪友，十月六日返所。實際行程，十月七日自臺北抵舊金山，十月十日離開 Monterey 到洛杉磯，十月十五日離洛杉磯，次日抵臺北。

九月十七日，吳嘉勛自美國來函，詢及《清季的立憲團體》之參與成員幾均為男性，有無女性？並謂日後再來信請教《清季的革命團體》中的問題。

九月二十日，回函（普大）中國民主人權基金會柴玲（去年來臺北，曾在劉紹唐的宴會上會面），捐美金二百元，回函寄贈簽名照一張。

九月二十一日，王廣沛（在喬治亞開餐館）捐三百美元給《山東文獻》。

九月二十一日，陳秋坤自哈佛大學來信，謂來美前已將專刊稿交陸寶千審查。

九月二十三日，上午近史所召開所務會議，玉法等

三十三人參加，李達嘉等八人列席，陳三井主持。

九月二十四日，華視萬美華來郵，要求約時訪談「四十年來家國」節目。主題：一、從現代史的觀點談蔣總統的歷史定位，二、蔣總統建設臺灣的理念與期待。

九月二十四日，下午中華民國史社會志第二次編審會議假福華飯店舉行，玉法為召集人，到者李國祁、呂實強、朱浤源、張瑞德、游鑑明、熊秉真、劉翠溶、賴澤涵等十二人。

九月二十五日，臺北曉園出版社寄來北京教育學院徐錫祺所著《西周至西漢曆譜》。

九月二十七日，近史所長陳三井向同仁發函三封：一、為慶祝近史所成立四十週年（1995.2.1），擬出版《攜手走過的歲月——我與近史所》。二、為慶祝近史所成立四十週年，擬出版《郭廷以書信選》。三、1994年一月十二日，為郭先生九十冥誕，徵論文。

九月二十七日，中華書局董事長熊杰來函，謝出席中華書局重新開幕。

九月二十八日，臺北萬象圖書公司來信，謝校訂《中國歷史人物》套書三十二冊，並贈書一套。

九月二十八日，孫鍾城自臺中太平鄉來信，謂現開辦文教中心（中學補習班），原擬打電報賀當選院士，電信局已不承辦此項業務，只好用 FAX。

九月二十八日，王凌霄自美國賓州 State College 來賀片，附言：老師要班上每位同學寫出研究方向，凌霄

曰：論文的基礎將建立在政府即將解密的檔案上。師批在
frame work。凌霄曰：不看資料怎能先架構。最後仍謝我
的指導方向。

九月，師大歷史研究所選修「中國現代史研究」的
學生有歐素瑛、鍾豔攸、趙淑萍等七人。

九月，近史所排出研究同仁學術報告順序，共五十
三人，玉法排名第三十六。

九月，來卡賀教師節者：朴宣泠（韓生）、廖咸惠、
施曼華、林蘭芳、張馥、盧國慶、吳宗禮、賴盟騏、林
秋敏、胡興梅、王孟梅、萬麗鵑、喻性森、陳逢申、彭
明華、陳儀深、王華昌、陳淑娟（政大）、王凌霄、吳
蕙芳、吳淑鳳、陳進金、劉龍心、師大歷史學會、政大
歷史所。

十月五日，近史所考績列甲等，給予兩個月薪餉之
獎金。

十月十一日，金觀濤、劉青峰來信，謂在研討會上
遇到李亦園、文崇一，望能於明年二月間至近史所訪問，
一則向學術界宣傳一下《二十一世紀》雙月刊，一則介紹
一下二人合著的《開放中的變遷》，並徵求意見。

十月十二日，吳天威自美國來函，並附致劉大年函，
謂第三屆中日關係史研討會在日本召開受阻，決定移臺北
開，由近史所主辦，政大歷史系合辦。

十月十八日，孫學理自屏東師院來信，謂朱浤源新至
師院任系主任，勸其前往近史所進修（按：外界每以中研

院為大學的研究部門），望玉其成。

十月十九日，馬之驌自美國來信，提到為其《雷蔣》一書寫序的事。

十月十九日，總統府祕書長蔣彥士來信，請於十月三十一日總統誕辰至總統府講演三十分鐘，談蔣對臺灣的貢獻。

十月二十日，柏楊來信，自謂是「土法鍊鋼的小鋪工匠」。

十月二十二日，表姪馬先迎自前馬家來信，謂擬買小型手扶機種地，需五千人民幣。嗣寄去美金九百元，可換人民幣七千八百元。到 1994 年元月十六日，其子馬志成來信，謂其父於元月六日因胃穿孔病逝於賈汪人民醫院，花掉四千餘元。到 1996 年八月二十四日，馬志成又來信，謂父死後母親帶著五個孩子太苦，於今年三月上吊自殺。

十月二十三日，朱昌崚自俄亥俄州立大學來信，謂無法參加近史所主辦的清季自強運動研討會，正在寫一本《李鴻章與中國早期現代化》的書。

十月二十九日，John Isreal 自 Virginia 大學來信，請為介紹一位前近代中國史的教授人選。

十月二十九日，《聯合晚報》記者簡余晏來郵，為十月三十一日約稿，談蔣介石的功過，並提示要偏重在「過」的一方面：一、中日和約不求償，二、不如蔣經國民主，三、不如蔣經國開放探親。

十月三十一日，在總統府中樞紀念先總統蔣公誕辰講：「革命家的理想與風範——紀念先總統蔣中正先生一百晉七誕辰」，時總統李登輝、總統府祕書長蔣彥士等皆在場。事後李惠惠（臺視記者）告訴我，他曾問李對我的講演有什麼觀感，李曰：「學者嗎！」

十一月四日，王壽南來函，為陝西西北大學編印《中國當代歷史學者辭典》徵稿。

十一月五日，丘為君自東海大學來信，對時事多所感慨，並謂開外系的「中國現代史」，用我的書，學生有二百三十人。

十一月十八日，黃頌康自比利時來信，謂草成「《中國之命運》在美國」一文，望能推薦給《中央日報》發表，勿注「大陸學者，現居比利時」，並用「史東遊」為筆名，以免連累大陸親友。至 1994 年三月三日來信，謝告知前文已在《中央日報》發表，現擬寫費正清對中國史的研究。

十一月十九日，陳秋坤自哈佛大學來信，謂近史所通過其專刊可出版，鬆了一口氣。

十一月二十七日，國科會來函，要求審查傑出及優等研究獎助費提名案四件。

十一月二十七日，孫英善自美國來信，提到我在總統府的講演，並告知十二月中旬再來臺北。

十一月二十八日，廖咸惠自加州大學來信，報告生活與功課，並寄來上次去美國的合照四張。

十一月三十日，中央研究院總辦事處致函近史所，國史館寄來陳三井、張玉法、劉鳳翰兼職人員每人每月三千元。

十二月一日，劉廣京自夏威夷大學來信，謂計畫明年三月左右寫好近代史晚清部份，以不負吳院長之望。選院士事望與張灝主持之，仍願任近史所諮詢委員。

十二月一日，王曉波以「兩岸直航促進聯盟」的名義，寄發為「直航餐會」致社會各界人士的一封公開信。

十二月十日，鄭亦芳自中山大學來信，告知中山大學山東籍的教授及職員姓名，作為編印《山東人在臺灣》徵集資料之用。

十二月十二日，郭李心顏師母自北京來信，謂北京近史所王慶成擬介紹書商出版郭先生的《近代中國史綱》。記得前經我聯絡，已授權臺北曉園書局，不知如何處理。十二月二十日，郭師母又來信，謂曉園書局已獲香港大學同意在臺北出版，未提允大陸出版之事。

十二月十五日，寄發通函，為《山東人在臺灣叢書》徵集個人資料。

十二月二十三日，國科會來函，要求審查中山大學共同科之「曾國藩幕府研究」專題計畫。

十二月二十三日，下午教育部人文及社會學科教育指導委員會召開「認識臺灣課程標準修訂（歷史篇）第一次全體委員會議」，黃秀政召集，出席者呂實強、張玉法、李國祁、李筱峰等十人

十二月二十八日，近史所圖書館來函催還書，附書單三百三十四種，謂已借逾二十年。

十二月三十日，王中興寄來為其女證婚資料。

十二月，日本第一創作公司為製作「紀念蔣介石先生專輯」，派小組人員來訪，談蔣的安內攘外政策及國共內戰等問題。

十二月，近史所薪俸：薪餉 40,915 元，專業補助費 44,240 元，水電費 60 元，房屋津貼 700 元，共 86,415 元；扣除：所得稅 4,400 元，健保 2,337 元，喪亡互助金 68 元。

十二月，聯經公司結版稅：《歷史學的新領域》298 冊，6,256 元。

十二月，商務印書館結版稅：《中國婦女史論文集》，上半年，第一輯 58 冊，2,744 元；第二輯 42 冊，1,758 元；《先秦時代的傳播活動及其對文化與政治的影響》231 冊，5,110 元。下半年，《中國婦女史論文集》，第一輯 32 冊，1,512 元；第二輯 31 冊，1,297 元；《先秦時代的傳播活動及其對文化與政治的影響》43 冊，942 元。

十二月，經世書局結版稅：《現代中國史》38 冊，684 元。

十二月，劉汝錫來賀年卡。

是年至 1997 年，主持為國史館編纂《中華民國史社會志》工作。

1994 年（民國八十三年）

是年六十歲，近史所與加州大學合開認同與國家研討會，偕中文赴美國參加哈佛大學舉辦的研討會，參與中華齊魯文經協會的成立，辭去中國歷史學會理事職務，章開沅訪近史所，張佛千贈「君子佩玉，史筆有法」聯。

一月十二日至十四日，近史所與加州大學（葉文心）合辦「認同與國家：近代中西歷史的比較學術研討會」，十三日上午主持一場討論會，由羅久蓉、黃俊傑報告，下午玉法報告「革命與認同：知識青年對孫中山革命運動的反應」，蔣永敬主持，章開沅評論。

一月十四日，國史館寄來「中華民國建國文獻計畫綱要草案」，分為八部分：1. 革命開國文獻，2. 民初時期文獻，3. 軍閥的興衰文獻，4. 護法與北伐文獻，5. 十年建國文獻，6. 對日抗戰文獻，7. 戡亂與行憲文獻，8. 建設臺灣文獻。

一月十五日，新院長李遠哲上任，吳大猷卸任。晚七時，李遠哲院長假國賓飯店宴國內外學者及國內之政商界二十八人，包括考試院副院長毛高文、總統府副祕書長戴瑞明、工商協進會理事長辜振甫、世界新聞傳播學院董事長葉明勳及其女葉文心、李亦園、陳三井、張玉法，外

國學者有 Frederick Wakeman 以及諾貝爾獎金得主 Gerard DeBreu 等。

一月十六日，蔣經國基金會（李亦園）舉辦「臺灣的經驗與發展學術研討會」，由費景漢、金耀基、胡佛主講，為慶祝蔣經國基金會成立五週年系列活動之一。

一月十六日，中國歷史學會第二十九屆第二次理監事會議在國立中央圖書館召開，到者理事李國祁、呂實強、蔣永敬、李雲漢、呂士朋、張哲郎、杜維運、張玉法等二十七人，監事王聿均、黃大受、李守孔等九人。

一月十七日，張瑞德自哈佛大學來信，謂在兼任圖書館長任上至哈佛進修半年，頗受 William Kirby 照顧，亦有張力幫忙，望回所後不再兼任圖書館長。

一月十八日，國科會寄來八十二學年度第二期研究獎助費申請案七件，次日又寄來一件。

一月二十日，出席臺大歷史系博士生劉素芬畢業論文考試，題目：「渤海地區的口岸貿易與經濟發展（1871-1937）」。

一月二十四日，《世界日報》報導玉法對《美國新聞與世界報導》謂林彪於 1945 和 1966 年兩度與蔣介石接觸表懷疑。

一月二十五日，下午出席公共電視台籌備委員會召開之人文及歷史性節目諮詢委員會議。

一月二十五日，同意華視文化公司將講演稿「中國近代史研究的再出發」收入《歷史與生活》一書。

　　一月二十六日，大哥的長子張孝全來信，謂在我的幫助下，他們一家的身份由農轉為工（大嫂與大哥離婚後為農民，後大哥退伍轉為工人，經我出面與地方幹部交涉，亦使大嫂這家轉為工人），自己開飯館為業。

　　一月二十六日，下午聯合報系文化基金會執行長邵玉銘假聯合報社舉辦「國際學人學術座談會」，請柏克萊加州大學教授 Frederick E. Wakeman 講「美國對二十世紀中國研究之評估」，參加者王慶成、章開沅、張玉法、張朋園、陳三井等十四人，晚宴招待。

　　一月二十七日，聯合報報導，陳立夫出版英文回憶錄，認國民黨敗退臺灣，陳誠、宋子文應負主要責任。同時刊出王震邦的專訪，我認為陳把歷史看得太簡單。

　　一月二十八日，葉文心自加州大學來信，談「認同與國家研討會」會議論文集出版的事。

　　一月，三民書局贊助編印「中國現代史叢書」。

　　一月，吉星福張振芳文教基金會贊助編印《山東人在臺灣》叢書十五本。

　　一月，商務印書館結版稅：去年七至十二月，《中國婦女史論文集》第一、二輯 95 冊，《先秦時代的傳播活動》43 冊，共 3,751 元。

　　二月一日，六十歲生日。

　　二月一日，聯經公司總經理姚為民、總編輯林載爵聯名來信，為聯經成立二十年出版專書徵稿。

　　二月二日，下午國史館長瞿韶華假江南春餐廳召開

革命開國文獻編輯會議，討論分支計畫及編輯方式。

二月四日，下午聯合報系文化基金會執行長邵玉銘舉辦「國際學人學術座談會」，請章開沅講「中國大陸對二十世紀中國史研究之評估」，由王慶成評論，參加者張朋園、張玉法、陳三井、陳永發、林滿紅、王仲孚、劉石吉、王震邦（聯合報大陸新聞中心主任）等，會後執行長晚宴。

二月五日，孫英善之兄孫奎自宿州第一高職來信，託打聽加州大地震事，因一直與英善聯絡不到。

二月五日，高雄師大丁履譔來信，建議成立教育訪問團去山東各地訪問。

二月七日，臺中師範曹介嶺來信，支持編印《山東人在臺灣叢書》。

二月九日，二哥來信說，母親有兄弟姐妹五人：大舅、母親、二姨、四舅、三姨。

二月十五日，丁邦新自美國來信，謂院士選舉他提梅祖麟，盼支持。

二月十六日，晚李遠哲院長假凱悅飯店宴院士、評議員、所長。

二月十六日，妹夫闞延榮來信，謝資助其買電視。

二月二十日，黃綉媛自豐原來信，欲將原擬博論題目由「清代彰化平原漢人移民發展研究（1683-1895）」改為「中日初中歷史教育的比較（1978-1992）」，同意。

二月二十四日，章開沅在近史所講「中國教會大學

的歷史命運——以貝德士（Bates）文獻為證」。

三月二日，師大歷史研究所畢業生陳正國來函，將於四月二十九日啟程赴德，八月初至英，學習德文、英文，並了解歐洲啟蒙運動的情形。

三月三日，黃頌康自比利時來信（曾為魯汶大學客座教授），認為費正清對中國近代史的研究是西方人了解中國的關鍵。

三月六日，因華視視聽中心聘為甲午戰爭百年系列顧問，今下午在華視主講「甲午戰爭百年系列引言」。

三月七日，嶧縣中學教師、第三新兵訓練中心主任褚孝先病逝，與馬雲昇等列名治喪委員。

三月八日，為近史所審查副研究員呂芳上升研究員之著作。

三月十日，上午國立編譯館召開國中、高中歷史教科書編審委員會議，李國祁主持。

三月十一日，太平洋文化基金會（張豫生）來信，要求審查 Ms. May Bo Ching（程美寶）的 "Community and the World Outside: Study of the Rural-Urban Continuum in the Late Qing and Early Republican South China" 研究獎助計畫。

三月十二日，上午蔣經國基金會假新店市燕子湖度假俱樂部（夜住此）召開八十二年度第二次諮詢委員會議，參加者于宗先、王壽南、金耀基、金神保、林文月、徐佳士、胡佛、馬漢寶、張春興、劉述先、張玉法等十三人。

三月十五日，上午出席行政院國科會人文及社會學科諮詢委員會議，討論八十二學年度研究獎助申請案，李國祁主持。

三月十六日，吳相湘致函陶英惠，謂其《第二次中日戰爭史》擬再版，問張玉法、陳三井、李雲漢、蔣永敬有無修改意見。

三月十七日，上午出席認識臺灣歷史篇課程標準研訂第二次委員會議，黃秀政召集，出席者另有呂實強、張炎憲、李國祁、李筱峰等十人。

三月十七日，下午出席國民中學歷史學科課程標準修訂第一次委員會議，呂實強召集，到者李國祁、王壽南等十三人。

三月二十一日，政大歷史系主任張哲郎邀歷史系同仁於木柵美加茶園餐敘。

三月二十四日，上午九時立法院法制委員會舉行審查檔案法公聽會，與陳三井、吳密察、鄭欽仁、陳春生受邀參加。

三月二十五日，杜維運來信，首談與蔣永敬雀戰，次告知一些史學論文，以利我編書。

三月二十七日，廖咸惠自加州大學來信，謂剛通過博士資格考筆試，還有論文大綱口試，之後就要去 Vermont 的一所州立大學習日文。

三月二十七日，主持華視視聽中心舉辦的甲午戰爭百年座談會，由呂實強、陳鵬仁、李國祁主講。

三月二十九日，立法委員韓國瑜（臺北縣選出）發通知，謂彼將於七月七日舉辦「日本侵華百年國際華人對日索賠研討會」，請參加。

三月三十一日，義大利 Venezia 大學教授 Guido Samarani 來信，謂正編義文《史學辭典》，盼提供個人學經歷及著作目錄。

三月三十一日，上午教育部人文及社會學科教育指導委員會召開國民中學歷史科課程標準修訂第二次會議，下午舉行高中課程標準修訂（歷史、世界文化史）第三次會議。

四月二日，前政戰生上校欒尚良自臺中來信，索《劉安祺先生訪問記錄》，贈之，四月十一日回信致謝。

四月九日，教育部人文及社會學科教育指導委員會舉行國民中學歷史科課程標準修訂第四次委員會議，呂實強主持。

四月十日，下午新聞局召開八十三年度重要學術專門著作出版補助初審會議，到者李亦園、于宗先、胡佛、張玉法等十二人。

四月十三日，齊錫生自香港科技大學來信，感謝邀請參加「中國歷史上的分與合研討會」（邵玉銘主持之聯合報系文化基金會辦），答應提論文一篇。

四月十四日，近史所召開所務會議，討論呂芳上、張壽安、羅久蓉升等案。

四月十六日，應北京社科院近史所邀請，至該所訪問

兩週，期間曾在該所及北大講演。

四月十九日，聯經公司來郵，謂慶祝聯經公司成立二十週年寫書寫文，專書將於五月四日當天出版，盼為聯副五四專刊寫文。

四月二十二日，教育部人文及社會學科教育指導委員會（劉真）聘為歷史學科組研究委員。

四月二十五日，前中國科學院自然科學史研究所副所長華覺明自紐約來信，擬申請近史所工作。

四月二十七日，朱高影自嘉義來信，謂收到為他改的研究計畫。

四月，鄭會欣評「中華民國史稿」（書評）發表於1994年四月號《二十一世紀》雙月刊。

五月一日，陳秋坤自哈佛大學來信，談對哈佛的觀感，並謂所撰「清代臺灣地權問題」已被選入范立沛（Van Slyke）榮退論文集。

五月四日，國科會寄來八十四年度第一期研究計畫申請案兩件，請審查。

五月四日，李遠哲院長至近史所與同仁座談。

五月五日，鄉賢田子春來信，盛贊玉法在今日《中央日報》對日本南京大屠殺之仗義執言。

五月五日，新創於宜蘭礁溪鄉的佛光山人文社會學院（星雲法師）校長龔鵬程來信索書，以充實該校圖書館。

五月五日、十一月二十一日，員林劉曉武師先後來信，為《山東文獻》介紹稿件。

　　五月五日，下午出席教育部人文及社會學科教育指導委員會召開之高中課程歷史及世界文化史標準修訂第四次全體會議。

　　五月五日，總統府戰略顧問宋長志來通函，邀於五月二十一日在信義俱樂部研商籌辦「中華軍史學會」事。

　　五月七日，上午齊魯文經協會假國軍英雄館舉行成立大會，到會者八十一人，委託出席者十六人，李宗正主持，總統府資政孫運璿為貴賓，選舉李宗正、孫震、李瞻、莊惠鼎、于宗先、張玉法等二十七人為理事。五月十一日假臺大校友會館開理監事會，選李宗正為理事長。早在 1992 年六、七月間，即以中華齊魯文經協會的名義組團到山東各地訪問，李宗正率領工商團，于宗先率領文教團，並捐助山東著名大學獎學金 150 名，每名新臺幣三千元，經李瞻負責籌募，至 1993 年四月共得 636,000 元，捐款者 79 人，可給獎學金 212 名，玉法捐六千元。

　　五月十四日，近代中國出版社來函，擬將玉法之論文五篇選入《中國國民黨黨史論文集》，以紀念建黨百年。

　　五月十五日，時以被推為金簡獎審查委員會召集人，致函中國歷史學會理事長宋晞，謂推薦金簡獎審查人，囑先徵求同意再發函。不意邵某人通知：「張××傳令要你審查！」實因未能親理，只好向審查人致歉，並辭去理事之職，宋慰留，仍辭。

　　五月十六日，孫英善來信，談子女為其過六十大壽事。六月二十日又來信，謂由孝寧處知我九月將赴美開

會，又謂看到我在陳立夫的新書發表會上的照片。

五月十七日，張春興自師大教育心理與輔導系來函，謂《山東人在臺灣：教育篇》之總論難寫，望取消，因教育分冊只有個人表現，與整個教育發展關係不大。

五月二十一日，政大歷史系召開中國近代史學會發起人第一次會議。

五月二十四日，二哥來信說，大陸的制度，農業戶一人一畝田，工人戶政府安插工作。

五月三十日，謝蕙風自苗栗聯合工商專科來信，問組大陸訪問團何時成行。

六月二日，國史館長瞿韶華來信，催社會志之稿。

六月三日，參加陸軍官校舉辦之黃埔建軍七十週年學術研討會，於下午第二場講「國民革命軍史之回顧」。

六月四日，出席行政院新聞局召開之八十三年度重要學術專門著作出版補助決審會議，于宗先主持，委員有李亦園、胡佛、張玉法等十一人。

六月五日，雷慧兒自鳳山軍校寄贈其《梁啟超的人才主義》一書及〈晚清改革派的權威主義〉論文，並謂前年已通過教授資格，現擬研究人生問題。

六月八日，台辦薛傳祥自棗莊打電報，謂原嶧縣臺灣聯誼會即將召開成立大會，請參加。

六月八日，師範大學聘為歷史研究所八十二學年度第二學期博士研究生論文考試委員。

六月十一日，廖咸惠自美國 Vermont 州來信，謂剛

通過博士班的論文大綱考試，即至此習日文九週，預計九
月初回臺，十月初赴日。

六月二十日，朱昌崚在旅中來 FAX，謂不能參加甲
午戰爭百年研討會，並問候呂實強、王爾敏等。

六月二十一日，政大歷史研究所主任張哲郎邀所內
同仁於滿福樓餐敘。

六月二十一日，哈佛大學 Amy Rankin-Williams 代表
William Kirby 來信，謂九月至哈佛開 1950 年代中國研討
會，旅費全由哈佛負擔。

六月二十二日，中視記者姜玲約時訪談七七事變與
抗日戰爭。

六月二十四日，上午出席臺大歷史研究所李達嘉之
博士論文口試。

六月二十四日，下午出席國科會人文及社會科學
諮詢委員會議，討論科技人員出國進修申請案，李國祁
主持。

六月二十五日，朱高影自嘉義來信，謂考中正博士班
失敗，明年再考。

六月二十五日至二十七日，師大歷史系（王仲孚）
舉辦「甲午戰爭一百週年學術研討會」，玉法於二十七日
下午論文報告「甲午戰爭對山東的影響」，戚其章評論，
李雲漢主持。

六月二十六日，華視視聽中心舉辦「二次大戰後中國
對日索賠問題座談會」，玉法主持，由李恩涵、蔣永敬、

遲景德報告。

六月二十八日，中華民國史料研究中心（瞿韶華）舉辦「臺灣光復後臺灣土地改革研討會」，主持一場會。

六月二十九日，上午出席政大歷史研究所洪溫臨碩士論文口試，題目：「輪船招商局體制演變分析（1872-1932）」；下午出席唐志宏碩士論文口試，題目：「五四時期的文化論戰：以反文化調和論為中心的探討」。

七月四日至七日，中研院舉行第二十一次院士會議。七月三日上午，人文組院士舉行「人文社會科學各所之發展與整合」座談會，向院士會議提出議案：「本院會同國科會暨臺大、清華等大學召開全國人文社會科學學術發展會議，以評估全國人文社會科學發展之狀況，以釐訂未來發展之方向。」獲通過。

七月六日，Don C. Price 自 Davis 加大來 FAX，介紹其學生 Steven Beck 來近史所訪問研究，彼研究陶成章，盼予指導。

七月八日，晚參加劉紹唐之宴，張佛千在座，索聯，贈之。次日，聯合報載張佛千「一燈小記：贈張玉法」，云：我識張玉法先生在其任中央研究院史語（近史）所長時，昨夕筵間，有人談我製聯者，張笑曰：「你做嵌名聯一萬副，我都沒有份。」我惶恐應命，舉杯沉吟，幸即成聯：君子佩「玉」，以比美德；史筆有「法」，乃成名篇。上聯本《禮記·玉藻》：「古之君子必佩玉。」下聯本《漢書·藝文志》：「史官有法。」

　　七月十四日至十六日，聯合報系文化基金會（邵玉銘）主辦，近史所、史語所以及臺大、政大、師大歷史系協辦的「中國歷史上的分與合研討會」在中央圖書館開幕，與王仲孚、王壽南、陳三井、張哲郎、管東貴、張秀蓉列名籌備委員。

　　七月十七日，大哥來信，認《橋上張氏家史》二哥對在家中的角色寫得太多，是否照原稿出版，沒有意見。

　　七月十九日，李遠哲院長通函近史所有關同仁，所長陳三井第一任期將屆滿，請同仁對新所長人選以私函致院長。

　　七月十九日，孫英善來信，為《山東文獻》創刊二十週年捐款一百美元，又謂十一月為國民黨建黨百年盛會，將回國。

　　七月二十三日，尉天聰自政大來信，論臺灣的農民文學。

　　七月二十四日，二哥長女張麗來信，謂十月份結婚，希能為買野狼紅色摩托車一輛。

　　七月二十五日，二哥來信，謂澗頭小學要蓋一座二十四班的教學大樓，約需一百五十萬元，望臺胞能助之。我捐三百美元。

　　七月二十五日，有人散發「毛漢光事件評議」一文，攻訐許倬雲、張玉法等八人，因彼攻擊毛漢光的碩士論文有抄襲處，玉法等不以為然。

　　七月二十六日，華視視聽中心寄來顧問費一萬元。

　　七月二十八日，與王壽南、杜維運等七人出席中國歷史學會金簡獎評審委員會議。

　　七月二十八日，香港中文大學出版社長鄺子器來函，願將該社享有版權之郭廷以《近代中國史綱》授權給臺北南天書局出版。但 1980 年所授版權，限於臺灣出版尺度，為該書第一至十三章，1992 年臺灣修訂出版尺度，乃重新授權，出版全書，分上、下兩冊。按此期南天書局出版的諸多史傳，多由玉法與該社魏德文聯絡出版。

　　七月二十八日，法國 Marianne Bastid-Bruguière 來信，謂擬申請經費，召開 European Thought in Chinese Literati Culture in the Early 20th Century: Reception, Madiation and Change 研討會，希望我能寫一篇民初政黨思想的論文。

　　七月二十九日，下午臺灣省文獻委員會召開臺灣近代史修纂會議，以顧問名義參加者有林衡道、瞿韶華、呂士朋、玉法等。

　　七月三十日，上午出席師大歷史研究所黃綉媛博士論文口試。

　　七月三十一日，上午出席師大歷史研究所黃麗生博士論文口試。

　　七月，中國孫中山研究會副祕書長王玉璞寄贈《辛亥革命與近代中國》上、下冊。

　　七月，商務印書館結版稅：一至六月，《先秦時代的傳播活動》164 冊，《中國婦女史論文集》第一、二輯 47 冊，共 5,097 元。

八月一日，為唐寶林《中國托派史》寫序。

八月一日，國家建設文教基金會（陳志奇）假師大綜合大樓舉辦「中日甲午戰爭一百年學術討論會」，上午玉法作引言，並主持一場會。參加者有蔣永敬、李守孔、王曾才等。

八月二日，香港入出境加簽，效期至十一月二日。

八月三日，李雲漢來信，為「國父建黨革命百年紀念學術研討會」催稿。

八月五日，A. M. Grigoriev（曾來訪）來信，請告知1924年七月十三日產生的國民黨中常委員名單。

八月十日，回函法國 Bruguière，擬提論文 "Knowledge of Western Political Parties in the Early Twentieth Century China"。

八月十七日，馬之驌在《立報》發表專論，謂當年蔣經國將政權交給李登輝深慶得人，認為這樣做臺灣人就不會再鬧，不意千島湖事件後，李大罵大陸為土匪政權，自己身為國民黨的總統，又說國民黨在臺灣是外來政權，引起海內外沸騰。但馬尚不改初衷，勸李待人要誠實，胸襟要開闊。

八月十八日，下午中華齊魯文經協會假聯勤信義俱樂部召開理監事聯席會議，李瞻報告到濰坊參加魯台經貿洽談會及募獎學金情形。會中推舉文化教育、工商發展等九個委員會，李瞻為文化教育委員會召集人，玉法等三人為副召集人。

八月二十日，中華齊魯文經協會理事長李宗正來信，謂內政部已於七月十六日核准該會立案。

八月二十三日，國史館寄來社會志編輯委員會第三次會議記錄，請改正後寄回。

八月二十四日，黃頌康自比利時來信，謂承介紹〈《中國之命運》在美國〉發表於《中央日報》，又寄〈美國的「中國研究皇帝」費正清〉，仍望在《中央日報》發表。該文批費氏的西方衝擊、朝代循環、國民黨天命已終、中共代表革命不可抗拒等論。

八月二十一日，聯合報系文化基金會邵玉銘來函，以主辦「中國歷史上的分與合研討會」圓滿召開，致籌備委員薄酬二萬元。

八月二十九日，王善從寫信給李遠哲院長，並附給李總統的報告，謂張玉法院士私改筆錄，扣留錄音，請予調查究責。按 1991 年三月一日及七日，時玉法任所長，口述歷史組由劉鳳翰主持，訪問王善從兩次，由陳南之等整理記錄，整理紀錄者不知對錄音有無曲解處。稿整好後依口述史既定程序，送受訪者過目定稿。不意王善從逕將此事寫報告給總統、院長。鳳翰謂王善從希近史所據彼之訪問稿為其平反，鳳翰謂近史所僅搜集史料，不管法律之事。王不悅，乃據以告狀。李院長了解後覆王善從，口述歷史組依常規處理訪問稿，並無不妥，更與張玉法無關。事遂不了了之。

八月，聯經公司付 1994 年上半年版稅 1,148 元。

九月五日至八日，第二屆中國東南地區人才問題國際學術研討會在南京理工大學舉行，以不克參加，函賀。

九月六日，與中文飛波士頓，王衍豐、張令怡來接，住哈佛附近旅館。此後幾日，除衍豐、令怡陪遊波士頓附近景點外，在哈佛與張力、王克文等相聚，並遇到馬英九。九月九日至十日，在哈佛參加費正清中心舉辦的 Conference on China's Mid-Century Transition，由 William Kirby 主持。玉法主持第三場會，由 Philip A. Kuhn 等報告，討論農民動員、土地改革等問題。會畢，衍豐、令怡來接至 Penacook, N. H. 其家，次日去水牛城遊尼亞加拉大瀑布，趙彥賓駕車自加拿大來會。

九月九日，國科會來函，聘為八十三學年度近代史學門評審委員。

九月十五日，劉祥光自紐約來函，談到玉法去紐約時在其家面敘的情形，又謂臺灣史的研究很可能像當年的三民主義一樣，又謂得到蔣經國基金會資助，將去北京搜集資料。

九月十五日，法國 Bruguière 回函，謝提論文，她將向蔣經國基金會提交申請書。

九月十七日，國科會寄來八十三學年度第一期研究獎助費申請案四件，九月二十三日又寄來一件。

九月二十七日，上午在中央圖書館參加中國歷史學會第三十屆第一次理監事聯席會議，宋晞主持，出席者王壽南、呂士朋、陳捷先、孫同勛、呂實強、李國祁、瞿韶

華等。

十月一日，第十五屆評議會通過實行院士會議的建議案：「本院會同國科會暨臺大、清華大學等召開全國人文社會科學學術發展會議。」並請副院長張光直籌畫。

十月四日，政大歷史研究所日本學生齋藤齊擬赴美搜集王正廷資料，來函請假一週。

十月八日，廖咸惠自東京來信，感謝臨行前師母做菜賜宴，老師介紹何院士，又謂在日本，訂旅館、租房子都講社會關係。

十月十日，為廖風德《學潮與戰後中國政治》寫序。

十月十一日，師大暑期部畢業生蕭盛和自高雄旗美高中來信，望代為呼籲減輕中學社會科老師的負擔，因國、英、數只教兩班，而社會科要教十多班，改作業、改考卷不勝負荷。

十月十三日，教育部人文及社會學科教育指導委員會舉行歷史學科組國中歷史學科和高中歷史學科研究委員會聯席會議，呂實強等三人為召集人，王壽南、李國祁、玉法等三十人為委員。

十月十四日，黃綉媛來信，請為申請入中興大學任教寫推薦信。

十月十四日，曲拯民自美國來信，欲介紹煙台博物館副館長宋玉娥數篇論文在臺灣發表。

十月二十日，南加大教授 Charlotte Furth 來信，介紹其博士生 Connie Orliski 來近史所看資料，並提到彼於 1992

年來近史所訪問的事。

十月二十二日，電劉仲康，請教有關中統和軍統的一些問題，劉出身軍統，所談中統和軍統的組織、領導頗明晰，並告知彼等一些制裁行動。

十月二十三日，中國近代史學會成立，推玉法為理事長，共做兩屆四年，召開數次大型研討會，出版八期《中國近代史學會通訊》，到1988年十二月產生第三屆理事會，推呂芳上為理事長，玉法、張哲郎等為理事，李國祁、蔣永敬、呂實強等為監事。

十月二十八日，余傳韜寄贈其父余景陶之回憶錄。

十月二十九日，上午中華軍史學會假臺北中山俱樂部召開第二次籌備會議，謂原中華戰略學會會員二百零八人全部入會。決定於1995年二月十日召開成立大會。此次會議史學界參加者王仲孚、李雲漢、宋晞、秦孝儀、陳三井、張哲郎、蔣緯國、瞿韶華、玉法等十六人。

十月，代表專刊出版委員會寫簽呈：黃自進的《吉野作造對近代中國的認識與評價》、謝國興的《企業發展與臺灣經驗：臺南幫的個案研究》均審畢，可出版。

十一月三日，孫英善自洛杉磯來信，談到玉法此次赴洛城在 Long Beach 相敘之樂，並謂十一月十七日回臺參加李雲漢安排的學術會，並藉此參加國民黨的「海外助選團」。

十一月五日，蔣經國文化基金會執行長李亦園約諮議委員晚餐。

　　十一月七日，郭師母李心顏女士病逝於北京協和醫院，十三日與郭廷以師的骨灰罈同葬於北京萬金公墓，去電致哀，致喪儀人民幣三百二十元。十一月十五日，郭師之女郭縑自北京來信，告知其母生前最關心的為父親遺稿的整理出版。

　　十一月七日，同鄉張一民來信，囑為其《魯灘寒亭張氏族譜》寫序。

　　十一月十三日，中國歷史學會第三十屆第二次理監事會通過玉法等七人為史學研究論文叢刊評審委員。

　　十一月十四日，劉青峰自香港中文大學來信，謂〈帝國主義、民族主義與國際主義在近代中國的角色（1900-1949）〉已收入論文集中。

　　十一月十五日，印度德里 Rifacimento International 來函，附玉法英文簡歷，謂擬編入 *Reference Asia: Asia's Who's Who of Men and Women of Achievement*。

　　十一月十七日，下午二時在華視攝影棚參加「毛澤東的一生座談會」錄影，由美國公共電視主辦，參加者另有陳永發、翟志成、吳安家。

　　十一月十九日，劉祥光自人民大學來函，謂收到自紐約轉來的信，並謂將去徽州對當地社會作實質考察。

　　十一月十九日，下午國科會召開八十三學年度傑出及優等研究獎助費評審委員第一次會議。

　　十一月十九日至二十三日，在中央圖書館參加黨史會（李雲漢）主辦的「國父建黨革命百年紀念學術討

論會」。

十一月二十一日，吳翎君來信報告寫博論及在政大兼課兩小時事。次年一月十六日來信提到我為其改論文事。

十一月二十二日，國科會寄來八十三學年度傑出及優等獎助費申請案二件。

十一月二十四日，辦理口述歷史學會立案登記申請案。

十一月二十八日，李雲漢轉來張鶴書捐給《山東文獻》二千元。

十二月一日，中研院長回王善從函，謂「孫立人訪問記錄尚在整理中，張玉法並未私改筆錄，錄音扣留。稿整好後尚需由受訪人閱讀修改，不必憂慮訪問人整稿不實。」

十二月四日，蔣經國基金會八十三年度國內地區諮詢委員第一次審查會議在該會舉行，李亦園主持，委員有于宗先、金耀基、林文月、胡佛、玉法等十三人。

十二月六日，久裕印刷廠印《橋上張氏家史》二百本，61,785元。

十二月七日，為何思眯寫中央大學歷史研究所助理教授申請推薦信。

十二月七日，香港入出境加簽，效期至1995年三月七日。

十二月八日，王衍豐自美國來信，謂他們聽了看了我在國慶日的講演。

十二月十五日，近史所聘為《近代中國史研究通訊》

第十九期編輯委員。

十二月十九日，成功大學馬忠良等三人來函，希組團與山東有關機關交流，這比個人探親有意義。

十二月二十一日，韓國留學生朴貞薰來函，謂在師大歷史研究所的博士課程已修完，通過了學科考試和外文考試，並寄來論文大綱請指教。

十二月二十三日，吳相湘自伊利諾來信，見我在北京中華民國史研討會發言白髮蒼蒼，又驚又喜。又對近史所創刊《近代中國婦女史研究》，提倡婦女史研究甚佩，史界終有人重視另一半人口。

十二月二十四日，某電視台為製作「抗戰勝利五十週年」特別節目，FAX 來二十個題目，擬來訪談。

十二月二十七日，史政編譯局寄來《俞大維資政年譜長編》編纂作業規定，為編審委員之參考。

十二月三十一日，下午國科會在臺北科技大樓召開八十三年度傑出及優等研究獎助費人文及社會科學評審委員會議。

十二月三十一日，臺大政研所聘為博士班金珍煥論文研究計畫研討會委員。

十二月，聯經公司結版稅：《歷史學的新領域》178 冊，3,006 元。

十二月，商務印書館結版稅：一至六月，《中國婦女史論文集》第一輯 27 冊，1,275.75 元；第二輯 20 冊，837 元。《先秦時代的傳播活動》164 冊，2,937 元。七至

十二月，《中國婦女史論文集》第一輯 42 冊，1,984 元；第二輯 42 冊，1,590.3 元。《先秦時代的傳播活動》15 冊，296.55 元。

十二月，姜文求（韓生）來賀年卡。

是年，《遠見》雜誌編輯林蔭庭來郵，欲約時訪談光復後的臺灣歷史。

是年，一至七月薪，薪餉 40,915 元，專業補助費 44,240 元，水電費 60 元，房屋津貼 700 元，需扣所得稅 5,500 元，眷保 1,558 元，互助金 68 元。八至十二月，薪餉 42,170 元，專業補助費 45,660 元，水電費 60 元，房屋津貼 700 元，需扣所得稅 5,500 元，眷保 1,604 元，互助金 68 元。

1995 年（民國八十四年）

　　是年六十一歲，近史所召開第三屆中日關係史研討會，中國近代史學會召開抗戰勝利五十週年研討會，香港召開香港青山紅樓與辛亥革命研討會，行政院成立抗日戰爭勝利暨臺灣光復紀念碑建碑委員會，《山東文獻》創刊二十週年在國父紀念館辦展覽，編輯《山東人在臺灣叢書》，與中文去大陸探親，家鄉辦理非農業戶每人需繳二千餘元，向國史館交《中華民國史社會志》稿，山胞改為原住民。

　　一月一日，副院長張光直擬稿「中央研究院人文社會科學研究所處理方案」，玉法等事先參與討論。

　　一月四日，副院長張光直召開籌備會議，推動評議會通過之「本院會同國科會暨臺大、清華等大學召開全國人文社會科學學術發展會議」，與會者中研院李亦園、臺大朱炎、清華郭博文等，決定成立聯絡小組，成員為張光直、李亦園、杜正勝、張玉法、彭文賢、陶英惠。

　　一月四日，查澗頭集同學同鄉二十六人，於 1990-1994 年間捐給澗頭小學獎學金者二十人，每人每年一千元，或只捐一年，或捐三年。

　　一月七日，孫英善來信，謂能回臺北參加學術會、

能與老友聚，一樂也。又謂孝寧每次來臺北都極力避免
接送。

一月七日，耿雲志自北京來信，謂已經香港抵北京，
感謝在臺北訪問期間的招待。

一月九日，立法委員陳光復於立法院提案，廢除教
育部人文及社會科學教科育指導委員會，重新改組，因原
委員會係蔣介石令設。

一月九日，聯合報社長劉昌平來函，謂近史所舉辦
的近百年中日關係史研討會有北京近史所張振鷗參加，姚
朋自美來信希轉囑，若有需要可為助。

一月九日，國史館長瞿韶華函催《中華民國史社會
志》稿，限於五月三十日以前。

一月十一日，劉祥光自紐約來信，謂我對其研究徽
州社會，用「切片檢查」一詞有異議，彼當考慮調整。

一月十二日，下午師大歷史研究所舉辦游鑑明〈日
據時期臺灣的職業婦女〉、洪德先〈民初的無政府主義運
動（1911-1930）〉論文發表會。

一月十二日至十四日，近史所舉辦第三屆近百年中
日關係史研討會，主持一場會，報告人林滿紅、中村義、
陳慈玉，評論另一場楊惠萍的論文「中日兩國政體與甲午
戰爭之結局」。此次會議由吳天威的中日關係史學會推動
招開，前兩次在中國、香港招開，此第三屆係與近史所合
開，玉法參與籌備，外地學者來參加者有唐德剛、吳天
威、山田辰雄、小島淑男、伊原澤周、關杰、楊惠萍等。

　　一月十六日，上午至臺大法學院政治研究所參加評審博士生金珍煥之論文研究計畫。

　　一月十八日，中華齊魯文經協會來函，為新創刊之《會訊》約稿。

　　一月二十日，旅美華人邀請參加於八月十八日至十九日召開的「抗戰勝利五十週年國際學研討會」，未參加。該會負責人為徐乃力、唐德剛、吳相湘、熊玠等。

　　一月二十一日，陳正國自英國來信，謂抵英三個月功課很緊，專修文藝復興的理論與文化，擬續申請學校，修思想啟蒙。

　　一月二十三日，下午吉星福張振芳伉儷文教基金會假中華經濟研究院開董事會，討論《山東人在臺灣叢書》編輯事宜。

　　一月二十四日，國科會寄來中央大學專題研究計畫成果「國民政府時期中央與地方之聯絡人（1925-1937）」，請審查。

　　一月二十五日，觀眾王道全看到我在華視「毛澤東的一生」節目中謂毛澤東的貢獻在國家統一，提出意見：臺灣被統一了嗎？又說大陸餓死幾千萬人也應該一提。

　　一月二十五日，英國的 Charlotte Furth 來信，介紹其學生 Connie Orliski 來近史所訪問，研究二十世紀初期的中國性別（Gender）史。

　　一月二十六日，下午國史館假江南春飯店召開中華民國專題第三屆討論會第一次籌備委員會議，參加者宋

晞、王壽南、李雲漢、蔣永敬、傅應川、玉法等，決定以
抗戰建國與臺灣光復為主題。

一月二十七日，朱雲影師過世，參與發起捐募獎學金。

一月三十一日，二哥來信，謂年已六十八，從今年
起不做人大代表和政協委員。又謂春節前寄的二千元美金
已收。

一月，大陸治史學人高爾品自紐約來信，謂離臺北
已近四個月，認真讀了我的《中國現代史》，自己所寫
《革命與復辟——論中國民主革命與中共專制復辟》已有
三十多萬字。見過黎安友，彼謂我八月可能會去美國參加
太平洋戰爭討論會。

一月，俄國遠東研究所 A. Grigoriev 來片賀年。

一月，商務印書館結版稅：去年七至十二月，《中國
婦女史論文集》第一、二輯 80 冊，《先秦時代的傳播活
動》15 冊，共 3,872 元。

二月一日，六十一歲生日。

二月十二日，以色列檔案館館長 Yaacov Lozowick 來
信，欲派兩位研究人員至國民黨黨史會搜集二次世界大戰
前夕逃往上海的猶太人。二月十九日回函，請致函黨史會
主委李雲漢、近史所長陳三井聯絡。

二月十五日，聯合報副刊主編瘂弦寄通函，請填「聯
副作家資料表」，以建作家資料庫，婉拒。

二月十六日，上午近史所召開金觀濤、劉青峰「開
放中的變遷：再論中國社會超穩定結構」座談會，由陳永

發、呂芳上、沈松僑、黃克武作引言。

二月十九日，黃宇和自雪梨大學來信，謂其有關第二次鴉片戰爭的書將由劍橋大學出版社出版，劍橋望其能找基金會贊助，乃向臺灣太平洋文化基金會申請，並告知我情形。至四月二十八日又來函，因太平洋文化基金會要九月以後才審查，會誤出版之期，請支持向蔣經國基金會申請。

二月二十一日，中華民國史料研究中心假政大舉行「臺灣光復後經濟發展研討會」，主持一場會，由謝國興、陳兆偉報告論文。

二月二十三日，M. E. Sharpe, Inc. 老闆 Douglas Merwin 謂受李又寧推薦，擬聘為 Chinese Studies in History 期刊顧問。

二月二十三日，近史所第八屆研究人員聘任審查委員會成立。

二月二十四日，上午近史所召開《近代中國史研究通訊》第十九期編輯委員會議。

二月二十六日，香港珠海書院亞洲研究中心在九龍尖沙咀香格里拉酒店舉行香港青山紅樓與辛亥革命研討會，香港大學中文系主任趙令揚、珠海書院文學院長陳福霖主持。偕中文與李雲漢參加。論文報告人有章開沅、蔣永敬、張磊（廣東社科院）、陳勝粦（廣州中山大學）、莫世祥（廣州暨南大學）、蕭建國（珠海）、李雲漢、吳倫霓霞、何家驊（香港現代中國研究中心）。玉法於特約發言中談「香港青山紅樓的歷史價值」。二十七日回臺。

二月二十七日，李遠哲院長假凱悅飯店宴院士、評議員、所長。

二月二十七日，以色列檔案館長 Yaacov Lozowick 自耶路撒冷來信，介紹其館員 Fred Kranich 來近史所訪問。

二月，蔣經國基金會寄來研究計畫審查案二件。

三月一日，成功大學歷史系來函，邀請參加「南臺灣的文化發展與變遷」研討會，婉拒。

三月二日，國防部史政編譯局長傅應川函送《俞大維資政年譜長編》編纂工作第二次協調會紀錄：編輯委員與審查委員宜取得聯繫，以利資料取得。

三月六日，上午中研院全國人文社會科學學術發展會議聯絡小組召開第一次會議，李亦園主持，到者史語所杜正勝，近史所張玉法，社科所彭文賢，祕書組主任陶英惠。

三月六日，下午國立編譯館召開國中、高中歷史用書編審委員會聯席會議，李國祁主持。決議：一、憲法增修條文已將「山胞」改為「原住民」，教科書應改為原住民。二、立法院教育委員會委員葉憲修等五人提案應重視鄉土教育，教科書應改進。

三月七日，下午出席國科會主辦的「歷史學門現況與發展研討會」，與會者另有孫同勛、杜正勝、梁其姿等。

三月十日，楊奎松自北京來函，討論其西安事變一書在臺灣出版及八月來臺開會的事。

三月十一、十二日，蔣經國基金會假大溪鴻禧山莊

召開八十三年度第二次國內地區諮詢會議，討論八十三年度國內地區申請案，攜眷前往。出席者有于宗先、林文月、胡佛、金耀基、玉法等十三人。

三月十六日，聯合報副刊主編瘂弦來信約稿：「把學術界的芬芳，給大眾分享。」

三月十六日，下午師大歷史研究所碩士論文趙淑萍「民國初年的女學生（1912-1928）」、彭明華「民初的社會動亂（1912-1928）」、周佳豪「清末民初的天津商人（1902-1916）」舉行發表會。

三月二十三日，湖北社會科學院曾憲林來信，謂南京一別已三月，希望抗日勝利學術會能邀請去臺北訪問，並索《歷史講演集》和《辛亥革命史論》二書，同時告知明年彼處將舉辦「北伐勝利七十年研討會」。

三月三十一日，浙江省社會科學院胡國樞來信，謂性喜遊山玩水，臺灣如有學術會議，盼能至臺灣交流。

三月三十一日及五月五日，吳相湘來信，望能與李恩涵、陳三井等參加在紐約舉辦的「抗戰勝利五十週年國際研討會」，謂大陸學者報名參加者甚多，臺灣不可不有學者來。李雲漢、蔣永敬皆託稱有事不去，玉法於八月十二日至十四日在臺北主持會議，仍可來美參加十八日至十九日的會。

三月三十一日，收到吳翎君博士論文〈美國與中國政治（1917-1928）〉勘誤表一份。

三月，北京近史所楊奎松來信，謂其書《抗戰時期的

中外關係》已遵蔣永敬教授之囑，由余敏玲帶回臺灣，不知能否在臺灣出版？嗣回函謂三民書局不接受一稿兩投，盼有新書賜下。

三月，香港《人文中國學報》聘為顧問，編輯陳永明來信謂學報四月創刊。

三月，出席國史館召開的民初時期文獻史料搜集會議。

三月，紐約 *Chinese Studies in History* 編者來信，約為該刊諮詢委員會成員。

四月一日，中午中國近代史學會在中研院學術活動中心召開第一屆第二次理監事會議，玉法主持，討論辦理「抗戰勝利五十週年學術研討會」事宜，決定邀大陸學者三十四人，負責其旅費及開會期間食宿費。時中國近代史學會有會員 225 人，繳費者 121 人。

四月三日，張光直自美國致中研院新任祕書主任戴華函，謂陶英惠主任因事辭職，祕書主任一職由兄接任。本人將於五月中旬返國接任副院長，全國人文社會科學發展評估會議之聯絡小組，原以弟為召集人，李亦園為副召集人，杜正勝、彭文賢、張玉法為委員，盼兄為委員，回國後將擴大籌備委員會成員。

四月六日，下午出席國父紀念館召開的「審查國父的資料」會議，審查洛杉磯僑界所收藏的資料八十餘件。

四月七日，臺史所籌備處邀請參加「家族與臺灣地方發展研討會」，婉拒。

四月七日，上午近史所召開《近代中國史研究通訊》

第十九期編輯委員會議。

四月十、十二日，呂實強先後致函師大歷史系主任王仲孚、政大歷史系主任張哲郎，以體力不及，辭去教職。

四月十四日，郝延平自田納西大學來信，感謝回臺期間的款待，並邀請講演。

四月十五日，同鄉劉子交自臺北來信，謂正整理明代山東進士錄。

四月十五日，上午政大歷史研究所口試吳翎君博士論文〈美國與中國政治（1917-1928）〉。

四月十七日，下午中華齊魯文經協會假聯勤信義俱樂部召開第一屆第四次理監事會議，由張玉法、莊惠鼎作專題講演。

四月二十日，上午近史所召開所務會議，討論陳秋坤升研究員、李達嘉和余敏玲升副研究員案。

四月二十七日，下午出席《歷史月刊》社舉辦之「晚清新政改革座談會」，參加者另有李國祁、張朋園、葉高樹。

四月二十九日，二哥來信，謂家中有十一口要辦非農業戶口，每人需二千二、三百元。

四月，國父紀念館寄來四月六日在該館審查國父文物會議紀錄，囑核對無誤後簽名寄回。

五月四日至六日，臺大歷史系假臺大思亮館舉辦第一屆全國歷史學學術研討會，玉法主持第二天第一場會，由黃一農、徐光台報告，於第三天與古偉瀛、王曾才、陳學霖、蕭啟慶為綜合討論引言人。

五月七日，同鄉陶景升自永和來信，捐《山東文獻》社一千元，並提議成立臺澎金馬地區山東同鄉會，以服務同鄉。

五月十日，《山東文獻》社發函各界，訂於五月二十日（星期日）假國父紀念館地下一樓載之軒舉辦有關山東之著作和書畫展覽，以慶祝《山東文獻》創刊二十週年，由發行人宋梅村、社長劉安祺主持。

慶祝《山東文獻》創刊二十週年與奉祀官孔德成合影

五月十一日，晚中華齊魯文經協會理事長李宗正於聯勤信義俱樂部邀宴山東籍五位畫家，受邀作陪。彼等在國父紀念館展覽書畫及孔子四千年文物。

五月十四日，上午中國歷史學會第三十屆第三次理監事會議假聯勤信義俱樂部召開，理事長李雲漢主持。

五月十六日，收《中國時報》稿費一萬元，五月四日文酬。

　　五月十九日，黃綉媛自豐原來信，告知申請教職失敗情形，無怨無悔。

　　五月二十日，函法國 Bruguière，由於近史所籌備於明年八月初召開的中日戰爭史研討會延至九月初，無法參加她在法國的會。

　　五月二十二日及七月九日，有自稱七十四歲老學生朱青雲者，兩度來信問：「寧可誤殺一百，不可錯放一人」是誰說的。

　　五月二十五日，臺灣師範大學聘為歷史研究所八十三學年度第二學期博士研究生考試委員，政大聘為八十四學年度歷史研究所博士研究生入學考試、書面審查及口試委員。

　　五月二十五日，有某報記者安偉民，來訪談以下問題：一、中國大陸淪陷的主要原因，二、雅爾達密約對國民政府造成的傷害，三、美國現在越戰中犯了什麼錯誤。

　　五月二十六日，下午出席中華軍史學會第一屆第二次理監事聯席會議。

　　五月二十八日，參加政大舉辦之「大陸地區人文社會科學發展現況評估研討會：人文組」。

　　五月二十九日，下午在近史所召開「歷史學門現況與發展研討會」第二次籌備會議，決定議程。

　　五月二十九日，中華齊魯文經協會假臺大校友聯誼社召開第一屆第二次會員大會。

　　五月三十日，李又寧自紐約來信，談到韋慕庭師出版回憶錄的事、《近代中國女權運動史料》自傳記文學社收

回版權自費再版的事、以及推動「華夏學生在美國研究計畫」的事。

五月三十日，M. Bastid-Bruguière 自巴黎來信，以玉法不能至巴黎參加第二次中日戰爭史研討會為憾（告知楊天石會去）。

五月，經與蔣永敬共同要求，近代中國出版社寄來芷江洽降各類照片二十二張。

六月一日，雪梨大學黃宇和來信，談申請太平洋文化基金會獎助其出版《第二次中英鴉片戰爭》的事，七月十八日又來信，希助之，後改變意旨。

六月一日，玉法赴美開會，十二日返。

六月七日，《臺灣教育月刊》編委司琦來信，請代查民國十二年隨侍孫大元帥的朱伯元的資料，並告知將與呂實強合寫《劉真先生訪問記錄》校後記，刊於《臺灣教育月刊》第五三二期（1995 年四月）。

六月八日，國立編譯館長趙麗雲寄來國民中學歷史科教科書編審委員聘書一紙。

六月十一日，出席國科會人文處於中研院學術活動中心舉辦之「歷史學門之現況與發展研討會」。

六月十一日，張林（大哥三子）自棗莊來信，謂在棉廠上班，距家三十多里，都要騎腳踏車上班，望能為買一摩托車。

六月十二日，中央通訊社來函，徵集《1996 年世界年鑑》名人錄資料。

六月十二日，出席中研院「全國人文社會科學發展會議」籌備會第一次會議。

六月十二日，加州 Claremont 的 Claremont McKenna College 與哈佛大學燕京學社於 1996 年五月召開 The Yenching Experence and Higher Education in China 研討會，負責人之一 Arthur Rosenbaum 來信，請介紹臺灣學者參加。

六月十三日，臺大日本綜合研究中心主任許介鱗函約參加「文明史上的臺灣研討會」，婉拒。

六月十四日，同鄉王克孝自臺中來信，寄來上月二十日《山東文獻》社在國父紀念館辦展覽會時照片若干張，並問及有無《臨沂縣志》。

六月十五日，韋慕庭師來信，謝捐款助其出版回憶錄。

六月十九日，收《歷史月刊》寄來〈美蘇兩國與戰後國共談判〉稿酬 6,500 元。

六月二十一日，出席政大歷史研究所博士班入學考試論文、研究計畫口試。

六月二十二日，下午出席國科會科技人員進修申請案「歷史學門」審查會議，出席者另有孫同勛、徐泓等。

六月二十三日，下午出席國立編譯館召開之商討國民中學歷史教科書編輯事宜會議，李國祁主持。

六月二十四日，下午中國歷史學會假空軍官兵活動中心召開史學研究論文叢刊審查委員會議，陳三井主持，出席者王壽南、朱重聖、玉法等。

六月二十六日，出席國科會人文及社會科學諮議委

員會第八十五次會議。

六月二十七日，與李雲漢受約至國父紀念館第二會議室複審《國民革命史話》一書。

六月二十七日，香港入出境加簽，效期至 1995 年九月二十七日。

六月二十八日，李金強自浸會大學來信，介紹其研究生侯勵英來近史所研究「郭廷以與南港學派」。

六月，參加高級中學歷史科課程標準修訂小組會議，擬訂高級中學選修科目歷史課程標準及高級中學世界文化史課程標準。

六月，為政大歷史研究所博士班出博士學科考試題目，「辛亥革命與近代社會」的題目是：一、試從社會革命的觀點論述辛亥革命的意義。二、論者謂 1895-1913 年間的中國，不僅進行政治革命，且進行文化革命，試說明之。「辛亥革命史研究」的題目是：一、試從各省區革命的情形，說明新軍在辛亥革命中的角色。二、說明 1911-1912 年間，中國政權轉移的經過，並說明其背景。「近代中國思想史研究」的題目是：一、「民本」、「民權」、「民主」、「民粹」的意義為何？試就中國近代史舉證說明之。二、試就清末民初的歷史，說明資本主義和社會主義在中國的消長。

六月，一至六月版稅：聯經，《歷史學的新領域》74 冊，1,665 元。東華，《中國現代史》上 254 冊，下 181 冊，合訂本 478 冊，共 19,474 元；《中國現代政治史論》

14 冊，504 元。

六月，近史所薪 87,890 元，扣所得稅 7,110 元，公教存款 4,000 元，房屋津貼 700 元，節賞 500 元，健保費 746 元，互助金 68 元，實領 76,258 元。

七月三日，旅行社代為向入出境管理局申請於 1995 年七月十六日至八月六日偕中文、孝寧、孝威赴大陸探親。時美金 900 元易人民幣 7,284 元。

七月五日，上午出席新聞局召開的學術專門著作出版補助決審會議，玉法主持。

七月六日，中央日報、聯合報報導，行政院長郝柏村為慶祝抗戰勝利暨臺灣光復五十年，擬建七七抗戰紀念碑，並經李登輝批准。此後兩日，立委對此事爭論不休。到 1996 年四月二十四日，紀念碑的預算由三億刪掉一億，台獨親日派反對也。

七月七日，上午出席中華軍史學會（宋長志）假三軍大學舉辦的「抗戰勝利五十週年紀念學術座談會」，討論抗日戰爭之戰略研究，討論綱要為：一、日本侵華起因與動機，二、各時期抗日戰爭指導，三、抗戰時期的外交與外援對抗戰的影響，四、華僑及臺籍同胞參與抗戰之貢獻。各部分引言人、評論人有蔣永敬、李雲漢、劉鳳翰、魏良才、張存武、陳三井等，另有軍中學者。玉法作總結。

七月八日，黃頌康自布魯塞爾來信，謝將「論費正清與中國研究」介紹給國史館刊發表，但望不要修改，並答應為中國現代史叢書寫《二十世紀中國思想啟蒙運動》。

七月十三日，近史所召開專刊審查委員會，審查張啟雄之專刊。

七月十三日，《中國時報》報導中研院同仁謀以自費建立學人社區，因預定地為水源保護區，不成。

七月十四日，近史所舉辦「近代中國婦女史學術座談會」，主持第三場會，由王德威、姜蘭虹、呂玉瑕報告。

七月十六日至八月六日，偕中文赴赴陝、甘、新旅遊。七月十六日，在中正機場國華人壽辦旅遊平安保險，孝寧為中文保二百萬元，孝威為玉法保二百萬元，保費皆六百三十一元。之後飛西安，由關杰安排，住西藏民族學院招待所。

七月十七日，關杰兄嫂自大連來西安，與會合。在中國銀行西安市分行換一千美金人民幣七千二百八十四元。

七月十七日，二哥來信，謂橋上張氏要修族譜，推兩位年逾八十的信堂、信友和我為榮譽主席，要我寫序和排輩份。

七月二十日，與關杰兄嫂租私家車自西安至延安，參觀歷史遺址，七月二十二日返西安。

二十二日晚，與關杰兄嫂乘火車赴蘭州，次日抵達，由西北民族學院接待。二十四、五日遊當地古蹟，與西北民族學院人員座談。

七月二十三日，下午華視視聽中心（欒錦華）舉辦「抗戰勝利紀念座談會」，主講者李國祁、魏良才、劉鳳翰。

　　七月二十六日，新聞局長胡志強發函各委員，感謝「八十四年度學術專門著作補助出版」審查工作，盼續支持。

　　七月二十六、二十七日，由西北民族學院派車自蘭州西行，經武威、張掖、嘉峪關至敦煌，遊沿途名勝古蹟。七月二十八日，由敦煌乘火車至烏魯木齊。

　　七月二十九日，下午國民中學歷史教科用書編審委員會第三次會議，李國祁主持。

　　七月，商務印書館結版稅：一至六月，《中國婦女史論文集》第一、二輯 58 冊，《先秦時代的傳播活動》17 冊，共 2,971 元。

　　八月一日，上午高中歷史課程標準修訂小組委員會議，呂實強、王曾才主持。

　　八月一日，和春專校歷史教學組來信，謂教學用我的《中國現代史》、《中國現代史略》、《中國近代現代史》等書，都只寫到 1949 年，希能向下補充，以利教學。日後各書乃有增訂本。

　　八月六日，自烏魯木齊偕中文經香港回臺北，次日關杰兄嫂自烏魯木齊回大連。

　　八月九日，菲律賓 National Commission for Culture and Arts 來信，邀請參加明年八月舉行的 International Conference on the Centennial of the 1896 Philippine Revolution and Beyond，婉拒。

　　八月十四日，下午中華齊魯文經協會假臺大校友會

館辦茶會，歡迎來臺訪問之青島科技協會交流訪問團，由李宗正、于宗先、崔中主持。

八月十六日，中山學術文化基金會（劉真）聘為第三十屆學術著作獎審議委員，審查呂芳上《從學生運動到運動學生》。

八月十九日，中午《中國時報》董事長余紀忠邀宴，討論資助陶涵（Jay Taylor）撰寫蔣經國傳記的事。

八月二十三日，二哥來信，謂族譜搜羅約二千五百戶、七千多人，前寄之二千美元已按戶分配。

八月二十五日，中國近代史學會（由政大歷史系發起創辦，推玉法為理事長）假聯勤信義俱樂部召開第一屆第四次會議，討論召開「近代史教學研討會」及出版《慶祝抗戰勝利五十週年研討會論文集》等事。

八月三十一日，下午出席抗戰勝利暨臺灣光復五十週年紀念碑建碑委員會第一次會議，行政院長連戰主持，出席者副院長徐立德、內政部長黃昆輝、國防部長蔣仲苓、立委陳水扁、黨史會主委秦孝儀、張玉法、漢寶德（藝術家）等。

八月，教育部學術審議委員會寄來八十四學年度學術獎候選人李炳南著作一件。

九月一日至三日，中國近代史學會假中央研究院學術活動中心舉辦「慶祝抗戰勝利五十週年兩岸學術研討會」，凡三日，開幕式由蔣永敬、李雲漢作專題講演，玉法於第三場 A 組（胡春惠主持）報告「抗戰時期的魯蘇戰

區」，張憲文評論；在第九場 B 組（張憲文主持）評論呂偉俊的「山東淪陷區研究」。大陸學者參加者有楊天石、馬敏、陳謙平、馬振犢、陳紅民、楊奎松等三十一人。

九月五日，上午中國歷史學會（李雲漢）第三十屆第四次理監事會在福華飯店舉行。報告事項：《史學集刊》第二十七期、《會訊》第五十二期，排校中。決議事項：一、李恩涵《北伐前後的革命外交》獲金簡獎。二、成功大學碩士論文〈宋代四川榷茶買馬政策研究〉、文化大學碩士論文〈宋代婚姻制度及其影響〉，獲李安史學研究獎學金。三、致函立法院，為「國家檔案法」催生。

九月五日，大陸反共作家高爾品（筆名辛灝年）自 New Jersey 來信，謂去臺灣時承鼓勵、叮嚀，至美後即努力寫書，四個月完成四十萬字。近哥倫比亞大學 Andrew Nathan 已請他去哥大訪問半年，期間並赴各地講演。彼肯定中華民國的歷史。

九月九日，《中央日報》長河版編者梅新假該報會議室召開「抗戰勝利五十週年的省思座談會」，邀請張玉法、呂實強、陳三井、陳永發、呂芳上、章開沅、張憲文、王學莊、陳鐵健、韓信夫、楊奎松參加，晚宴招待。

九月十一日，大哥來信，謂寄給他的三百美元，二哥已轉交。

九月十一日，殷志鵬自紐約來信，謂擬於十月九日返臺，到中研院一晤，代候張京育、沈大川。

九月十一日，與中文、陶英惠、張存武至劉安祺家

致祭。

九月十五日，鄭會欣自香港中文大學來信，感謝邀請去臺北參加研討會，明報出版社出版的《學鈍室回憶錄》香港已買不到，將複印寄上。

九月十六日，下午出席政大歷史系教授所發起的中國近代史學會籌備會第二次會議，討論通過組織章程（第一次籌備會推薦玉法為籌備委員，第二次籌備會後開會員大會，選舉理監事，並選舉玉法為理事長）。

九月十六日，《中央日報》發表對北京近史所楊奎松、韓信夫的訪問。楊以八年抗戰在世界上未受重視，西方學者未曾好好研究，國共戰爭、不能全力抗日是一大遺憾。韓信夫研究國民黨的敵後游擊戰，言史料缺乏，《山東文獻》作者趙國祥將其《山河劫》一書中寫山東游擊戰者影印寄贈之。

九月十七日，中國歷史學會舉辦第三十一屆會員大會，當選理事，選李雲漢為理事長。

九月十八日，上午赴三軍軍官俱樂部出席劉安祺將軍治喪會，並參加九月二十七日舉行的公祭。

九月十八日，晚七時哥倫比亞同學會第二屆第三次理監事會假敦化南路遠東關係企業貴賓廳舉行（玉法為監事），討論歡迎哥大校長來臺舉行歡迎會事。

九月二十三日，鍾淑敏自日本來片，附言暑假返臺，適我去東北，未得見。現正寫論文，希望明年三月完成。

九月二十五日，雪梨大學黃宇和來函，告知再向蔣

經國基金會申請補助（上次申請失敗），題目為「三民主義的思想來源」，學校出資五千美元，蔣基會補助三千五百美元。

九月二十六日，上午大眾傳播教育協會於臺大校友會館舉行「新聞理論中國化研討會」，參與者王洪鈞師、馬驥伸、杜維運、閻沁恆、皇甫河旺、玉法等。

九月二十八日，大二學生游仁林自板橋來信，問及《中國現代史》修訂版何時出版，並謂自上大學看了課外的八、九本書，有關歷史者有《歷史學的新領域》、《歷史講演集》、《辛亥革命史論》、《中國現代政治史論》。

九月三十日，《山東文獻》刊出公啟，為《山東文獻》二十一卷第三期出版「悼劉壽如將軍專號」徵稿（九月九日過世）。

九月，為政大歷史研究所博士班入學考試「辛亥革命與近代社會」出題，又為「中國近代思想史」出題，又為碩士班「辛亥革命研究」出題。是年博士班入學考試二十四人，包括王玉。

九月，來卡賀教師節者：朱瑞月、廖咸惠。

十月三日，下午出席中研院「全國人文社會科學發展評估會議」第二次籌備委員會議，副院長張光直主持，委員有李亦園、朱炎、杜正勝、陳三井、瞿海源、玉法等十九人。

十月十三日，唐寶林自北京近史所來信，謂已知其

《中國托派史》有兩篇書評在臺灣發表，擬在臺灣出版《中國托派資料集》四十至七十萬字，不知可否？回函唐寶林，資料集找不到出版社出版，將續刊王凡西對《中國托派史》的評論。

十月十四日，上午出席行政院召開的抗日戰爭勝利暨臺灣光復建碑委員會第二次會議，連戰主持。該委員會由行政院長連戰為主任委員，行政院副院長徐立德為副主任委員。委員有宋楚瑜、陳水扁、吳敦義、秦孝儀、玉法等二十人。決定依照碑址勘選小組之建議，以中山堂廣場為建碑地點，並提出紀念碑造形設計評審小組委員建議名單。

十月十八日，出席近史所專刊審查會議，審查張啟雄、蘇雲峰之專刊。

十月十九日，蔣經國國際學術文化交流基金會通知，已遷敦化南路葉財記世貿大樓辦公。

十月十九日至二十一日，國史館舉辦「中華民國史專題第三屆討論會」（抗戰建國暨臺灣光復），由館長潘振球召集，玉法主持第一場會，由蔣永敬、徐光明、朱文原報告。第四場評論傅應川「抗戰時期國軍游擊戰配合正規戰之戰略涵義」。

十月二十一日，鄉人周維亮來信，自願參加《民國山東通志》撰稿工作。

十月二十二日，上午至空軍官兵活動中心參加中國歷史學會（李雲漢）第三十一屆第一次理監事會議。

十月二十二日，下午受邀至國軍藝術中心觀賞周澄的畫展。

十月二十三日，下午出席三民主義統一中國大同盟在中泰賓館舉行之籌備會，討論派員出席北京第二屆海峽兩岸中山先生思想學術研討會事。

十月二十四日，贛南師院教師方世藻來信，謂該校於 1992 年創辦蔣經國研究所，望有機至近史所訪問。

十月二十七日至二十九日，中研院與臺大、政大、師大、清華在中研院舉辦「人文社會科學發展評估會議」，由副院長張光直召集，有十四個學門報告，共分七場，玉法主持第七場會，由許倬雲、杜維明專題講演。

十月二十八日，上午中華軍史學會召開第一屆理監事第三次聯席會議，討論經費、預算及籌辦「誓師北伐七十週年紀念學術座談會」案。該會理事長宋長志、副理事長秦孝儀，理事瞿韶華、李雲漢、張玉法、邵玉銘、陳三井等十二人。

十月二十八日，尹德民自高雄市政府民政局來信，響應修《民國山東通志》，並建議寫山東大事記。

十月二十八日，李治亭自吉林社科院來信，謂感謝託解學詩自臺灣帶給他們的衣物，並感謝在家中招待解。又謂中共對臺軍演打炮，只是警告台獨，不會打仗的。

十月三十日，收到中山學術文化基金會學術著作審查費四千五百元。

十月，聊城師範學院歷史系召開海峽兩岸傅斯年研

討會。

十一月一日，晚至遠東大飯店出席哥大同學會舉辦的歡迎哥大校長 George Rupp 等四人來臺訪問晚宴。

十一月一日，呂芳上自英倫來信，報告彼處對中國近代史研究的狀況，認比美國為弱。

十一月二日，近史所召開許文堂續聘小組會議。

十一月三日，黨史會邀請從事口述歷史工作的各機關於陽明山中國大飯店舉行第五屆全國口述歷史工作會議。口述歷史，約在 1959 年由近史所自哥倫比亞大學引進，此後臺灣各史政機關從事口述歷史者漸多。玉法任近史所長時，開首屆全國性的口述歷史工作會議，時有國史館、黨史會等單位參加。此次會議參加者除主辦單位黨史會外，有近史所、國史館、臺灣史研究所籌備處、國防部史政編譯局、臺灣省文獻委員會、臺北市文獻委員會、高雄市文獻委員會等單位，由所長陳三井代表近史所參加，玉法時為中國近代史學會理事長，亦參加此次會議。

十一月三日及十一月十日，國科會寄來專題研究計畫研究成果審查案各一件。

十一月四日，孫英善自美國來信，提到賈祥久師過世、莊惠鼎被關、孝威將於十二月赴美會女友等事。

十一月九日，史錫恩自司法院來函，談為《山東文獻》寫劉安祺將軍紀念文事。

十一月十日，李俊熙自韓國來信，謂回國兩個月尚未找到工作，論文已照諸師的意見修訂。

十一月十二日，黃頌康自比利時來信，感謝介紹其所撰費正清一文於《國史館館刊》發表，惟請告訴國史館暫勿寄稿酬，要看發表時原稿有無改動再說。嗣讀到發表之稿，表示樂意接受稿酬。按：黃為六四後留比利時不歸的學者，深怕國史館刪改其文。

十一月十三日，黃頌康自比利時來信，謂已收到《國史館館刊》第十八期，感謝為其發表之稿修改詞句。擬將《五四遺產與中國民主進程，1915-1989》英文版改寫為中文。

十一月十五日，王業鍵自美國來函，擬提郝延平為院士候選人，請列名提名人，應之。

十一月十七日，付凱悅飯店五萬元訂金，備明年三月二日孝寧結婚回國宴客。

十一月十七日，國科會寄來研究計畫審查案二件。

十一月二十日，林德政申請升等副教授著作「光復前臺籍抗日志士在閩粵的活動」審查完畢。

十一月二十日，張馥寄來碩士論文撰寫進度表一紙。

十一月二十八日，審查蘇雲峰專刊《從清華學堂到清華大學》提出若干意見，蘇於十二月二十日提出答辯。

十一月三十日，岳祖李良材過世，享年九十七歲。晚與中文赴加州，主持孝寧文定（十二月二日）。

十一月，山崎純一來信，謝贈其《近代中國婦女史研究》第三期。

十二月一日，Tim Wright 自西澳洲 Murdoch University

　　來信，謂三年一任的文學院長已做了一年，所寄《近代中國史研究通訊》讓他了解近史所的研究情形。

　　十二月八日，前此參與新聞局學術專門著作補助出版審查決定之十本書，已出版《歷史社會學》、《印度哲學史》等四種。

　　十二月八日，澗頭集鎮中心小學來信，感謝旅臺同學捐贈獎學金美金一千二百元，兌換人民幣 9,154 元，獎勵老師及學生 6,250 元，餘 2,904 元留作購買設備和器材，由夏有雨出名。

　　十二月九日、二十二日，國科會寄來八十四年度第一期研究獎助申請案各二件。

　　十二月九日，下午蔣經國基金會舉行八十四年度國內地區諮議委員會第一次會議，初審八十四年度國內申請案。

　　十二月十日，下午出席在福華飯店召開之中國歷史學會第三十一屆第二次理監事會，選出金簡獎評審委員、史學研究論文評審委員、李安史學研究獎學金評審委員、史學集刊編輯委員。

　　十二月十日，文化大學上校教官谷祖盛來函，要求協助其編寫大專軍訓課戰史教科書。按：谷教官，玉法前在政治作戰學校政治研究所教課時曾受業。

　　十二月十二日，韓國留學生朴宣泠來賀卡，謂正寫博士論文，並謂九一八事變後蔣介石準備抗日，曾發文件給臺灣國民黨支部（行政院民國二十年九月二十五日密件）。

　　十二月十二日，陳正國自英國來信，謂十月入愛丁堡大學，研究蘇格蘭啟蒙，注重個體。

　　十二月十三日，上午近史所一般近代史組舉行組務會議。

　　十二月十三日，維也納大學漢學系教授 Erich Pilz 來信，介紹其學生來臺灣研究 1949 年隨蔣介石來臺灣的外省人和他們的經歷見聞。

　　十二月十三日，下午國史館假福華飯店召開國史館顧問暨史料審查委員會議，館長潘振球主持。出席者宋晞、李國祁、李雲漢、張玉法、陳三井、劉鳳翰、蔣永敬、朱重聖等，討論《革命開國文獻》、《民初時期文獻》編纂計畫。

　　十二月十六日，韋慕庭師來賀卡，談到 1961 年在近史所第一次遇到我（應屬誤記，我 1964 年始至近史所），並談到我去他的 Pleasantville 家拜訪，又談到來臺北時中文做菜給他吃，並見到孩子們。

　　十二月十七日，出席「山東人在臺灣」叢書編輯委員會第三次會議，孫震主持。

　　十二月十八日，致函西澳洲 Murdoch University 文學院 Tim Wright，謂過去七年，訪大陸七次，買了許多書回來，並告以年輕一代大陸學者已擺脫意識形態研究歷史，且已有很好的成究。

　　十二月二十日，郝延平自田納西大學來信，受黎志剛之促，發起編論文集為劉廣京先生祝壽，望寫論文，並謝

為彼連署選院士。

十二月二十日，贛南師範學院方世藻來信，希望在香港或臺灣召開蔣經國研討會。

十二月二十一日，上午出席近史所所務會議，討論張啟雄升研究員、許文堂聘為助理研究員，通過。

十二月二十一日，下午臺灣師範大學歷史研究所李惠珠〈毛澤東與馬克斯主義中國化〉碩士論文發表會。

十二月二十二日，《當代中國》主編趙穗生來信，謂其博士論文即將由夏威夷大學出版，謝謝前此的指導。

十二月二十六日，上午近史所召開專刊審查會議，審查王爾敏、蘇雲峰之專刊。

十二月二十六日，所長陳三井發函同仁，請祕薦副所長人選。

十二月二十六日，鍾淑敏自日本來信，謂明年二月底博士論文可以口試完畢，回臺找工作。

十二月二十七日，韓國留學生朴貞薰來賀卡，告以上月去南京大學找論文資料，遇姜文求，知我曾去南京大學。又謂張憲文為寫介紹信，至南京大學圖書館、南京圖書館找資料，之後擬去臺灣黨史會找資料。

十二月二十八日，Raul Bhushan 自印度德里來信，並附玉法英文小傳，謂擬編入新版 *Reference Asia: Asia's Who's Who of Men and Wemen of Achivement*。

十二月二十九日，貴州省社會科學院馮祖貽來信，感謝邀請參加「抗戰勝利五十週年研討會」，擬提論文

「抗戰期間內遷民眾與西南社會發展」。

十二月二十九日，受聘為中國歷史學會第八屆金簡獎評審委員。

十二月，為國科會審查研究獎助申請案一件。

十二月，為《人文及社會科學教學通訊》審查論文一篇。

十二月，來卡賀年者：曹志鵬（美）、曾憲林（湖北）。

是年，與張瑞德編輯「中國現代自傳叢書」，由龍文出版社出版。

是年，主持中國近代史學會第一屆第二次理監事會，討論召開「慶祝抗戰勝利五十週年學術討論會」事宜。

是年，商務印書館結版稅：一至六月，《中國婦女史論文集》第一輯 29 冊，1,370.28 元；第二輯 29 冊，1,213.65 元。《先秦時代的傳播活動》17 冊，386.70 元。七至十二月，《中國婦女史論文集》第一輯 46 冊，2,173.5 元；第二輯 38 冊，1,590.30 元；《先秦時代的傳播活動》125 冊，2,463.5 元。

是年，一至五月月薪：薪餉 42,170 元，專業補助費 45,660 元，水電費 60 元，房屋津貼 700 元，扣所得稅 7,110 元，眷保 1,604 元，互助金 68 元。九至十月月薪：薪餉 44,300 元，專業補助費 47,710 元，水電費 60 元，房屋金貼 700 元，扣所得稅 7,110 元，眷保 1,492 元，互助金 68 元。

是年至 1998 年，參與行政院「抗戰勝利暨臺灣光復五十周年紀念碑建碑委員會」工作。

1996 年（民國八十五年）

是年六十二歲，參與抗日戰爭勝利暨臺灣光復紀念碑
建碑委員會，參與二二八事件紀念基金會，當選評議員，
捐助朱雲影基金會，捐助吳大猷基金會，偕中文去曲阜參加
學術討論會並在曲阜會大哥、二哥，推動劍橋中華民國史
翻譯，橋上張氏修族譜，劉廣京同意將近二百年中國史
分為晚清、民國、人民三冊，孝寧與雷弟結婚。

一月四日，劉祥光自紐約來信，謂五月能拿到博士
學位，即回國找事，建議先與各大學聯絡。

一月八日，為國立中山大學《中山人文學報》審稿
一篇。

一月八日，下午一位奧地利研究生來訪。

一月九日，上午近史所開全球資訊網（World Wide
Web）班，玉法等十六人參加，四月的第二班亦十六人
參加。

一月九日，在南京大學讀博士的韓生姜文求來近史所
研究二週。

一月十日，劉廣京自加州大學來信，謝支持郝延平選
院士，近二百年中國史晚清部分恐推遲，囑我與陳永發之
書先出版。又謂為國史館所撰之《中華民國史社會志》是否

能改為《近代中國社會史》單獨出版？次日又來信，謂近二百年中國史完成後，可計畫出版近二百年中國史學史。

一月十二日，上午中華軍史學會於市立圖書館舉行成立週年大會。

一月十七日，下午中華齊魯文經協會假臺大校友會館召開理監事會議，李宗正主持。

一月十八日，上午近史所召開專刊審查會議，任召集人，審查王爾敏、蘇雲峰之專刊，通過出版王爾敏之《明清時代庶民文化生活》。

一月二十五日，趙樹好自聊城師院來信，謂寄贈之《山東文獻》一至二十卷已收，不知寄去之《山東通史》十冊及《民國山東史》一冊收到否？另希望購一套《河北文獻》和《遼寧文獻》。

一月，東華書局結版稅：去年七至十二月，《中國現代史》上 1,149 冊，《中國現代史》下 1,025 冊，合訂本 774 冊，共 52,108 元；《中國現代政治史論》38 冊，1,900 元。去年一至十二月，《中國近代現代史》13,423 冊，《中國現代史略》1,920 冊，共 429,799 元。

一月，商務印書館結版稅：去年七至十二月，《先秦時代的傳播活動》125 冊，《中國婦女史論文集》第一、二輯 84 冊，共 6,227 元。

一月，是月至十二月，聯合報系每月寄諮詢費五千元。

二月一日，六十二歲生日。

二月一日，Tim Wright 自西澳洲 Murdoch University

　　來信，謝贈近史所經濟檔案指引，並謂近將去杭州，之後回英探親。

　　二月二日，杭州繆進鴻來信，謂要驗證二十一世紀為中國人的世紀，寄來「十八世紀以來中國太湖流域與英國蘇格蘭人才比較研究」。

　　二月四日，傅樂銅自聊城大學來信，謂參加臺大等辦的傅孟真百年紀念會，得相識，聊城正籌建傅斯年陳列館。

　　二月五日，與中文赴洛杉磯主持孝寧婚禮，十三日返臺。

　　二月五日，大哥來信，謂二哥已將橋上新修的族譜帶給他。

　　二月十日，臺大人口研究中心中國婦女研究室張珏來信，邀請參加「中國婦女與兩性史學術研討會──先秦兩漢魏晉南北朝時期」。

　　二月十日，孝寧與雷弟在洛杉磯結婚，晚在北海漁村宴客十五桌。

　　二月十一日，孔憲鐸自香港科技大學來信，謝我介紹丁邦新至科大，並寄來一篇「六十自述」。

　　二月十三日，周美華自國史館來信，回憶當年上課的日子，以玉法不再收學生（指導論文）為憾。

　　二月二十五日，蔣經國基金會寄來研究計畫審查案一件。

　　二月二十七日，出席中華軍史學會第一屆理監事第

四次聯席會議。

二月二十八日，趙樹好自聊城大學來信，謂收到所贈《東北文獻》一套，請續找河北、天津文獻，並寄來書單一紙，讓我勾選，以便購贈作為回報。

二月二十八日，二哥來信，謂橋上張氏族譜印四百套，託喻成帶給我一套。

二月，廖咸惠來信，感謝為其證婚，並謂會參加孝寧的婚禮。

二月，王壽南、任育才、王曾才、葉明、林明仁等來信，不克參加孝寧婚宴。

二月，劉廣京自加州大學來信，同意將近二百年中國史分為晚清、民國、人民三冊，各約四、五十萬字，但主張書稿由三人互閱，不必請何炳棣、余英時等審查。

二月，聯經結版稅：去年七至十二月，1,800 元。

二月，近史所發年終獎金 138,015 元。

三月四日，《河北文獻》社郭士明來信，希望互贈所出版的文獻一套。

三月五日，晚院長李遠哲假凱悅飯店宴院士、評議員、所長。

三月七日，抗日戰爭勝利暨臺灣光復紀念碑建碑委員會召開第三次會議，委員二十人，出席者僅黃昆輝（內政部長）、秦孝儀（故宮博物院長）、張玉法、鍾榮吉、陳豫、屠國威六人，另代者五人。就入選之十種設計圖討論，並擬具抗戰勝利史料展示館小組委員：國史館長潘振

球、黨史會主委李雲漢、史政編譯局長傅應川、臺灣省文
獻委員會主委謝嘉梁、臺灣藝術學院籌備處主任漢寶德、
張玉法。潘振球為召集人，玉法為執行祕書。

三月九日，唐寶林來信，並寄來《陳獨秀研究》數
本，問是否可以在臺灣發售。

三月十一日，新任臺灣省文獻委員會主委謝嘉梁來
信，望續對文獻會的工作支持。

三月十二日，山東大學歷史系路遙致長函給呂實強，
謂山東省幾年前成立「山東省華夏文化促進會」，係非政
府組織，玉法既為院士，又為中國歷史學會會長，可否率
團與之交流。

三月二十二日，朴宣泠自南京大學來信，謂最近大陸
對臺灣的威脅不知臺灣的反應如何？她站在臺灣的立場，
替臺灣說了一些話。

三月十二日，中華軍史學會（宋長志）召開「紀念
北伐七十週年研討會」，籌備委員有傅應川、朱重聖、張
哲郎、王仲孚、玉法等。

三月二十五日，楊展雲校長函魏棣九，謂《山東文
獻》的創刊發議於中研院三數位同鄉。

三月二十六日，商務印書館結版稅 5,604 元。

三月二十七日，清華大學歷史所傅大為轉來旅英托
派人物王凡西（本名王文元，筆名雙山）的信，對托派的
主張有所說明。

三月三十日，中研院寄來院士證一張，有在本院借閱

圖書及免費停車之權利。

三月，近史所薪水單：每月總計 92,070 元，扣所得稅 6,670 元，公教存款 4,000 元，住宿舍 700 元，自提儲金 2,481 元，眷保費 2,337 元，互助金 68 元，節賞 500 元，康樂費 20 元，實發 75,294 元。

四月一日，院士選舉第十六屆評議員，至四月十六日由李登輝總統核定，人文組有李亦園、于宗先、丁邦新、玉法等十二人。

四月一日，聯合報系寄來諮詢費 5,000 元。

四月五日，國科會寄來研究計畫申請審查案十件。

四月六日，呂芳上自英倫來信，謂倫敦大學歷史系的 R. G. Tiedemann 研究 1868-1900 年的山東動亂，有幾篇論文送給我，將交至倫敦遊歷的陳愛華帶交。

四月七日，行政院抗日戰爭勝利暨臺灣光復紀念碑建碑委員會舉行第四次會議，由副主委徐立德（主委連戰）主持，委員高魁元（國防部長）、宋長志（海軍總司令）、黃昆輝（內政部長）、宋楚瑜（臺灣省長）、陳水扁（立法委員）、秦孝儀（黨史會主委）、漢寶德、朱銘、玉法等二十人，討論建碑圖甄選等事，玉法未出席。

四月九日，上午近史所召開第九屆研究人員聘任審議委員會議。

四月十一日，聯經公司結版稅：去年七至十二月，《歷史學的新領域》75 冊，1,688 元。

四月十二日，行政院抗日戰爭勝利暨臺灣光復紀念碑

建碑委員會聘為「抗戰史料展示館」先期規劃小組委員。

四月十五日，文化大學寄來博士生李仕德論文〈英國與中國外交關係（1929-1937）〉審查費 1,000 元。

四月十五日，唐寶林來信，謂其《中國托派史》指明托派為非，引起托派反擊，在意料中。《中國近代史研究通訊》登了他的公開信，也登了王凡西的公開信，很好。誰是誰非，自有公論。

四月十六日，李雲漢來信，謝參加其《史學圈裡四十年》新書發表會。

四月十七日，下午行政院抗日戰爭勝利暨臺灣光復紀念碑建碑委員會召開第四次會議，討論紀念館造形設計入選前三名優劣。

四月二十日，上午抗戰勝利史料展示館先期規劃小組第一次委員會假行政院召開，潘振球主持，委員李雲漢、傅應川、漢寶德、玉法等八人。

四月二十五日，玉法在近史所討論會報告「抗戰勝利前後國共在山東地區的軍事對抗（1945.8-1947.1）」。

四月二十六日，下午出席《俞大維年譜長編》第三次編纂會議，委員有蔣永敬、周惠民、張玉法、張瑞德等十人，就體例、字數、用語等有所討論。

四月二十九日，大連民族學院關來杰信，謂正安排西北部旅行。

五月二日，近史所召開所務會議，討論學術發展委員會設置辦法。

　　五月三日，中研院聘為人文組特聘研究員審查委員，另有李亦園、朱炎、麥朝成、張以仁、章英華、葉永田、郭宗德、黃寬重。

　　五月三日，中國社科院經濟研究所許檀來信，謝贈山東現代化一書，並告知大陸學者研究山東的情形。

　　五月九日，北京近史所劉敬坤來函，委託楊天石代領南天書局《劍橋中華民國史》（上冊）譯費，勿寄，寄會收所得稅 30%。

　　五月十日，李雲漢來信，謂五月二十六日開始的講演會，主持人及四位講演人皆山東籍，真乃山東幫。玉法於二十六日講「歷史教育的回顧與展望」。

　　五月十日，劉廣京自加州大學來信，謂六月二十四日到臺，即讀近二百年史我與陳永發所寫之稿，並欣喜我加入評議會。

　　五月十一日，張聰（大哥之子）自上海來信，希望我投資為他開藝術公司，未應，勸他一步一步做起。到 1998 年四月七日來信時，已在寧波開了明州藝術公司，專做雕塑，為凱都酒店做了羅馬戰車，高三米，長六米；為梁祝公園塑了梁山伯和祝英台，高一米。甚慰。

　　五月十四日，教育部人文及社會學科教育指導委員會寄來《人文及社會學科教育之趨勢》書稿審查，係呂實強、李國祁等十篇講稿。

　　五月十六日，臺北固地文化出版社主編張玉欣來信，謂原谷風出版社出版的《風起雲湧的女性主義批評》，收

入我的文章。今固地出版社擬再版（谷風已倒），改名
《尋回失落的伊甸園：女性主義批評在臺灣》。

五月二十日，新聞局發函各諮詢委員，新聞局獎助
出版之書已有九本，委員有傅培榮、許嘉棟、玉法等十
二人。

五月二十一日，王爾敏自香港來信，介紹重慶師專講
師白中銀「晚清外聘人才」一稿，望能刊於近代中國史學
會的《近代中國史研究通訊》。

五月二十六日，上午中國歷史學會（李雲漢）假市立
圖書館舉行專題講演，第一場由杜維運主講，第二場玉法
主講「歷史教育之回顧與展望」。

五月二十七日，應中央大學歷史系之請，審查張憲文
《蔣介石評傳》：對平定商團、東征及北伐初期持肯定
態度，其後則批評蔣的反共立場，惟認蔣為民族主義者，
堅持抗日。可聘為客座。

五月二十七日，下午中國近代史學會假江浙滿福樓
召開第一屆第五次理監事會議，討論出版《慶祝抗戰勝利
五十週年研討會論文集》事。

五月二十七日，上午至第一殯儀館臨瞿韶華館長之喪。

五月二十八日，下午師大歷史研究所碩士生鍾豔攸
論文口試，委員另有李國祁、林滿紅。題目：「政治性移
民之互助組織：臺北市外省同鄉會」。

五月二十八日，郝延平自田納西大學來信，約為劉廣
京先生祝壽論文集寫文，下限為五四運動。

五月三十日，下午師大歷史研究所碩士生彭明華論文口試，委員另有李國祁、呂實強。題目：「民初的社會控制（1912-1928）：以四川省防制土匪為例」。

五月，哈佛大學研究員 Jay Taylor 來臺訪問，為寫蔣經國傳，約時見面。

五月，《山東流亡學校史》出版，函各方購閱。

六月一日，贊助師大朱雲影師基金會新臺幣一萬元。

六月六日，聯合報載，大陸的中華工商聯合出版社出版《中國可以說不》，強烈反西方、反美，該書由五位年輕新聞工作者所寫。

六月六日，下午師大歷史研究所碩士生趙淑萍論文口試，口委另有張春興、張瑞德。題目：「民國初年的女學生（1912-1928）」。

六月十日，山東師大安作璋初次來信，聞我將於《山東文獻》為其所編的《山東通史》寫書評，寄書一套（前此趙樹好已寄一套），並希望回贈一套《山東文獻》，又謂山師大於 1993 年成立山東地方史研究所。

六月十日，近史所一般近代史組召開組務會議，陳存恭主持，討論研究成果。

六月十一日，上午師大歷史研究所碩士生周佳豪論文口試，口委另有李國祁，王樹槐，題目：「天津商會研究」。

六月十二日，聊城師大傅樂銅來信，謝贈《山東文獻》，並謂該校於五月二十日、二十一日召開「海峽兩岸

傅斯年百齡研討會」，並建傅斯年陳列館。

六月十二日，上午國立中正大學假臺北聯絡處召開歷史系主任遴選第二次會議，由院長莊雅州主持。出席者張玉法、閻沁恆、雷家驥、龔鵬程、王成勉，候選者毛漢光。

六月十三日，下午師大歷史研究所碩士生李慧珠論文口試，考委另有李國祁、陳永發。題目：「馬列主義在中國（1927-1946）：以毛澤東為中心的研究」。

六月十六日，王衍豐自 N. H. 來信，謂收到棗莊圖書館捐書的信，鄧明臣回彼信，任何捐書寄到香港，由香港至棗莊的運費由他負責。

六月十七日，捐助「吳大猷先生學術基金會」新臺幣一萬元。

六月十八日至三十日，休假與中文赴美。

六月二十日，黃宇和自雪梨來信，謂已獲得蔣經國基金會給予三千五百美元資助，將英文版的孫中山研究改寫為中文版。

六月二十日，唐寶林寄來其友汪佩偉的《江亢虎評傳》，回函謂不擬在臺灣出版。

六月二十一日，鄉人王秀庭著《中庸辨》自南投寄來，望《山東文獻》社代售，謂目的在宏揚人道，非為謀利也。

六月二十五日，龔瑞自臺北寄函李遠哲，引李敖語，批評中研院浪費公帑，出版二二八的假史料，無視本省人打殺外省人之事，應請李敖重寫二二八報告。

　　六月二十六日，龔瑞剪寄李登輝反中言論，附言李敖之言說李遠哲不支持研究抗戰史（玉法按：並無其事），謂李遠哲是支持李登輝的政策。若如是，統一臺灣的戰爭就成為抗日戰爭的延續。

　　六月二十七日，聯經公司寄來審稿費五千元。

　　六月三十日，中國名人傳記中心來函，徵求《中華民國名人錄》資料。

　　六月，國史館寄來《民初時期文獻》審稿費一萬八千元。

　　七月二日至六日，中研院舉行第二十二次院士會議。

　　七月五日，董延齡寄來《白色恐怖祕密檔案》一書的四頁，寫蔣經國接掌特務後，保密局負責大陸工作，臺灣島內由保安司令部和調查局負責，另設國安局統轄。

　　七月八日，郝延平來信，謝提名並選其為院士的事。

　　七月八日，上午師大歷史研究所碩士生張馥論文口試。

　　七月九日，偕中文飛濟南轉曲阜，參加中國社會科

遊山西五台山

學院與中流基金會（胡佛）合辦的「海峽兩岸弘揚中華文化傳統研討會」。結束之後，主辦單位安排與會學者遊曲阜、泰山、鄒縣（孟子故鄉）。之後與中文赴北京會李治亭兄嫂，同遊呼和浩特、大同、太原、西安，一切參觀、遊覽由治亭聯絡友人安排，費用由玉法負擔，共約支人民幣二萬元。二十七日返臺。

七月二十三日，國科會寄來審查件：凌林煌「曾國藩幕府之研究」研究計畫。

七月二十七日，郝延平、陳三井擬編《中國近世之傳統與蛻變》一書，廣向學界徵求文稿。

七月三十日，聯經公司寄來審稿費五千元。

七月三十一日，吳大猷院長發通函，謝於院士會議時期為其過九十壽。

七月，本月號《新聞天地》有文，因批評劉安祺在其口述歷史中有誇大、有掩飾，而批評到近史所的口述歷史工作和我。

七月，商務印書館結版稅：一至六月，《中國婦女史論文集》第一、二輯49冊，《先秦時代的傳播活動》9冊，共2,035元。

七月，東華書局結版稅：一至六月，《中國現代史》上210冊，《中國現代史》下193冊，合訂本190冊，共12,430元；《中國現代政治史論》312冊，15,600元。

七月，是月薪俸45,640元，專業補助費48,600元，水電費60元，扣所得稅6,670元，公教存款4,000元，房

屋津貼 700 元，自提儲金 2,556 元，健保費 2,337 元，互助金 68 元，實發 78,029 元。

八月五日，中山學術文化基金會（劉真）聘為第三十一屆中山學術獎評審委員。

八月六日，陳祚龍自法國來信，希望能將所贈《山東文獻》補齊。

八月九日，偕中文去曲阜開會，因計畫會後去內蒙旅遊，約大哥、二哥等於十日至曲阜會面。

八月十日，吳成文發通函，報告與吳院長祝九十壽，國內外捐款美金 37,350 元，新臺幣 445,352 元。

八月十三日，下午新任副院長楊國樞假檔案館與近史所同仁座談。

八月十四日，中山學術文化基金會寄來莊政《孫中山的大學生活》，盼一個月內審畢。

八月十四日，致函 C. Martin Wilbur 師，告知其自傳 China in My Life 充滿愛，同時告訴他近與中文遊內蒙、山西、河南，現正結合學者編寫《民國山東通志》。

八月十五日，賈士衡自克羅拉多來信，謂離臺後在美大半以譯書為業，1994 年因撰我的《辛亥革命史論》文摘，對該書甚有興趣。

八月十九日，吳大猷院長題贈其八月十七日在聯合報發表之「近數百年我國科學落後西方的原因」一文。

八月二十日，韋慕庭師回信感謝，並鼓勵我的學術志業。

八月二十一日，參加近史所安排的電腦班。

八月二十二日，二二八事件家屬張鄭格致書二二八紀念基金會董事長張京育、董事玉法等，提出申訴。

八月二十四日至二十六日，華僑協會在近史所舉辦「華僑與辛亥革命研討會」，主持一場會，李恩涵、桑兵報告論文。

八月二十九日，上午近史所所務會議選楊翠華、王樹槐、張瑞德、陳永發、玉法為聘審小組委員。

八月三十日，劉廣京自夏威夷大學來信，談我與陳永發的書先出版的事，謂九月五日回加州後即審閱兩書稿。

八月，繆進鴻自杭州轉來致陳三井、李遠哲的信，謝謝支持其東南人才的會，並提出建議出席人數名。

八月，近史所薪水由 92,070 元調整為 94,360 元。

九月一日，近史所訂出學術報告輪序表。

九月九日，下午中國歷史學會假空軍官兵活動中心召開臨時理監事會議，討論第八屆金簡獎有關事宜。

九月十日，中國歷史學會理事長李雲漢發通函，第三十二屆會員大會在近史所舉行。

九月十日，聯經結版稅：一至六月，1,013 元。

九月十二日，吳翎君自花蓮師院來信，謂在花蓮工作是為了陪父母，不會忘記研究。

九月十二日，上午出席所務會議。

九月十五日，出席中國歷史學會會員大會，當選理事。

九月十九日，審閱陳永發《近二百年中國史：中共

篇》，最大的問題是跳躍式的敘述，缺少年代連繫。

九月二十日，為救濟賀伯颱風之災，捐款三千元。

九月二十日，北京臺灣經濟研究中心王勝泉覆我六月十三日的信（彼數月不在北京），談籌辦中國現代化的區域發展研討會事。

九月二十一日，賓州 Gettysburg College 中國史教授 J. Megan Greene 來信，謂擬於下屆亞洲學會組一個 panel，討論中央研究院的政治角色，由 William Kirby 主持，與談人張朋園、張玉法和他的學生 Chen Shiwe（正在研究中央研究院）。

九月二十二日，出席中國歷史學會理監事會議。

九月二十四日，吳相湘函玉法、陳三井，聞二人將至中山市參加孫中山一百三十週歲誕辰紀念國際學術研討會，彼亦計畫參加，盼鼓勵蔣永敬、李雲漢同來。

九月二十六日，政大三民主義研究所教授邵宗海來信，謂彼為中華民國世界和平教授會（Professor's World Peace Academy of R. O. C.）人文社會科學召集人，擬於十一月十六日舉行座談會，婉拒。

九月二十九日，李又寧自美國聖約翰大學來信，謝贈自傳叢書，並告知明年擬開留美一百五十史研討會。

九月三十日，孫英善自洛杉磯來信，謂自臺北回美一個月，在臺看到政界百態，包括學者從政之士。又謂明年為員林母校五十年校慶，同學們是否回校一聚。

九月三十日，鄭會欣自香港來信，感謝安排參加去年

　　九月的抗戰勝利五十週年研討會，現正開始撰博士論文，
十二月中旬擬去臺大訪問研究。十一月十五日又來信，謂
十二月至臺大報到後即至近史所看書，已為我購《中國家
庭》、《新儒學》、《中國社會》、《中國的石器時代》
等書。

　　九月，朱高影來卡賀教師節。

　　十月二日，政大歷史研究所聘為碩士班研究生資格考
命題委員。

　　十月三日，國史館將玉法之文〈關於辛亥革命的一些
統計研究〉、〈興中會時期的革命宣傳〉和〈同盟會時代
的革命宣傳〉編入《革命開國文獻》，每篇並付轉載費二
萬元。

　　十月四日，姜文求自南京大學來信，謂論文資料尚缺
1940 年代浙江省地方政權組織史料，請協助；論文題目
定為「1927-1937 年浙江省農村建設」。十一月二十日，
來信謂寄去的資料已收到。

　　十月十五日，李定一自加拿大來信，感謝代訂花籃
弔唁友人，寄來支票一百美元，因未兌現，到十二月一日
來信，又託朋友送人蔘。

　　十月十日，北京近史所劉大年邀請參加 1997 年七月
舉行的「七七事變六十週年研討會」。

　　十月十六日，國史館長潘振球來函，催交前為該館
所寫「中華民國史社會志」。

　　十月十九日，上午出席國民中學歷史教科用書編審委

員會第四次會議，李國祁主持，出席者王仲孚、王壽南、王德毅、玉法等，討論國民中學歷史科各冊教科書編輯過程及進度。

十月二十一日，致函哈佛大學燕京圖書館吳文津：近史所擬出版胡適與楊聯陞往來書信，但複印本不清楚，可否將此資料製成微卷賜下？

十月二十四日，鄭會欣自香港中文大學來信，擬於十二月十五日至近史所訪問研究，修訂「中國建設銀公司及其經營活動（1934-1937）」。

十月二十四日，下午受邀於西華飯店參加許介鱗的《戰後臺灣史記》新書發表會，許自許為「台史公」。

十月二十四日，晚至寧福樓參加張佛千發起的宴會，祝賀劉紹唐辦《傳記文學》三十五年榮獲國家文藝特別貢獻獎。

十一月四日，請林能士以中國歷史學會（玉法為理事長，能士為祕書長）名義，發文行政院，略謂：行政院於去年編列預算，籌建抗戰勝利暨臺灣光復紀念碑，並附設紀念館，以展覽有關事蹟。嗣因預算為立法院刪減（時行政院長連戰軟弱，內政部長黃昆輝不堅持立場，立法委員有台獨親日派。猶記：黃昆輝語我曰：為什麼要堅持建紀念碑？余曰：部長！是你們行政院請我來的，你們不建，把委員會解散就是了！），明年為七七抗戰六十週年，請行政院速補編預算，俾建碑工程得以完成。

十一月四日，所長呂芳上擬近史所徵才稿，請我過

目，擬刊於《中研院週報》（依規定，用人需公開徵求）。

十一月四日，為史語所審查宋光宇「二十世紀宗教團體的社會事業——以世界紅十字會為例」。

十一月六日，張啟雄自東京來信，謂七年前今日，我讓黃福慶寫信給他，問他是否申請近史所的工作，轉眼已七年，特函致意。

十一月十二日，教育部學術審議委員會來信催交大專教師資格審查案一件。

十一月十五日，孫英善自洛杉磯來信，希能呼籲為澎湖冤案平反，比照二二八事件賠償。

十一月二十三日，張大軍自臺中來信，謂數年來寫新疆現代史，至 1985 年止，已完成四十餘冊。有維族同胞 Kahar Barat 自中研院寫信給他，回函盼轉交。

十一月二十五日，中國近代史學會來函，擬於 1997-1998 年召開港澳與近代中國學術研討會，請為籌備委員。

十一月二十七日，校友黃字自員林崇實高工（實中）來信，謂校史館已重建，謝贈《山東流亡學校史》和《山東人在臺灣：教育篇》。

十一月二十九日，行政院大陸委員會張京育來函，中國歷史學會擬於明年舉行七七抗戰學術研討會，要求補助一事，因事在下年度，請屆時再申請。

十一月二十九日，劉廣京自加州大學來信，謂正閱我與永發的書稿，建議我加寫經濟、文化部分。

十一月，教育部學術審議委員會寄來賴澤涵學術獎

候選人著作，請於十二月三十一日以前審畢。

十二月三日，韋慕庭師來賀片，告知明年七月與夫人
Kay 過結婚六十五週年。

十二月四日，張戎自英倫來片，高興在臺灣相識，謂
已有我編的《中國現代史論集》第五、第六輯，餘在搜
集中。

十二月五日，沈克勤（孫立人舊部）來片，感謝近史
所對孫立人資料的搜集。

十二月五日，北京近史所王慶成來函，告以夏間在
廬山臺灣史研討會遇到劉鳳翰、胡春惠、林滿紅等。

十二月六日，陸軍官校張永成來卡，望有機陪我參觀
官校。

十二月七日，劉祥光來函告知，回國近一月，已申
請政大歷史系教職，下學期開始教「宋史」、「中國思
想史」。

十二月八日，Philip A. Kuhn 自哈佛大學來信，推薦其
博士生楊久伊申請近史所職位。

十二月八日，湖南師範大學歷史系周秋光來信，允
將其《熊希齡與近代中國慈善事業》列入「中國現代史叢
書」，並寄贈《熊希齡傳》。

十二月十日，杭州大學楊樹標致中流基金會曹俊漢
（歐美所）函，擬去臺灣訪問，聞張玉法擬開抗日戰爭史
會，盼能邀請，俾辦手續。國台辦批赴臺人員每年兩次，
即一月、六月。十二月十二日，曹俊漢來信，轉知情形。

十二月十二日，王榮川來賀卡，請介紹加入中國歷史學會。又謂軍校教授已開放去大陸學術交流，希能代為找到機關發邀請函。

十二月十七日，陳芸娟函謝指導其撰寫《山東流亡學生研究》。按陳為師大歷史研究所碩士生，論文由呂實強指導，常來請教，1997 年畢業，1998 年論文出版。

十二月二十七日，楊天石來函，謝在臺期間之照拂，聞臺北將召開抗戰六十年研討會，希能邀請。

十二月二十一日，中興大學唐啟華來信告知撰寫《北京政府與國際聯盟》的進度。

十二月，黃頌康自比利時函國史館，已收到「費正清與中國研究」抽印本三十本，望能於下期刊出該文徵引資料補遺。

十二月，貴州師範大學吳雁南來賀卡，卡上印有自己的照片。

十二月，潘自蓮（原師大歷史所研究生）自美國來賀卡，謂明年五月將在柏克萊加州大學完成工商管理課程，之後回臺北在麥肯西顧問公司上班，作工商管理顧問。改行了！

十二月，王肇宏來賀卡，告知在中正理工學院政治學系任教。

是年，商務印書館結版稅：一至六月，《中國婦女史論文集》第一輯 25 冊，1,181.25 元；第二輯 24 冊，1,004.40 元。《先秦時代的傳播活動》9 冊，151.35 元。七至十二

月，《中國婦女史論文集》第一輯 28 冊，1,303 元；第二輯 33 冊，1,381.05 元。《先秦時代的傳播活動》21 冊，381 元。

十二月，東華書局結版稅：七至十二月，《中國現代史》上 333 冊，下 273 冊，合訂本 622 冊，共 32,510 元。《中國現代政治史論》14 冊，700 元。《中國近代現代史》12,156 冊，《中國現代史略》7,845 冊，共 521,580 元。《中國近代史》796 冊，8,203 元。

十二月，擬訂《民國山東通志》編纂計畫。

十二月，來卡賀年者：廖咸惠、繆進鴻、孫英善、李金強、張啟雄（日本）。

是年，為國科會審查研究獎助申請案一件。

是年，為《人文及社會科學教學通訊》審查論文一篇。

是年，為德明商專評審許鼎彥升副教授著作一件。

是年，為教育部人文及社會學科教育指導委會之《教學通訊》審稿一篇，酬三千元。

是年，大陸向臺海發射飛彈，以抗議李登輝選總統。

1997 年（民國八十六年）

　　是年六十三歲，受邀至香港中文大學訪問，赴美出席華族留美一百五十年史，召開七七事變六十週年研討會，為三民書局編「中國現代史叢書」，為山東文獻社編《民國山東通志》和「山東人在臺灣叢書」，香港回歸中國，參與澎湖冤獄案平反，為父母修墳。

　　一月一日，陳紅民自哈佛大學來信，謂哈燕社資助其至哈佛大學研究一年，哈燕社有胡漢民晚年（1932-1936）的來往信函三千多封，多為與黨國要人的通訊。

　　一月七日，袁德華自高雄寄來《山東人在臺灣：軍事篇》範例，只列作戰陣亡者。

　　一月十日，完成《劍橋中國史：民國篇（上）》譯本審查報告。

　　一月十四日，梁侃自西雅圖來信，謂西雅圖大學以教學為主，研究中國史者只他一人。向日研究抗戰時期的文化人，也研究 1920 年代上海的中共地下黨。

　　一月十七日，鄭會欣自香港中文大學來信，謂至中大訪問事已告知所長陳方正以及金觀濤、劉青峰，住處已代訂。機票購好請示知來港日期，以便接機。

　　一月二十日，孫英善自洛杉磯來信，謂孝寧告知我

們三月二十幾日要去洛杉磯。又謂澎湖冤案平反事，擬於
國民大會提案。

一月二十一日，私人助理趙台興來片，謂半年間在
工作中學習很多，贈一大訂書機為禮。

一月二十一日，大哥來信，謂我寄六千美元為父母修
墳，只用了一少部分，可用來出版家史。

一月二十四日，《山東文獻》作者張孝慶來信，介紹
王書川「一個山東傑出的外語教育家」。

一月三十日，楊紹震自東海大學來信，寄二千元補交
中國歷史學會兩年會費。楊在東大教西洋史。

一月，賴盟騏寄贈手書春聯：莫訝筆端能品藻，定
由胸次有經綸。

一月，商務印書館結版稅：去年七至十二月，《中國
婦女史論文集》第一、二輯 51 冊，《先秦時代的傳播活
動》21 冊，共 3,086 元。

二月四日，上午行政院抗日戰爭勝利暨臺灣光復紀念
碑建碑委員會第五次會議在行政院召開，連戰主持，出席
者林正豐、秦孝儀、玉法等九人，討論工程規畫及經費、
歷史留言版徵文、建成後由市政府列管等。

二月十一日，林毓生自威斯康辛大學來信，謂去年
在臺晤我家人至樂，曾討論請紅十字會救濟蘇曉康事。返
美後即與蘇曉康聯絡，蘇已寄基本資料來，乃致函紅十字
會姜增發，謂玉法告知：紅十字會在六四以後收到大眾捐
款，用來救濟六四受難家屬。蘇於六四後遭中共通緝，為

七名要犯之一，得美國援助，蘇至美與家人團聚，但全家於 1993 年七月十九日遭車禍，太太迄今仍半身癱瘓，生活困難，希能救濟。

二月二十三日，鄭會欣自香港中文大學來信，謂已收到抗戰史會邀請函，謝謝安排。

三月四日，唐啟華自中興大學來函，擬將二月一日交付出版的《北京政府與國際聯盟》抽回修改。

三月四日，南京第二歷史檔案館馬振犢來函，附寄其《蔣介石與希特勒：民國時期的中德關係》序言。該書由東大圖書公司出版，列入「中國現代史叢書」。

三月十日，黃宇和自雪梨大學來信，謂去年訪問近史所，未能完成研究孫中山的專題，擬再訪臺，呂芳上已代為訂學術活動中心之房。

三月十二日，臺北中國名人傳記中心寄來中英文小傳，請核定，並索照片一張。

三月十二日，應香港中文大學中國文化研究所之邀，下午與中文乘國泰航空抵香港，鄭會欣來接，入住曙光樓。

三月十三日，晚中國文化研究所長陳方正邀宴，駕車來接。

三月十四日，下午三點四十五分中國文化研究所茶會，四時半至六點講「1920 年代的中國政治思潮」。

三月十九日，離港返臺。

三月二十二日，王衍豐自 Penacook, N. H. 來函，請

將他的一批書捐給棗莊圖書館。

三月，「民國初年山東的司法改革」發表於吉林社會科學院出版的 1997 年三月號《社會科學戰綫》。

四月七日，陳慈玉來信，謂今年在臺大開「東亞產業史專題」，要求學生讀我的《中國近代工業發展史》。

四月十日，吳翎君自花蓮師院來信，謂正在研究美孚石油公司，擬申請近史所工作。

四月十五日，香港中文大學中國文化研究所學報編輯朱國藩來信，要求將前在該所的講稿，在該學報發表。

四月二十一日，李雲漢自美國來信，謂七月抗戰史會，一定回臺參加；大陸的會無消息，作罷。

四月，劉廣京、陳永發先後完成《最近二百年中國史：民國篇》審查報告。

五月三日，杜惠平自加拿大來信，謂因為兒子往南美巴拉圭工作，即退休來加陪媳婦和兩個孫子，巨煥武在臺無人陪，也退休來加團聚。

五月十五日，郝延平主編《劉廣京七十五壽誕論文集》，草「晚清山東新政」交稿，延平為我校出不少錯字。

五月十九日，黃綉媛自彰化師大來信，知我染肝炎，託游鑑明帶補體素給我，萬麗鵑亦來片致候。

五月二十四日，上午李國祁召開國民中學歷史教科書編審委員會第八次會議，委員有王壽南、玉法等二十三人。

五月二十七日，李金強自香港浸會大學來信，談到

月前在香港相晤事,知我為中國近代史學會長,盼與香港中國近代史學會交流。又知我正研究紅十字會,查告在香港的一些資料。

五月二十七日,呂偉俊自山東大學來信,談來臺開會的事,南開、復旦、南京、山大的四位,國家教委已批准,惟國台辦尚索開會期間的詳細行程(包括參觀)始能放行。又謂為《民國山東通志》所寫的「聚落志」將帶去。又謂山東考古資料太多,擬請山東各界捐建博物館,中流基金會和中國文化基金會已答應,因需款多,請動員商界。

五月三十日,中流基金會資助十萬元給中國近代史學會召開七七抗戰六十週年研討會,曹俊漢希望協助浙江大學楊樹標辦理入臺手續。

五月,是月起至 2003 年五月,主持中華民國紅十字會史撰寫計畫,參與人楊翠華、許雪姬、張力、陳惠芬、張建俅、周秋光等,經費一百二十四萬五千元。晚清至民國北京政府時期周秋光,國民政府時期張建俅,遷臺時期楊翠華、陳惠芬、許雪姬、張力,前言、結論張玉法。初稿完成後,中華民國紅十字總會提增修計畫,經費481,240 元,全部完成於 2003 年。

六月一日,國立編譯館館長趙麗雲來信,謂國民中學歷史教科書編委兩年任期已滿,不再續聘。

六月二日,王玉來信,報告第三次考政大博士班事,望日後能指導其論文。

六月十一日，吳文星來信，謂因執筆寫《認識臺灣：歷史篇》，飽受攻訐、污衊，心灰意冷，前答應參加高中本國史撰寫工作作罷。

六月十六日，印地安納大學教授 Dmitry Shlapentokh 來信，謂彼研究第一、二次世界大戰期間移民中國的俄國人，向蔣經國基金會申請經費，列我之名為 reference（余敏玲聯絡）。

六月十六日，山東省臺灣同胞聯誼會副會長葉武傑來信，謂山東省畫院擬派人赴臺作書畫展，不知能否安排接待。

六月十九日，國史館退休纂修徐鰲潤要求中國歷史學會（我為理事長）舉辦的七七事變五十週年學術研討會請他參加。

六月十九日，東吳大學祕書室來函，謝日前為該校畢業生講演。

六月二十二日，唐德剛師自上海金沙江大酒店來信，謂原擬為抗戰史會寫短文，嗣知論文要求嚴，作罷。

六月二十三日，張建國自臺北來信，知我得肝炎，勸我多吃維他命。七月三日又來函賀我康復，約在八月上旬聚會。

六月二十五日，劉廣京來信，謂近二百年中國史總序當於七月七日離港前寄上，又謝寫文出論文集為其祝壽。

六月二十五日，立法委員高惠宇來信，謂近來翻案風起，如二二八事件、余登發匪諜案、師大和臺大四六事

件，澎湖冤案亦需平反，盼能召開記者會，由受難家屬說明，由重要學者作證。高惠宇已於五月二十四日約三十九師陳春生至立法院說明：澎湖軍中匪諜調查案係由東南行政長官公署情報單位負責，三十九師政治部只是配合，偵知澎湖軍中有「新民主主義青年團」組織。時玉法為澎湖冤案平反小組委員，六月六日平反小組召開第二次會議討論此事。至是，高委員又來信調查。

六月二十九日，鄭會欣自香港中文大學來信，謂其博士論文由梁元生批改中，希望早日通過學科考，並謂明日香港回歸中國。收此信為香港殖民地的最後一天。

六月，為華視視聽中心策劃抗戰勝利紀念講演系列：一、和戰問題：李國祁、蔣永敬，二、軍事：劉鳳翰、傅應川，三、外交：魏良才、邵玉銘，四、國共關係：陳永發。

七月五日，孫鍾城自臺中來信，謂兒子孫啟俊將由心理研究所畢業，盼有機介紹工作。

七月十日，何開宗自臺中來信，謂孫中山說滿洲不是中國的，故戰前日本、戰後蘇聯皆侵東北。又謂東京大審時，中共少將劉少奇說，七七事變是中共發動的，故審判官釋放日本戰犯。又謂日、韓慰安婦皆為妓女。

七月十二日，山東師大外語學院吳遷（自謂是《山東文獻》讀者）來信，請將信轉給〈中國同盟會魯籍會員之初步調查〉作者李雲漢。

七月十日，尹德民自高雄來信，謂近返鄉探親，聽友

人談文革，不禁悚然。

七月十五日，林毓生自威斯康辛大學來信，以未能向紅十字會（姜增發）為蘇曉康及其夫人申請到資助為憾。

七月十八日，中國歷史學會召開七七事變六十週年學術討論會，列名籌備委員。

七月二十五日，中山學術文化基金會董事長劉真聘為第三十二屆中山學術獎評議委員。

七月二十八日，黃宇和自雪梨大學來信，謂孫中山倫敦蒙難一書聯經林載爵原答應於本年六月出版，後一延再延，又延至明年三月，再致函林不回信，請協助了解。

七月三十一日，《山東文獻》作者劉清渭（劉道元之弟）要求寄二十一卷一期五本、三十二卷一期二十本，以贈親友。寄之，事後捐四千元給山東文獻。

七月，商務印書館結版稅：一至六月，《中國婦女史論文集》第一、二輯 38 冊，《先秦時代的傳播活動》4 冊，共 1,805 元。

八月三日，劉清渭自中壢來信，謂看到《山東文獻》二十一卷一期載有二十週年紀念展覽會照片，甚為感動，以未能前往參觀展覽為憾（不知）。

八月八日，王書川來信，謂內戰期間，淄川被破，屠戮甚慘。現正編「淄川縣志」。

八月十日，梁侃自西雅圖大學來信，感謝邀請參加七七事變六十週年研討會，會後又陪同參觀兩天，並贈鳳梨酥，使外地學者很不過意。

八月十五日，香港中文大學朱國藩來信，謂收到「1920 年代中國的政治思潮」一文。

八月二十九日，李雲漢來信，討論《山東人在臺灣》黨政篇、學術篇等事，九月六日又來信討論。

八月三十一日，金丸裕一來信，批評南京第二歷史檔案館，並謂研究抗日戰爭，日本檔案也很重要。

八月，棗莊市華夏文化促進會來信，介紹棗莊近年發展的狀況，歡迎回鄉探親、旅遊、參觀、考察。

九月一日，藤井昇三由張季琳陪同來近史所訪問，晚設宴款待。

九月二日，孫英善自洛杉磯來信，彼上月回國參加國建會，謂「人間有演不完的戲，主角配角變換無常，戲碼則千篇一律。」

九月十三日，利開演自澳門來信，謂主持松山學會已五年，辦過不少教育文化活動，現擬請李福麟（新聞工作者）撰《澳門回歸半世紀》，並附目錄，望能為書寫序。

九月二十一日，趙台興自汐止來信，感謝給他機會做私人助理一年，收穫良多。

九月二十三日，師大史研所陳芸娟來信，謂正搜集山東流亡學生資料撰寫碩士論文。

九月二十五日，李金強自浸會大學來信，謂香港回歸後研究港史風氣漸盛。

九月三十日，李金強自浸會大學來信，謝允參加明年六月十七日至二十日在香港舉行的「近代中國海防研討會

（1368-1949）」，並提論文「民國時期的山東海防」，嗣以籌辦「港澳與近代中國研討會」，不能參加，於十月六日來信表達遺憾。

九月，受託為私立明新工業專科學校羅吉彥審閱「民初白狼事件之研究」書稿，後竟寄來兩千元，退回。

十月六日，立法委員高惠宇在國會辦公室召開山東各聯中師生澎湖冤案平反小組第三次會議，到者謝聰敏、巴信誠、葛雨琴、張彤、趙儒生等十一人。

十月七日，包德威（David D. Buck）自威斯康辛 Milwaukee 來信，謂看到 *Free China Review*（Sept. 1997）對我的訪問很高興，並談及來臺時在我家相聚的情形。

十月九日，與中文赴美。

十月十日，蔣經國基金會寄來申請獎助案撮要、簡表及推薦審查人表格，請推薦審查人選。

十月十八日，劉廣京自加州大學來信，謂已收到近二百年中國史總序電腦稿，又改一遍，希改好後再寄來一閱。

十月十九日，吳翎君寄來「包校長」（花蓮師院校長包家聰）一文（為《山東人在臺灣》寫稿），並告知近正研究美孚石油公司在中國。

十月十九日，二哥來信，謂我年初來上海、南京，染了肝炎，現已痊癒。又謂父母在時我們是一家，父母不在我們與大哥是三家，各能處理好小家庭的事就好。

十月，出席李又寧在紐約舉辦的「華族留美一百五十

年史研討會」。

十一月四日，劉祥光自政大歷史系來信，謂十一月
三日在近代中國史學會年會上的發言，沒有將近代史推到
宋朝的意思，但各時代的專業學者宜多溝通。

十一月六日，王洪鈞師來函，謂新聞理論中國化已
有論文九篇（玉法一篇），交遠流出版社出版。

十一月七日，吳淑鳳來信，謂未能將《中華民國建
國史・社會志》按時完稿，盛謝我參與規劃，使國史館掌
修國史（有些立委原反對），並使纂修、協修等列為研究
人員。

十一月九日，王汎森轉交北京近史所劉志琴送書一套。

十一月十三日，張季琳自東京大學來信，知我與呂芳
上、陳三井、黃自進於十一月十七日上午十時訪問東大，
藤井昇三教授和東洋文化研究所長都將陪同參觀。

十一月十五日，唐啟華自中興大學來信，謂三民書
局已將《北京政府與國際聯盟》（列入玉法所編「中國現
代史叢書」）排印稿寄來，當可作為明年九月提升等之著
作，甚謝。

十二月一日，王克文自 Vermont 的 Saint Michael's
College 來信，擬將近年所寫有關汪精衛和國民黨的論文
十多篇結集成書，在臺北出版，但日後即無下文。克文有
才華，留美畢業後即留在美國教書，曾請其申請近史所的
工作，答應而未進行。據云因其父曾受國民黨迫害，對政
府不滿。

十二月一日，吳翎君自花蓮師院來信，謂申請近史所工作失敗，無怨無悔。

十二月九日，發函各方，為編輯《山東人在臺灣：教育篇》徵求個人資料。時學術篇、法律篇、文學篇、農業篇、社會篇已出版。

十二月九日，利開演自澳門來信，謂十二月二十三日赴臺，擬購近史所出版的《澳門專檔》。

十二月十四日，中華民國史料研究中心於政大舉辦「南京大屠殺六十週年研討會」，主持第一場會，報告人李恩涵、陳鵬仁。

十二月十九日，通函教育界山東同鄉，請填調查表，以編《山東人在臺灣：教育篇》。

十二月二十日，美籍華裔油畫家李斌自紐約來信，謂受國父紀念館之託，正擬為國父及陪襯人物畫油畫。

十二月二十三日，李金強自浸會大學來信，謝邀請參加港澳與近代中國研討會，謂港澳欲參加會議者多，可否自費參加？

十二月，國史館召開中華民國史第四屆研討會。

十二月，繆進鴻自杭州大學來信，提到十二月三日在杭州相晤，並謂近史所的研究太狹，不利於學術發展，自己正研究中國數學與世界各國數學之比較。

十二月，商務印書館結版稅：一至六月，《中國婦女史論文集》第一輯 20 冊，945 元；第二輯 18 冊，753 元。《先秦時代的傳播活動》4 冊，105.90 元。七至十二月，

《中國婦女史論文集》第一輯 31 冊，1464.75 元；第二輯
22 冊，920.70 元。《先秦時代的傳播活動》10 冊，243.75 元。

十二月，鹿錫俊（日）來卡賀年。

1998 年（民國八十七年）

　　是年六十四歲，任中國歷史學會理事長、中華軍史學會副理事長，卸任國科會人文及社會科學諮詢委員，赴北京參加戊戌維新百年研討會、赴柏林參加德佔青島百年研討會，於澗頭集柴園建瓦房五間，韋慕庭師移居賓州養老院。

　　一月一日，聯經公司王必成聘為該公司編輯委員會委員。

　　一月八日，中華民國史料研究中心在政大公企中心舉辦「紀念蔣經國先生逝世十週年研討會」，主持第二場會，由陳立文、張力報告。

　　一月五日，林毓生寫信推薦其博士生王遠義（研究少年中國學會）申請近史所職務。

　　一月二十二日，聯經公司寄來年禮四萬元。

　　一月，商務印書館結版稅：去年七至十二月，《中國婦女史論文集》第一、二輯 53 冊，《先秦時代的傳播活動》10 冊，共 2,630 元。

　　二月一日，六十四歲生日。

　　二月十日，林則敏自美國來信，感謝回臺時約同學餐敘。

二月十六日，中華軍史學會理事長葉昌桐來信，謂中華軍史學會第三屆年會已於一月十四日召開，昌桐被選為理事長，張玉法被選為副理事長。

二月二十日，國科會主委劉兆玄來信，謝多年為該會人文及社會科學諮詢委員，但依規定任期三至六年必須更換，卸任。

二月二十日，何思瞇自國史館來信，擬去東吳大學教書，請寫推薦函。

二月二十八日，下午中國歷史學會第三十三屆第二次理監事會議在臺大校友會館召開，由玉法主持，出席者二十四人。決議分上古史、近現代史、外國史三組，上古史由王仲孚召集，近現代史由玉法召集，外國史由鄭瑞明召集。

二月，致賀卡並附問安語給韋慕庭師，回卡甚親切。時韋師與師母住賓州 Haverford 養老院。

三月五日，任近史所專刊出版審查委員，任期至2000 年四月。

三月十二日，鄭會欣自香港中文大學來信，謂已於去年十二月二十三日通過論文答辯，不知論文可在臺灣出版否？嗣文化研究所長陳方正來信，謂論文該所可出版。

三月十九日，范玉範自逢甲大學來函，謂江蘇人民出版社為撰抗戰史，欲派團來臺交流，希能邀請，俾辦手續。

三月二十日，施寄青來函，請為審查商務印書館出版

她所寫的兩性平權教育國中及高中教材，並謂臺灣婦女運動始於 1971 年呂秀蓮提出「新女性」的口號。

三月二十六日，上午出席所務會議，下午出席政大歷史系劉文賓博士論文口試，題目：「近代中國企業管理思想與制度的演變（1860-1949）」。

三月二十八日，高宗魯自美國康乃迪克州來信，謂擬於五月去臺北旅遊，並講述「容閎與幼童留美」，希安排。

三月三十一日，中國歷史學會（我為理事長）來函，謂第三十二屆理事會推為近現代史組委員。

四月二日，秦振安自德州休士頓來信，說明灤州皮影戲與其他皮影戲不同，並寄來其在美國所發表的文章。

四月二日，徐天基寄來日前在空軍官兵俱樂部與小學同學相聚的照片。

四月九日至十日，出席中研院在世新會館舉辦的八十七年度學術暨行政主管座談會，討論各所中長程發展研究報告案，近史所由所長呂芳上報告。

四月十日，愛知大學現代中國學部加加美光行來信，邀於六月一日至七日去該校訪問。

四月十四日，二哥來信，謂託台辦副主任薛傳祥帶給大哥的三瓶維他命已收到，又謂潤頭集鎮規定，臨街土地必須建房，決定將柴園西側先蓋平房五間，約需人民幣四萬元。

四月十五日，逢甲大學校長遴選委員會來函，請推薦

校長候選人，不處理。

四月二十二日，張家昀（李毓澍之生）來函，感謝願將其函刊於中國歷史學會通訊，希能集中意見，獲得興建澎湖事件建碑主導權。

四月二十四日，審查李齊芳著《中俄關係史》，另審查國史館《民初建國文獻》第一輯史料三。

四月三十日，上午出席近史所新聘研究人員聘審小組會議。

四月三十日，香港中文大學鄭會欣來函，謝為其審改書稿，謂除任饒宗頤助理外，大部時間研究外貿委員會與戰時統購統銷政策。

五月一日，與中文赴美。

五月八日，澳門基金會吳志良來函，無款資助澳門與近代中國研討會，至六月十八日又來函，謂可情商澳門留學同學會。

五月，張娟（張杰之女）現讀台兒莊三十九中學，喜歡集郵，來信說我每次寄信回家，郵票都由她收集。

六月二日，下午愛知大學現代中國學部舉行座談會，由玉法和唐寶林主講，談近代史研究的新潮流、禁區、現代化的區域研究等。

六月四日，范盛嶺自內湖來函，謂擬修「禹城縣志」，承已故褚承志師之囑，請代為搜集資料。

六月十一日至十八日，偕中文參加德國歷史博物館和拜羅伊特大學在柏林合辦的「德國人和中國人在青島的日

常生活和文化交流，1897-1914」研討會，十二日上午於會中報告「德據時期的青島教育」。會後參觀 Humboldt University、Free University、München University。之後與中文隨吳素樂（德人，近史所同事）去其慕尼黑的家，之後返國。

六月十六日，下午臺大教授逯耀東退休會，與陶英惠各送花籃一個。

六月二十二日，大哥來信，謂託人帶去的五百美元與 B、C、E 維他命三瓶已收。

六月二十七日，二哥來信，討論在老家柴園蓋房子的事。

六月，為近史所公務寫年度（1997.7-1998.6）工作報告：1.《中華民國史稿》預計於年六月出版。2. 為《紀念劉廣京先生七十歲論文集》寫論文「晚清的山東新政（1860-1911）」，預計於1998 年五月出版。3. 1997 年十一月在日本的「中日關係史研討會」宣讀「近代中國留日學生的經歷見聞」。4. 主持《中華民國紅十字會史》研究計畫。5. 任本所聘審會委員。6. 任本院人文組聘審會召集人。

七月三日，張大軍自臺中來信，介紹西北大學金美寧所撰《中日談判書》，望能在東華書局出版。

七月四日，上午中研院在學術活動中心召開學術諮詢總會第五次委員會議，討論提升研究院之學術研究水準，由主任委員楊祥發（副院長）主持，出席者翁啟惠、

錢煦、吳成文、余英時、李亦園、劉廣京、張光直、金耀
基、玉法等三十四人。

七月五日，出席人文組院士漢學會議座談會。

七月六日至九日，出席第二十三次院士會議，李遠
哲召集。其間聯經公司於七月八日在福華飯店邀宴與會
院士。

七月十日至十一日，時在院士會議之後，全體院士
在大溪別館舉行科技政策座談會，十一日晚參加臺灣大學
晚宴。

七月十七日，任近史所「世界與近代中國：世紀末
的回憶研討會」籌備委員。

七月十七日，李亦園發通函，謝蒞臨其退休會。

七月十八日，出席抗日戰爭勝利暨臺灣光復紀念碑
建碑委員會第六次會議。

七月二十四日，國史館長潘振球來信，謝為該館史
料審查委員會顧問，協助史料審查。

七月二十四日，函山東大學戚其章，八月二十五日
自北京乘火車至濟南，二十八日乘火車或高速公路汽車至
威海，九月一日轉青島開會，九月五日返臺。

七月二十八日，上午出席近史所「世界與近代中國：
世紀末的回憶研討會」籌備會議。

七月三十一日，遠流出版公司來信，說我應允為《柏
揚曰》一書寫文推薦。

七月，商務印書館結版稅：一至六月，《中國婦女

史論文集》第一、二輯 34 冊，《先秦時代的傳播活動》6 冊，共 1,763 元。

八月一日，趙台興來信，報告軍中生活及受訓情形。

八月十日，聯經公司付《中華民國史稿》五十本版稅 20,300 元。

八月十日，朱炎在蘭州有「大西北之行抒懷」：「此身老滄州，心在天山上。」

八月十一日，出席中研院第十六屆評議會第四次會議。

八月十一日，聯經公司劉國瑞為賀玉法之《中華民國史稿》出版，於闔家歡設宴，到者陶英惠、呂芳上、陳永發、王震邦、林載爵、方清和、徐梅屏。

八月十二日，致近史所簽呈：八月十九日赴北京參加「戊戌維新一百週年研討會」，論文題目：「戊戌時期的學會運動」。會後至濟南搜集山東地區國共鬥爭資料。八月二十九日至威海，參加「北洋海軍成軍 110 週年研討會」，論文題目：「甲午戰後的海軍重建」。九月一日赴青島，參加「德佔膠澳 100 週年研討會」，論文題目：「青島政治建制之演變」。九月五日返所。

八月十六日，中國歷史學會第三十三屆第三次理監事會議假聯勤信義俱樂部舉行，玉法主持，由副理事長朱重聖、祕書長胡健國作會務報告，討論組織史學叢刊編輯委員會及決定下屆會員大會專題講演人為呂芳上。

八月十七日，武昌革命同志會李志新（八十一歲）自屏東來信，談辛亥革命史事，並提到我的《中華民

史稿》。

八月二十日，謝文孫自聖路易來信，討論為其舅沈昌煥立傳之事。

八月二十日，展二鵬自德國 Hamburg 來 FAX，謂曾在六月的柏林之會見面，現正研究德佔青島時期的城市規劃和城市結構變化，望能賜贈有關著作，乃將《中國現代化的區域研究——山東省》一書和〈青島的勢力圈〉一文寄去。

八月二十日至二十三日，北京大學召開戊戌維新一百週年國際學術討論會，除大會發言外，餘分五組發言。與段雲章主持八月二十一日下午第三組發言，安排發言六人。所謂發言，即是報告論文，我的發言在八月二十一日上午第三組，報告「戊戌時期的學會運動」。複印「戊戌時期的學會運動」若干份，1,018 元。

八月二十一日，在北京國林風圖書公司購書一批，258 元；又購一批，417 元；寄費 180 元。

八月二十一日，中華軍史學會理事長葉昌桐（玉法為副理事長）函寄第二屆第三次理監事會議記錄，包括舉辦「紀念八二三臺海戰役四十週年學術座談會」。

八月二十二日，柏揚來信，謝為文推薦其著作。

八月二十四日，在北京大學寄書十公斤，229.4 元。又複印費 39.8 元，住宿費 246 元，電話費 30.4 元，洗衣費 20 元。

八月二十四日，商務印書館結版稅：一至六月，

1,673 元。

八月二十六日，在濟南賣美金二百元，得人民幣 1,614 元。付山東圖書館複印費 1,050 元，住房費美金 35 元。

八月二十六日，呂士朋自加拿大來信，謂九月將返臺參加「港澳與近代中國學術研討會」。

八月二十八日，私立淡水工商管理學院葉泉忠來信，對《中華民國史稿》校出許多錯字，函謝之。

八月三十日，王衍豐自 Penacook, N. H. 來信，謂加州之遊與我與英惠兩家會，甚樂，並謝孝寧寄去的蜜餞。

九月一日，青島歷史學會為我寫介紹信給青島市博物館，前往查閱資料。

九月二日，柏林景得祥來信，提到六月我到柏林開會時對他講的話：「要想事業有成，就必須回國工作。」信中謂他可教德國史和歐洲現代史，因國內不自由，不知能否代為打聽香港方面的大學是否需要？按景係陪我們到波斯坦參觀的翻譯。

九月三日，自青島寄回兩批資料，資一百零三元。

九月四日，在中國銀行青島分行賣美金二百元，得人民幣 1,614.6 元，付青島市檔案館 44 元。

九月五日，孫英善自美國來信，關懷員林老師宿舍屢屢淹水，已電請國代江昭儀前往巡視，助老師清理水溝。

九月七日，上午出席在臺北市文獻委員會召開的「戒嚴時期臺北地區政治案件相關人士口述歷史——白色恐怖事件查訪期中座談會」，由玉法、黃富三、張瑞德負責審

查近史所等單位的訪談記錄。

九月八日，三好章自愛知縣來信，謝於上月在臺北獲贈《中華民國史稿》，謂日本史學界愈來愈重視 1949 年以前的中華民國史，我的書對日本史學界很有幫助。

九月十日，近史所聘為研究人員聘審小組委員，聘期至 2000 年九月九日。

九月十日至十一日，中國歷史學會在青島召開「德佔膠澳 100 週年研討會」，於會中報告論文者，大陸有戚其章、孔祥吉、王守中等，臺灣有呂實強、王家儉、李恩涵等。玉法報告「青島政制之演變（1897-1928）」。與會者另有戴逸、張海鵬、尹鐵錚等。

九月十一日，中塚明來信，談在青島參加德租膠澳百年研討會的事。

九月十三日，馬場毅自愛知大學來信，感謝送《山東文獻》，對他研究中共在山東的抗日根據地很有幫助。

九月十四日，李明自愛知大學來信，謂南京大屠殺一稿未能及時交卷，寄來初稿，但甚為雜亂。

九月十六日，為《百年潮》由雙月刊改為月刊題詞：「百年塵埃浪淘盡，重寫歷史新篇章。」按《百年潮》為中央黨史研究室等單位所辦。

九月十八日至二十日，參加在學術活動中心召開的港澳與近代中國研討會，該會由珠海書院亞洲研究中心、國立暨南大學歷史研究所、中國近代史學會、中央研究院近代史研究所、國立政治大學歷史系聯合籌辦，籌委會

召集人張玉法，副召集人徐泓，委員另有陳鵬仁、胡春惠、林載爵、林能士、呂芳上、呂士朋、朱重聖。參加者一百五十餘人。開幕致詞張玉法、潘振球、李鍾桂，綜合座談主持人張玉法，與談人霍其昌、徐曰彪、呂士朋。

九月二十一日，上午中研院學術諮詢總會在行政大樓開會，參加者除院長李遠哲，副院長楊國樞、陳祥發外，有常務委員劉兆漢、吳成文、李亦園、麥朝成、玉法等九人，複審委員劉翠溶、曾志朗、陳建仁等十六人。玉法亦曾參與複審中研院主題研究計畫。

九月二十五日，趙台興自臺南來信，告知受訓及分發服務的情形。

九月二十五日，黃綉媛自彰化師大來信，謂有喪父之痛。

九月二十七日，中午四聯中同學在臺中國軍英雄館餐聚，由孫鍾城、屈鍾麟發起。

九月三十日，近史所簽呈：十月六日至十日至南京大學訪問講學，二十一日至二十四日至香港中文大學參加「香港對二十一世紀中國人之意義：人與社會的觀察研討會」，宣讀論文「香港在中國現代化過程中的角色」。

十月一日，張戎自英倫來信，謝謝贈書。

十月二日，孫英善自洛杉磯來信，決定參加十月八日員林母校五十週年校慶。

十月三日，西村成雄自大阪外語學校來信，感謝暑假至臺訪問期間的照顧與協助。

十月四日，中國歷史學會假政大舉行第三十四屆會員大會，玉法主持。上午呂芳上專題講演，之後會務報告、選舉。下午分上古、近代兩組作學術報告。今年出版有《史學集刊》第三十期、《會訊》第六十三期。

十月四日，參加「北洋海軍成立一百一十週年學術研討會」，之後撰成「從柏林到青島──參加兩地德佔青島一百週年學術研討會紀要」發表於《中國歷史學會會訊》第六十三期。

十月七日和十月十日，北京近史所劉敬坤兩次來長函，基本肯定《中華民國史稿》的架構，但指出不少錯誤。

十月十九日和十一月二十八日，趙台興兩度來信報告在軍中服役的情形。

十月二十二日至二十四日，參加香港中文大學、中國社會科學院、中流基金會（胡佛）在港大舉辦的「香港對二十一世紀中國人的意義研討會」，於會中宣讀論文「香港在中國現代化過程中的角色」。

十月二十四日，吳天威自加州來信，發起建立「美國中國浩劫紀念館」，要求列名發起。

十月三十日，曾田三郎自廣島大學來信，謝贈《中華民國史稿》，並望能再去廣島大學訪問（一年前曾去）。

十一月三日，馬場毅自愛知大學來信，謂在天津與我們夫婦會面很高興，已於十月二十六日回到日本，並寄來在天津相聚的照片。

十一月八日，與英惠等回員林參加省立員林崇實高工

（原實驗中學）建校五十週年校慶。

十一月十八日，日本東方書店來信，謂「日中關係史國際學術研討會論文集」之修改稿及軟片均收到。

十一月二十日，展二鵬自德國漢堡來信，謂博士論文仍在撰寫中，謝贈《中國現代化的區域研究——山東省》和〈青島的勢力圈〉。

十一月二十五日，王業鍵、陳慈玉等來通函，為全漢昇先生九十華誕論文集徵稿。

十一月二十六日，下午出席中華軍史學會（葉昌桐）主辦的「國共戰爭研討會」第一次籌備會，參加者另有傅應川、陳鵬仁、呂芳上等。

十一月二十七日至二十八日，出席近史所舉辦的「財政與近代中國研討會」，於第一場評論 Hans van de Ven 的 "War, Money, and Political Breakdown"。

十一月三十日，劉廣京自加州大學來信，感謝我與郝延平所發起的為其七十五歲壽慶寫文出論文集。

十二月四日，下午中研院漢學研究推動委員會第四次會議在史語所舉行，出席者李亦園、杜正勝、呂芳上、張玉法、黃俊傑、劉翠溶等十一人，決定於 2000 年舉行漢學會議。

十二月十日，與中文赴美主持孝威婚禮，二十七日返臺。

十二月十八日至二十日，國史館於國家圖書館召開「中華民國史專題第四次研討會」，主持一場會，由韓復

智、吳福助報告論文。

十二月二十八日，黃我石自南投中興新村來函，謂其先祖黃鍈有功於辛亥革命湖南光復，並寄來其先祖所著《自述》，以詩詠其一生經歷為證，望能為日後研究者所採擇。

十二月三十日，中華軍史學會寄來國共戰爭史學術研討會籌備委員會第一次會議紀錄，決定於明年八月舉行，以十二篇論文為限。

十二月，出席中華軍史學會（理事長葉昌桐、副玉法）第二屆第四次理監事會議。

十二月，玉法主編的《紀念七七抗戰六十週年學術研討會論文集》由國史館出版。

十二月，商務印書館結版稅：一至六月，《中國婦女史論文集》第一輯 20 冊，945 元；第二輯 14 冊，585 元；《先秦時代的傳播活動》6 冊，119.90 元。七至十二月，《中國婦女史論文集》第一輯 11 冊，519.75 元；第二輯 8 冊，334.80 元；《先秦時代的傳播活動》4 冊，100.50 元。

十二月，陳正國（英）、張季琳（日）來卡賀年。

是年，孫震、于宗先、張玉法、李瞻等主編的《山東人在臺灣》叢書十六種推出廣告，玉法列名總編輯。

1999 年（民國八十八年）

是年六十五歲，出版《近代中國民主政治發展史》，編印《山東人在臺灣》叢書，參與「國史上中央與地方關係研討會」，抗日戰爭勝利暨臺灣光復紀念碑落成，孝威、嘉頤去歐洲旅遊，九二一大地震。

一月三日，王業鍵、陳慈玉倡編《全漢昇先生九十歲論文集》，決定寫稿一篇。

一月十日，杜正勝函知漢學推動委員會，漢學會議分四類十一項 panels。四類為世界史序列中的中國史、區域性與多元性、軍政與社會、新領域的探索，請推薦各 panel 的論文撰寫人。

一月十三日，晚出席呂芳上所長於誼園餐廳宴請北京近史所徐輝琪、蔣大椿、劉紅的餐會。

一月十四日，下午出席國史館於福華飯店召開的「中華民國史專題第五屆討論會」第一次籌備會，館長潘振球主持，委員有王仲孚、呂芳上、玉法等十七人。

一月二十一日，受聘為華視文化教育基金會董事，董事長張家驤，任期至 2001 年一月二十一日。

一月二十六日，中華軍史學會假市立圖書館召開會員大會，出席者 146 人，通過十月二十七日召開古寧頭大捷

五十週年學術研討會。

一月二十七日，南天書局魏德文來函，討論劉敬坤翻譯劍橋民國史之譯名統一問題。

一月二十八日，冉亦文來信，謂其〈回首來時路，常懷感恩心〉分三期在《山東文獻》發表，如收入《山東流亡學生史》，請照修訂稿。

一月二十九日，上午中國歷史學會假文化大學城區部舉辦黎東方追思會（1998年十二月三十日病逝於聖地牙哥）。

一月三十日，黃我石自南投中興新村來信，談辛亥革命湖南獨立，焦達峰之百人敢死隊不濟事，其先祖運動陳作新之新軍，乃成事。

一月，商務印書館結版稅：去年七至十二月，《中國婦女史論文集》第一、二輯19冊，《先秦時代的傳播活動》4冊，共956元。

二月一日，六十五歲生日。

二月二日，孫曉薇（大哥長女張英之女，父孫晉長）來信，謂現讀初中，與同學訂了口號：「十年寒窗，水滴石穿，破釜沉舟，盡在一搏。」

二月四日，下午吉星福張振芳文教基金會假科技大樓召開第十三次會議，討論《山東人在臺灣》出版情形及博士班、碩士班論文獎助。

二月六日，三民書局編輯部來函，謂《近代中國民主政治發展史》之校稿正在修改中。

二月八日，戴執禮自四川大學來信，謂《中華民國史稿》應寫社會、經濟、文化方面的發展，並謂北京對該書已有反應。

二月九日，中華學術院潘維和來信，討論為《山東人在臺灣》提供資料事。

二月十一日，下午臺灣省文獻委員會假臺大校友會館召開「戒嚴時期臺北地區政治案件相關人士口述歷史──白色恐怖事件查訪」委託研究期末座談會，出席者黃富三、呂芳上、張瑞德、許文堂、玉法等。

二月十三日，張瑞德自倫敦來信，謂抵英兩月，對英略有了解：一、電腦技術比中研院差，許多機構還不能聯線。二、大英帝國不在，舊架仍存，如亞非學院仍習許多國家語文。三、年鑑學派始於英國，法人不理。四、做高等教育評鑑。

二月十三日，漢學研究推動委員會召開第五次會議，討論邀請與會者名單。

二月二十二日，BBC 英國廣播公司中文部曹津西來FAX，預計於三月九日至十八日在臺北採訪「百年滄桑話中國」節目，他負責韓戰部分，擬替其同事聶偉光採訪抗日戰爭部分，望協助：1. 日本侵華如何改變了中國的歷史進程？2. 西安事變的歷史意義，3. 評價蔣介石、毛澤東，4. 國共力量懸殊何以國民黨落敗？

二月，與韋慕庭師互通賀卡，彼與師母仍住賓州Haverford 養老院。

三月三日，聯經公司為《中國論壇》寄月費五千元。

三月四日，三民書局編輯部來函，討論《近代中國民主政治發展史》校對的事。

三月八日，鄉人魏棣九來信，剪寄大陸報刊發表之「臨城劫車案」，謂與山東文獻所載略同。

三月十三日，蔣經國基金會召開諮詢委員會議，審查國內地區研究申請案。出席者于宗先、金耀基、胡佛、楊國樞、玉法等十三人，李亦園主持。晚於來來飯店餐敘。

三月十七日，下午出席抗日戰爭勝利暨臺灣光復紀念碑建碑委員會第七次會議，擬將抗日戰爭勝利暨臺灣光復紀念碑所在地定名為抗日戰爭紀念廣場。

三月二十四日，政大歷史系師資甄選，審查何思瞇代表作〈抗戰時期的專賣事業（1941-1945）〉，審查費二千元。

三月二十五日，下午近史所召開「二十世紀中國與世界研討會」第四次籌備會議。

三月二十九日，上午出席近史所新聘研究人員聘審小組會議。

四月二日，聯經公司為《中國論壇》寄月費五千元。

四月八日，請私人助理先處理二稿：一為「黃埔軍校與國民革命」，一為「山東人民對巴黎和會的反應」（玉法常請工讀生每週來研究室一天，處理文稿打字等事宜）。

　　四月九日，下午出席中研院漢學推動委員會第六次會議，李亦園主持，出席者杜正勝、呂芳上、玉法等十人，推杜正勝、黃寬重為正、副祕書長，討論漢學會議預算、邀請名單，並決定請余英時作大會講演，

　　四月十日，國科會寄來林能士《國民黨人的自救言論與戰後中國》專題研究計畫審查案一件。

　　四月十一日，李雲漢自伊利諾女兒家來信，請寄新出版的《山東文獻》。

　　四月十二日，出席中華軍史學會舉辦的「國共戰爭史研討會」籌備會第二次會議。

　　四月十三日，在政治大學主辦的五四座談會主講，講稿及有關討論已整理成文章發表。

　　四月十四日，中華戰略學會岳天受我之問，來信述1947-1949 年在膠東作戰的情形。

　　四月十五日，上午出席所務會議，通過聘呂妙芬、張寧為助研究員，王鴻泰為助研究員被否決，通過李恩涵延聘研究員。

　　四月十五日，華視文教基金會來函，謂任該會董事需得原機關同意。

　　四月十九日，政大文學院長張哲郎於政大後山貓空舉行交誼晚宴。

　　四月二十四日至二十五日，中國近代史學會舉辦「五四運動八十週年研討會」，主持一場會，論文報告「山東地區對五四運動的反應」。

　　四月二十八日，《山東文獻》社長宋梅村來信，討論
《山東人在臺灣——黨政篇》徵集孫運璿（行政院長）、
孔德成（考試院長）兩院長資料等事。

　　五月一日，張承漢自加拿大來信，謂彼早已退出江湖
（臺大退休），請將《山東人在臺灣》中有關他的資料以
紙貼封。

　　五月一日，下午出席漢學推動委員會第七次會議，
李亦園主持。

　　五月四日，楊昭奎師寄來在加州所調查到的山東同鄉
資料，僅得四、五人。

　　五月六日至七日，陸軍官校在鳳山召開「陸軍軍官學
校七十五週年校慶綜合學術研討會」，分為八組，玉法於
第二組（政治、物理）第一場主持會議，並宣讀論文「黃
埔軍校對革命的貢獻」。五月六日住高雄皇統飯店一晚，
七日下午回臺北。

　　五月十六日，孫鍾城自臺中來信，謂校友錄正編製
中，請為寫序。

　　五月二十日，廣東社科院黃彥來函，謂正進行《孫
中山全集》編輯工作，擬將載於《研究孫中山先生的史料
與史學》中的〈譯介孫逸仙博士的幾篇英文傳記資料〉
選入。

　　五月二十二日，曹英哲自臺中來信，謂服役期間雖
在青島駐過，對山東很少了解。岳天將軍要你請教我山東
國共鬥爭的情形，我知道的不多。

　　五月二十五日，芝加哥大學博士生陳立鈞（山東高唐人），因其師 Steinmetz 研究德國在山東的殖民政策，奉其師之命，來信探詢臺灣學界在這一方面研究的成果。

　　五月二十五日，李雲漢自伊利諾來信，答我五月十二日的詢問，告知國民黨地方黨部組織的情形。

　　五月二十五日，政大歷史系聘為八十七學年度博士學位候選人論文指導教授。

　　五月至十二月，聯經公司為《中國論壇》每月寄諮詢費五千元。

　　六月一日，哥倫比亞大學同學會文教基金會董事長徐旭東、哥倫比亞大學同學會長丁善理來通函，為 1988 年東亞系博士朱榮貴（中風半身不遂）捐款，暫匯二千元。

　　六月二日，孫英善自美來信，謂十一日至臺參加國民大會，不知何時可使其兄至臺探親。

　　六月三日，聯合報系歷史智庫出版公司寄來稿費8,250 元。該公司 1988 年二月創刊《歷史月刊》，出至 2009 年停刊，共出 263 期。

　　六月六日，魏棣九來信，感謝發表臨城劫車案稿，並更正若干錯字。

　　六月十日，下午出席抗戰史料展示館先期規劃小組第一次委員會議，國史館長潘振球為召集人，玉法為執行祕書，委員有呂芳上、張哲郎、漢寶德、陳鵬仁、朱重聖等十三人。原擬於中山堂設「抗戰史料展示館」，因中山堂另有用處，加上立法院刪預算一億元，只好研擬其他

地點。

六月十九日,趙台興自土城軍中來信,報告服役及讀書的情形。

六月二十一日,中正大學歷史研究所所長林冠群來信,告知王惠姬已錄取為博士生。

六月二十一日,下午中國歷史學會假仁愛路龍濤園召開第三十四屆第三次理監事會議,張哲郎主持。

六月二十四日,中華軍史學會假市立圖書館舉辦「國共戰爭史研討會」,玉法提論文「戰後國共衝突與美國調處——山東地區的個案研究」。

六月二十九日,中國歷史學會改選理監事,張哲郎為理事長,呂芳上、玉法等為理事。

六月,陸軍官校校長張岳衡來信,謝日前參加慶祝陸軍官校成立七十五週年校慶學術研討會。

七月一日,關杰自大連民族學院來函,謂彼地於今年八月二十日至二十三日舉辦「近百年中日關係與二十一世紀之展望研討會」,希我能在開幕式作基調報告。

七月五日,上午中研院舉辦國內院士座談會,決定國內院士每三個月集會一次,並討論第二十四屆院士提名及提案等問題。

七月五日,吳天威來函,邀參加年三月三日至五日在舊金山舉行的第六屆中日關係史研討會,第一屆在檀香山開,其後又在北京、臺北、東京、長春開。

七月十六日,出席國史館召開的「國史上中央與地

方的關係——中華民國史專題第五屆討論會」第二次籌備會議，討論提論文之人選及題目。

七月十九日，下午中國歷史學會召開第三十四屆第二次理監事會議，選張哲郎為理事長，朱重聖、呂芳上、玉法等為常務理事，李守孔、宋晞、蔣永敬為常務監事。推玉法為金簡獎委員會召集人，蔣永敬、杜正勝、王壽南、李東華為委員。

七月二十一日，二哥來信，告知母親喪葬費六百美元（在臺申請），尚有結餘，分給大哥、二哥、妹妹、大姐、大嫂（與大哥離婚，母親生前仍陪母親住）各家。

七月二十二日，上午出席近史所所務會議，通過張力升研究員案。

七月二十四日，李雲漢自伊利諾來信，討論《山東人在臺灣——黨政篇》編者列名問題。雲漢兄嫂住女兒家照顧外孫。

七月二十九日，陶英惠致流亡同學信，謂王篤修校長囑編之《山東流亡學校史》已出版，正在編《山東流亡學生史》，而王校長遽歸道山，現正編印其回憶錄。

七月三十一日，中國近代史學會第三屆第三次理監事會開會，討論「一九四九年中國關鍵的年代討論會」約稿及申請經費事。

七月，為近史所寫 1999.7-2000.6 研究計畫，擬寫「近代中國中央與地方之關係：山東省之個案研究（1860-1949）」，預計五年內完成專書一本。

七月，為嚴達（字作伊）之詩集《作伊心聲》寫序。

七月，《近代中國民主政治發展史》由東大圖書公司出版。

七月，孝威、嘉頤來卡賀父親節。

七月，商務印書館結版稅：《中國婦女史論文集》第一、二輯31冊，《先秦時代的傳播活動》7冊，共1,539元。

八月十日，下午中華軍史學會召開第二屆第五次理監事會議（理事長葉昌桐，副玉法、胡附球），決定於十月二十七日召開古寧頭大捷五十週年紀念大會。

八月十二日，出席近史所「二十世紀的中國與世界研討會」籌備委員會議，呂芳上主持，另有黃克武、陳永發、張啟雄、林滿紅、張瑞德。

八月十九日，上午出席近史所專刊審查會議。

八月二十四日，楊度之孫楊念群自中國人民大學來信，寄來楊度的照片。

八月二十六日，北京近史所張海鵬來通函，邀請參加2000年一月三日在北京舉行的「1949年的中國研討會」。

九月六日，劉廣京自加州大學來信，謝寄院士提名表，已寄郝延平、許倬雲等簽字。

九月六日，吳伯卿自黨史會來信，謂讀到發表於《國史館館刊》之〈楊度傳〉，因與楊度同鄉，對其事蹟補充數語。

九月九日，政大哲學系李增自大陸帶來魏宏運所贈《中華民國紀事本末》七冊。

九月十日，郝延平收到劉廣京為某人提名選院士的提名表，當即簽名寄來。

九月十四日，張憲文自南京大學來信，謂收到胡春惠帶去的稿酬。

九月十七日，近史所八十七年度考績列甲等，給予兩個月薪津之獎金。

九月二十日，李榮泰來信，謂收到國史館寄贈的《中華民國史社會志》（參與撰寫）。

九月二十日，山東同鄉會長巴信誠來信，謂正編《山東同鄉會發展史》，盼提供個人資料。

九月二十日，Andrew J. Nathan 自哥倫比亞大學來信，為 C. Martin Wilbur 募集獎學基金。

九月二十一日，臺灣地區發生七級大地震，中部地區嚴重受創。

九月二十三日，沈嘉榮自江蘇省社科院來信，謂張憲文帶交兩篇審稿費四千臺幣（折美金 125 元）已收。

九月二十八日，孫英善自洛杉磯來信，問候九二一震災，並謂南加州已捐賑災款四百三十萬美元。

九月，來卡賀教師節者：胡興梅、朱瑞月、李榮泰。

十月一日，趙台興來信，報告軍中賑災的情形。

十月五日，鄭會欣自香港中文大學來信，謂已收到為其書寫的序。

十月五日，鄉人孫希宗自鳳山來信，謝為其書寫序。

十月十二日，劉廣京自加州大學來信，謂顧應昌擬提

黃俊傑為院士候選人，可否？

十月十三日，李雲漢自伊利諾來信，謂收到《前塵往事憶述》，並索新出版的《山東文獻》。

十月二十二日，鄉人黃復禮帶來其弟黃端禮的書稿求寫序，該書為批評李登輝、李遠哲者，婉拒之。十一月三日回信，謂知我在中研院的難處。

十月二十五日，上午參加抗戰勝利暨臺灣光復紀念碑落成典禮，副總統連戰、行政院長蕭萬長共同揭幕。該碑工程於是年四月二十三日始建。

十月二十五日，抗日戰爭勝利暨臺灣光復紀念碑落成。建碑委員十人。習歷史者僅玉法一人。

十一月一日至三日，中正文教基金會（秦孝儀）在國立故宮博物院舉辦「蔣夫人宋美齡女士與近代中國國際學術討論會」，於第八場評論周琇環、林秋敏之論文。

十一月五日，下午在東華大學歷史系講「二十世紀歷史的回顧」，為該系創系以來首次辦講演。

十一月六日，丁邦新自香港科技大學來信，請支持語言學院士候選人鄭錦全。

十一月十一日，下午出席近史所「二十世紀的中國與世界研討會」籌備會議，討論出席名單、主題講演人等。

十一月二十日，王衍豐自 Penacook, N. H. 來信，謂《醜男心事誰人知》一書由健行出版出版，盼能在《山東文獻》登消息。

十一月，苑覺非校長寫證明書：1952 年秋冬之交，

向山東同鄉會借款三十萬元（時黃金一兩百元），在員林鎮購地八千坪，於該地創設員林實驗中學。

十一月，除薪俸 99,680 元外，領考績獎金 199,360 元。

十二月三日，Tim Wright 自澳洲 Murdoch 大學來信，謂下年度轉到英國 Sheffiled 大學教書。

十二月六日，林燕珠自美國來信，提到十月間回臺與同學相聚的事。

十二月八日，下午出席中華軍史學會召開的第二屆第六次理監事會議。

十二月九日至十日，中國近代史學會（呂芳上）舉辦「1949 年——中國關鍵年代研討會」，玉法提論文「國共戰爭中的山東戰場（1945-1949）：青島之守備與撤退」。

十二月十一日，人民大學楊念群來信，深讚為其祖父所寫的〈楊度傳〉持論公允。

十二月十二日，王肇宏來信，謂現在中正理工學院任系主任。

十二月十六日，中午出席國內院士季會第二次會議。

十二月十六日至十八日，國史館在國家圖書館舉辦「國史上的中央與地方關係——中華民國史專題第五屆討論會」。十七日上午玉法報告論文「民國初年中央與地方的關係：山東之例（1912-1916）：對《政府公報》中有關資料的分析」，並主持王正華、朱德蘭、邵銘煌之論文報告。

十二月二十日，下午出席政大歷史系張建俅博士論

文〈中國紅十字會初期發展之研究（1912-1949）〉口試。

十二月二十二日，四川大學戴執禮來信，感謝為其出版四川保路運動史料。

十二月二十七日，孝威、嘉頤來信謂在巴黎玩了三天，喝了媽推薦的左岸咖啡，明天出發去威尼斯。

十二月二十八日，蔣經國基金會寄來歐洲地區申請研究獎助案一件。

十二月二十九日，日本東方書店來信，囑將該書店擬出版的《日中關係史國際學術研討會論文集》中的文稿，於明年一月二十日以前寄回。

十二月，商務印書館結版稅：一至六月，《中國婦女史論文集》第一輯 16 冊，756 元；第二輯 15 冊，627 元；《先秦時代的傳播活動》7 冊，154.5 元。七至十二月，《中國婦女史論文集》第一輯 15 冊，708.75 元；第二輯 10 冊，418.50 元；《先秦時代的傳播活動》2 冊，41.40 元。

十二月，來賀年卡者：黃綉媛、廖咸惠、林燕珠、蔡杏芬、曹志鵬、楊念群、葉郁寧、周秋光、戴執禮、王華昌、王肇宏、胡興梅。

2000 年（民國八十九年）

　　是年六十六歲，任《中國論壇》諮詢委員、蔣經國學術文化基金會諮詢委員、中央研究院學術諮詢總會委員、近代史研究所諮詢委員、臺大歷史系所評鑑委員，出席「韓戰五十年學術研討會」、「九一八事變七十年學術研討會」、「國史上中央與地方關係研討會」、「歷史教科書與歷史教育研討會」、「第二屆中國與世界研討會」、「第四次中華民國史研討會」、中央研究院漢學會議，在東吳大學百年校慶講演，推薦李國祁選院士，南開大學王永祥來臺訪問一週，胡繩病逝，宋楚瑜代表親民黨競選總統。

　　一月六日至八日，近史所召開「二十世紀的中國與世界研討會」。

　　一月九日，華視文化教育基金會開會，審查八十九年度工作計畫及收支預算。

　　一月十七日，中研院聘為漢學研究推動委員會委員：張光直、杜正勝、劉翠溶、張玉法、黃俊傑、石守謙、龔煌城、黃啟芳。

　　一月二十七日，晚近史所一般近代史組主任請於活動中心餐敘。

一月，一月份薪俸 99,680 元，扣所得稅 7,320 元，公教存款 4,000 元，房屋津貼 700 元，自提儲金 2,713 元，互助金 68 元，餘 84,879 元。

一月，南開大學歷史系王永祥來臺商討出版其《雅爾達協定與中蘇日蘇關係》事。

一月，東華書局結版稅：去年七至十二月，《中國現代史》上 377 冊，下 287 冊，合訂本 485 冊，《中國現代政治史論》129 冊，共 37,802 元。去年一至十二月，《中國現代史略》7,192 冊，《中國近代現代史》4,251 冊，共 325,762 元。《中國近代史》1,733 冊，17,027 元。

一月，臺灣商務印書館結版稅：《中國婦女史論文集》第一、二輯 25 冊，《先秦時代的傳播活動》2 冊，共 1,169 元。

二月一日，六十六歲生日。

二月一日，陶英惠自近史所退休，聘為兼任研究員。

二月一日，聯經公司寄來四萬五千元，三月七日寄來一萬元，三月二十九日、四月二十九日、六月一日、六月二十八日各寄來五千元，其中每月五千元為中國論壇之車馬費，一月份給禮四萬元。七至十二月每月續寄五千元。

二月十日，劉紹唐過世。

二月十三日，夏常五自聖路易來信，謂讀到我的《中華民國史稿》，認國民黨的失敗，最大的罪人是張學良。

二月十六日，下午出席中研院學術諮詢總會，討論

人文組研究成果評比。

二月二十二日，陳正國自英國來信，謂今夏畢業，擬申請師大、輔大教職，請寫推薦函。

二月二十四日，上午出席近史所所務會議。

二月二十五日，下午出席中研院漢學研究推動委員會第十次會議。

三月十一日，下午出席中研院學術諮詢總會會議，討論審議九十年度新增研究計劃。

三月十四日，國科會寄來專題研究審查案三件：王業鍵、楊維真、陳蓉蓉。

三月十六日，日本東京東方書店寄來《從共處到戰爭──第四次日中關係史國際研討會論文集》校稿。

三月十七日，東吳大學建校百年紀念，校長劉源俊特召開研討會，玉法在開幕式主講「東吳大學在近代中國史上的意義」，章開沅在第二場討論會講「中國教會大學的歷史評價」。玉法贈送花盆致賀，劉源俊於四月十日來函致謝。

三月十九日，中國近代史學會第三屆第五次理監事會議在上海鄉村餐廳舉行。

三月二十六日，下午出席蔣經國基金會諮議委員會議，審查八十八年度國內研究計畫申請案。

三月二十八日，歷史智庫出版公司（聯合報集團）寄來〈二十世紀前半期中國政治的發展與頓挫〉稿酬6,400 元。

四月八日，上午出席近史所「二十世紀中國與世界學術研討會」籌備會。

四月十三日，上海社會科學院歷史研究所熊月之在近史所講「張園與上海社會」。中午所長呂芳上邀玉法、楊奎松等在活動中心與熊餐敘。

四月十九日，中午出席國內院士季會第三次會議。

四月二十七日，中午出席近史所一般近代史組會議。

四月，是月份《光華雜誌》載李光貞「民國史上的總統與憲法」，引用許多訪問玉法的意見。

四月，審查臺灣省文獻委員會編印的《臺灣光復五十至七十年代歷史要案》。

五月一日，與中文去洛杉磯，二十六日返臺。

五月四日，上午出席八十八學年度第四次所務會議，與陳三井、張瑞德、謝國興、陳永發當選所長改選選務小組委員。

五月十一日，近史所圖書館催還圖書二百五十一種。

五月十六日至十八日，國父紀念館舉辦「國立國父紀念館三十週年館慶暨第五屆孫中山與現代中國學術研討會」，主持一場會議，論文報告人李國祁、狹間直樹、陳三井、楊玉聖（北京師大），並評論李國祁的「孫中山主持南方政府時期的聯德努力」。

五月三十一日，香港《新亞學報》（已出版四十五年）聘為名譽學術顧問，虛銜也。

六月一日，下午出席中央研究院漢學研究推動委員會

第十一次會議，李亦園主持。

六月三日，上午陶英惠為紀念朱故院長家驊 108 歲誕辰，在活動中心講「朱家驊與中央研究院」。

六月五日，與呂芳上共同主持韓戰五十年學術座談會，引言人有政大外交系李明、歐美研究所長林正義、北京近史所楊奎松、國民黨黨史會總幹事劉維開、近史所副研究員張淑雅。

六月十日，中午詹相芳約實中同學於中華路頂聖卡拉OK 唱歌為樂。

六月十四日，下午出席近史所「近代中國的婦女、國家與社會國際學術研討會」第一次籌備會。

六月二十三日，上午出席所務會議，升助研究員游鑑明為副研究員。

六月二十八日，上午出席近史所學術諮詢委員會第五次會議，劉廣京主持。

六月二十八日，下午華視文教基金會開董事會，董事長張家驤，董事另有閻沁恆等。十一月辭職。

六月二十九日至七月一日，中央研究院舉辦第二屆國際漢學會議。

六月，聯經公司結版稅：《中華民國史稿》245 冊，《歷史學的新領域》31 冊，共 22,013 元。

六月，自 1999 年一月至本月，《山東人在臺灣》十三種，共賣 214 本，送者 162 人。

七月一日，新任華視文教基金會董事長楊培基來信，

盼續支持。

七月二日,孝威、嘉頤來信,謂利用美國獨立假期到千湖之州明尼蘇達州度假。

七月二日,上午出席中研院學術諮詢總會八十九年委員會議。

七月三日,出席第二十四次院士會議。五、六日院士選舉,李國祁落選。此次李國祁選院士,係由劉廣京、許倬雲、李亦園、玉法、郝延平提名。

七月五日,武昌華中師大歷史研究所嚴昌洪來信,謂擬於 2001 年舉辦兩岸三地辛亥革命研討會,彼並與香港浸會大學李金強聯絡。

七月十八日,上午出席近史所「二十世紀中國與世界討論會」論文集審查會議。

七月十八日,下午主持中國時報主辦的「從河殤到神州懺悔錄:臺灣與中國大陸的精神危機及其出路座談會」,與談人柏楊、張亞中。

七月二十日,玉法與大哥、二哥率諸子訂立「橋上張氏傳斗公之子孫有關祠堂及林地約定書」:樓上左側一棟由玉法及其子孫使用,右側一棟為祠堂,樓下右側一棟由喻琛及其子孫使用,左側一棟由喻恩及其子孫使用,皆不得轉讓或出售。

七月二十五日,下午出席中研院漢學研究推動委員會第十二次會議。

七月二十八日,上午出席中國歷史學會第三十六屆

第一次理監事會議，張哲郎主持。

七月，東華書局結版稅：一至六月，《中國現代史》上 224 冊，下 220 冊，合訂本 1,217 冊，共 56,672 元；《中國現代政治史論》4 冊，200 元；《中國現代史略》2,640 冊，73,920 元。

八月十一日，上午出席中國歷史學會第三十六屆第一次理監事會。

八月十六日，下午出席中華軍史學會第二屆第七次理監事會議。

八月十六日至二十一日，近史所舉辦「口述歷史進階研習營」，為講演「新聞與口述歷史」。

八月十九日，陳正國自英國愛丁堡來信，謂論文已通過，九月回臺在輔仁大學任教。

八月二十一日，近史所八十八年度考績甲等，給予兩個月薪俸獎金。

八月二十三日，近史所召開「近代中國婦女、國家與社會（1600-1950）研討會」，玉法報告論文「中國婦女參政權之演進（1900-1949）」。

八月二十四日，簽呈近史所：擬應中國社科院近史所邀請於九月五日至十一日赴北京參加「第二屆近代中國與世界研討會」，並擬應南京大學中華民國史研究中心邀請，於九月二十一日至二十五日赴南京參加「第四次中華民國史研討會」，提論文「政權轉移與青島工業發展」。兩次會議中間，擬赴山東省棗莊市探視長兄，預計於九月

二十七日返所。

八月二十四日至二十六日,中國甲午戰爭博物館召
開北洋海軍與近代中國海防教育研討會,婉拒參加。

八月二十九日,臺北市政府文化局(龍應台)成立
史料研究督導委員會,受聘為委員。九月二十日下午召開
會議,討論士林官邸開放參觀計畫。

八月二十九日,下午出席近史所「近代中國的婦女、
國家與社會研討會」第二次籌備會。

八月三十一日,上午出席近史所所務會議,討論沈
松僑升副研究員案。

九月二日,《中國現代史史料指引》由新文豐公司排
版校對中,並設計封面。

九月三日,中華民國團結自強協會(張京育)與《中
央日報》聯合舉行九一八事變七十週年學術座談會,於會
中講演。至次年元月九日寄來座談會專輯。

九月六日至十日,出席中國社會科學院近代史研究
所舉辦之「第二屆近代中國與世界研討會」,該會召集人
中國史學會長金冲及、近史所長張海鵬,共分二十八場。
玉法於第一場評論巴斯蒂「留學對中國近代世界的作用
——論清末中國留法學生」,於第二十三場報告「二十世
紀前半期中國留法學生的經歷見聞」,於末場參加綜合座
談,張海鵬主持。參加此會者有章開沅、魏斐德、山田辰
雄、張海鵬、陳三井等。

九月十六日,歷史智庫出版公司寄來〈1949 年來臺

的山東人〉稿費 8,350 元，圖片三張三百元。

九月二十二日至二十四日，在南京參加南京大學中華民國史研究中心舉辦的「第四次中華民國史國際學術討論會」，宣讀論文「政權轉移與青島工業發展」。與會者有章開沅、張憲文、山田辰雄、李國祁、楊天石、呂芳上、周惠民等。

九月二十五日，中研院學術諮詢總會來函，人文組有四位申請博士後研究，請為每位推薦三人評審。

十月十五日，黃宇和自雪梨大學來信，並轉黨史會代主委喬寶泰一信，謂寫了《倫敦與中國革命》，擬找國史館出版。

十月十五日，中午出席近史所一般近代史組八十九年度第四次組務會議。

十月十二日，受聘為近史所《近代中國史研究通訊》第三十一期編輯委員。

十月十三日，海軍官校文史系易家琪來信，為應教學需要，索〈青島之守備與撤退〉論文，並問及國共戰爭的資料。

十月十五日，臺北李畊（謂在吳院長追思會中見過面）來信，請為其《讓龍村騰飛》寫序，婉拒。

十月十六日，中午出席院士季會，李遠哲講「二十一世紀的中央研究院」。改選院士會議召集委員，人文組朱敬一、胡正勝。

十月十六日，為三民主義研究所審查「辛亥年間同

盟會在倫敦活動補錄」論文（擬發表）。

十月二十六日，上午出席八十九年度第二次所務會議。

十月，與南京大學張憲文聯絡，擬為河南出版社主編「民國史叢書」。十月十八日，該社張黛女士來傳真表示同意。二十二日與張黛女士回傳真，請與張憲文聯絡。原擬約兩岸二十名年輕學者，每人擬題撰寫二十至二十五萬字之民國史專書，事無結果。

十一月六日，北京社會科學院副院長胡繩過世，電傳悼念詞給北京近史所長張海鵬轉胡繩家屬。

十一月八日，中國近代史學會召開年會，當選第四屆理事。

十一月十六日，晚沈松僑於金玉滿堂宴近史所部分同仁，當為感謝升等。

十一月十七日，臺大歷史系所聘為評鑑委員會召集人（系主任高明士），至次年五月二十四、五日，與林滿紅、黃寬重、管東貴等進行評鑑工作。

十一月十八日，出席中國近代史學會主辦的「歷史教科書與歷史教育學術研討會」，主持第五場會。

十一月二十日至二十三日，孫中山基金會在翠亨村召開「孫中山與二十世紀的中國社會變革研討會」，婉拒參加。

十一月二十九日至三十日，出席東吳大學（紀念百年校慶）舉辦的「二十世紀前半葉人文社會科學研討會」，主持第九場會議，主題為「胡適」，報告人唐德剛、楊

貞德。

十二月二、三日，東吳大學（校長劉源俊）於外雙溪校區召開「百年來海峽兩岸民族主義的發展與反省討論會」，玉法主持綜合座談。

十二月十三日，新文豐將新出版之《中國現代史史料指引》贈送十七本，作為推廣之用。

十二月十五、十六日，中華軍史學會與近史所聯合舉辦「二十世紀中國戰爭與政治研討會」，理事長葉昌桐主持，玉法為副。玉法主持一場會，並報告論文「戰後國共勢力在山東地區的對抗：對日受降與接收時期（1945.8-1946.1）」。

十二月十六日至十八日，出席國史館舉辦的「國史上中央與地方關係研討會」，宣讀論文「民國初年中央與地方的關係：山東之例（1912-1916）——對《政府公報》中有關資料的分析」，李國祁主持，蔣永敬評論。

十二月二十日，二哥來信，提到我最近與中文、孝威、嘉頤、孝寧回家探親的事。

十二月二十一日，上午出席近史所八十九年度第三次所務會議。

十二月二十五日，孫英善自美國來 FAX，賀結婚紀念。

十二月二十六日，南京師範大學經盛鴻（前為南京大學歷史系研究生）來信，告知其研究民國史的過程，並告知其〈1949 年國共戰略及其得失述論〉發表於《二十一世紀》。

十二月三十日，下午出席中國近代史學會第四屆第一次理監事會議。

十二月，李雅晶自南開大學來信，感謝在訪臺期間的協助，彼研究日據時期的臺灣。有言：莫談國事，多看史料，就會心平氣和。

十二月，商務印書館結版稅：一至六月，《中國婦女史論文集》第一輯 20 冊，945 元；第二輯 12 冊，502 元；《先秦時代的傳播活動》4 冊，91.65 元。七至十二月，《中國婦女史論文集》第一輯 13 冊，614.25 元；第二輯 16 冊，669.60 元；《先秦時代的傳播活動》3 冊，60 元。

十二月，來賀年卡者：王孟梅、吳翎君。

是年，林滿紅赴日講學，由玉法和張瑞德寫保證書。

是年，大陸某電視台為製作《世紀》系列節目，來訪談二十世紀中國現代化過程，問題有二：1. 清末紳商何以支持立憲？2. 立憲運動在現代化過程中的作用。

是年，劉安愚贈送近史所《劉安祺先生訪問記錄》精裝十二冊、平裝十六冊。

是年，宋楚瑜、張昭雄代表親民黨參選正副總統，宋楚瑜工作室文教基金會訂製二人頭像的金銀幣，並崁以「總統自來選，打拼為臺灣」。結果與國民黨的候選人連戰、蕭萬長皆敗，而由民進黨的候選人陳水扁、呂秀蓮獲勝。

2001 年（民國九十年）

是年六十七歲，參加辛亥革命九十週年研討會、孫中山與中國改造研討會、胡適與近代中國學術之建立與轉型研討會、1950 年代的海峽兩岸研討會，偕中為去大陸作學術之旅，在澗頭集故居建祠堂，參與評鑑臺灣大學歷史系所，《山東人在臺灣叢書》完成出版，李雲漢退休已五年，政大歷史系為蔣永敬過八十壽。

一月五日，鄉人滕縣張樂保自板橋來信，謂偶知我為嶧縣人，因曾在嶧縣任職，備感親切，特來信致候。

一月十四日至十八日，中正文教基金會於夏威夷召開「孫中山與中國改造學術研討會」，玉法於第三場會議報告「改革與革命並行：論孫中山早年改造思想之形成（1885-1895）」，並主持第四場會議，由張憲文、朱寶琴、徐萬民報告論文。會後赴美探視孝寧、孝威，二月八日返臺。

一月二十一日，鄉人田懿訓自中壢來信，擬購《山東流亡學校史》，並提到《山東文獻》中有關山東流亡學校之文。

一月二十八日，陳雋（陳明侯之孫）自伊利諾來信，謂能在臺北一晤甚歡。見十二月份《山東文獻》有三篇有

關陳明侯的文章，捐款三百美金給《山東文獻》。

一月三十一日，中國論壇續寄車馬費，仍為每月五千元。

一月，本年度在近史所的研究計畫：「近代山東省區與中央的關係（1644-1949）」。

一月，聯經公司結版稅：去年七至十二月，《歷史學的新領域》26冊，《中華民國史稿》324冊，共28,773元。

一月，東華書局結版稅：去年一至十二月，《中國現代史略》8,613冊，《中國近代現代史》1,438冊，共283,872元；《中國近代史》1,531冊，15,285元。七至十二月，《中國現代史》上273冊，下253冊，合訂本313冊，《中國現代政治史論》19冊，共20,644元。

一月，商務印書館結版稅：去年七至十二月，《中國婦女史論文集》第一、二輯29冊，《先秦時代的傳播活動》3冊，共1,344元。

二月一日，六十七歲生日。

二月十四日，吳翎君來信，報告擬研究美孚石油公司。

二月十九日，陶英惠告知，《山東人在臺灣》叢書存彼處者尚有精裝78冊、平裝9冊。

二月二十八日，黃頌康自布魯塞爾來信，謂讀《中華民國史稿》恰可補西書在這方面的不足，望能申請基金會協助譯成英文。三月十三日回信，如有意可向蔣經國基金會申請。

二月，列名近史所聘審小組，對沙培德升副研究員案，

極力推薦。

二月，近史所所慶，玉法提供 DVD 為抽籤特別獎項。

三月十三日，北京近史所侯宜杰來信，要求為其所寫《袁世凱》寫序。四月二十四日，臺北立緒文化公司寄來其《百年家族──袁世凱》打字稿請核閱。

三月二十三日，下午蔣經國基金會開諮詢委員審查會議，委員有于宗先、金耀基、胡佛、鄭瑞成、玉法等十三人。

三月十五日，上午出席近史所所務會議，通過許文堂、葉其忠升副研究員案。

三月十五日，臺灣省文獻會寄來「臺灣地區光復後五十至七十年代歷史要案編印計畫前一、二年研究成果」文稿，望於四十日內審畢。之後於六月十九日開審查會議，六月二十八日寄來審查會議記錄。

三月二十一日，日本島根縣立大學教授鹿錫俊寄贈東京大學出版社出版的《中華國民政府的對日政策，1931-1933》一書以及發表於《黨的文獻》上的論文〈日本對中國的觀察與陳立夫訪蘇計畫的洩密──從日本未刊檔案解析歷史之迷〉。該論文揭露 1935 年底陳立夫籌劃祕密訪蘇擬聯蘇抗日，因被日方覺察，一行作罷。

三月二十二日，國科會寄來專題研究計劃審查案七件，包括馮明珠、朱浤源、王業鍵。

三月三十日，王慶成自密西根來信，謂三、四年來為老病所困，旬前來密西根女兒處，並提到去年中華書局為

其出版《影印太平天國文獻十二種》。

三月三十一日，下午出席蔣經國基金會諮詢委員會議。

四月七日，為《近代中國》雜誌社審查周建超「論辛亥革命前批判理性的成長」，審查費一千元。

四月八日晚，受政大歷史系主任周惠民之約，於仁愛路上海鄉村餐廳為蔣永敬過八十壽。

四月十日，為《近代中國》雜誌社審查劉明憲「回流與跳廠：戰時重慶地區工廠工人的流動」，審查費一千元。

四月十二日，捐韋慕庭基金會五百美元。

四月十八日，中華軍史學會（理事長郭宗清，玉法副）函送第三屆第二次理監事會議記錄，擬召開近五十年軍事史會議。

四月二十八日，上午中國近代史學會（呂芳上）在近史所召開「漫畫中的歷史‧歷史中的漫畫」學術座談會。凡兩場：第一場由玉法主持，報告人王明珂、蘇蘅、張秀蓉。第二場由呂實強主持，報告人王爾敏、陳逢申、黃自進。下午中國近代史學會在近史所召開第四屆第二次理監事會議。

四月三十日，南京大學朱寶琴、陳紅民、陳謙平等來臺訪問研究。

四月，為文化大學審查教師升等著作《從東北黨務發展看接收》書稿一件。

五月二日，為臺灣省文獻會評估 1950-1970 年代的白色

恐怖研究計劃，參與研究者有賴澤涵、黃富三、許雪姬、吳文星、朱德蘭。

五月五日，印地安納大學博士生艾志端（Kate Edgerton）約時會面，彼研究光緒三、四年華北大饑荒，曾讀過我的山東災荒論文兩篇。

五月九日，孟慶幹自臺中神岡國校來信，問及與中共對抗五十年，是否宜與大陸接觸、回家探親？

五月十日，香港浸會大學歷史系林啟彥來信邀請參加今年十一月十二日至十六日舉辦的「辛亥革命、孫中山與近代中國研討會」，五月十三日、六月二十八日，李金強又兩次函催。

五月十二日，李雲漢自伊利諾來信，謂曾去探望吳相湘，八十九歲了，以輪椅代步，頭腦尚清楚。

五月十五日，《山東人在臺灣叢書》出版，叢書除張振芳傳外，凡十五種，即學術、法律、文學、社會、農業、藝術、警政、醫學、軍事、教育、新聞、鄉野、黨政、工商、人名（名錄）。該叢書出版，由吉星福張振芳文教基金會贊助，玉法為總編輯，李瞻為執行長，參與編輯者另有孫震、于宗先等。玉法主編者有學術篇、教育篇（與井敏珠）、黨政篇（與李雲漢）。

五月十七日，上午出席近史所所務會議，通過黃自進升研究員，康豹、李達嘉升副研究員，潘光哲、王正華升助理研究員。

五月二十五日，下午出席中研院九十年度第二梯次

博士後研究人員複審會議。

五月二十六日，張燮文夫婦自基隆中學來信，感謝五月五日陪同參觀中研院，並設宴。

五月二十七日，駱寶善自廣東社科院來信，囑代查袁世凱的資料。

五月，師大選鄭天佐（理化系）、玉法（史地系）、王金平（數學系）、許水德（教育系）、黃昆輝（教育系）、郭為藩等十五人為第一屆傑出校友，邀於六月五日上午參加五十五年校慶，接受表揚。

五月，為中華文化發展基金會審查研究生赴大陸地區研究案一件。

六月八日，新任蔣經國基金會執行長朱雲漢（原李亦園）來函，盼續支持。

六月十二日，下午出席政大歷史系胡春惠、孫鐵剛退休會，晚在天然臺餐敘。

六月十七日，下午中國歷史學會第三十七屆會員大會假政大召開，當選常務理事，常務理事另有呂芳上、李東華、張哲郎、孫同勛、徐泓、周惠民、黃寬重、戴晉新。

六月十九日，下午臺灣省文獻會假近史所召開編印臺灣光復後 1950-1970 年代歷史文獻專輯計劃審查會議。

六月二十九日，上午出席中華軍史學會第三屆第三次理監事會議，決定召開近五十年軍事史研討會。時理事長郭宗清，副玉法、胡附球。

六月，東華書局結版稅：一至六月，《中國現代史》上6冊，下82冊，合訂本1,328冊，《中國現代政治史論》9冊，共49,639元。

六月，聯經公司結版稅：一至六月，《中華民國史稿》47冊，《歷史學的新領域》18冊，共4,494元。

七月七日，下午出席中國歷史學會第三十七屆理監事會第一次會議。

七月十二日，上午出席近史所所務會議，呂芳上主持。

七月二十四日，妹妹的女兒鄭允霞自徐樓來信，謂第三子要娶妻，非有房子不嫁，蓋三間瓦房要一萬七、八千，要求資助，並怕別人援例，要我將錢寄給張喻成的妹婿。嗣即請蔡敬儀帶去美金二千元。

七月，與日本東京大學文學部岸本美緒等評鑑臺大歷史系，我是召集人。事後岸本美緒找不到我的電子信箱，於七月十五日將對臺大歷史系的評鑑報告寄到近史所的信箱。八月九日來信，問是否收到。

七月，商務印書館結版稅：一至六月，《中國婦女史論文集》第一、二輯38冊，《先秦時代的傳播活動》5冊，共1,826元。

八月十日，撰「國立臺灣大學歷史系評鑑報告」，委員另有管東貴、黃寬重、林滿紅、岸本美緒。

八月十三日，張啟雄自京都大學來信，告知查閱山東史料及婦女參政史料等事，並求助於狹間直樹。

八月十四日，「諍社」媒體座談會由該社官俊榮（臺

大農經系教授）主持，討論「日本帝國主義重現與亞洲和平——檢視小泉首相參拜靖國神社的意涵」，參加者另有藤井志津枝、陳鵬仁、尹章義、王曉波等。

八月十六日，趙台興送我一批有關山東的書。

八月十九日，香港中文大學校外進修部趙汝明來信索閱〈臺海兩岸史學發展之異同〉一文。

八月二十日至二十二日，漢學研究中心假國家圖書館召開「欲蓋彌彰——中國歷史文化中的『私』與『情』國際學術研討會」，主持第五場會，由熊秉真、胡曉真、劉詠聰作論文報告。

八月二十三日，廖咸惠自哈佛大學來信，謂全家三口抵美兩週，經洛杉磯繳了博論修訂本，正式獲博士。

八月二十三日，李雲漢自伊利諾來信，謂退休五年，來美已住五個月，下月回臺參加辛亥革命九十週年學術研討會。又謂 Busy life is happy life。

八月二十三日至二十五日，近史所召開「近代中國的婦女、國家與社會（1600-1950）研討會」，於二十三日宣讀論文「中國婦女參政權之演進（1900-1949）」。

八月二十八日，孝威、嘉頤來信謂：參加以前同事婚禮，重遊威尼斯，看了莫扎特的故鄉沙茲堡，現在火車上往維也納旅遊。

八月三十日，於《海峽評論》129 期發表〈掌權者要面對歷史良心〉（寄來稿費 700 元），該文實批評呂秀蓮副總統訪日之不良表現。

　　八月，本學年度在近史所的研究計畫仍為「民國時期山東與中央的關係（1928-1937）」，此為繼續前兩年之研究計畫。

　　九月三日，上午中央日報社舉辦「九一八事變七十年學術座談會」，出席者石永貴、張玉法、陳存恭、劉維開、黃自進、唐啟華。

　　九月六日，近史所考績列甲等，給予兩個月薪水之獎金 204,470 元。

　　九月十日，玉法九十年度研究計劃為「戰後國共勢力在山東的消長（1945-1949）」。

　　九月十日，張朋園函知，兩年前募集之韋慕庭獎學金僅十五萬美元，黎安友謂委員會以太少，擬第二次募集。決定再捐五百美元（據稱美國人對此類捐款，一般不過十元、二十元）。

　　九月二十日，為近史所審查羅久蓉續聘為副研究員案。

　　九月二十三日，函江西師大溫銳，擬乘去武漢參加辛亥革命研討會之便，前往南昌一遊，請代為籌劃。

　　九月二十五日，中華軍史學會召開第三屆第四次理監事會議（玉法為副理事長）。

　　九月二十九日，上午中國近代史學會假歐美所召開「近代中國的改革與革命：紀念辛亥革命九十年學術研討會」，有六人提論文，玉法所提的論文是「晚清改革與革命之分際與互動」。

　　九月三十日，為近史所審查《近代中國的婦女、國家

與社會（1600-1950）》專書出版稿。

十月五、六日，中國歷史學會假政大歷史系舉行「兩岸三地歷史學研究生論文發表會」，共論文三十篇，分為七場，由李東華、呂芳上等主持。玉法主持第四場會，有五篇論文報告。

十月六日至九日，中正文教基金會等在圓山大飯店舉行「辛亥革命九十週年國際學術研討會」，主持末場會，報告人張力、張啟雄、張榮恭（國民黨中央執策會副執行長）。

十月十二日，函鄉人翟醒宇，感謝為《民國山東通志：抗戰志》提供資料，但不能照刊，以符合體例。

十月十五日，福建師範大學歷史系來信，擬於明年五月在武夷山召開「中國東南社會變遷與現代化研討會」，由外辦劉慧宇（張憲文的學生）聯絡，希參加。婉拒。

十月十六日至十九日，中國社會科學院、中國史學會等在武昌召開「紀念辛亥革命九十周年國際學術研討會」，由金冲及、章開沅主持，參加者有蔣永敬、耿雲志、楊天石、劉鳳翰、陳三井、朱浤源、邵銘煌、黃宇和、唐啟華、黃自進、李朝津、劉維開、玉法等。玉法於十六日下午報告「臺灣地區學者對辛亥革命的研究（1950-2000）」。

十月十七日，章開沅寫介紹函，偕中文前往參觀廬山圖書館。

十月三十一日，王曾才自加拿大來信，謂寫小傳五

萬字，不知能在《山東文獻》發表否？

十月，為臺灣省文獻會審查《臺灣地區光復後 50-70 年代歷史要案》。

十一月一、二日，出席中華軍史學會舉辦的「近代日本對華侵略學術研討會」。

十一月九日，中研院致函中華民國紅十字會，近史所張玉法主持之《中華民國紅十字會史》稿增寫計畫，共用經費 475,609 元，尚餘 2,631 元。

十一月十日，為蔣經國基金會審查研究計劃補助案一件。

十一月十七日，上午中國近代史學會在歐美所舉辦「張學良與西安事變研討會」，主持第二場會，由陳存恭，陳永發報告論文。

十一月十九日，《傳記文學》寄來發表於二十九卷四期之稿稿酬五千元。

十一月二十日，孫英善隨海外助選團來臺北，二十七日回美，時國民黨三分，建議改名。

十一月二十一日，Andrew J. Nathan 自哥倫比亞大學來信，感謝為 C. Martin Wilbur 基金會捐款，目前已得美金六千元。

十一月二十二日，賈士蘅自 Lakewood, CO. 來信，謂李又寧囑譯之「留美歸國學生與中國領導階層（1840-1949）」已譯好，請過目。

十一月二十六日，晚宴史學界朋友，孫英善在座。

十一月二十六日，中央研究院函近史所，謂新任
諮詢委員已聘定，請提供各委員姓名、專長、單位、職
稱及聯絡地址等資料。委員名單為：李國祁、汪榮祖、
William C. Kirby、郝延平、狹間直樹、張玉法、張灝、齊
錫生。

十一月二十七日，自向東華書局購《中國現代史增訂
本》20 冊，《中國現代史略增訂本》5 冊，共 13,720 元。

十一月二十八日，棗莊市臺辦主任楊位彥致函馬雲
昇、玉法等，感謝接待其公路考察團。

十一月二十九日，上午出席近史所所務會議，呂芳上
主持。

十一月，審查現代史叢書王永祥《雅爾達協定與中日
中蘇關係》。

十一月，張憲文擬《中華民國史專題研究》撰寫方
案，擬將 1912-1949 年編寫 1500-2000 字，並擬找中正文教
基金會支持。

十一月，月薪 102,235 元，扣所得稅 7,220 元，公教
存款 4,000 元，宿舍費 700 元，自提儲金 2,798 元，互助
金 68 元，尚餘 87,449 元。

十二月五日，致函陳鵬仁，張憲文擬結合兩岸學者寫
1912-1949 年的民國史，不知能合作否？

十二月七日，近史所召開「胡適與近代中國學術之
建立與轉型研討會」，論文八篇，玉法於第二場討論會評
楊翠華「胡適對臺灣科學體制的奠基」。

十二月九日，上午出席中華軍史學會理監事會議。

十二月十五日，大哥來信，談到我要在澗頭集故居蓋二樓四間房，一作為祠堂，其他三間分別作為我們三兄弟的根。

十二月十五日，中國近代史學會假學術活動中心召開「1920 年代的中國研討會」，有論文九篇，主持綜合討論。

十二月二十日至二十一日，近史所舉辦「1950 年代的海峽兩岸研討會」，玉法主持第一場會，由呂芳上、薛化元報告，主題為臺灣政治。

十二月二十一日，C. Martin Wilbur 基金會自賓州 Haverford 來信，謝捐款給 Wilbur 獎學基金會。

十二月二十五日，出席王璽治喪會，呂芳上為主委，張存武為總幹事。

十二月三十一日，出席王璽治喪會第二次會議。

十二月，為《民國山東通志》草編者序。

十二月，蔣經國基金會朱雲漢來信，希任本基金會諮詢委員至明年六月底。

十二月，東華書局結版稅：七至十二月，《中國現代史》上 2 冊，下 16 冊，合訂本 383 冊，增訂本 173 冊，《中國現代政治史論》39 冊，《中國現代史略》增訂本 439 冊，共 48,711 元。一至十二月，《中國現代史略》17 冊、十八開本 6,345 冊，《中國近代現代史》855 冊、十八開本 112 冊，共 207,647 元。又《中國近代史》620 冊、十八開本 380 冊，共 10,705 元。

十二月，商務印書館結版稅：去年一至六月，《中國婦女史論文集》第一輯 21 冊，992.25 元；第二輯 17 冊，711.45 元；《先秦時代的傳播活動》5 冊，121.65 元。去年七至十二月，《中國婦女史論文集》第一輯 17 冊，803.25 元；第二輯 14 冊，585.90 元；《先秦時代的傳播活動》6 冊，122.70 元。

十二月，聯經公司結版稅：七至十二月，《中華民國史稿修訂本》468 冊，《歷史學的新領域》13 冊，共 41,009 元。

十二月，自八月至本月，聯經公司每月寄酬金五千元。

是年，師大校友服務組來信，謂擬出版《傑出校友芳名錄》，請提供千字左右之個人資料。

2002 年（民國九十一年）

　　是年六十八歲，自近史所退休，仍兼任研究員、保留研究室，政大聘為客座教授，孝寧、孝威回國團聚，出席孫中山與現代中國研討會、近代日本對華侵略研討會、近代國家與社會研討會，近史所長呂芳上卸任、陳永發繼任，大陸學者擬在臺灣出版反共叢書，不用本名發表。

　　一月一日，中研院訂出研究員專業加給：研究員52,270元，特聘研究員八級65,875元，每級多16,000元。據說李遠哲係為挖在海外就業的學者而訂立，自己係自海外歸，亦享此待遇。

　　一月二日，新文豐出版社結版稅：去年一至十二月，《中國現代史史料指引》195冊，16,380元。

　　一月二日，孫英善自洛杉磯來信，擬在臺出版《四十年家國》。

　　一月三日，中華軍史學會假國家圖書館召開會員大會（玉法為副理事長）。

　　一月五日，為陳進金申請東華大學助理教授寫推薦信。

　　一月十四日，蔡惠堯自深圳博物館來信，謂《辛亥革命史論》一書指鍾國柱是鍾木賢，又馮自由書有鍾水養，三者是否為同一人？回函謂據馮書。

　　一月十八日，李金強自香港浸會大學來信，謂歷史系近已成立近代史研究中心。

　　一月二十四日，上午出席所務會議，通過余敏玲升副研究員、張壽安升研究員，黃克武升研究員案被否決。

　　一月二十四日，近史所同仁宴玉法退休。

　　一月二十九日，北京有朋友來函，欲介紹大陸右派學者化名所寫的《共產主義的前景》，全面批判馬、恩、列、斯、毛的理論，渴望民主、自由，反對中共現行的一黨專政制度，希望能在臺灣出版，並希保密。

退休講演會

　　一月三十一日，近史所為玉法辦退休講演會，講演題目：「我對中國近代史研究的一些回憶」。送花籃祝賀者中正文教基金會董事長秦孝儀、中國國民黨黨史館主任邵銘煌、國史館長張炎憲、副館長朱重聖、中國近代史學會、政大歷史系、近史所社會經濟史組以及侯坤宏、林秋敏、葉惠芬、吳淑鳳、薛月順、張世英、董群廉、

陳進金、周美華、張瑞德、謝國興、陳儀深、李達嘉、萬麗鵑、游鑑明、張建俅、陳秀卿、謝蕙風、陳雲卿、黃綉媛、洪德先、朱瑞月、黃銘明、閻鴻中、李惠惠等二十五人。

一月，商務印書館結版稅：去年七至十二月，《中國婦女史論文集》第一、二輯 31 冊，《先秦時代的傳播活動》6 冊，共 1,512 元。

二月一日，六十八歲生日。

二月一日，正式在近史所退休。晚六時，近史所同仁陳永發、呂芳上、謝國興、李達嘉、張力、許雪姬、張淑雅、巫仁恕、洪秋芬、楊久誼等十人，於西湖春小館餐敘。

二月一日，聯合報記者王震邦提早報導我的退休講演，報導的內容有三：一、臺灣本土選出之第一個研究近代史的院士，二、寫《中國現代史》曾被官方指有三大罪狀，三、1990 年去廣州開會，被官方打為「臺灣吳三桂」。

二月一日，與大學同班胡福氣皆為今日退休，決定二人聯合於四月十九日晚在仁愛路龍濤園宴四十八級史地系北區同學十八人、眷屬十人。

二月一日，近史所聘為兼任研究員。

二月一日，姜文求自韓國來信，謂上月去南京，張憲文告知今年九月開民國史研討會，又謂日後要研究中國文化史。

二月二日，以自近史所退休，受業生四十人在方家小館設宴，與中文到場。參加者：王玉、王凌霄、王惠

姬、王華昌、朱瑞月、李惠惠、李筱峰、李達嘉、李慶西、吳翎君、周佳豪、林宸生、洪德先、施志汶、唐志宏、倪心正、陳能治、陳雲卿、陳秀卿、陳清敏、張三郎、張瑞德、張建俅、張曉芳、張馥、彭明華、黃中興、黃銘明、黃宗德、黃綉媛、游鑑明、萬麗鵑、趙淑萍、廖咸惠、劉祥光、劉汝錫、謝蕙風、謝國興、韓敬蘭、鍾淑敏。所送紀念牌的文字：著作等身名遠揚，洵洵儒者容異說，化雨春風及卅載，桃李滿門最豐碩。

二月六日，政大史研所生劉龍心寄贈出版的博士論文，並謂懷念修「中國近代思想史」時的情景。

二月六日，聯經出版公司寄贈年禮四萬元（中國論壇撰述委員）。

二月六日，北京近史所張海鵬來信，邀請參加於八月下旬在澳門舉行的「中華民國史（1912-1949）國際學術研討會」，回函請將括號中的年代取消，否則礙難參加，張海鵬不同意，未去。

二月六日，與中文去洛杉磯過年，三月十三日返臺。

三月五日，大哥來信，討論在澗頭集故居蓋房的問題，贊同我的意見，即在父母原住處重建，不同意二哥另外佔地的想法。

三月十三日，立青文教基金會衣福恩來信，囑審查孫文廣《獄中上書》，俾決定是否贊助出版。

三月十五日，近史所考績列甲等，給予兩個月薪給之獎金。

三月二十三日，上午蔣經國基金會開諮議委員會議，討論國內地區研究計畫申請案及國內博士論文獎學金案。

三月二十五日，朱瑞月寄贈所編《歷任官名解釋手冊》，並請為申請輔仁大學教職寫推薦信。

三月二十六日，中研院學術諮詢總會來函，請推薦三人審查九十一年度第二梯次博士後研究人員人文組申請案。

三月二十七日，威斯康辛 Milwaukee 大學校長 Nancy L. Zimpher 來信，謂 David Buck 已退休，其父母以其名義捐獎學金，請贊助。

四月四日，孫英善來信，提到我與中文去美國與孝寧、孝威相聚的事。

四月七日，美國全國廣播公司（NBC）記者訪談近代中國歷史研究的有關問題。

四月十二日，臺大社會科學院長包宗和來信，感謝擔任「臺大國際暨區域研究中心顧問委員會」顧問。

四月十四日，下午出席戴國煇七十冥誕紀念會。

四月十八日，戴國煇夫人林彩英寄贈《戴國煇中文著作集》。

四月二十一日，李近仁函近史所，索訪問劉安祺的張玉法、陳存恭、黃銘明地址，擬贈其所著《微山湖歷史綴》。

四月二十四日，中華軍史學會召開第三屆第六次理監事會議，討論召開「近代日本對華軍事侵略研討會」事。

四月二十八日，上午中國歷史學會（李東華）假臺大

文學院開第三十七屆第三次常務理監事會議。時理事長呂
芳上，祕書長周惠民，常務理事張玉法、孫同勛、張哲郎
等七人。

四月二十八日，下午出席中國近代史學會第四屆第
五次理監事會議。

四月，流亡學校同學劉廷功在加州 Barstow 錦鯉養殖
場過世，五月十一日《世界日報》對其生平有報導，中謂
今年二月張玉法與孫英善去參觀其養鯉場，並勸其寫奮鬥
史，稿未完成而過世。五月二十八日其子劉展來信致謝。

四月，參與對近史所研究人員評鑑，受評人為：呂
芳上、陳永發、朱浤源、張瑞德、陳儀深、楊翠華、張淑
雅、楊久誼、藍旭男。

五月一日，陳正國自輔仁大學來信，謂史語所已於
四月底通過其職位申請。

五月六日，孫英善來傳真，謂下月赴大陸，索二哥等
人電話。

五月十日，余紀忠（前《中國時報》發行人）家屬來
信，謝出席余紀忠追思會。

五月十五日，下午在輔仁大學講演。

五月十六日，青島市檔案館長潘積仁來函，感謝寄贈
《山東文獻》和《民國山東通志》。

五月十六日，下午出席國父紀念館主辦的第五屆孫
中山與現代中國學術研討會。

五月二十四日，孝威代我寫信祝賀 David Buck 退休，

並捐款為其設獎學金。

五月三十日，孫英善來信，謂接五月十二日的信，知孝寧全家、孝威夫婦都回臺北團聚。

五月三十日，中研院學術諮詢總會來函，請審查「抗戰時期國民政府的政策制定與實施」研究成果。

五月，為國科會審查專題研究計劃申請案八件。

五月，為近史所審查胡國台「抗日戰爭與高等教育」專刊稿。

六月三十日，上午出席中研院學術諮詢總會委員會議。

六月，聯經公司結版稅：一至六月，《歷史學的新領域》9 冊，《中華民國史稿修訂本》82 冊，共 7,373 元。

七月一日至四日，中研院召開第二十五次院士會議。

七月七日，上午中國歷史學會假臺大召開第三十八屆會員大會，玉法於會中講「近二十年中國史學發展的趨勢」。之後討論提案，並選出理監事：孫同勛為理事長，副劉翠溶，常務理事呂芳上、李東華、徐泓、張玉法、張哲郎、戴晉新等七人。

七月八日，李雲漢自伊利諾來信，謂退休六年，以讀古史為樂。

七月十日，東華書局結版稅 135,646 元，計售《中國現代史》下 4 冊，合訂本 6 冊，增訂本 253 冊，《中國現代史略增訂本》2,404 冊，《中國現代政治史論》9 冊。

七月十五日，近史所代所長陳永發將所務會議推選的三位所長候選人（所長呂芳上於六月一日辭職）直接送院

（未召開本所諮詢會）：陳永發、熊秉真、張啟雄。

七月十九日，上午出席政大歷研究所博士生吳淑鳳論文考試：「無力回天：戰後廣東政局的演變（1945-1949）」。

七月二十八日，撰寫聯經公司《中東鐵路的修築與經營（1896-1917）》審查報告。

七月三十日，為游鑑明《傾聽她們的聲音》寫序，出版單位左岸文化事業公司付稿酬 2,480 元。

八月五日，為近史所集刊審查「革命的還是復古的？孫中山道德思想與儒家倫理學說的時代考據」。

八月十三日，上午中華軍史學會假信義俱樂部開第三屆第七次理監事會議。時理事長郭宗清，副玉法、胡附球，理事陳守山、傅應川、陳存恭、呂芳上等二十二人。

八月，商務印書館寄來《中國婦女史論文集》第一、二輯和《先秦時代的傳播活動》版稅 1,217 元。

九月十四日，上午中國歷史學會舉行第三十八屆第二次理監事會議。

九月十九日，鄉人林藍田自加州來信，購《山東流亡學生研究》和《民國山東通志》。

九月二十三日，下午出席政大歷史系系務會議。

九月二十四日，受聘為臺大《政治科學論叢》第十七期審稿人。

九月二十八日，出席中國近代史學會主辦的「聲音與歷史學術座談會」。

九月三十日，臺北師院曾慧佳來信，謂在「聲音與

歷史學術座談會」上，我提議應研究愛國歌曲的演變，寄贈所撰「從流行歌曲看臺灣社會」。

九月，李遠哲院長致院士、評議員、所長中秋節禮 1,500 元。

九月，游鑑明、朱瑞月、胡興梅寄來教師節賀卡。

十月三日，致函政大校長鄭瑞城，謝以厚禮聘為講座教授，歷史系對課程安排至為妥當。十月七日鄭回函，謝應允來校開課。

十月三十日，出席黨史會主辦的「國民政府廢除不平等條約六十週年紀念學術討論會」。

十一月一、二日，中華軍史學會（郭宗清）假中研院學術活動中心召開「近代日本對華軍事侵略學術研討會」，主持綜合討論。於會議提論文者有陳存恭、劉鳳翰、朱浤源、王綱領等。

十一月五日，下午出席師大召開的「研商新大學合併計劃書之前言、校名、願景、策略、時程等事宜會議」，討論師大與臺灣科技大學合併案。

十一月二十五日，上午臺大《人文與社會科學》編輯委員會開會，通過兩本書稿送審。編委召集人柯慶明，委員有黃俊傑、黃寬重、張玉法等。

十二月九日，張季琳自東京來信，謂五日至東京開會，十五日將回高雄，為我複印的資料要到明年一月始能交給。

十二月十二日，上午中華軍史學會召開第三屆第八次

理監事會議。

十二月十三、四日，中國近代史學會（呂芳上）假近史所召開「中國近代國家的型塑研討會」，並舉辦中國近代史學會第五屆第一次年會。十三日晚宴有山田辰雄、黃宇和、玉法等。

十二月十六日，新文豐結版稅：一至十二月，《中國現代史史料指引》47 冊，3,948 元。

十二月十八日，盧建榮散發文件，指責師大歷史系王仲孚等人。

十二月，殷志鵬、陳逢申來賀年卡。

是年，中國社科院研究生院世界史系楊祥銀來信，擬將玉法之〈新聞與口述歷史〉選入其論著《與歷史對話──口述史學的理論與實踐》。

是年，為余敏玲升副研究員寫審查報告。

是年，韓國學生某借閱江亢虎《洪水集》複印本。

2003 年（民國九十二年）

　　是年六十九歲，臺灣發生 SARS 疫病，偕中文去美國避疫，出席「梁啟超與近代中國社會文化研討會」，國史館選刊《山東文獻》資料，《山東文獻》停刊，出版《民國山東通志》，為《三民書局五十年》撰稿，於故居澗頭集蓋房一棟，批教科書去中國化，陳永發選院士，郭廷以百年誕辰。

　　一月三日，國史館來函，擬選刊《山東文獻》資料，編入《國史館現藏民國人物傳記史料彙編》。

　　一月六日，湖北劉作忠來函，索《清季的革命團體》、《近代中國工業發展史》。

　　一月十四日，中華軍史學會召開會員大會。

　　一月二十七日，與中文赴美國孝寧、孝威處過年，二月二十四日返臺。

　　一月二十七日，青島檔案局長潘積仁函謝贈其《民國山東通志》。

　　一月三十日，劉鵬佛來信，謂「海洋與中國叢書」，黃順力會從廈門直接寄來。

　　一月，政大寄來去年員工所得明細表：講座教授費24 萬元，博士論文審查費 2,000 元，口試費 1,500 元。

一月，聯經公司結版稅：去年七至十二月，《歷史學的新領域》34 冊，《中華民國史稿》132 冊，共 12,249 元。

一月，東華書局結版稅：去年一至十二月，《中國現代史略》126 冊，《中國近代現代史》549 冊，《中國近代史》1,689 冊，共 42,064 元。去年七至十二月，《中國現代史》上 4 冊，下 8 冊，合訂本 3 冊，增訂本 444 冊，《中國現代史略增訂本》2,367 冊，《中國現代政治史論》146 冊，共 169,117 元。

二月一日，六十九歲生日。

二月十日，商務印書館結版稅：《中國婦女史論文集》第一輯 14 冊，第二輯 11 冊，《先秦時代的傳播活動》5 冊，共 1,244 元。

二月二十五日，臺大出版中心人文與社會編輯委員會開第二次會議，討論石之瑜等人著作申請出版問題，委員有黃俊傑、黃寬重、玉法等。

二月二十六日，三民書局編輯部來信，討論出版王永祥的《雅爾達密約與中蘇日蘇關係》問題。

三月三日，李雲漢自伊利諾來信，提到《山東文獻》要停刊，曰：凡事有始必有終，功在桑梓。

三月五日，逯耀東、周玉山來函，為慶祝三民書局成立五十年，邀稿編印《三民書局五十年》。

三月六日，為政大歷史所博士畢業生林文仁寫申請大學教職推薦函。

三月十六日，駐梵蒂岡大使戴瑞明來函，謝贈《中華

民國史稿》，對李登輝總統所說外省人不愛臺灣大為非議。

三月十七日，大哥來信，提到我已寄一萬美金給二哥，作為蓋房及布置祠堂之用。

三月二十四日，國科會寄來四件研究計劃申請獎助審查案：呂芳上、張力、朱浤源、施家順。

三月二十四日，中華發展基金管理委員會來件，請審查研究生赴大陸地區研究申請案一件。

三月二十七日，鄉人曲拯民自 Arizona 來信，深惜《山東文獻》停刊，擬購買第一至二十八卷全部，並希望有一份山東文獻讀者和支持人名單，願出資五萬美金，續創《中華文獻》。

三月，臺北風雲時代出版公司擬為楊天石出版其《楊天石民國史文選》，答應為其寫序。

四月一日，上午中華軍史學會假信義俱樂部召開第三屆第九次理監事會議。

四月二日，臺大出版中心人文與社會科學編輯委員會召開第三次會議。

五月二十八日，與中文赴美小住，避 SARS 疫情。

六月，陳能治自臺南來信，告知考上成功大學博士班，她有一個學生已在師大歷史系拿到博士。

六月，李遠哲院長循例，致院士、評議員、所長端午節禮二千元。

六月，東華書局結版稅：一至六月，《中國現代史》上 1 冊，下 6 冊，合訂本 1 冊，增訂本 163 冊，《中國現代

史略》增訂本 1,031 冊，《中國現代政治史論》3 冊，共 61,582 元。

六月，聯經公司結版稅：一至六月，《歷史學的新領域》22 冊，《中華民國史稿》60 冊，共 5,715 元。

七月二日，三民書局寄來《三民書局五十年》，共載 121 位作者所寫的紀念文，玉法寫「主編『中國現代史叢書』緣起」。

七月十六日，退休金半年份 49,965 元撥入帳戶。

七月二十一日，二哥來信，謂五月九日的來信告知臺灣 SARS 流行，與中文去美國避疫。又謂蓋房事，已大體完工。

八月三日，于宗先來信，謂有朋友以一批黨史書籍見示，問誰可保管：一、山東革命黨史稿，二、山東革命黨先烈傳，三、中華民國開國五十年文獻二十一巨冊，四、全套《傳記文學》。

八月十六日，陳永發來信，謙稱不敢選院士，因許倬雲老師之命，不敢不應。

八月十七日，近史所長陳永發擬「郭廷以與近史所」訪問計劃，列王聿均、呂實強、張玉法等十六人。

八月二十二日，自美國赴北京開會，九月二日返臺北。

八月二十四日，孫英善自加州來信，提到今年 SARS 流行。

八月二十五日，商務印書館結版稅：《先秦時代的傳播活動》2 冊，《中國婦女史論文集》第一輯 9 冊，第二

輯 11 冊，共 962 元。

八月三十日，與中文登長城，海拔 888 米，發有紀念銅牌。

九月一日，香港浸會大學李金強來信，謂近代中國留學史研討會，由香港歷史博物館發起，原定由章開沅、高宗魯、李又寧和我主講，我亦答應。嗣以兩岸 SARS 流行，孝寧、孝威促赴美避疫，不能出席香港之會。十月八日，大會來信促報講演題目，仍決定於天津開會之後即赴美小住。

九月三日，教育部寄來「教育部本土教育委員會第四次委員會議記錄」（魏良才、玉法列入委員名單，但未參加）。

九月九日，李恩涵自新加坡大學來信，謂擬譯 Mary Wright 的 *The T'ung-Chih Restoration*，不知大陸有譯本否？

九月十九日，中華軍史學會寄來第三屆第十次理監事會議決議事項，玉法等五人任學術研討會論文審查委員。

九月二十三日，美國《世界日報》刊出，新編高中歷史教科書，將明代中葉以後的歷史置於世界史內，腰斬中國史，玉法批為「去中國化」。

九月，來卡賀教師節者：朱瑞月、胡興梅、隋皓昀、胡其瑞。

十月三日，謝秀文自休士頓來信，附剪寄《世界日報》所報：臺灣高中歷史教科書，張玉法批為政治考慮，謀去中國化。他與劉效義等都感佩我能仗義執言。

　　十月四日，潤頭集故居新蓋樓房八間，樓下四間歸大哥、二哥，樓上四間歸玉法，其中兩間布置祠堂。

　　十月四日，中國近代史學會假近史所舉辦「虛構與真實──『走向共和』歷史連續劇面面觀座談會」。按「走向共和」為大陸中央電視台製播，凡五十九集，後禁播，在臺灣播映，改名「滿清末代王朝」。

　　十月九日，近史所長陳永發，假祥福樓宴李國祁、張朋園、呂實強、陶英惠、玉法等十八人，商談辦理郭廷以百年誕辰紀念活動事。

　　十月十日，與中文去北京。十二至十五日，參加南開大學歷史學院舉辦的「梁啟超與近代中國社會文化學術研討會」，與巴斯蒂等同在開幕式中講話。參加此會者有湯志鈞、張磊、耿雲志、狹間直樹、魏宏運、楊天石、李喜所、侯杰、朴宣泠、黃克武、潘光哲等。參觀梁啟超、袁世凱、馮國璋、李叔同、曹禺等故居。之後與中文回鄉探親。

　　十月十六日，統計《民國山東通志》共印 250 套，訂購 115 套，贈國內圖書館 30 套，大陸圖書館 25 套，贈作者 33 套，中央圖書館 30 套（供交換之用），共 233 套。贈近史所、張玉法、陶英惠、呂實強、馬場毅以及參與編輯之洪健榮、隋皓昀各一套，共 8 套，尚餘 9 套。又寄日本東洋文庫、美國大學各 1 套。

　　十一月十七日，柏克萊加州大學葉文心的博士生 Shakhar Rahav 來函，謂研究惲代英，擬來臺求教，並搜集

資料。

十二月一日，臺北星光出版社來函，請為其擬出版之
魏良才《史迪威傳》寫導言。

十二月二日，劉好山自臺北縣來函，謂受遼寧鞍山
老同學之託，找《山東文獻》十二卷三期，寄上。十二月
八日，回信謝。

十二月十日，近史所長陳永發宴山田辰雄、王奇生、
呂芳上、玉法等二十一人。

十二月十一日，Tim Wright 自英國 University of Sheffield
來信，謂行政工作太忙，既無暇研究，亦少時間與朋友
寫信。

十二月十二日，王慶成自科羅拉多州來信，謂今年
二月回到北京，遇 SARS 流行，四月又回到科州女兒家。

十二月十二日，與劉翠溶、汪榮祖、楊翠華等為近史
所（陳永發）聘為集刊編輯委員，十八日開會，討論審查
王樹槐、李宇平等人稿件，晚所長設宴。

十二月十三日，請呂芳上代辭中國歷史學會理事。

十二月十六日，為防範 SARS 疫情，中研院通知全面
量體溫。

十二月十七日，中華軍史學會假太平洋聯誼社召開
第三屆第十一次理監事會議（理事長郭宗清，副玉法）。

十二月，聯經公司結版稅：七至十二月，《歷史學
的新領域》39 冊，878 元；《中華民國史稿》104 冊，
9,048 元。

十二月，東華書局結版稅：七至十二月，《中國現代史》上1冊，下1冊，合訂本3冊，增訂本368冊，《中國現代史略》1,421冊，《中國現代政治史論》193冊，共114,155元。一至十二月，《中國近代史》981冊，《中國近代現代史》468冊，《中國現代史略》十八開本671冊，共61,511元。

是年，福建省三明市廣電網絡三明分公司編輯張雨晴來信索書法，婉拒。

2004 年（民國九十三年）

　　是年七十歲，學生們為過七十壽，撰〈橋上張氏家祠興建記〉，參加哥大建校二百五十週年研討會、蔣中正與近代中國的關係研討會，出版《山東流亡學生史》、《中華民國史稿》增訂本，編撰《中華民國紅十字會史》發生波折，洪健榮任私助六年，第二十五次院士會議召開。

　　一月一日，撰〈橋上張氏家祠興建記〉。

　　一月五日，下午政大歷史系張哲郎退休講演「歷史教學經驗談」，晚諸同仁在上海鄉村餐廳餐敘。

　　一月七日，吳翎君自花蓮來信，以不辱師承自許。

　　一月十日，東華書局結去年版稅：《中國現代史》上 0 冊，下 5 冊，增訂本 475 冊，《中國現代史略增訂本》526 冊，《中國現代政治史論》15 冊，又《中國現代史略》418 冊，《中國近代史》290 冊，《中國近代現代史》223 冊，共 82,894 元。

　　一月二十二日，二哥來信，謂〈張氏家祠興建記〉收到，並告知祠堂的布置。

　　二月一日，七十歲生日。

　　二月七、八日，昔相與研究博碩士論文的學生們表示要祝七十壽，建議以開小型學術會議行之。這兩日，假臺

大校友會館開學術會議，劉祥光、廖咸惠、王惠姬、游鑑明、林秋敏、謝蕙風、唐志宏、黃綉媛、李達嘉、謝國興、鍾淑敏、吳翎君、張建俅、盧國慶、張瑞德、王玉、吳淑鳳皆提論文，事後結集成書，次年一月由東華書局出版，題名《走向近代》。

二月十日，為政大歷史研究所博士畢業生柯惠鈴寫推薦信，謀教職。

二月十二日，校閱《中華民國紅十字會史》。該書由玉法結合兩岸史界同仁所寫，原寫至 2000 年，後紅十字總會要求寫至 2003 年，未應。該會乃自行加寫至 2003 年，並於出版時加入。四月二十二日玉法寫信抗議，指其「擅自加入其他篇章」。五月七日，會長陳長文來信，說明原委，並請向其他撰寫者說明。

二月十七日，為近史所集刊審查「近代中國政府與社團關係的探討」一稿。

二月十九日，出席近史所集刊編輯委員會議，楊翠華為召集人。

二月二十日，商務印書館結版稅：《中國婦女史論文集》第一輯 5 冊，第二輯 8 冊，《先秦時代的傳播活動》5 冊，共 734 元。

三月一日，朱敬一來信，推薦此次院士候選人羅文全、謝宇。

三月八日，久裕印刷廠為印刷孫英善的《家國四十年》估價，印二百冊，111,300 元。

　　三月十五日，二哥來信，謂寄去蓋房之款，換得人民幣 8,265 萬元。我的蓋房計畫是二樓四間為祠堂，另三間三兄弟每人一間作為紀念。

　　四月八日，吳天威自美國來函為建立「日本侵華浩劫紀念館」籌款，請以近史所的名義捐一萬美元（實不可能）。近年天威一直為索取日本賠償而奔走。

　　四月三十日，為《新史學》審查「在理想與現實之間——抗戰期間山東共產黨的構成、吸納和清洗」。

　　四月，波蘭科學院（Polish Academy of Sciences）Roman Slawinski 來函，欲合寫中國現代史，出波語和英語版，分給我的章節是抗日戰爭、思想史、臺灣對近代史的研究。此後函件來往討論到六月，以事忙未進行。

　　五月五日，廖咸惠自加州大學來信，報告讀書生活，並報告為我查書目的情形（我擬編《中國現代史論文集》）。

　　五月六日，向聯經購《中華民國史稿》增訂本十冊備贈親友，四千元。

　　五月六日，鍾淑敏自京都大學來信，報告為《中國現代史論文集》搜集日本論文目錄的事。

　　五月二十六日，新文豐結版稅：去年十二月至今年五月，《中國現代史史料分析》53 冊，4,452 元。

　　五月二十八日，波蘭華沙 Roman Slawinski 教授來信，要求合寫 *Modern History of China*，並寄來分配章節，以事忙婉拒。

　　六月五日，中國歷史學會假文化大學召開理監事會

議，討論《史學集刊》內容及金簡獎入選名單等。

六月十八日，李國祁來函，無法參加近史所諮詢委員會議，建議近史所推動「近百年來海峽兩岸社會變遷比較研究」。

六月二十日，中華民國紅十字會長陳長文來函，感謝約近史所同仁編纂完成紅十字會百年史（紅十字會成立於1904 年），因只寫到 2000 年，故補到 2003 年。

六月二十五日，久裕印刷廠印《山東流亡學生史》二百本，共 114,000 元。

六月二十五日，上午召開胡適紀念館研究講座審議委員會籌備會，出席者胡適紀念館主任楊翠華、近史所長陳永發、副院長劉翠溶、以及院士李亦園、張玉法。決定日後講座以文史哲為範圍，近史所長為當然召集人（胡適紀念館屬近史所），遴聘委員，決定人選，為時一年，不要像以往，由史語所產生，為終身職。

六月，東華書局結版稅：《中國現代史》上 0 冊，下 2 冊，合訂本 32 冊，增訂本 136 冊，中國現代史略增訂本 572 冊，《中國現代政治史論》2 冊、增訂本 2 冊，共 38,444 元。

六月，聯經公司結版稅：《歷史學的新領域》11 冊，《中華民國史稿增訂本》126 冊，共 11,210 元。

七月五日至八日，第二十五次院士會議舉行，於四十一位院士候選人中選出十七位新院士，人文及社會科學組出席者四十二人。

　　七月十日，中國歷史學會於近史所舉行第四十四屆年會，當選為理事，即函理事長陳立文辭職，決定使新一代擺脫老一代的陰影。

　　八月十六日，久裕印刷廠送來《山東流亡學生史》一百冊，共印精裝四百冊、776 頁，總價十四萬元。

　　八月十七日，與中文去張家界旅遊。之後去聊城參加傅斯年研討會，八月二十八日返臺。

　　八月二十五日，商務印書館結版稅：《中國婦女史論文集》第一輯 9 冊，第二輯 9 冊，《先秦時代的傳播活動》4 冊，共 935 元。

　　八月三十日，與中文赴美。

　　九月十日至十一日，李又寧在哥大 Law School 舉辦慶祝哥大建校 250 週年研討會，共分十二個討論組，玉法在第五組報告「哥大畢業生在臺灣：歷史學界的考察（1964-2004）」。

　　九月，近兩月致函山東文獻社謝贈《山東流亡學生史》者有香港中文大學圖書館、南京大學圖書館、文化大學圖書館、政治大學圖書館、臺大圖書館、師大圖書館、民族所圖書館、國家圖書館等。

　　九月，來卡賀教師節者：胡興梅、曹英哲、隋皓昀、胡其瑞、朱瑞月。

　　十月十九日，南京大學申曉雲來信，討論申請來臺訪問事。三年前彼來信示知此意，勸其向中華發展基金會管理委員會索申請表，此次來信，望近史所能為接待單

位，告以需所務會議通過。後彼找東海大學歷史系為接待單位，來臺研究「抗戰前後國民政府西部開發」。

十月三十日，朱昌崚自美國來信，告知十二人合寫宋美齡傳事。

十一月十二日，與中文自美返臺。

十一月十九日至二十一日，近史所召開「蔣中正與近代中日關係研討會」，玉法於第一場報告「蔣介石對日本兩次出兵山東的反應（1927-1928）」，陳永發主持，李雲漢評論。主持第二場會，由姬田光義、張瑞德報告。與陳永發、陳慈玉、山田辰雄、西村成雄於綜合討論會發言。

十一月二十三日，黃寬重、邢義田來函，擬將〈心理學在歷史研究上的應用〉選入所編《史學方法與歷史解釋》，在大陸大百科全書出版社出版。按黃、邢為《臺灣學者對中國史研究論叢》套書主編，該書為套書之一，由康樂、彭明輝主編。

十二月十日，洪健榮來函，謂將於十八日入伍，感謝六年來的照顧（任私人助理），《近代中國史料分析》尚未完稿。

十二月十三日，歐陽哲生自北大來信，謂我的書在大陸出版，已售二千冊，但未指明何書。按北大出版社出版《清季的立憲團體》和《清季的革命團體》均在 2011 年。

十二月二十一日，傅樂銅自聊城大學來信，謂明年為傅斯年 110 年誕辰，望能與孫震等促成召開紀念大會。

十二月二十五日，趙樹好自聊城大學來信，謝贈《山東文獻》。

十二月二十九日，朱瑞月來信，謂看到《歷史月刊》專訪，對我批評高中歷史課綱之事甚為感動。

十二月，張海鵬來賀卡，謂已辭去近史所所長，轉任臺灣史研究中心主任。

十二月，聯經公司結版稅：《歷史學的新領域》34冊，《中華民國史稿增訂本》580冊，共 12,249 元。

十二月，戴執禮來賀年卡。

2005 年（民國九十四年）

是年七十一歲，近史所辦「郭廷以與中國近代史研究研討會」，南京大學辦「紀念同盟會成立一百週年研討會」，南開大學辦「近五百年來中國社會結構變遷研討會」，出版《中國近代史史料指引》、《我們這一班》，中央日報專訪批評新編歷史教科書課綱，宴政大歷史系同仁。

一月六日，郵購東華書局《走向世界——國史發展與區域動向》一書十冊，三千五百元。

一月十日，下午吳圳義在政大退休會講「理性的戴高樂 vs. 感性的邱吉爾」，晚在銀翼餐廳聚會。

一月十二日至十三日，近史所舉辦「史學、時代、事變——郭廷以與中國近代史研究研討會」，主持十二日下午第一場綜合座談，引言人汪榮祖、劉翠溶、呂芳上、陳永發、陳國棟、李孝悌，分就綜論、環境史、政治史、中共史、文化史立論。

一月十四日，出席政大歷史研究所任育德博士論文〈向下紮根——中國國民黨與臺灣地方政治發展（1949-1960）〉（呂芳上指導）論文口試。

一月三十一日，胡其瑞來片，謂二月十二日退伍，

在史語所謀得數位典藏一職。

二月一日，七十一歲生日。

二月四日，孫鍾城來信，商建立魯祠事，囑設法找商人投資，於臺灣中部地區尋找山坡地，建靈骨塔，置靈骨者每人五萬，賺到的錢作為管理基金。

二月二十四日，商務印書館結版稅：《中國婦女史論文集》第一輯 13 冊，第二輯 13 冊，《先秦時代的傳播活動》2 冊，共 904 元。

三月，為所編《近代中國史史料分析》寫序。

四月四日，由久裕印刷廠印製之《我們這一班》（師大史地系四十八級）二百二十本，今送到。

四月九日，南京大學張憲文來信，邀請參加八月份南京大學召開的研討會，謂與太太的來回機票均由大會負擔。

四月十五日，上午出席戴國煇教授藏書入藏中研院人文社會科學聯合圖書館儀式。

四月二十八日，為郭武雄寫申請美國各大學介紹函。

四月，康樂、彭明輝主編的《史學方法與歷史解釋》在北京中國大百科全書出版社出版，中選載玉法之〈心理學在歷史研究上的應用〉。

五月十七日，約政大歷史系同事周惠民、薛化元、唐啟華、閻沁恆、孫鐵剛、林能士、蔣永敬、朱靜華、呂紹理、劉祥光、劉季倫、王德權、劉維開、毛知礪、黃福得、陳秀芬、李素瓊在文山區幸福餐廳聚會。

六月，本學期（二至六月）政大歷史系選修「近代

中國知識份子」一課者，碩士班有趙席夐等十人，博士班
有王文隆等五人。

　　六月，聯經公司結版稅：《歷史學的新領域》8 冊，
《中華民國史稿增訂本》80 冊，共 6,960 元。

　　七月十二日，《中央日報》載玉法專訪，批評教育部
新編歷史教科書課綱去中國化。

　　八月一、二日，臺大東亞文明中心（李弘祺）舉行
「中國近世教育與地方發展研討會」。主其事者有劉祥
光、黃俊傑等，參加者有廖咸惠、林麗月等。玉法於第
六場報告「政權轉移與教育變革——青島地區的歷史考察
（1897-1937）」。

參加孫中山逝世 80 週年研討會

八月十六日，赴大陸。十九日至二十二日，參加南京大學中華民國史研究中心舉辦的「紀念中國同盟會成立一百週年暨孫中山逝世八十週年國際學術研討會」，與茅家琦、橫山宏章、蔣永敬、黃彥在大會報告，玉法報告「孫中山與 1924 年的北伐」，參加者另有李雲漢、張憲文、金冲及、呂芳上、胡春惠、李國祁等。會後參觀中山陵、明孝陵、總統府。

八月二十二日至二十四日，參加南開大學舉辦的「近五百年來中國社會結構變遷研討會」，除於大會作主題報告外，主持一場會，由江沛等報告，另評論浜口允子的「中國農村社會與副業」。

八月二十五日，商務印書館結版稅：《中國婦女史論文集》第一輯6冊，第二輯3冊，《先秦時代的傳播活動》5冊，共 448 元。

九月六日，自大陸回臺。

十月二十三日，于宗先、林毓生、胡佛、張玉法、勞思光、黃彰健、楊國樞七院士聯名發表兩岸和平論述：希望兩岸都能體悟，要有和平的臺灣、發展的中國，就必須先有合作的兩岸。

十一月十六日，為近史所審查《冷戰初期的海峽兩岸：比較研究的視野》學術討論會論文集書稿。

十一月十八日，胡適紀念館來信，謂胡適英文講演錄音帶，可以送給我的朋友。

十二月三日，殷志鵬來片，引之為三度同窗知己。

　　十二月三日，參加東海大學通識教育研究中心舉辦的
「文本、社會與性別史研究學術討論會」，參加者有呂士
朋、呂芳上、林麗月、楊天石、賴惠敏、游鑑明、柯惠鈴、
王惠姬等。

　　十二月六日，駐美代表處文化組電傳公文給近史所，
謂美中教育基金會總裁張之香擬於十二日訪臺時，與近史
所兩位前所長張玉法、陳三井商與上海社科院合開研討
會事。

　　十二月十七日，中國近代史學會第六屆第一次年會
於近史所舉行，時理事長陳永發、祕書長張力。第五屆的
主要活動是與近史所合辦研討會與座談會六次。第六屆理
監事選舉，當選理事。

　　十二月，佟秉正、黃易自英倫來片，提到半年前同學
在東勢相聚之樂，他們又去了大陸一趟。

　　十二月，新文豐結版稅：去年十二月至今年十二月，
《中國現代史史料指引》25 冊，2,100 元；《中國近代史
史料指引》88 冊，16,500 元。

　　十二月，聯經出版公司結版稅：七至十二月，《歷
史學的新領域》15 冊，《中華民國史稿增訂本》102 冊，
共 9,212 元。

2006 年（民國九十五年）

　　是年七十二歲，參加北京「1910 年代的中國研討會」、廣州「紀念孫中山誕辰 140 週年研討會」，廣州中山日報訪談兩岸對孫中山的研究，孝寧私下為申請美國移民，決定放棄，李遠哲院長落職、翁啟惠繼，近史所為劉廣京舉辦追思會。

　　一月十五日，山東師大安作璋寄贈《中國通史簡編》，並祝我的《中華通史》早日出版（至 2011 年三月始出版第一卷）。

　　一月十八日，蔣經國基金會寄來研究計劃申請獎助案一件，請審查。

　　一月，上半年退休金 295,928 元。

　　二月一日，七十二歲生日。

　　二月十五日，商務印書館結版稅：《中國婦女史論文集》第一輯 10 冊，第二輯 14 冊，《先秦時代的傳播活動》4 冊，共 752 元。

　　二月二十一日，與中文赴美，五月十七日回。

　　三月十三日，黃一農自清華大學來信，問前寄《兩頭蛇：明末清初的第一代天主教徒》收到否？並謂近正寫「印象與真相：清朝中英觀禮之爭新探」。

　　六月十六日，中午近史所同仁假學術活動中心宴請
黎安友，到者張力、陳三井、張玉法、林滿紅、余敏玲、
黃克武、沙培德、葉其忠、翟志成、江勇振、張朋園。

　　六月，日本慶應義塾大學山田辰雄來信，並寄來去
年十一月開討論會的論文集。

　　七月十八日，為近史所集刊審查廣州中山大學敖光旭
「失衡的外交——國民黨與中俄交涉」。

旅遊東北，至中朝邊境

　　八月六日，自長春函陶英惠，明日遊鏡泊湖、長白
山，九月四日自大陸返。

　　八月十日，王衍豐、張令怡自蘇州來信，談到我們
訪問他們後又去北京開會的事。

　　八月十五日，商務印書館結版稅：《中國婦女史論
文集》第二輯 4 冊，95 元。

　　八月二十日至二十二日，在煙台參加「第二屆中國近
代思想史國際學術研討會」，提論文「晚清的民族主義：

以章炳麟為中心的觀察」。會議由中國社科院近代史研究所與煙台師範學院合開，參加者另有耿雲志、西村成雄、馮兆基、鄭大華、周質平、臧運祜等。

八月二十五日至二十七日，北京近史所舉辦「1910年代的中國學術研討會」，於第一場會議中評論楊天宏「政黨建置與民初政治走向」，在會議結尾圓桌會議討論中國近代史研究的範式問題時，談「臺灣學者研究中國近代史的範式」。

九月二十三日，王華昌來片賀教師節，感謝二十年前指導撰寫論文，並告知全家去山東旅遊一趟。

九月，來卡賀教師節者：胡其瑞、胡興梅、隋皓昀。

十月十九日，李遠哲自院長落職，翁啟惠繼任院長。

十月二十四日，為近史所集刊審查劉熙明「抗戰時期湯恩伯部在河南省的活動」一文。

十月二十八日，上午近史所為劉廣京舉辦追思會。

十一月五日至九日，在廣州參加「紀念孫中山誕辰140週年學術研討會」，提論文「民國初年章炳麟的人際關係」。參加者有張磊、李金強等。

十一月十日，廣州《中山日報》刊載其記者對玉法和陳三井訪談兩岸對孫中山的研究與推崇。是日返臺。

十二月二十八日，與中文赴美，次年三月九日返臺。

是年，王仲孚散發文件，謂新任教育部長杜正勝不學無術。

是年，孝寧私下為申請移民美國，決定放棄。

2007 年（民國九十六年）

是年七十三歲，與于宗先等支持曹興誠推動「兩岸和平共處法」，參加東海大學召開的「近代中國的型塑研討會」、東京大學召開的「清末民初的中日關係研討會」、史語所召開的「基調與變奏——七至二十世紀的中國研討會」，近史所成立蔣介石研究群，與陶英惠為新文豐策劃出版「紮根臺灣六十年」，師大史地系四十八級同學聚會，關杰贈《中日甲午戰爭全史》，贈黃順力《自由中國》全套，與中文去大陸旅遊，接受棗莊電視台訪問，橋上張氏修族譜，政大選舉傑出校友，魏斐德過世。

二月一日，七十三歲生日。

二月八日，近史所同仁於所務會議提案，擬成立蔣介石研究群，參加者朱浤源、張寧、林美莉、黃自進、翟志成、張哲嘉、沙培德、康豹、沈松僑、李達嘉、張力、黃克武、余敏玲、羅久蓉、游鑑明、陳慈玉，擬推黃自進為召集人，並擬邀山田辰雄來近史所訪問，附有日本蔣介石研究會名單：家近亮子、川島真、段瑞聰、松重充浩、山田辰雄、橫山宏章、鹿錫俊等十四人。

二月九日，中研院舉行第二十七屆院士選舉籌備會暨國內院士聯席會議，未參加。

二月九日，葉文心自加州大學來信，謂魏斐德（Frederick Wakeman）過世，擬設獎學金，回函擬捐。

二月十二日，商務印書館結版稅：《中國婦女史論文集》第一輯 11 冊，第二輯 8 冊，《先秦時代的傳播活動》1 冊，共 732 元。

三月十六日，函南京大學博士生洪小夏，謝其寄贈博士論文。該論文研究敵後戰場，因張憲文主編的《中華民國史》所寫敵後戰場只寫國軍游擊隊擊共軍，不寫共軍擊國軍，乃問其如何處理此問題。

四月十一日，與中文、孝威經澳門飛上海，十九日自上海經澳門回臺北。

五月一日，新文豐出版社編印 1949 年以後山東來臺人士及其後代的成就，負責人連一周擬以「劬勞臺灣一甲子，1949-2009」為書名，經與陶英惠等商酌，改題為「紮根臺灣六十年」，聲明不列名編者，可列名顧問。

五月三日，下午於師大歷史系講「論中國史學的全球化與本土化」。

五月七日，政大歷史系聘為歷史研究所博士學位考試委員，考王惠姬，其博士論文由呂芳上、雷家驥指導，考委另有游鑑明、羅久蓉。

五月十一日，匯美金七百元（新臺幣為 23,952 元）給二哥。

五月十八日，預繳五月份水費 63 元，結算電費 84 元，南港房稅 2,655 元。

五月，政大校長吳思華致函各校友，為慶祝成立八十年校慶，推薦傑出校友八十人，選出若干人，擬於紀念會上表揚。

六月四日，返鄉探親，其間曾接受棗莊電視台訪問。十月十六日二哥來函告知已播出於「印象魯南棗莊人」節目中，沒有政治色彩。

六月十五日，下午三時至八時，師大史地系四十八級同學於校友樓餐聚，到者劉耀雄、王文傑、李進豐、林明仁、林振文、胡福氣、吳永英、張建國、張玉法、黃定華、利開演等二十一人，另眷屬六人。

六月二十八日，為張力寫推薦函，角逐東華大學文學院長之職。

六月，聯經公司結版稅：《歷史學的新領域》26 冊，《中華民國史稿增訂本》166 冊，共 15,027 元。

七月三日，致函二哥，希約第二代，訂立祖宗墓地管理約定書。

七月五日，東華書局寄來版稅 17,626 元。

七月至十二月，月支退休金 51,480 元。

七月十三日，上午九時在政大季陶樓考試歷史博士生鄭建生（1992 年六月師大歷史研究所碩士）論文〈國民革命中的農民運動——以武漢政權為中心的探討〉。

七月十六日，為覃怡輝《異域的真相：滇緬邊區反共游擊隊的始末》寫審查報告，酬五千元。

七月二十七日，為近史所審查呂實強《回顧平生八

十年》。

八月十四日，鄭建生受囑寄來擬稿，推薦其申請清華大學歷史系教職。

八月十五日，商務印書館結版稅：《中國婦女史論文集》第一輯93冊，第二輯86冊，《先秦時代的傳播活動》4冊，共 6,074 元。

八月二十二日，人民大學李文海來信，謂已寄《民國時期社會調查叢編》，現正從事續編、三編，望指教一切。

八月二十八日，為吳翎君去哈佛大學費正清中心訪問研究寫推薦信。

九月二日，殷志鵬自紐約寄來「十次返臺略記（1987-2007）」一紙。

九月三日至五日，史語所在政大舉行「基調與變奏──七至二十世紀的中國國際學術研討會」，主持第六組會議，由唐啟華、楊維真、陳進金報告，並於唐啟華所主持的閉幕會上作總結報告。

九月十八日，黃順力自廈門大學來信，感謝贈送《自由中國》一套，所需中國歷史地圖魏晉南北朝各編已託朋友帶往。

九月二十五日，致函大連大學關杰，感謝其贈送《中日甲午戰爭全史》。

九月，來卡賀教師節者：朱瑞月、胡興梅、王華昌。

十月一日，臺中祝仲康來函，謂島內統派式微，國民黨難辭其咎。

十月一日，二哥自台兒莊來信，謂張茹考上山東美術學院（濟南），張咪原在青島一家外資企業做事，已辭職，隨男友去杭州。張家已有修族譜領導班子，代我捐二千元，大哥、二哥各一千元，張杰一百元。

十月二日，林滿紅送我一封信，謂我曾問 Diana Lary，美國對中華民國在臺灣的看法，最近滿紅有這方面的講演，送我一份投影片。

十月十六日，二哥自台兒莊來信，謂祖宗墓地二代管理約定書已訂好，並寄來一份。

十月二十一日，張一民寄贈《魯濰寒亭張氏族譜》重修本（十五年前曾為其原修本寫序）。

十一月一日，與中文去日本。

十一月二日，傳記文學出版社寄來稿費1,768元。

十一月三、四日，東京大學舉辦「清末民初的中日關係──合作與對立的時代（1840-1931）研討會」。三日上午，山田辰雄、衛藤瀋吉致開幕詞。下午第一場會分由張海鵬、張玉法、Joshua Fogel 報告大陸、臺灣、美國對中日關係的研究。臺灣參加者有陳三井、黃自進、陳慈玉、鍾淑敏、陳鵬仁、呂芳上、黃克武，大陸參加者有李細珠、章清、王奇生等。十一月十二日返臺。

十二月二日，民進黨立委王拓、王幸男等擬於立法院提出二二八事件追責案，株連九族，引起輿論大譁，大違和解共生之義。

十二月三日，與于宗先、文崇一、何懷碩、胡佛、

韋政通、黃光國、楊國樞聯名，於聯合報發表專文，支持
聯電董事長曹興誠在媒體刊登廣告，呼籲藍綠總統候選人
共同推動「兩岸和平共處法」，文中主張：中華民國是主
權獨立的國家，不必再宣布獨立；中華民國不排斥與大陸
統一，惟統一與否必須通過統一公投，由二千三百萬人共
同決定。針對曹的提案，陳水扁斥其「假和平之名，行反
獨促統之實」。

十二月五日，與陶英惠助新文豐編印《紮根臺灣六十
年》叢書，今連一周寄來凡例請審定。

十二月十三日，上午近史所舉行「數位資料成果發
表會暨民國史論壇」，所長陳永發主持，除介紹譚延闓日
記、胡適檔案、經濟檔案數位化外，餘為民國史論壇，從
地方、邊疆、偽政府檔案，談其對民國史研究的衝擊，由
王奇生、張玉法、葉文心引言，玉法主持第四場「民國
史框架的再思考」，由 William Kirby、汪榮祖、唐啟華
引言。

十二月十五、十六日，東海大學歷史系主辦「近代
中國國家的型塑——領導人物與領導風格國際學術研討
會」，玉法於第一場會報告「民國歷任元首的性格特質
（1912-1988）」。研討會結束後，與會者全體遊日月潭，
居教師會館。十七日參觀埔里酒廠、暨南大學，晚回臺
中。十八日舉行「中國近代史資料與研究座談會」。

十二月二十八日，與中文赴美過年，次年二月十三日
返臺北。

十二月，為近史所集刊審查〈民初共和黨基層黨員研究〉一文。

十二月，山東師範大學安作璋寄來《安作璋先生史學研究六十周年紀念文集》。

是年，陳守中《西安事變真相》出版，楊天石、陳永發、劉顯書、胡志偉均認是好書。作者同意我的看法：張學良侈談抗日，其九個軍對付不了日軍一個大隊（約六百人）。

是年，參觀揚州大學，適逢該校建校一百零五年，獲贈紀念郵票多張。

是年，北京近史所劉敬坤來函（年代不詳，暫記於此），提到校訂為南天書局所譯之劍橋中國史，並為 1987 年出版的《郭廷以先生訪問記錄》校出若干疑點。又請建議劉紹唐辦理「中國抗日戰爭大戰略」研討會，因我國古代國防形勢是守河、守淮、守江，抗戰時期如何？

2008 年（民國九十七年）

　　是年七十四歲，參與近史所所長遴選，參與規劃七海官邸開放參觀，參加東華大學「大眾史學研習營」，參加「蔣介石日記與近代中國史研究研討會」，參加「跨越1949 年的中華民國史研究研討會」，與中文去美國，在胡佛圖書館讀蔣介石日記，參加聖約翰大學召開的「華族留美史研討會」，出版《中國現代史史料分析》，奉祀官孔德成過世，蘇雲峰過世。

　　一月七日，東華書局結版稅：去年一至十二月，《中國現代史略》198 冊，《中國近代現代史》127 冊，《中國近代史》436 冊，共 21,788 元。七至十二月，《中國現代史增訂本》81 冊，《中國現代史略》179 冊，《中國現代政治史論》11 冊，共 16,337 元。

　　一月十一日，新文豐結版稅：《中國現代史史料指引》28 冊，《中國近代史史料指引》44 冊，共 10,602 元。

　　一月二十八日，田家洪通函，結束實中校友會活動，因有人匿名攻擊，會長任期向為二年，已戀棧五年，並要求查其帳目。

　　二月一日，七十四歲生日。

　　二月十五日，商務印書館結版稅：《中國婦女史論文

集》第一輯39冊，第二輯39冊，《先秦時代的傳播活動》
6冊，共 2,637 元。

二月二十三日，中國近代史學會（理事長唐啟華）
召開第七屆第二次理監事會議，通過會員繳會費辦法。

二月二十五日，蘇雲峰夫人函謝參加雲峰追思禮拜。

三月十九日，楊天石來函，以在臺北風雲出版社出版
《楊天石民國史文選》，約一百五十萬字，請為寫序。

三月二十三日，出席文化大學召開的宋晞教授逝世
一周年紀念會。

三月二十七日，上午在近史所討論會評論林滿紅之
報告「臺灣法律地位的確立及事後混淆」。

三月，聯經公司結版稅：《歷史學的新領域》4冊，
《中華民國史稿》180 冊，共 15,750 元。

四月八日，王惠姬來信，擬應徵中山大學副教授，請
寫推薦函，於五月二日前直接寄中山大學。

四月十三日，中國近代史學會假政大行政大樓召開
「回歸歷史的蔣介石研究研討會」暨會員大會，捐款三千
元，主持第三場會，由陳進金、金以林、楊維真報告。

四月十七日，下午近史所舉行所長遴選會議，出席者
汪榮祖、玉法、孫同勛、王汎森、陳永發。四月二十一日
上午又開一次會，五月十二日舉行所長推薦人面談，六月
二日、六月十二日又舉行會議。

四月十八日，香港浸會大學《人文中國學報》編輯委
員會來函，謂該學報經臺灣行政院國科會評比，在香港地

區排名第二，僅次於中文大學《中國文化研究所學報》。

四月三十日，為博士畢業生王惠姬寫推薦信申請教職，由亞洲大學專任副教授，擬應徵國立嘉義大學史地系副教授。

五月六日，謝國興來郵，不參加五月十二日的下任所長遴選委員面談，因無競爭職位的意願。

五月二十五日，亓冰峰自美國來函，感謝臺北行諸友之盛宴款待。

六月十八日，中午蔣經國基金會假內湖地中海餐廳召開七海官邸文物整理討論會，會後往七海官邸觀察。到會者呂芳上、張玉法、張力、陳永發、楊翠華、劉維開、臧振華。

六月二十五日，大哥自棗莊來信，謂他與大嫂都有老人病，惟離休金有三千九百元，可以生活，孩子們亦好。

六月二十七、八日，香港浸會大學歷史系（李金強）召開「橫看成嶺側成峰——二十世紀中國史學之回眸研討會」，強調討論史學派別，未參加。

六月，院長翁啟惠循禮送端午節禮二千元。

六月，東華書局結版稅：一至六月，《中國現代史增訂本》72 冊，《中國現代史略增訂本》476 冊，《中國現代政治史論》12 冊，共 28,430 元。

七月一日至四日，中研院舉行第二十八次院士會議。

七月十日至十三日，東華大學舉行第二屆後山學堂「大眾史學研習營」，於會中講「無所不在的大眾史學

——以《山東文獻》季刊和《山東人在臺灣》叢書的出版為例」。

七月十五日，新文豐出版社連一舟來信，告知《紮根臺灣六十年》徵稿的情形。

七月至十二月，月支退休金 51,480 元。

七月十八日，與中文赴洛杉磯孝寧家過年，七月二十五日在洛杉磯與陶英惠家聚。

八月，孫崇芬自加拿大來，同學夫婦二十餘人與之餐敘。

九月十一日，時在孝威家，中文陪同至胡佛研究所調閱蔣介石日記，中文並代為抄錄。

九月十八日，上午與中文送友晴上學，之後中文送我至胡佛研究所即回。今讀 1949 年十至十二月蔣介石日記。中午與袁偉時、段瑞聰、吳淑鳳在胡佛天井共餐。各備餐點，淑鳳分給大家一些烤鴨，瑞聰泡了四份米粉湯，每人一份。

九月十九日，上午嘉頤送友晴上學後，即送我至胡佛研究所，續讀 1949 年十一月至 1950 年三月蔣介石日記。中午與袁偉時、段瑞聰、吳淑鳳在胡佛天井共餐，告訴大家讀蔣日記告一段落，可能十月再來看。淑鳳照例陪我搭巴士，送上 Caltrain，中文至 Belmont 站接回家。

九月二十二日，王華昌來片賀教師節。

十月十六日，與中文自洛杉磯至紐約。二十五日，美國聖若望大學亞洲研究所為慶祝創所五十週年，召開

「華族留美史：160 年的學習與成就研討會」，於第一場會議發表「留美歸國學生的政治抉擇——蔣廷黻、羅隆基、錢端升的個案分析」，主持第二場會，由黃培等報告論文。出席會議者，大陸有歐陽哲生、周棉等，臺灣有王惠姬、湯熙勇等。十月二十七日回洛杉磯，十一月四日回臺北。

十一月十一日，東吳大學圖書館丁原基來信，謝贈《山東文獻》、《民國山東通志》、《山東人在臺灣》叢書等。

十一月二十八日，奉祀官孔德成病逝，三十日假第二殯儀館公祭。

十一月，臺灣大哥大電話月租費 380 元，上月 306 元。

十二月六日，東海大學歷史系（張榮芳）假新竹張學良故居舉行「張學良的生平及其時代座談會」，張榮芳召集，呂芳上執行。主持第一場會，由陳永發、邵銘煌、劉維開報告論文。

十二月十日至十二日，近史所舉辦「從性別看現代戰爭研討會」，由陳永發召集、游鑑明執行。玉法於會中講「戰爭對社會的影響」。

十二月二十一日，中國近代史學會主辦的「跨越 1949 年的中華民國史研究研討會」在政大舉行，玉法主持第一場會，論文報告人張建俅、林桶法、李盈慧。

十二月二十七日，近史所舉辦「開拓或窄化：蔣介石日記與近代史研究研討會」，宣讀論文「蔣介石日記

的史料性質——讀 1945 年八月至 1950 年三月日記的一些
心得」。

　　十二月二十八日，朱瑞月寄來賀卡，每次都懇切地報
告工作。

　　十二月，孝威寄來美式賀卡，謂友憶已四個月大，
友晴已入學，以及家庭生活狀況。

　　十二月，新文豐結版稅：一至十二月，《中國現代史
史料分析》29 冊，2,680 元。

　　十二月，來卡賀年者：王華昌、史錫恩。

2009 年（民國九十八年）

是年七十五歲，員林實中慶成立六十週年，師大史地系四十八級同學慶畢業五十週年，出版《畢業五十年》，北京大學出版社出版《清季的立憲團體》、《清季的革命團體》，新文豐出版《紮根臺灣六十年》，近史所召開「九十年來家國研討會」，南京大學召開「紀念孫中山奉安八十週年研討會」，國史館召開「政府遷臺六十週年研討會」，蔣經國基金會成立二十週年，劉紹唐、唐德剛追思會，在東華書局出版諸書一版再版，孝寧為私辦美國移民、放棄。

一月五日，下午出席蔣經國基金會（董事長李亦園，執行長朱雲漢）成立二十週年酒會。

一月十三日，連一周自新文豐來函，討論《紮根臺灣六十年》編校事。

一月十五日，張建國自臺北女師專來函，謂在文化大學史學研究所的論文〈唐代藩臣藩將考〉為苦熬一千多小時完成的。

一月三十一日，實中校友聯誼會聘為第十三屆榮譽會長。

一月，東華書局結版稅：去年七至十二月，《中國現

代史增訂本》172 冊，《中國現代史略增訂本》372 冊，《中國現代政治史論》25 冊，共 34,619 元。去年一至十二月，《中國現代史略》118 冊，《中國近代史》38 冊，《中國近代現代史》124 冊，共 9,462 元。

一月，聯經公司寄來版稅：去年七至十二月，《歷史學的新領域》2 本，《中華民國史稿》244 本，共 21,273 元。

一月，新文豐結版稅：去年一至十二月，《中國近代史史料指引》17 冊，3,506 元。

二月一日，七十五歲生日。

二月一日，與吳永英、張建國等十餘人聯名發函給史地系四十八級同學，請參加慶祝畢業五十年之聚會。

二月一日，劉鵬佛自《湖南文獻》社來函，謂已為我和孫英善報名參加三月八日返校慶員林實中六十週年校慶。

二月十八日，連一周自新文豐來函，謂《紮根臺灣六十年》校稿已改正，要我列名總編輯。

二月二十六日，商務印書館結版稅：《中國婦女史論文集》第一輯 5 冊，第二輯 1 冊，《先秦時代的傳播活動》2 冊，共 2,348 元。

二月二十七日，實中同學會長單寶慶來函，約同學於三月八日上午九時半齊集學校大操場，慶祝母校建校六十周年。

三月八日，與臺北同學乘遊覽車回員林參加六十週年校慶，之後去嘉義訪克先。

三月八日，華中師範大學教授董方奎（研究梁啟超）

來信，謂華中師範大學設梁啟超研究中心，聘他為主任，願有機來臺，交換研究梁啟超的心得。

三月十二日，付久裕印刷廠印刷《畢業五十年》一百五十本費用 36,330 元。

三月十二日，由周長祥召集，實中校友在臺北中華路京宴海鮮餐廳歡敘。

三月二十日，與中文參加旅遊團去海南島旅遊，二十五日返臺。

三月二十七日，北京大學出版社陳甜來信，感謝將《清季的立憲團體》和《清季的革命團體》交彼出版社出版，但有幾點更改：一、大陸用公元不用民國紀年；二、中央研究院、國立臺灣大學等須加「」號，中央研究院或可稱中研院；三、共黨改稱共產黨，中共史學界改稱大陸史學界。

三月，《國立員林崇實高級中學創校六十週年特刊》出版，莊惠鼎、朱炎、陶英惠、玉法等於其中發表紀念文。

四月十二日，為編印《畢業五十年》，向師大史地系班友寄發收支報告，印刷費共 34,600 元，同學樂捐：林燕珠 6,300 元，佟秉正 6,800 元，施玉貞 6,800 元，張建國 7,350 元，張玉法 7,350 元。

四月十七日，國史館聘為諮詢委員，任期兩年，時館長為林滿紅，副為朱重聖。

四月二十二日至二十四日，師大史地系四十八級同學慶畢業五十年，先在師大綜合大樓聚會，輪流發言，並邀

陳明律老師。次日乘遊覽車出遊，晚住溪頭青年活動中心，又次日遊日月潭、中台禪寺，回師大母校散會。

四月二十九日，吳淑鳳來函，謂芳上師將東海大學會議論文集分給讀書會成員研讀，分到我的文章，謂1949年初與中共議和的敘述有些問題。

五月一日，國史館（林滿紅）聘為諮詢委員，至2011年五月一日。

五月八日，北京近史所告知，劉敬坤已於五月六日過世。

五月二十七日，南京大學呂晶代訂六月四日南京至徐州、六月七日徐州至上海的火車票。

五月二十八日，為南京大學陳紅民寫推薦函，申請「求是學術教授」一職，次年初紅民告知已獲准。

五月二十九日，與中文去南京。

五月三十一日，南京大學民國史研究中心開「紀念孫中山先生奉安八十週年學術報告會」，下午玉法論文報告，臺灣來者有蔣永敬、呂芳上等七人。會後返鄉探親，六月九日返臺。

六月三十一日，澳州雪梨大學黃宇和來信。

六月，〈論中國史學的全球化與本土化〉發表於河南大學出版社的《史學月刊》2009年第六期。

七月一日，東華書局編輯部張瓊珠女士寄來在該書局所出書摘及發行情形：一、《中國現代史》（上），1977-1998年23刷；二、《中國現代史》（下），1978-1998年

21 刷；三、《中國現代史合訂本》，1978-2001 年 24 刷；
四、《中國現代史增訂本》，2001-2006 年 4 刷；五、《中
國現代史略》，1978-2001 年 27 刷；六、《中國現代史略增
訂本》，2001-2007 年 4 刷；七、《中國近代史》，1977-
2007 年 16 刷；八、《中國近代現代史》，1978-2001 年 31
刷；九、《中國現代政治史論》，1988-1998 年 3 刷；十、
《中國現代政治史論增訂本》，2002 年 1 刷。

　　七月十日，東華書局結版稅：一至六月，《中國現
代史增訂版》48 冊，《中國現代史略增訂版》392 冊，
《中國現代政治史論》9 冊，共 23,000 元。一至十二月，
《中國現代史略》57 冊，《中國近代史》38 冊，《中國近
代現代史》104 冊，共 6,998 元。

　　七月，聯經公司結版稅：《歷史學的新領域》2 冊，
《中華民國史稿增訂本》50 冊，共 4,395 元。

　　八月六日，草「七一三澎湖事件紀念碑文」。

　　八月十五日，商務印書館結版稅：《中國婦女史論文
集》第一輯 5 冊，第二輯 5 冊，《先秦時代的傳播活動》
8 冊，共 1,678 元。

　　九月二日，下午至中山堂參加龍應台《大江大海》新
書發表會。

　　九月九日，商務印書館來函，要求作者簽字同意出電
子書，以利讀者。

　　九月二十五日，院長翁啟惠循例贈院士、評議員、所
長中秋節禮二千元。

九月，孝寧為奉親，私自為我們辦移民，後因每年要去美國兩次，太麻煩，放棄。

十月二十二日，下午國史館舉辦「值得推薦的中國近現代史著作座談會」，與張朋園、張海鵬作引言。我推薦郭廷以《近代中國史綱》、張玉法《中華民國史稿》、陳永發《中國共產七十年》、國史館《中華民國建國史》和四大發展史、朱漢國（北京師大）《中華民國史》十大本、徐中約《中國近代史》、張憲文《中華民國史》、張海鵬《中國近代通史》十卷。

十月，國史館吳俊瑩來信，謂玉法為國史館影音大系諮詢委員，「百年民國──民主的歷程」和「存亡關頭──1949 年的中華民國」毛片已製成，寄來請觀覽盼提供意見。

十一月四日，因受聘為國史館諮詢委員，館長林滿紅寄來該館九十九年度修纂處研究計畫四份請審查。

十一月十六日，近史所舉辦劉紹唐、唐德剛追思會，所長黃克武及李又寧主持，由李雲漢、張朋園、張玉法、陶英惠、陳三井先後發言。

十一月二十一日，下午渤海堂文化公司（新文豐）假誠品書局敦南店一樓舉辦《紮根臺灣六十年》新書發表會。

十二月七、八日，國史館（林滿紅）舉辦「政府遷臺六十週年研討會」，參加最後一場，與閻沁恆、陳存恭座談「我的 1949」。次日，《中國時報》擇要發表了我的談話。

　　十二月八日，李恩涵來函，以年齡過高（八十歲）、行路不便，不能參加台兒莊大戰研討會（在台兒莊舉行，原擬邀請其參加）。

　　十二月十、十一日，近史所舉辦「九十年來家國：1919、1949、2009 研討會」，所長黃克武主持。十日王賡武作主題講演，十一日張灝作主題講演，末場玉法作總結引言和綜合結論。

　　十二月十一日，上午出席政大歷史系博士生李鎧光博士論文口試：「內戰下的動員：以上海社會局為例（1945-1949）」。

　　十二月二十一日，贊助中國近代史學會四千元。

　　十二月二十五日，下午出席國史館舉辦的「百年民國──民主的歷程」紀錄片發表會，林滿紅主持，玉法與張朋園致推介詞。

　　十二月三十一日，新文豐結版稅：一至十二月，《中國現代史史料指引》8 冊，3,375 元。

　　十二月，聯經結版稅：七至十二月，《歷史學的新領域》2 冊，《中華民國史稿》244 冊，共 21,273 元。

2010 年（民國九十九年）

　　是年七十六歲，任中華民國史撰寫計畫諮詢委員、抗日戰爭勝利暨臺灣光復紀念碑文研究小組委員、高級中學歷史課綱草案小組委員，北京近史所召開「第三屆近代中國與世界研討會」和「蔣介石的權力網絡及其權力運作研討會」，中共文獻研究會召開「中國的道路：回顧與展望研討會」，南京大學舉辦「第六次中華民國史研討會」，中研院近史所舉辦「蔣中正日記與民國史研究研討會」，煙台聯中校友會要求修改澎湖七一三事件碑文。

　　一月二十五日，與中文去美國過年，二月二十七日回。

　　一月三十日，二哥自台兒莊來信，謂我口述、他記錄所寫〈從山東到臺灣——我的求學治學經歷〉，發表在山東省政協所辦的《春秋》2009 年第六期。

　　一月，聯經公司結版稅：去年七至十二月，《歷史學的新領域》1 冊，《中華民國史稿》108 冊，共 9,419 元。

　　一月，東華書局結版稅：去年七至十二月，《中國現代政治史論增訂版》11 冊，660 元；《中國現代史增訂版》93 冊，《中國現代史略增訂版》452 冊，共 28,400 元。去年一至十二月，《中國現代史略》57 本，《中國近代

史》38 本，《中國近代現代史》106 本，共 6,900 元。

一月，新文豐公司結版稅，《中國現代史史料指引》8 本，739 元。

一至六月，退休金 295,928 元（每月 51,480 元，舊制），去年七至十二月，74,132 元（新制）。

二月一日，七十六歲生日。

二月十八日，殷志鵬自紐約來賀卡，索《我們這一班》。

二月二十日，出席黃彰健院士與二二八研究追思研討會，於綜合討論中發言。出席者有朱浤源、管東貴、王曉波、于宗先等。

二月二十二日，商務印書館結版稅：《中國婦女史論文集》第一輯 2 冊，第二輯 3 冊，《先秦時代的傳播活動》6 冊，共 1,921 元。

二月，翁啟惠院長循例致院士、評議員、所長春節慰問金二千元。

三月十一日，畢長樸自板橋樸學出版社來信，告知威海市檔案局長張建國定於三月十七日率團抵臺，擬擇日來訪。

三月十二日，下午出席政大人文中心召開的中華民國發展史撰寫計劃諮詢委員會議，主要擬定撰寫人名單。

三月十八日，師大聘為九十八學年度博士班第二學期論文口試委員；六月四日，上午出席歷史研究所博士班楊凡逸論文「唐紹儀與近代中國政治外交」口試。

三月三十日及五月十二日，張自忠之孫女張慶宜（時

已八十）先後自天津來信，望協助與國史館聯繫，為張自忠立傳，並謂在 1993 年四月台兒莊大戰紀念會見過我。

三月三十一日，中山學術文化基金會（劉真）來函約稿，擬編《中華民國建國百年紀念專集》。

三月，陶英惠、王德毅代校《中華通史》第一卷。

四月二十一日，耿雲志自北京近代史研究所來信，謂煙台行政學院教授唐錫彤擬至臺灣搜集吳佩孚資料（玉法前曾贈其《吳佩孚集》一冊），可否請黃克武所長邀訪兩週，經費自理。

五月四日，近史所聘為兼任研究員。

五月二十一日至二十四日，北京近史所舉辦「第三屆近代中國與世界研討會」，兼紀念近史所成立六十週年。玉法於二十二日上午第三會場報告「晚清的外交思想──對臺灣學者研究成果的一些理解」，李文海主持。於下午第三會場主持會議，由王曉秋、王杰等五人報告。於二十三日閉幕式與李文海、章開沅、山田辰雄、葉文心作回顧與展望引言。

五月二十四日，上午中共文獻研究室（金冲及，黨史會）舉辦「中國道路──回顧與展望」國際論壇，玉法的引言，解釋孫中山遺囑中的自由平等。

五月，與中文去上海看世界博覽會。六月二日回。

六月五日，為北京近史所研究員金以林寫推薦函，申請大學教職。

六月八日，紐約中國近代口述歷史學會禢福輝來信，

徵求與唐德剛先生往來書信。

六月十日，煙台聯中校友會致函內政部營建署請修改七一三澎湖事件紀念碑文，副本送張玉法、呂實強、鄒本農（鄒鑑之子）。

六月，文化大學史學系主任王綱領來函，邀請參加2010 年八月二十五、六日舉行的「蔣介石與世界研討會」，回函婉拒。

七月九日，與中文飛洛杉磯孝寧處，七月十六日自洛杉磯去北加孝威處。

七月，聯經結版稅：一至六月，《歷史學的新領域》4 冊，《中華民國史稿》275 冊，共 24,015 元。

七月，東華書局結版稅：一至六月，《中國現代史增訂版》98 本，《中國現代史略增訂版》405 本，共 29,331元；《中國現代政治史論》8 本，480 元。

八月十六日，商務印書館結版稅：一至六月，《先秦時代的傳播活動》9 冊，《中國婦女史論文集》第一輯 7冊，第二輯 10 冊，共 539 元。

八月二十日，自臺北飛南京，次日參加南京大學舉辦「第六次中華民國史研討會」。九月七日自北京返臺。

八月，陶英惠、王德毅代校《中華通史》第二卷。

九月一日，近史所（黃克武）聘為諮詢委員。

九月三日，國史館寄來一百年度研究計畫三份審查件。

九月三日至六日，北京近史所舉辦「蔣介石的權力網絡及其政治運作研討會」，主持第一場會，由王奇生、川

島真、段瑞聰論文報告。玉法於會中報告「蔣介石總統
引退時期黨權與政權的衝突」。參加者另有陳三井、張瑞
德、黃自進、潘光哲、朱浤源等。

十月二十七日,下午抗日戰爭勝利暨臺灣光復紀念碑
文研究小組開會,並會勘中山堂前碑址現場。

十月三十日,山東師範大學歷史系安作璋來信,謂前
寄《山東通史》八卷十冊,茲再寄《齊魯大學八十八年》
一書。

十一月十七日,教育部聘為普通高級中學歷史課程
綱要草案審查小組委員,任期至 2011 年三月三十一日。

十一月二十七日,與中文去關島旅遊,訪葉郁寧。

十一、二月間,廣東社科院張磊擬編《孫中山與辛亥
革命研究叢書》,由章開沅、金冲及、張磊、張玉法四人
各將自己的有關論文集為一冊作為叢書之一,應之。

十二月二、三日,「蔣中正日記與民國史研究研討
會」在圓山飯店召開,呂芳上為召集人。二日上午於開幕
式主講「兩頭馬車:總裁蔣介石與代總統李宗仁的權力運
作(1949)」,並主持一場討論會,由川島真、桑兵、
潘邦正、馬振犢論文報告。

十二月十二日,美國中國近代口述歷史學會禤福輝寄
贈《唐德剛與口述歷史》。

十二月十四日,填具高級中學歷史課程綱要及公聽會
意見處理對照表審查意見,審查項目共 162 項,不贊同於
歷史教科書中列出歷史中的爭議性問題,亦懷疑中學時期

能訓練學生對研究歷史之能力。另並提出若干修改或補充性的意見。

十二月十九日，出席教育部召集的審查會，負責臺灣史者黃秀政、鍾淑敏，負責中國史者張玉法、林麗月、戴晉新，負責世界史者王世宗、周惠民、林慈淑。

十二月二十四日，韓生朴宣泠於東京大學來信，提到八月在南京見面，彼現在東大訪問研究，明年去哈佛大學作訪問研究。

十二月三十一日，抗戰勝利暨臺灣光復紀念館碑文研究小組開會，出席者林滿紅、黃克武、黃富三、黃秀政、張玉法等七人。

十二月三十一日，新文豐結版稅：一至十二月，《中國近代史史料指引》8 冊，1,650 元。

十二月，聯經公司結版稅：七至十二月，《歷史學的新領域》0 冊，《中華民國史稿》增訂本 229 冊，共 19,923 元。

十二月，東華書局結版稅：七至十二月，《中國現代史增訂版》98 冊，《中國現代史略增訂版》405 冊，共 29,331 元；《中國現代政治史論》8 冊，480 元。

2011 年（民國一百年）

　　是年七十七歲，北大出版社出版《清季的立憲團體》和《清季的革命團體》，於傳記文學「追尋民國系列講座」、政大「法鼓人文講座」、國史館「建國百年歷史講座」講演，任國史館諮詢委員、齊魯文經協會理事，臺北近史所、北京近史所和南京大學均召開辛亥革命百年研討會，南京大學召開胡適一百二十年誕辰研討會，參加抗日戰爭勝利暨臺灣光復紀念碑揭幕典禮，與張憲文結合兩岸學者推行民國史專題研究計劃，苑覺非校長過世。

　　一月三日，抗日戰爭勝利暨臺灣光復紀念碑碑文研議小組在中山堂開第一次會，推玉法為召集人，黃克武為碑文主撰。六月二十一日再開會，八月十日又開會，均討論碑文問題。

　　一月十七日，韓生朴宣泠自東京來信，聽說我去年去韓國參加國際會議，惜其不在國內。

　　一月二十五日，近史所博士後研究李鎧光來信，報告去上海檔案館搜集資料的情形。

　　一月二十五日，與中文赴美過年，三月初返臺。

　　一至六月，退休金 295,928 元，另加新制 74,132 元。每月合共 63,835 元。

一月，為在北京大學出版社出簡體字版的《清季的立憲團體》和《清季的革命團體》寫序。

一月，東華書局結版稅：去年七至十二月，《中國現代史增訂本》117 冊，《中國現代史略增訂本》377 冊，共 29,159 元；《中國現代政治史論增訂本》21 冊，1,260 元。去年一至十二月，《中國現代史略》61 冊，《中國近代史》33 冊，《中國近代現代史》73 冊，共 5,599 元。

一月，是月起至 2013 年十二月止，與南京大學張憲文結合兩岸學者推動民國專題史研究計劃。

二月一日，七十七歲生日。

二月十五日，國史館聘為一百年度影音大系紀錄片諮詢小組委員，止於十月三十一日。

二月八日，廖咸惠來片，報告全家三口從德國回來半年的生活。

三月四日至五月二十日，紫藤文化協會與傳記文學社聯合舉辦「追尋民國系列講座」，共辦十二場講演，玉法於三月十八日第三場講「風雨飄搖中的共和」。其他講者有黃克武、潘光哲、錢復、金觀濤、陳芳明等。

三月六日，當選中華齊魯文經協會第七屆理事。

三月二十四日，中華文化基金會來信，謝為籌編《慶祝中華民國百年紀念專集》提供「孫中山與 1924 年的北伐」文稿。

三月二十九日，員林實中校友會（戴安身）聘為顧問。

三月三十一日，應國史館（呂芳上）之邀，參觀總統

副總統文物展示，之後座談，並餐敘。

三月，《中華通史》第一卷在東華書局出版。

四月十四日，北美事務協調委員會王銘來信，謝為其審閱專書的章節。

四月十七、八日，南京大學民國史研究中心召開胡適誕辰一百二十週年研討會。

四月十九日，向東華書局購《中華通史》第一卷三十本，18,720 元。

四月二十一日，徐天基自竹南來信，欲介紹其太太的學生林奕辰來訪，彼對流亡學校的歷史有興趣。

四月二十四日，上午赴教育部參加高級中學歷史課程綱要草案審查小組一百年度第十三次會，下午開第十四次會。

四月二十八日，記者訪談孫中山革命及有關問題。

五月三日，周俊章自南昌街來信，告知開畫展的事。

五月二十日，政大文學院長周惠民來信，謂承允為政大「法鼓人文講座」講演兩次，一次定於五月二十六日舉行，講題「辛亥革命時期的政策思潮」（一）。五月二十六日又來信，第二次訂於六月二日舉行，講「辛亥革命時期的政策思潮」（二）。兩次講演的綱要為：一、前言，二、民族主義是晚清政治運動的動力，三、憲政主義與國家政治體制的選擇，三、在社會主義中尋找新的政治綱領，五、無政府主義所扮演的角色，六、結論。

六月二日，向東華書局購《中華通史》第一卷十二

冊，7,488 元。

六月十日，上午出席國史館舉辦的《中華民國在臺六十年發展史》第一次審查會議。

六月二十五日，上午赴第二殯儀館參加苑覺非校長公祭禮。

六月二十六日，吳蕙芳自海洋大學來信，謂收到《中華通史》第一卷。

六月二十七日，與中文赴美。

七月，翁啟惠院長循例贈院士、評議員、所長端午節禮二千元。

七月，聯經公司結版稅：歷史學的新領域 1 冊，中華民國史增訂本 296 冊，共 25,775 元。

七至十二月，退休金 304,923 元（每月 53,075 元），另新制 76,428 元（每月 12,738 元）。合計每月 65,813 元。

八月十一日，下午抗日戰爭勝利暨臺灣光復紀念碑文研議小組開會，九月五日又開會，十月一日再開會，決議尊重設計單位之設計，並決定不設圖片，應有保護措施。委員林滿紅、黃克武、黃富三、黃秀政、玉法等七人。

八月十五日，商務印書館結版稅：《中國婦女史論文集》第一輯 8 冊，第二輯 7 冊，《先秦時代的傳播活動》1 冊，共 360 元。

九月一日，國史館（呂芳上）聘為諮詢委員，至 2013年八月三十一日，另有吳文星、李雲漢、康豹、張力、許雪姬、陳三井、陳永發、劉維開、朱重聖，執行祕書陳

立文。

九月四日，呂實強於住處附近車禍亡，九月十二日在第二殯儀館公祭。

九月六日，謝國興來賀卡，附言彼於八月二十九日自許雪姬手中接掌臺史所送花籃事。

九月十八日，中文的五舅自安徽來臺探親，十月二日返。

九月二十七日，朱瑞月來卡賀教師節，謂畢業後停留在教學階段，不能像老師一樣，一直都有著作出版。

九月二十九日，《文訊》雜誌社來函，謝提供「懷念學者」照片三張（唐德剛）。

十月三、四日，近史所召開「辛亥百年回顧研討會」，玉法於會中講「革命主義的新潮：革命黨人對無政府主義的宣揚（1907-1910）」。

十月六日，中午假國軍英雄館宴參與撰寫《中華民國專題史》者二十一人：管美蓉、陳英杰、張瑞德、潘光哲、吳翎君、劉維開、吳啟訥、李君山、林桶法、劉文賓、李盈慧、高純淑、蔣竹山、楊明哲、陳進金、吳淑鳳、卓遵宏、張力、陳佑慎、楊維真、唐啟華。另尚有八人無法出席。

十月十一日至至十六日，北京近史所假武昌召開「紀念辛亥革命一百週年研討會」，玉法於會中講「西方社會主義與民生主義的形成」，並主持一場會。

十月十六日至十七日，南京大學民國史研究中心召

開「辛亥革命暨南京臨時政府成立研討會」，玉法於會中講「從政治變法到社會改造：晚清書刊對西方政治制度和社會思想的引介（1843-1905）」。參加者另有山田辰雄、張力、張瑞德、林桶法、鍾淑敏等。

十月二十四日，《中華民國史稿》的讀者高雄顏進福來信，謂史稿中「藩部」未提到青海。

十月二十五日，參加「抗日戰爭勝利暨臺灣光復紀念碑」揭幕典禮（中山堂前），馬總統主持。

抗戰勝利暨臺灣光復紀念碑揭幕典禮

十月二十八日至三十日，哈佛文理學院研究生中國研究會（Havard Graduate School of Arts and Sciences China Study Group）召開「紀念辛亥革命百年研討會」，由 William C. Kirby 做專題講演，曾來信邀請參加，婉拒。

十月二十八日至三十日，南開大學召開「近代精英文化與留學生研討會」，未參加。

十月三十一日，《文訊》雜誌社寄〈呂實強先生在

中央研究院的日子〉稿費 2,240 元。

十一月三、四日，國父紀念館於新加坡召開「辛亥革命：孫中山革命志士與新世紀展望研討會」，原擬參加，因事未果。

十一月四日，山田辰雄等來信，擬將玉法之〈黨總裁治國：李宗仁赴美後蔣介石對黨國事務的經營〉收入所編《蔣介石研究：政治、戰爭、日本》一書。

十一月十日至十二日，韓國研究中國近代史的學者，為慶祝辛亥革命百年，於新羅召開「東亞史上的辛亥革命研討會」，由裴京漢召集，玉法於會中提「晚清革命黨人的理論分歧及其對革命的影響」。外來學者，中國大陸有桑兵，臺灣有玉法和吳啟訥，另有日本二人、越南一人、蒙古一人。十七日返臺。

十一月二十八、二十九日，美國聖若望大學亞洲研究所（李又寧）假近史所召開「民國肇建與在美華人研討會」，主持第二場會，由華培、吳翎君、湯熙勇報告。參與者有黃克武、呂芳上、蔣永敬、楊天石、鮑家麟、周棉等。

十一月三十日，張磊來信邀參加「孫中山・辛亥革命研究回顧與前瞻高峰論壇」會議。

十二月二日，二哥自台兒莊來信，告知各家狀況，並謂在《參考消息》上看到採訪我的報導，不錯。

十二月三日，上午於國史館講「消失的烏托邦：民國建立前後革命黨人對無政府主義的嚮往」，此為國史館

舉辦「回眸世紀路：建國百年歷史講座」第四次講演。
第一次黃宇和，第二次黃克武，第三次科大衛（David W.
Faure），第五次方德萬（Hans van de Ven）。

十二月六日，上午國史館召開諮詢委員會第一次會
議，討論如何編修民國史。

十二月十六、十七日，近史所（黃克武）召開「胡
適與自由主義：紀念胡適先生一百二十年誕辰研討會」，
主持一場會，報告人呂實強（代讀）、汪榮祖、陳三井。

十二月十八日，與中文隨松山商職退休教師去福建
旅遊。

十二月二十五日，朱炎病逝，享年七十六歲。

十二月二十八日，上午國史館召開諮詢委員會議。

十二月，傳記文學出版社出版《追尋百年崎嶇路：
夜話民國十二講》，收入玉法於去年三月十八日在紫藤廬
的講稿「風雨飄搖中的共和」。

十二月，新文豐出版公司結版稅：《中國現代史史料
指引》30 冊，2,727 元。

十二月，來卡賀年者：殷志鵬、朴宣泠。

是年，將《歷史學的新領域》和《中華民國史稿》二
書授權聯經出版公司出電子書。

是年，中華學術文化基金會來函，謝對《中華民國建
國百年專輯》賜稿。

656 浮生日錄
Yu-fa Chang, The Chronicle of My Life

2012年（民國一百零一年）

是年七十八歲，中央研究院舉辦院士會議、漢學會議，國史館開「建國百年研討會」，與中文遊長沙、千島湖，北京近史所召開「第四屆中國近代思想史研討會」、「政治精英與近代中國研討會」，北大出版社為出版《清季的立憲團體》和《清季的革命團體》結稿酬，河北電視台訪談「大轉折：中國的1947-1949」記錄片，賴盟騏每年親書春聯寄贈。

一月七日，張大軍自臺中中亞出版社來函，告知撰《中華民國新疆史》事。

一月十五日，上午去第二殯儀館參加朱炎火化禮。

一月十八日，翁院長循例致春節慰問金二千元。

一月，劉慧宇自福建師範大學來信，託江夏學院曾瓊芳帶來茶葉一罐，並索《民國山東通志》兩套，因書中有她所寫的篇章。

一月，暑期部生賴盟騏善書法，每年親書春聯寄贈。今年贈送之聯為：月明風清深有味，左圖右史交相輝。

一月，聯經出版公司結版稅：《歷史學的新領域》2冊，《中華民國史稿增訂本》362冊，共31,539元。

一月，東華書局結版稅：《中國現代史增訂本》110

冊，《中國現代史略增訂本》238 冊，《中國現代政治史論》12 冊，共 19,629 元。另《中國現代史略》24 冊，《中國近代史》75 冊，《中國近代現代史》43 冊，共 4,353 元。

一月，《中華通史》第二卷由東華書局出版。

二月一日，七十八歲生日。

二月五日，上午出席中華齊魯文經協會第七屆第一次會員大會。

二月十五日，商務印書館結版稅：《中國婦女史論文集》第一輯 14 冊，第二輯 18 冊，共 831 元。

三月一日，為近史所專刊審查委員會審查黃自進《蔣介石與日本》書稿。

三月二日，二哥自台兒莊來信，謂代收的北大出版社《清季的立憲團體》和《清季的革命團體》二書的稿費共人民幣 15,904 元。

三月十六日，劉孔伏自重慶來信，謂去年是辛亥革命百年紀念，但對辛亥革命的研究無亮點。

四月二十一、二日，北京中國社會科學院近史所於杭州舉辦「政治精英與近代中國研討會」，張海鵬主持，玉法於首日開幕後「專家代表報告」一節發言二十分鐘，報告論文「民國初期的知識份子及其活動（1912-1928）」，另有巴斯蒂、熊月之、桑兵、茅海建、姜濤、黃興濤發言。參加者另有張力、黃克武等。

四月二十三日，與中文遊千島湖，留影紀念。

四月二十七日，為國史館審查《中華民國在臺六十年

發展史》上冊稿件。

五月六日，煙台聯中校友會召開理監事會，討論黃某《澎湖七一三事件真相》一書對煙台聯中被難師生汙衊案。

五月八、九日，國史館舉辦「白崇禧與民國座談會」，主持第二日末場研討會總論，與談人呂芳上、齊錫生、張瑞德、陳三井。

五月二十八日，為國史館審查《中華民國通鑑：民國元年至十年》書稿。

六月一日，煙台聯中校友會出版《校友通訊》第五十六期，刊載于兆湃「論黃端禮著《澎湖七一三的真相》」，對黃書提出批判。

六月十二日，蔣永敬來信，並寄來近日與其唱和的打油詩抄，因有錯字，次日又寄來更正本，皆以毛筆寫，很工整。

六月十五日，成功大學歷史系聘為一百學年度第二學期博士學位考試委員。

六月十八日，翁院長循例致送端午節禮二千元。

六月十八日，曾孝明自清華大學電機系來信，因讀到白先勇的《父親與民國》，頗為國史館不為白立傳不平，更讚揚白崇禧、孫立人，而貶蔣介石。

六月二十日至二十二日，史語所、近史所、文哲所等七個人文所聯合舉辦漢學會議，由余英時為召集人。玉法於二十一日下午主持近史所承辦的兩場會，一場由

Zanasi、吳翎君、黃自進報告，一場由潘光哲、陳紅民報告。

六月二十一日，謝輝煌撰《柯班長》，寄來一份。柯班長即柯遠芬，被臺人指為二二八事件的劊子手，該書謂二二八的受害者也有壞人。

六月二十八日，國史館寄來文件，對玉法前所審查的《中華民國近六十年發展史》上冊諸多的審查意見，據以修訂的情形，並列表說明。

六月二十九日，近史所召開學術諮詢委員會第八次會議，汪榮祖主持，聽取黃克武所長的所務報告，舉行分組座談，撰寫綜合報告。

六月，東華書局結版稅：一至六月，《中國現代史增訂本》221 冊，《中國現代史略增訂本》171 冊，共 25,317 元；《中國現代政治史論》9 冊，540 元。

七月二日至五日，中央研究院召開第三十次院士會議。

七月六日，自購《中華通史》第二卷十冊。

七月六日，下午出席成功大學歷史系陳能治博士論文口試，題目：「殉道與重生：歐柏林學院與山西明賢學校（1900-1937）」。教師節來片致謝。

七月七日，出席《文訊》雜誌社在紀州庵舉行的《少年十五二十時》新書發表會。致詞者有玉法、國立臺灣大學文學館長李瑞騰、逢甲大學文學系張瑞芬、《文訊》社長封德屏、作者楊念慈等。楊念慈為我讀員林實中時的老師，雖未承教，同學皆知其為名作家。封社長之所以要我

發言，因我與楊老師為魯西南大同鄉，書中所寫，皆以
當地為背景。我的推薦詞〈文學的真實〉，次日發表於
《聯合報》。

七月十一日，中興大學歷史研究所博士生方建富，
其論文原由呂實強指導，題名「臨時約法與民初政治」。
實強不幸過世，方擬要我指導，未應。

七月十二日，臺灣史研究所（謝國興）來函，擬訪談
由臺灣史田野研究室到臺灣史研究所成立的經過，婉拒。

八月一日，三聯書店總編室來函，謂該社編印的《辛
亥革命研究論文集》收錄我兩篇論文。

八月十六日，商務印書館結版稅：《中國婦女史論文
集》第一輯 22 冊，第二輯 22 冊，共 1,464 元。

八月二十一日，河北電視台為製作「大轉折：中國
1947-1949」記錄片，來近史所訪談，要點：一、戰後國、
共兩黨的分歧點，二、中國土地問題與中共的土改，三、
民心向背，四、國民黨金元券改革失敗，五、評價蔣、毛
功過。

九月六日，聊城大學文學院來片賀教師節：桃李滿天
下，春暉照四方。

九月十三、十四日，國史館（呂芳上）召開「近代
中國的型塑──中華民國建國一百年研討會」，玉法於第
一場會報告「近代中國早期的國家建制（1500-1840）」，
黃克武主持，報告人另有川島真、桑兵。玉法主持末場討
論會，報告人汪榮祖、林正慧；又於閉幕式（呂芳上主

持）綜合討論時，與楊天石、西村成雄、Rana Mitter 作引言人。

九月十八日，聯經出版公司結版稅：《歷史學的新領域》0 冊，《中華民國史稿》535 冊，共 46,545 元。

九月二十四日，翁院長循例致贈中秋節禮二千元。

九月二十四日，中原大學宗教研究所曾慶豹來函，詢問有關日知會人劉靜庵（敬安）的研究資料。

九月，陳能治、朱瑞月來卡賀教師節。

十月八日，下午師大史地系四十八級班友至榮榮園餐廳開歌唱會，由吳永英、張玉法、黃定華、林金月、陳象殷、葉美月、王文傑、張建國發起。

十月二十六日，下午偕中文飛長沙開會，之後遊長沙及附近景點。十一月五日至廣州，住江灣大酒店。次日上午飛臺北。

十月二十六日至二十八日，出席北京中國社會科學院中國近代思想研究中心在長沙舉辦的「第四屆中國近代思想史研討會」，於開幕典禮講話，於第一場會議報告「二十世紀初年國人對引進西方議會制度之態度及其轉變」。

十月三十一日，朋友安排赴湖南寧鄉訪劉少奇故居，不意竟安排獻花儀式。

十一月十二日，國史館告知，前在國史館的講稿「消失的烏托邦：民國建立前後革命黨人對無政府主義的嚮往（1896-1927）」，被收入下月出版的《百年回眸：建國

百年歷史講座》。

十一月十六日，周玉山來函，邀為《三民書局六十年》撰稿，至十二月二十日寄去「重慶南路上的一棵長青樹」一稿。

十一月二十二日，下午去臺大文學院會議室參加杜維運教授追思紀念研討會，由歷史系主任甘懷真主持，提論文者有古偉瀛、邢義田。

十二月十七日，近史所（黃克武）舉辦胡適與蔣介石特展開幕禮。

十二月十八日，審查政大人文中心「蔣介石與現代中國的型塑」年度研究計劃，通過。

十二月二十五日，與中文結婚四十六週年，好友陶英惠、李明正、王克先、耿贊青、許延燡、許美玉以及在美國的王衍豐、張令怡均寫打油詩為賀。

十二月二十六日，在《近代中國婦女史研究》創刊二十週年座談會會上，講「回憶中的中國近代婦女史研究」作為引言，所長黃克武主持，相繼發言者有國史館館長呂芳上、師大教授林麗月，貴賓有副院長王汎森、蔣經國基金會執行長朱雲漢。

十二月三十一日，新文豐結版稅：一至十二月，《中國近代史史料指引》10 冊，2,063 元；《中國現代史史料指引》15 冊，1,368 元。

十二月，聯經公司結版稅：七至十二月，《歷史學的新領域》2 冊，《中國現代史增訂本》420 冊，共 36,495 元。

　　十二月，為政大人文中心審查擬出版的專書《蔣介石
的日常生活》。

　　是年，中研院文哲所朱榮貴編《中國人權文獻選輯：
現代篇》，選用《近代中國女權運動史料》中的資料二十
種，徵求同意。

2013 年（民國一百零二年）

是年七十九歲，借住中研院三弄二號宿舍交還中研院，遷住汐止日月光社區，二哥與張杰來臺相會，與中文遊日本北海道，推薦呂芳上選舉院士失敗，曾祥和老師過世，為國史館舉辦的「臺灣民主政治發展系列講座」講「民主政治在臺灣：中國國民黨角色的探討」，為國史館舉辦的「不容青史盡成灰：抗戰中國座談會」講「抗戰期間的整體形勢」，為國史館審查《中華民國近六十年發展史》下冊，山東省長率經貿文化訪問團來臺，山東省檔案學會訪問團來臺，參加國史館舉辦的「國共戰爭與中日戰爭研討會」、「開羅會議七十年研討會」，參加郭廷以先生日記殘稿出版新書發表會，東華書局擬授權人民日報出版社出版《中國現代史》、《中國近代現代史》，但未能出版。

一月十日，東華書局結版稅：七至十二月，《中國現代史增訂本》181 冊，《中國現代史略增訂本》178 冊，《中國現代政治史論》21 冊，一至十二月，《中國現代史略》33 冊，《中國近代史》78 冊，《中國近代現代史》39 冊，共 26,392 元。

一月，去年一至六月、七至十二月，退休金各 304,923

元，平均每月 53,075 元。

二月一日，七十九歲生日。

二月七日，胡興梅之女胡鈞怡自師大歷史系寄來親畫的賀年卡，並附短信，謂父親是您的關門弟子，您對師大歷史系的學生們帶來深遠的影響。

二月十八日，商務印書館結版稅：《中國婦女史論文集》第一輯 5 冊，第二輯 4 冊，共 1,637 元。

二月二十日，中研院函知，借用之研究院路二段六十一巷三弄二號宿舍，既同意歸還，擬點收。時已遷住汐止日月光社區。

二月二十一日，近史所為《郭量宇先生日記殘稿》出版舉辦「從《郭量宇日記殘稿》看中央研究院近代史研究所早期發展」座談會，由所長黃克武主持，由張朋園、陸寶千、呂士朋、張玉法、陳三井、魏秀梅分別發言。玉法發言的重點：一、郭先生非常重視專刊，對每一本專刊稿都親自審查，並直接修改。二、當時國內研究所很少，郭先生很珍視歸國留學生。本所第一個歸國留學生為王萍，雖為碩士，視為至寶，只要有外國學者來，都請王萍陪同參觀，並特別介紹為威斯康辛的碩士。本所臨時人員出國進修，李國祁在德國獲得博士，郭先生千方百計要他回來，許以副所長之職，引起一批老同仁的不滿。

三月十六日，於國史館舉辦的「臺灣民主發展史系列講座」講「民主政治在臺灣：中國國民黨角色的探討」。此後迄於十一月三十日，共有十人講演。

三月二十六日，《文訊》雜誌社封德屏發通函，擬籌購「文藝資料中心」，以典藏展覽文藝界的作品，徵求私藏名人書畫義賣。

五月十四日，新文豐出版公司來信，謂南京圖書館有七十萬冊清末民初的書，可供重新出版，望推薦教授前往選書。

五月二十五日，於國史館舉辦的「不容青史盡成灰：抗戰中國學術座談會」主講「抗戰期間的整體形勢」。主講者另有金冲及、齊錫生、吳景平、黃道炫。

五月二十六日，撰「曾祥和老師追思會紀念文」。

五月，院長翁啟惠、唐獎召集人李遠哲聯名發函，請推薦唐獎候選人。聞李遠哲擬設科技院士、企業院士之類，唐獎捐助人動機不純，決定不理會。

五月、六月間，東華書局與人民日報出版社談《中國現代史》、《中國近代現代史》授權出簡體字版事，無結果。

六月七日，翁院長循例致贈端午節禮二千元。

六月，聯經出版公司結版稅：《歷史學的新領域》0冊，《中華民國史稿》456冊，共 39,672 元。

六月，東華書局結版稅：《中國現代史增訂本》278冊，《中國現代史略》192冊，《中國現代政治史論》16冊，共 31,696 元。

七月十五日，安藤久美子自日本茨城縣來信，謂去年寫「孫文的社會思想」，曾參閱我的「西方社會主義對辛

亥革命的影響」，昨日收到黃自進寄贈的該論文。

八月四日，與中文並孝寧一家遊日本北海道。

八月八日，為國史館審查《中華民國近六十年發展史》下冊文稿。

八月十六日，商務印書館結版稅：《中國婦女史論文集》第一輯 2 冊，第二輯 2 冊，共 710 元。

八月二十日，國史館（呂芳上）續聘為諮詢委員（已任兩年）。

八月，與許倬雲、胡佛、黃進興、陳永發聯名推薦呂芳上選院士，失敗，陳首反對。

九月，中正紀念堂管理處來函，感謝允將有關論文選編入《蔣中正研究論文選輯》。

十月二十二日，下午師大史地系四十八級同學假臺北天成飯店舉行年會，張建國召集。

十月二十八日，山東省長郭樹清率經貿文化訪問團假圓山飯店宴此間山東各界同鄉。

十一月一日，參加國史館舉辦的「國共關係與中日戰爭研討會」，與呂芳上、楊天石、王建朗、波多野澄雄、黃自進參與閉幕前的綜合討論。

十一月十三日，二哥、張杰來臺，陪遊日月潭、阿里山等地，二十三日回。

十一月十四日，捐贈好心肝基金會二千五百元。

十二月一日，參加國史館舉辦的「開羅宣言七十週年研討會」，於開幕來賓致詞中，繼馬英九總統致詞後，與

山田辰雄等發言。

十二月三日，呂芳上自國史館寄來《民國史論》一書三冊，係選人文組院士時提出者。

十二月六日，國史館寄來《國史研究通訊》第五期所發表之稿稿酬 2,506 元。

十二月十六、七日，出席「嚴家淦先生與臺灣經濟發展研討會」，次日圓桌坐談，與錢復、張祖詒、張京育討論嚴家淦與政治。

十二月十八日，日本交流協會來近史所授章林明德、黃福慶，以謝其熱心中日文化交流。

十二月十九日，山東檔案館學會一行十六人來近史所訪問，並參觀檔案館。

十二月十九日，南京大學來信，謂「辛亥革命暨南京臨時政府成立研討會」論文集將出版，請將稿修改完成後寄下。

十二月三十日，上午國史館召開諮詢委員會議，到者吳文星、康豹、陳永發、陳三井、許雪姬、張力、玉法等。

十二月三十一日，大哥自棗莊來信，謂張杰陪爸爸赴臺，見到許多老同學，中文並駕車遊歷。謝帶給他的利便藥和美金五百元。

十二月三十一日，新文豐出版公司結版稅：《中國近代史史料指引》6 冊，1,238 元。

十二月，《中華通史》第三卷由東華書局出版。

　　十二月，東華書局結版稅：一至十二月，《中國現代史略》4 冊，《中國近代史》56 冊，《中國近代現代史》25 冊，共 2,560 元；七至十二月，《中國現代史增訂本》152 冊，《中國現代史略增訂本》89 冊，共 15,839 元；《中國現代政治史論》27 冊，1,890 元。

　　十二月，新文豐出版公司結版稅：《中國現代史史料指引》8 冊，924 元。

　　十二月，新年賀卡：麥朝成、佟秉正（黃易）、李榮泰、胡興梅、張建俅、劉祥光等。

2014 年（民國一百零三年）

　　是年八十歲，北大歷史系邀訪，偕中文前往，為講
「全球視野下的中國近代史研究」，中央研究院舉行院士
會議，近史所召開評鑑委員會議，近史所遴選所長，為
《我們生命裡的七七》撰稿，於國史館舉辦的「中國對日
抗戰史工作坊」講「戰後情勢」，在上海「淞滬紀念館陳
列改造與淞滬抗日戰爭研討會」講「淞滬戰役在抗日戰爭
中的歷史地位」，《中華通史》原擬在大陸出簡體字版，
因兩岸關係轉壞作罷，戴執禮過世。

　　一月十二日，河南大學生王哲來信，謝鼓勵其研究
河南籍流亡學生，望將來有機會到臺灣找資料。

　　一月，賴盟騏寄來墨寶春聯：縱論古今知正反，橫
觀天地辨中西。

　　一月，一至六月、七至十二月退休金各 304,923 元，
平均每月 53,075 元。

　　二月一日，八十歲生日。

　　二月五日，山東師大安作璋來信，謂託友在臺購中國
現代史，購到我的兩本，幸甚。

　　二月十七日，商務印書館結版稅：《中國婦女史論文
集》第一輯 9 冊，第二輯 1 冊，共 1,909 元。

二月十八日，國史館長呂芳上來信，擬於本年五、六月舉辦「中國對日抗戰史：研究回顧與展望」工作坊，請於第三場工作坊講「戰後情勢」。

三月一日，中午指導論文生十九人在天廚菜館餐敘：張瑞德、陳能治、游鑑明、朱瑞月、張建俅、劉祥光、吳翎君、王榮川、謝蕙風、王凌霄、劉興華、胡興梅、周佳豪、鍾淑敏、韓靜蘭、蔡杏芬、張馥、謝國興、李達嘉。來電不克參加者九人。

三月二日，中華齊魯文經協會第八屆理事長劉育蘭聘為顧問，該協會的主要活動為兩岸文化交流。

三月二十五日，與中文去北加州孝威處，五月二十日回。

三月二十七日，聯經出版公司結版稅：去年七至十二月，《歷史學的新領域》0 冊，《中華民國史稿增訂本》445 冊，共 38,715 元。

四月三日，四川大學歷史系戴執禮的外孫女飛菲來信，告知外公已於去年底過世，感謝將其著作在臺灣出版（《四川保路運動》）。

四月十四日，張建斌自福建來函，擬徵求院士手跡，未應。

五月二十七日，翁院長循例致端午節禮二千元。

五月三十一日，國史館舉辦「中國抗日戰爭史：研究回顧與展望」工作坊第三場（第一場在五月十日，第二場在五月二十四日，第四場在六月二十八日），分為兩節，

第一節由郝柏村講戰時軍事，由傅應川、張瑞德與談；第二節由玉法講戰後情勢，由林孝庭講國際關係，由林桶法、卓遵宏、陳立文、吳淑鳳與談。玉法的講題是：「學者對戰後中國研究的幾個方向：以研究成果與論點為中心的討論」。

六月三日至七日，復旦大學歷史系、政治大學人文中心、上海淞滬紀念館在上海寶山賓館召開「上海淞滬紀念館陳列改造暨淞滬抗戰史學術研討會」，玉法於會中報告「淞滬戰役在抗日戰爭中的歷史地位」，付講演費人民幣二萬元。臺灣參加者另有周惠民、傅應川、陳立文、李君山等。

六月十日，收到「國軍與現代中國：黃埔建軍九十年國際學術研討會籌備會」邀請函，會於六月十四日在國史館召開，被安排在第五場任主持人和評論人，論文報告人為徐勇、楊維真。該會由國史館、中正紀念堂、中正文教基金會和中國近代史學會合辦。

六月十九日，北京崔正三來信，告知《中華通史》簡字版交由中信出版社出版，預計今年下半年推出。嗣以《中華通史》第五卷遲未完稿，而兩岸關係變差，簡題版無下文。至 2022 年十月，時五卷已出齊，東華書局又與大陸方面出版社聯絡出電子版，我告以無意見，只要便利讀者。

六月三十日，中央研究院開學術諮詢會，此為各所所長參加的例會，副院長陳建仁主持，討論特聘研究員聘

任辦法。近史所擬聘黃克武、康豹為特聘研究員。六月九日收到山田辰雄為黃克武所寫的推薦函一封。

六月，聯經公司結版稅：一至六月，《歷史學的新領域》0 冊，《中華民國史稿增訂本》360 冊，共 31,320 元。

六月，東華書局結版稅：一至六月，《中國現代史增訂本》148 冊，《中國現代史略增訂本》347 冊，共 29,597 元。

七月一日，近史所長黃克武函諮詢委員會，請推薦特聘研究員人選。

七月一日至四日，參加第三十一次院士會議，七月一日有總統晚宴。

七月二日，天下文化出版社以為《我們生命裡的七七》供稿，給稿酬一萬元。

七月八日，游鑑明來函，謂所長呂妙芬希望她接副所長，不得已應之。

七月十二日，晚林桶法、劉文賓、吳蕙芳、楊維真、林蘭芳、陳進金、吳淑鳳、王凌霄、王良卿、管美蓉約於粵香園餐敘。

七月二十八日，撰「中央研究院近代史研究所評鑑報告」，委員另有王賡武、呂芳上、洪長泰、山田辰雄、梁元生、王國斌。

七月，「六十年來的中國近代史研究」講稿尚未講，擬即發表於近史所集刊，黃克武、黃自進都代為改正、校對。

七月，商務印書館結一至六月版稅 2,013 元。

八月十一日至十三日，近史所舉辦「全球視野下的中國近代史研究研討會」，於開幕典禮時主講「六十年來的中國近代史研究：回顧與檢討」，所長黃克武主持。會議分組討論，凡四十二場。

八月十五日，實中同學假天成飯店聚會，到者十八桌。

八月十八日，商務印書館結版稅：《中國婦女史論文集》第一輯 1 冊，第二輯 2 冊，共 104 元。

八月二十七日，在政治大學行政大樓七樓第一會議室參加上海淞滬抗戰紀念館與政大人文中心合辦的「淞滬抗戰紀念館改建暨淞滬抗戰史研討會」，主持第一場「淞滬抗戰史專題討論」（一），報告人輔仁大學歷史系主任林桶法、南京大學政治學院教授張雲、復旦大學歷史系教授余子道、政治大學圖資檔案研究所教授邵銘煌、上海淞滬抗戰紀念館研究員鄧一帆。第二場主持人為政大人文中心主任周惠民，第三場主持人為國史館長呂芳上。

八月，與許倬雲、胡佛、黃進興、陳永發推薦呂芳上為院士選舉候選人，不意院士會議討論時，陳首反對，選舉失敗。

九月十五日，南京大學出版社來函，謂《中華民國專題史》無法於本年出版。

十月八日，學術諮詢委員會（2013.9.1-2016.12.31）與近史所同仁座談，諮詢委員為張玉法、張灝、夏伯嘉、劉翠溶、朱雲漢、王德威、梁其姿、王賡武、呂芳上、洪長泰、山田辰雄。

十月十八日，上午國史館舉行《丁惟汾先生史料彙編》新書發表會，呂芳上主持，與李雲漢共為與談人。

十月二十日，受北大歷史系王新生邀請，偕中文去北京。

十月二十三日，周惠民自政大人文中心來函，謝於中正講座講演，以公出未能聆聽為憾。

十月二十八日，晚於北京大學講「全球視野下的中國近代史研究」，由歷史系臧運祜主持。三十日與中文逛北大校園，之後王新生送機回臺。由於送行諸人搶著提行李，自己的手拉箱竟未帶。十月三十一日寫電郵給潘光哲，請代為將手拉箱帶回。

十一月三日，翁院長聘為近史所所長遴選委員會委員兼召集人，委員另有劉翠溶、呂芳上、黃進興、陳永發。所長候選人為黃自進、呂妙芬、張力，黃研究中日關係，呂研究明末，張對民國史研究範圍較廣，且有行政經驗，人緣亦好，遂推薦張。結果翁選呂。呂為純學者，惟研究範圍偏狹，對近代史政機關與近代史學界人士所知甚少，近史所恐自此失去主導地位矣！副院長出自史語所，不知是如何設想。決定不再任近史所諮詢委員，亦不再參與所務、院務。

十一月二十六日至二十八日，參加政大舉辦的「中歐國際工商學院民國史研習營」，由胡為真講「1949年前的國共內戰」，周惠民講「百年來的海峽兩岸關係」，郝柏村講「八年抗戰與國共關係」，方以智講「蔣中正的

日常生活」。玉法於周惠民主持的「民國史交流會」講四個討論主題：1. 日本為何侵華？2. 國民黨抗戰勝利後為何失去大陸？3. 國民黨如何在臺灣站穩腳根？4. 兩蔣在臺灣的功過如何？學員多大陸各地董事長。

十二月二十七日，國史館長呂芳上召開諮詢委員會議，商討業務發展方向。

是年，天下文化公司出版《我們生命裡的七七》，編輯部來信，特別感動我所寫的龍希貞的故事，表達抗日時期平民的無奈。

十二月，周惠民親書毛筆賀新年。

2015 年（民國一百零四年）

　　是年八十一歲，與中文、孝威遊波爾多、伊斯坦堡、布拉格，又與中文遊莫斯科，偕中文參加南京大學舉辦的《中華民國專題史》新書發表會，參加東華大學舉辦的「中國近代史研究的趨勢與議題研習營」，參加國史館等舉辦的「抗戰勝利七十週年研討會」，法友會在臺大校友會館舉辦研討會，在香港中文大學講「臺灣民主政治的發展與轉變」，大哥、二嫂、英善的太太過世，國史館聘為諮詢委員。

　　一月十日，東華書局結版稅：《中國現代史增訂本》111 冊，《中國現代史略增訂本》92 冊，《中國近代史》7 冊，《中國近代現代史》4 冊，共 13,388 元。

　　一月十九日至二十三日，東華大學舉辦「中國近代史研究的趨勢與議題」研習營，於二十三日第十九場與張朋園、陳永發主講「薪火相傳」。

　　一月二十五日，與中文赴美過年。

　　一月，新文豐結版稅：去年一至十二月，《中國現代史史料指引》5 冊，1,924 元；《中國近代史史料指引》13 冊，2,448 元。

　　一月，賴盟騏寄來墨寶春聯：猶有壯志待磨劍，且散

襟懷留從容。

二月一日，八十一歲生日。

二月九日，翁院長循例撥來春節禮二千元。

二月二十六日，中午十二時實中校友會假天成飯店舉行餐會，戴安身召集。

二月，商務印書館結版稅：《中國婦女史論文集》第一輯4冊，第二輯5冊，《先秦時代的傳播活動》1冊，共176元。

三月十九日，聯經出版公司結版稅：去年七至十二月，《歷史學的新領域》3冊，《中華民國史稿增訂本》440冊，共38,348元。

三月二十四日，盧國慶為八十壽送精美賀卡及韓國「正官莊」蔘一盒。

三月，整理舊日賀卡：2008年聖誕節有楊昭奎老師及師母，2010年教師節有朱瑞月，2011年賀年有朱瑞月、殷志鵬、葉郁寧、趙樹好，2013年賀年有朱瑞月、張大軍，2014年教師節有胡興梅、盧國慶（告知彼正主講佛學講座）、李榮泰，聖誕節有李榮泰、張建俅、葉郁寧、洪長泰，賀年有朱瑞月、胡興梅、佟秉正、史錫恩、歐陽哲生、趙樹好、安作璋、殷志鵬、麥朝成。

四月十五日，管美蓉草兩岸四地歷史學者（臺灣地區參加者三十二人）推動民國史專題研究計畫經費情形說明書。經費總額四百五十萬元，每人數萬至十數萬不等。

四月十七日，所長黃克武請審查張朋園〈從民權到

威權：孫中山的訓政思想與轉折〉一文。

四月十八日，偕中文自臺北飛抵南京，二十日出席南京大學舉辦的「海峽兩岸四地合著《中華民國專題史》出版發布會」，臺灣學者與會者二十二人。除與張憲文作主編發言外，姜義華、邱進益作專家代表發言。玉法特別強調：這套書只是專題研究，不是為中華民國修史。出席者除作者五十餘人外，有來賓十餘人，南京大學有關主管二十餘人。不意在場的《聯合報》記者報導為中華民國修史，陳長文據以寫文批評，陳為馬總統的好友。此書寄給臺灣作者時，竟有兩套為海關扣留，詢及海關，但云不知。

四月二十日，下午與中文至上海，二十一日經莫斯科轉機至巴黎。二十二日，遊巴黎。

四月二十一日，張大軍自臺中中亞出版社來信，謂我寫《中華民國史》，他寫《中華民國新疆史》。

四月二十三日，與中文自巴黎乘火車至波爾多會孝威，住 Bordeaux 旅館。四月二十四日，與中文、孝威自波爾多飛伊斯坦堡，此後二日遊伊斯坦堡。二十七日自伊斯坦堡至布拉格。二十八日，孝威去蘇黎世開會。二十九日與中文飛莫斯科。五月二日自莫斯科經上海回臺北。

五月九日，法友會在臺大校友會館舉行研討會，提論文者張瑞德「侍從室與戰時中國的黨政決策（1933-1945）」、陳能治「歐柏林在山西：一戰前美國大學差會在華教育活動個案研究，1900-1937」、吳翎君「國際史研究趨勢與中美關係史研究範式的考察」、吳淑鳳「抗戰

時期蔣介石的『譯員』認知與培育」、李達嘉「近代中國民族主義與社會力量的興起，1895-1919」、張建俅「袁世凱與日俄戰爭時期的戰地救護」、劉祥光「宋元時期的徽州教官」、廖咸惠「宋代立像崇拜與士人的反應」、謝國興「魚塭拓墾與產權爭議：晉江東石蔡源利號在嘉義布袋的經營，1800-1940」、游鑑明「虛幻的家庭生活：1950-1960年代臺灣的家政圖像」、鍾淑敏「二次大戰期間臺灣人的戰爭參與及戰後審判」、黃綉媛「走向海水浴場：日治時期臺中市民眾的親海休閒生活」、陳儀深「我的二二八研究史（1991迄今）」。此會之開，謂為玉法祝壽，同學們有祝壽之意，我提議開學術研討會。

　　五月十四日，近史所學術諮詢委員會提名黃克武、康豹為特聘研究員，通過。玉法為召集人。

　　五月十九、二十日，吳淑鳳數來電郵，告知為我校對講演稿事。

　　五月二十七日，張喻成自臺中來信，謂返鄉探親，寄來二哥託他帶的信。

　　五月，二哥自台兒莊來信，謂年初二嫂和大嫂都走了。又提到前年十一月與張杰來臺灣、去年中秋節孝威回家過節祭祖的事。

　　六月，翁院長循例致端午節禮二千元。

　　七月三日，中午國史館長呂芳上假極品軒宴參與《中國抗日戰爭史新編》六冊之撰稿人、審查人等。

　　七月七日，南京大學聘為民國史研究中心顧問。

　　七月七日至九日，在圓山飯店參加「戰爭的歷史記憶：抗戰勝利七十週年國際學術研討會」，該會由國史館、近史所和故宮博物院聯合舉辦。七月六日晚宴曾被安排致詞，後建議由齊錫生致詞。七月九日上午九時十分至十時三十分，由館長呂芳上主持該館出版的《中國抗日戰爭史新編》新書發表會，受安排為該書作口頭評介。上午十一時至十二時四十分主持「性別與婦女史」研討會，報告人為游鑑明、江沛、Hen Schneider（Virginia Polytechnic Institute and State University）、Nicole E. Barnes（Duke University）。下午二時至二時四十分作專題講演「戰後中國的新局與困局」。

　　七月十六日，中央研究院人事室通知，2015 年七至十二月退休金 304,923 元（每月 53,075 元）。

　　七月二十四日，孫英善的太太過世，自是英善少與朋友往來。

　　七月三十日，上午在中正紀念堂觀賞中正文教基金會製作的「抗戰：和平‧榮耀‧勝利七十」紀錄影片。

　　七月三十一日，王文燮自中華戰略學會來信，贈《中國抗日戰爭真相》一書。

　　七月，蔣永敬致贈親書十四張與玉法唱和的打油詩。

　　七月，聯經公司結版稅：一至六月，《歷史學的新領域》1 冊，《中華民國史稿增訂本》313 冊，共 27,254 元。

　　七月，東華書局結版稅：一至六月，《中國現代史》105 冊，《中國現代史略》318 冊，共 25,050 元。

八月三日，美國聖若望大學亞洲研究所的李又寧來信邀請參加今年十一月二十三、二十四日在紐約召開的「世界歷史中的孫中山、蔣介石、宋美齡研討會」。

八月三日，香港浸會大學近代史研究中心主任李金強來信，邀於十一月下旬作訪問講演。

八月十七日，商務印書館結版稅：《中國婦女史論文集》第一輯 2 冊，第二輯 1 冊，共 44 元。

八月二十日，電郵香港李金強，告知近將去中文大學中國文化研究所講演。回郵謂去年已屆退休，因指導博士生延至今年九月。又謂香港年輕一代關心中國民主，如能講臺灣民主政治的發展，必能引起興趣。八月二十七日，回郵金強，暫以「臺灣民主政治的發展與轉變」為題，並告以臺灣民主政治結果，本土人對國家認同發生問題，兩黨政治變成兩國政治。

八月三十一日，中正文教基金會寄下「抗戰：和平繁榮：勝利七十」紀錄影片。

八月，聯經公司結版稅：一至六月，《中華民國史稿》313 冊，15%，27,231 元；《歷史學的新領域》1 冊，15%，23 元。

九月二十八日，中午實中校友會在天成飯店餐敘，會長戴安身主持。

十月十九日，所長呂妙芬通知，明年七月一日召開近史所學術諮詢委員會議。

十月二十一日，參加政大人中心於新生南路福華文

教會館舉辦的「難忘的關鍵年代，1945-1949 工作坊會議」，
於第一場評論劉維開、林桶法的論文，胡為真主持；主持
第二場周惠民、周濟的論文報告，陳鵬仁評論。

十月二十一日，國史館長呂芳上聘為諮詢委員，自九
月一日起至明年五月十九日止。另有吳文星、康豹、張
力、許雪姬、陳三井、陳永發、劉維開、葉飛鴻。

十一月二十三、二十四日，出席紐約聖約翰大學亞
洲研究所舉辦的「世界歷史中的孫中山、蔣中正、宋美齡
研討會」。

十月二十六日，李明正過世。

十一月二十七、二十八日，參加中正文教基金會在圓
山飯店舉辦的「抗戰研究的新史料與新視野：第五屆海峽
兩岸抗日戰爭史研討會」，主持第三場研討會，報告人居
之芬、李蓉、劉庭華。事後主辦單位致送與會人合照一
張，中有郝柏村、陳鵬仁、玉法等。

十一月，由李金強安排，赴香港浸會大學訪問，講演
「臺灣民主政治的發展與轉變」。

十二月一日，繳南港東新街房地價稅 2015 年一至
十二月 2,020 元。

十二月十五日，由張建國約集，師大史地系四十八級
同學在天成飯店聚餐。

十二月十九日，朱瑞月來賀卡，謂從我學已三十年。

十二月十九、二十日，近史所召開「中日戰爭衝擊下
的亞洲學術研討會」，開幕式除所長呂妙芬致詞外，有張

玉法、楊天石、山田辰雄、Hans van de Ven 致詞。主持第一場會，報告人陳慈玉、裴京漢（新羅大學）、鄭炯兒（濟州大學）。

十二月二十一日，國史館舉行「戰爭的省思：紀念抗戰勝利暨臺灣光復七十週年學術研討會」，玉法在開場白中講「中日戰爭衝擊下的亞洲」。主持第一場討論會，報告人 Diana Lary、蘇志良、張連紅。

十二月二十八日，出席上午十時國史館召開的諮詢委員會議。

2016 年（民國一百零五年）

　　是年八十二歲，中央研究院召開院士會議、學術諮詢總會，近史所召開學術諮詢會議，搬出研究室，不急用之圖書 453 種送圖書館，其中 205 種由圖書館典藏，368 種複本書作為交換之用，於近史所主辦的「中日國力消長下東亞秩序的重構學術研討會」主講「中國革命與日本：孫中山、蔣介石、毛澤東對日本的態度與期望」，臺北嶧縣同鄉十餘人每月輪流辦餐會，健保卡、身分證遺失，申請補發，副總統陳建仁（原為副院長）寄生日卡，前此院長、副院長有寄賀年卡者，李國祁過世。

　　一月十六日，中研院人事室通知，已將 2016 一至六月之月退休金 304,923 元撥入郵局帳戶（每月 53,075 元）。

　　一月十六日，王文隆（國民黨黨史會主任）來賀卡，提到參與與南京大學合作撰寫民國專題史事。

　　一月，黃汝藻於嶧縣同鄉聯誼餐會時發通函，是月至明年二月每月輪值名單為馬雲昇、黃汝藻、孫晉卿、蔡敬儀、邢殿魁、張玉法、周長祥、孫法寬、孫法彭、鄧建棠、潘元民、席進德、戴安身、宋治華。

　　一月，商務印書館結版稅：去年七至十二月，《中國現代政治史論》1 冊，60 元；去年一至十二月，《中國近

代現代史》1冊，《中國現代史略》6冊，共210元。

一月，新文豐出版公司結版稅：去年七至十二月，《中國現代史史料分析》7冊，2,643元；《中國近代史史料分析》1冊，647元，轉給洪健榮。

一月，聯經出版公司結版稅：去年七至十二月，《中華民國史稿》324冊，28,188元。

二月一日，八十二歲生日。

二月一日，翁院長循例致送院士節禮二千元，撥入帳戶。

四月十四、十五日，參加中國近代史學會和國史館舉辦的「互動與新局：三十年來兩岸近代史學交流的回顧與展望學術研討會」，在第一場報告「身歷其境：兩岸史學交流的順境與逆境」，主持第二場會，由張朋園、章開沅、楊天石、陳三井報告。

四月二十六日，致函中美文化經濟協會：本人協助南京大學民國史研究中心主任張憲文推動「兩岸四地歷史學者民國史專題研究計畫」，為時三年，承蒙貴會資助四百五十萬元，使本計畫得以順利進行，至為感謝。

五月三日，與中文去健保署申請補發健保卡、身分證，健保卡、身分證均於日前外出時遺失。

五月二十日，蔡英文任總統，陳建仁任副總統，皆曾給院士們發賀年卡。

六月四日，代院長王汎森將端午節禮二千元撥入帳戶。

六月二十四日，與中文至第一殯儀館參加李國祁的追

思禮拜。李國祁民國十五年生，享年九十一歲。

七月一日，上午近史所召開第九次學術諮詢會議，玉法主持。所長呂妙芬所務報告後，分組座談。下午所長與諮詢委員座談，之後諮詢委員開會，由玉法撰寫綜合報告。

七月三日，參加中研院學術諮詢總會民國一百零五年委員會議，除代院長王汎森、副院長王瑜外，凡二十八人。

七月四日至七日，出席第三十二次院士會議。

七月十一日，將研究室交還近史所。

七月十三日，與中文赴美。

七月，陶英惠代校《中華通史》第四卷。

七月，聯經公司結版稅：一至六月，《中華民國史稿》254 冊，22,098 元。

七月，東華書局結版稅：一至六月，《中國現代史略》400 冊，22,000 元。

八月四日，近史所圖書館來函，感謝贈書 573 種，其中 205 種為圖書館所無，列入圖書館藏書，368 種為圖書館所有，作為圖書交換之用。

八月二十四日，南投埔里國立暨南國際大學歷史系主任李今芸來信，謝贈書，係在暨南大學教書的同學在我研究室中檢選一些書送給該校歷史系者。

八月二十五日，上午主持近史所學術諮詢委員與近史所同仁座談會，對政治外交史組、社會經濟史組、文化思想史組提出若干建議。

十一月八日，近史所長呂妙芬寄來七月份近史所第九

次學術諮詢委員會議報告及同仁反應意見。

十一月二十二日，副總統（院士）陳建仁寄卡賀十二月二十八日生日，前此總統、副總統有寄賀年卡者。

十二月十四、十五日，中國文化大學史學系召開「1950 年代中國知識份子與文化新運動的展開學術研討會」，主持一場會，由柯惠鈴等三人報告論文。

十二月十九、二十日，參加近史所舉辦的「中日國力消長下東亞秩序的重構：近現代二度『中心』更替及其影響學術研討會」，主講「孫中山、蔣介石、毛澤東對日本的態度與期望」，並與吳玉山、村田雄二郎、黃自進、吳叡人為綜合討論會的與談人。該會為林泉忠主辦，所內部分同仁不滿意林泉忠，認為我支持林（我對所內同仁派系之爭實一無所聞）。所長呂妙芬致開幕詞，陳三井、謝國興、呂芳上、林滿紅等也分別為分組討論主持人。林泉忠後轉往中國大陸任教。

十二月二十二日，出席中國歷史學會第四十九屆第二次理監事會議。

十二月，佟秉正於節卡中寄來三百五十元美金支票，謂為還債一萬臺幣（已半年多）。葉郁寧節卡報告鮑華心臟裝了三個支架，鄒承頤胰臟癌開刀化療，程龍光記憶力已衰退。

十二月，來賀卡者：周惠民、趙樹好、洪長泰、麥朝成、安作璋、殷志鵬。

2017 年（民國一百零六年）

　　是年八十三歲，更換電腦面板，任中國歷史學會監事，論文指導生辦餐會，嶧縣同鄉聯誼會每月輪流辦餐會，實中同學會每年辦餐會，參加中文大學舉辦的「民國人筆下的民國學術研討會」，參加政治大學舉辦的「紀念七七抗戰八十週年學術研討會」，李亦園過世，耿贊青過世。

　　一月十二日，下午二時在文化大學城區部大新館口試該校史學研究所博士生陳偉忠之論文。該生由陳鵬仁指導，因文不對題，建議改題目，通過。

　　一月十六日，中研院人事室通知，已將退休金 304,923 元（每月 53,075 元）撥郵局帳戶。

　　一月，賴盟騏寄來墨寶賀聯：猶有壯志待磨劍，橫觀天地辨西東。

　　一月，東華書局結版稅，去年七至十二月，《中國現代史》36 冊，《中國現代史略》33 冊，共 4,407 元。

　　一月，聯經公司結版稅：去年一至十二月，《中華民國史稿》170 冊，14,790 元。

　　一月，新文豐結版稅：去年一至十二月，《中國現代史史料指引》5 冊，642 元；《中國近代史史料指引》4 冊，

825 元。

一月至明年二月，嶧縣同鄉會每月（第四週星期三晚）輪流宴客名單：戴安身、宋治屏、馬雲昇、黃汝藻、孫晉卿、蔡敬儀、邢殿奎、張玉法、周長祥、孫法寬、孫法彭、鄧建寀、潘元民、席德志等十四人。

二月一日，八十三歲生日。

二月八日，中午去天成飯店參加實中同學會餐會，戴安身召集。

二月十六日，商務印書館結版稅：《中國婦女史論文集》第一輯 1 冊，第二輯 1 冊，共 68 元。

二月，新文豐出版公司結版稅：《中國現代史史料指引》5 冊，462 元；《中國近代史史料指引》4 冊，825 元，轉洪健榮。

二月，秀威資訊科技公司編輯洪仕翰轉來蔣永敬兄《多難興邦：胡漢民、汪精衛、蔣介石及國共的分合與興衰，1925-1936》一書，並謂如有出版計畫，可與聯絡。

三月二十日，在八德路中易電腦維修公司更換電腦面版，花三千五百元。

三月，中國歷史學會理事長韓桂華寄來當選四十九屆監事證書，多年已不參加中國歷史學會活動。

三月，聯經公司結版稅：去年七至十二月，《中華民國史稿》170 冊，14,790 元。

四月八日，中午與中文在臺中大北京川菜餐廳與實中同學餐敘，崔紹周、謝宗祿、王衍豐召集。

　　五月十二日至十四日，在香港中文大學當代中國史研究中心參加「民國人筆下的民國研討會」，十二日上午由梁元生、陳方正致歡迎詞後，在第一場討論會報告「民國人物自畫像：日記、自傳、回憶錄和口述歷史的史料價值評估」。

　　五月二十一日，與中文至第一殯儀館參加李亦園追悼會，李亦園生於 1931 年，享年 87 歲。

　　五月，興東街六十九號六樓房屋納稅現值 235,700 元，納稅額 2,828 元。

　　六月，富邦銀行有存款新臺幣 1,841,331 元。

　　七月四日，中研院應用科學研究中心祕書張郡芳寄來劉源俊撰《保衛釣魚台：面向東海南海》一書。

　　七月七、八日，參加政大人文中心與中正文教基金會合辦的「紀念全民抗日戰爭爆發八十週年學術研討會」，中心主任周惠民主持。

　　七月十四日，三民書局編輯部戴學玟來信催稿，因答應為胡興梅所撰《溝通中：持續一生的溝通》寫推薦序文。

　　七月十六日，中研院人事室撥去年七至十二月退休金 304,923 元。

　　八月十四日，山東同鄉會長劉育蘭來函，謂山東省臺灣同胞聯誼會、山東省齊魯文化傳承發展促進會、山東影視公司和山東紀年文化傳媒公司於八月十三日來臺，擬拍「齊魯文化在臺灣」紀錄片，並希望聯繫《山東人在臺灣》諸編者，擬於八月二十日邀請餐敘。

八月十六日，商務印書結版稅：一至六月，《中國婦女史論文集》第一輯 5 冊，第二輯 2 冊，共 72 元。

八月二十六日，游鑑明來電郵，謂朱瑞月告知，參加九月二日榮榮園餐會的同學有游鑑明、朱瑞月、倪心正、韓靜蘭、蔡杏芬、周佳豪、張馥、鍾淑敏、張建俅、張瑞德、李達嘉、謝國興、陳能治、廖咸惠、胡興梅、吳翎君、王榮川、劉興華、黃德宗等十九人。吳淑鳳有事，謝蕙風出國，劉祥光在嘉義參加學術活動，不克參加。回郵：達嘉替我賣淘汰的書，得一萬元，可請大家。

八月二十九日，香港開源研究機構來函，謂在章開沅倡導和支持下，成立開源研究機構，包括開源書局、開源研究、開源基金，擬邀請為學術委員會顧問，並訂於十月二十日至二十二日在香港舉行成立大會。此機構為章開沅的博士生陳新林成立，聯絡人為鄭會欣、張曉寧、蔡禮媚。回郵應允，並請代訂港島香格里拉大酒店至十月二十三日，之後他往，二十六日返臺。

八月，臺北富邦銀行寄來對帳單，總存款共新臺幣1,848,701 元。

九月二日，與中文去第二殯儀館參加耿贊青的追思會。

九月二日，師大歷史研究所和政治作戰學校政治研究所論文指導生十九人請在榮榮園餐敘。名單見上。

九月十日，岳母過世，十九日辦喪事，不驚動任何親友。十月十二日，岳母的外勞阿蘭回越南。

九月二十日，陳幹的姪女佟立容自天津來信，並寄來

其研究陳幹的論文。

九月二十八日，中午員林實中校友會在天成飯店餐敘，戴安身召集。

十月十九日，與中文去香港參加章開沅新書發表會，下午二時二十五分，陳新林之子帶車來接。晚六時去太古廣場萬豪酒店，參加李龍標的邀宴。十月十九日至二十二日住中環香格里拉大酒店。中文與孝寧電郵，擬拜訪盧牧師。盧牧師係孝寧在 Monterey Park 的牧師，已退休回香港。

十月二十日，晚六時半開源研究機構在金鐘太古廣場宴請與會學者。二十一日上午在香格里拉大酒店舉行開源研究機構成立會，並舉行章開沅《北美萍踪》（1990-1994年日記）新書發表會。中午在酒店便餐。晚開源機構再宴請與會學者。二十二日，部分與會學者離港。學術委員會主委章開沅，顧問：張玉法、張憲文、楊天石，委員王奇生、王笛、朱英、呂芳上、沈志華、吳景平、馬敏、徐思彥（北京社科出版社）、桑兵、黃克武、陳紅民、陳謙平、梁元生、梁其姿、鄭會欣、羅志田。祕書張曉寧、蔡禮媚。是日收到開源研究學術委員會顧問聘書。二十六日返臺。

十二月，寄來賀卡者胡興梅、朱瑞月、李榮泰（謂六年前辭去教職，又謂任教職時由我推薦）、李達嘉（明年七月副所長任滿）、耿雲志、張建俅、聊城大學歷史文化學院、聊城大學太平洋島國研究中心。

2018 年（民國一百零七年）

　　是年八十四歲，函黃自進贊許其堅持民國史研究，在香港中文大學講「從文學革命到五四啟蒙運動」和「臺灣民主政治的發展與展望」，參加江蘇師大舉辦的「留學生與中國現代化學術研討會」，與中文遊越南，抗議蔡政府擅減退休金，張喻成過世，胡佛過世，蔣永敬過世。

　　一月十五日，因無食欲、四肢發軟，住宏恩醫院打點滴，之後轉三軍總醫院，至二月九日出院。

　　一月十八日，回黃自進賀卡附語：那天聚會人多，無暇一敘為憾。政治交付全民，學者自摸良心，他事可以不管。自近二十年學風變，近史所在史學界的地位陡降。兄一本初衷，專意推動民國歷史之研究，成績卓著，令人敬佩。當年中壯派同仁一一退休或面臨退休，望能在自己研究之餘，帶領新同仁，維護近史所設所之初衷。

　　一月，東華書局結版稅：去年一至六月，《中國現代史》39 冊，《中國現代史略》152 冊，共 11,168 元；去年一至十二月，《中國近代現代史》2 冊，《中國現代史略》4 冊，共 196 元。

　　一月，聯經公司結版稅：去年七至十二月，《中華民國史稿》163 冊，14,181 元。

一月，新文豐出版公司結版稅：《中國現代史史料指引》，3,983 元；《中國近代史史料指引》，6,189 元。

二月一日，八十四歲。

二月六日，江蘇師範大學留學生與近代中國研究中心主任周棉邀請於五月十八日至二十一日參加在徐州中匯國際會議中心舉辦的「留學生與中國現代化學術研討會」。

二月六日，下午與中文去臺中火化場參加張喻成的追思禮拜。張喻成生於民國十九年，享年八十八歲。

三月九日，近史所長呂妙芬假南港欣葉餐廳宴退休同仁：陳永發、張瑞德、陶英惠、張朋園、黃福慶、游鑑明、羅久蓉、陳慈玉、林滿紅、張玉法等。

三月二十日，與中文飛香港。二十二日下午在中文大學陳克文中國近代史講座講「從文學革命到五四啟蒙運動：論蔡元培、胡適、陳獨秀、李大釗的思想變化」。

三月二十六日，在陳克文中國近代史講座講「從革命民主到民主革命：臺灣民主政治的發展與轉變」。

三月二十八日，與中文自香港返臺北。

三月，賴盟騏寄贈墨寶春聯：繹志多忘嗟夫大，讀書有味且從容。

三月，富邦銀行寄來對帳單：總存款 1,838,619 元（新臺幣）。

三月，嶧縣同鄉聯誼會輪流主辦餐會表排出，由是月至明年三月，每月第四個週三中午在陸軍聯誼社餐敘：宋志屏、黃汝藻、孫晉卿、蔡敬儀、張玉法、周長祥、孫

法寬、孫法彭、鄧建案、潘元民、席德志、戴安身。

三月，新文豐結版稅：去年一至十二月，《中國現代史史料分析》，3,983元；《中國近代史史料分析》，1,444元，轉洪健榮。

四月七日，陳慈玉來信告知，今年在臺大開「東亞產業史專題」，指定學生研究我的《近代中國工業發展史》。

四月二十三日，吳淑鳳轉中國近代史學會陳立文通知，擬於國史館主辦的讀書會，研究蔣永敬先生的新著《多難興邦》。草發言稿約一千字，不意蔣先生於四月二十六日過世。

五月十七日，與中文飛南京，十八日至二十日出席江蘇師範大學在徐州舉辦的「留學生與中國現代化學術研討會」，於會中宣讀論文「留美歸國學人與臺灣高科技企業發展」。之後回家探親，並陪中文尋根，至合肥、蕪湖等地觀光。二十五日在合肥住元一希爾敦酒店，二十六日在南京住世貿濱江希爾敦飯店，二十七日自南京機場飛臺北。

五月十八日，蔣永敬追思會於第二殯儀館舉行，因去徐州開會，未能參加，請林桶法代送花籃一對。

六月，南港東興街之房，照232,700元之價課稅2,792元，實值已超過一千萬。

六月，《中華通史》第四卷上、下冊由東華書局出版。

七月，東華書局結版稅：一至六月，《中國現代史增訂本》37冊，2,644元；《中國現代史略增訂本》49冊，

2,695 元。

七月，聯經公司結版稅：一至六月，《中華民國史稿》182 冊，15,834 元。

七月，商務印書館結版稅：《中國婦女史論文集》第一輯、第二輯，共 720 元。

九月七日，五南出版公司編者蘇美嬌索地址，謂寄林泉忠主編《中日國力消長與東亞秩序重構》中的文章校稿。

九月二十二日，受業生王華昌來卡賀教師節，並報告家庭生活狀況。

九月二十六日，胡興梅來片賀教師節。

九月二十七日，陶英惠寄來今年七月二十三日至三十一日與數位同學去越南旅遊記要一張。

九月二十八日，簽寄香港中文大學中國文化研究所寄來之《民國人筆下的民國》中的論文出版授權合約書。

十月二十五日，中文訂下十一月五日越南寧平之和平飯店。

十一月四日，與中文去越南旅遊，上午與中文飛河內，阿蘭與先生開車來接，居阿蘭處。次日去寧平。

十一月九日，自河內回臺北。

十二月一日，下午與中文去臺大社科院國際會議廳參加胡佛的追思會（九月十日過世），朱雲漢主持，黃光國、周陽山、吳玉山等致詞。東亞民主中心改名胡佛東亞民主中心，由郭大維校長揭幕。

十二月十二日，許延熇過世。

十二月十六日，繳日月光管理中心 C 棟十一樓管理費 1,934 元，D 棟九樓 3,488 元。

十二月十七日，公務員保障暨培訓委員會來函，發回政府擅自刪減退休金給付額抗議書。

十二月二十二日，第四十九屆中國歷史學會被選為監事，久不參加學會活動矣！

十二月，天津佟立容女士寄贈自繪之「浮世繪」日本畫賀年。是月寄賀卡者另有安作璋、沈念祖、李榮泰、佟秉正、張建俅。

2019 年（民國一百零八年）

是年八十五歲，與中文至北京，陳新林陪遊呼倫貝爾、武漢、重慶，參加嶧縣同鄉聯誼會餐會、實中校友會餐會、論文指導生餐會，出席民國學社編委會議，出席政大人文中心舉辦的「困境與重生：中華民國遷臺七十週年學術研討會」。

一月，東華書局結版稅：去年七至十二月，《中國現代史》63 冊，《中國現代史略》96 冊，共 9,806 元；去年一至十二月，《中國現代史略》167 冊，4,676 元。

一月，聯經公司結版稅：去年七至十二月，《中華民國史稿》141 冊，12,267 元。

一月，新文豐結版稅：去年一至十二月，《中國現代史史料指引》6 冊，554 元；《中國近代史史料指引》2 冊，413 元，轉給洪健榮。

二月一日，八十五歲生日。

三月九日，游鑑明約二十五位同學在衡陽路大三元餐廳歡敘：李達嘉、張瑞德、謝國興、鍾淑敏、張建俅、黃宗德、陳能治、劉興華、劉祥光、謝蕙風、王凌霄、吳翎君、廖咸惠、朱瑞月、倪心正、韓靜蘭、蔡杏芬、周佳豪、張馥、唐志宏、胡興梅、王榮川、王瑋琦、盧國慶、

游鑑明。次日，朱瑞月來電郵，報告在新課綱下教學的痛苦，並附寄「法友會通訊錄」。

三月，嶧縣同鄉聯誼會 2019 年六月至 2020 年七月輪流餐會表排出，每月第四週第四個星期三中午在南昌街陸軍聯誼社餐敘：黃如藻、孫晉卿、蔡敬儀、張玉法、周長祥、孫法寬、孫法彭、鄧建案、潘元民、席進德、戴安身、宋治屏、孫桐城。聯誼活動由馬雲生發起，馬現已年邁，很少參與。

五月三日，近史所召開五四百年研討會，為期三天。

五月十八日，政大人文中心、珠海學院亞洲研究中心和中正文教基金會在政大舉行「困境與重生：中華民國遷臺七十週年學術研討會」。第一場安排張玉法、閻沁恆、苗永慶（中華軍史學會理事長）談 1949 年的不同的經歷，由中正文教基金會執行長林豐正主持。我的談話主題是：「政府遷臺前後的山東流亡學生回憶中的經歷和見聞」。

六月二十六日，與中文及孝威一家去星馬一遊，主要是陪友晴去參觀新加坡大學，在吉隆坡下飛機，租車前往，前後五天。

六月三十日，東華書局結版稅：一至六月，《中國現代史略》203 冊，11,590 元。

七月，聯經結版稅：《中華民國史稿》318 冊，27,666 元。

八月一日，與中文飛北京，住首都機場席爾敦酒店。

次日飛海拉爾，陳新林陪遊呼倫貝爾草原。之後至武漢參觀陳所蓋之房，又陪去重慶遊覽。

九月二十八日，中午實中同學聯誼會假天成飯店餐敘，會長戴安身召集。

十月二十五日，李雲漢過世。

十二月二日，新亞研究所長劉楚華寄來《新亞學報》學術顧問聘書，自 2020 年一月至 2022 年十二月。顧而不問也。

十二月二十三日，出席民國歷史文化學社編委會議。

十二月三十一日，聊城大學歷史文化與旅遊學院和太平洋島國研究中心來信報告其 2019 年研究成果。

十二月，佟秉正寄來賀卡，謂八月楊芸芸曾去英倫旅遊，並告知年初檢查出結腸癌，正化療中。秉正頗關心新政府的新教科書，塑造年輕一代天然獨，盼能撥亂反正。葉郁寧賀卡告知與鮑華、余燕、林則敏過往情形。

2020 年（民國一百零九年）

是年八十六歲，手機文化影響出版事業，黃英哲由小草變大樹，參加民國歷史文化學社編審委員會議。

一月七日，上午參加民國歷史文化學社編審會議。

一月十八日，回聯經副總編輯陳逸華賀卡，聊贅數語：自網路流行，男女老幼都與手機為伍，出版業逆風而行，非常辛苦。聯經基礎穩固，工作其中當有如魚得水之樂。按陳逸華原經營舊書業，多年前告知手邊有我的《清季的立憲團體》打字油印本，如獲至寶，即贈書多冊與之交換而得。近轉聯經任編輯組主任。又《清季的立憲團體》為我入近史所後完成的第一本專刊，自己非常重視，打字油印若干本，分贈師友指導更正。後該書稿由近史所正式出版，以此升為副研究員，但油印之書稿已不存。

一月，賴盟騏寄來親書春聯：出入波濤三萬里，笑談古今幾千年。

一月，東華書局結版稅：去年一至十二月，《中國現代史略》191 冊，7,026 元；《中國現代史略增訂本》489 冊，《中國現代史增訂本》21 冊，共 28,407 元。去年七至十二月，《中國現代史》21 冊，《中國現代史略》489 冊，共 28,407 元。

一月，聯經公司結版稅：去年七至十二月，《中華民國史稿》21 冊，1,827 元。

一月，新文豐結版稅：《中國現代史史料指引》5 冊，462 元；《中國近代史史料指引》8 冊，1,605 元，轉洪健榮。

一月，新冠病毒開始流行，親友間避免往來。

二月一日，八十六歲生日。

二月，收到《文訊》2020 年一月號。記得多年前在《文訊》發表一篇文章，社長封德屏視之為該刊作者，每有活動常通知參加，有一次去了，遇見尉天聰，他說：你撈過界了。

三月十五日，黃英哲在聯合副刊發表〈我的魯蛇歲月〉，寫到在近史所做臨時人員的一段往事，甚有味。1981 年英哲在師大夜間部歷史系畢業，入近史所任臨時人員，在剪報室工作，與他同時做臨時人員的有王玉。王玉與英哲當著我的面說：我們只是近史所的小草，我說小草會長成大樹。後來王玉在彰化師大教書，英哲在日本教書。

三月二十四日，臺北聯合百科電子出版公司擬將《大陸雜誌》做成資料庫，要求將 1987 年十二月十五日在該刊七十五卷六期發表的〈中國近代自然科學的發軔〉授權。

三月二十九日，王文變自駕車撞分隔島死。

六月四日，陳慈玉為近史所主編《中央研究院近史所

論文選輯：貨殖邦計——近代中國經濟與世變》，由浙江古籍出版社出版，因選我的論文，寄來授權書。

七月，東華書局結版稅：一至六月，《中國現代史》14冊，《中國現代史略》195冊，共11,733元。

七月，聯經結版稅：一至六月，《中華民國史稿》38冊，3,360元。

八月四日，中央研究院國際事務處張煥堂來信，謂去年為其先祖（張源洲，金門人）編輯紀念集，承協助（問劉安祺任金防部司令事，其先祖與劉有往來）。

九月十二日，中山文化基金會董事長許水德受董事周玉山建議，邀請為紀念辛亥革命一百一十年擬出版之《孫中山與宋慶齡論集》撰稿，嗣玉山來電希望寫宋慶齡，以不研究宋慶齡辭，不久許過世，此事遂不了了之。

九月，胡興梅來卡賀教師節。

十二月三十一日，東華書局結版稅：一至十二月，《中國現代史增訂本》34冊，《中國現代史略增訂本》345冊，共19,832元。

十二月，正副總統蔡英文、陳建仁為院士們寄來賀年卡。

2021 年（民國一百十年）

　　是年八十七歲，聯經、東華、新文豐續結版稅，陶英惠印贈「日記中之玉法」，為民國歷史文化學社審查擬出版之專書。

　　一月，周惠民寄親書墨寶賀年。

　　一月，賴盟騏寄親書墨寶賀年：消閑擁卷三千冊，遣興成章數百篇。

　　一月，張建國寄來糖果一包，謂十年來買股票賺了錢。

　　一月，東華書局結版稅：去年一至十二月，《中國現代史略》160 冊，6,000 元；去年七至十二月，《中國現代史》34 冊，《中國現代史略》345 冊，共 19,832 元。

　　一月，聯經公司結版稅：七至十二月，《中華民國史稿》85 冊，7,395 元。

　　一月，新文豐結版稅：《中國現代史史料指引》5 冊，462 元；《中國近代史史料指引》，版稅完全轉歸洪健榮。

　　二月一日，八十七歲生日。

　　三月九日，五南出版公司寄贈林泉忠編《中日國力消長》一書，因其中有玉法之論文。

　　四月六日，在書田醫院開白內障，次日解封即可看書。

　　四月二十六日，陶英惠寄來「陶英惠日記中之玉法」，

約二十萬字。

七月，聯經公司結版稅：一至六月，《中華民國史稿》54 冊，4,698 元。

七月，東華書局結版稅：一至六月，《中國現代史》10 冊，《中國現代史略》213 冊，共 13,074 元。

七月，為民國歷史文化學社審查陳以愛、蕭李居擬出版之書稿，通過。

十二月，東華書局結版稅：一至十二月，《中國現代史略》155 冊，5,820 元；七至十二月，《中國現代史增訂本》52 冊，《中國現代史略增訂本》141 冊，共 12,553 元。

是年，收到香港大學中文學院等單位聯合出版的《東方文化》第五十卷二期，未標明出版日期（創刊於 1954 年），被列名為顧問，不記有誰曾告知此事。

2022 年（民國一百十一年）

　　是年八十八歲，《中華通史》第一至第五卷完成出版，美國電動車老闆馬斯克認為中國統一不可免，孝寧、雷弟先後自美國來，為民國歷史文化學社審查書稿十本，慶祝結婚七十五周年。

　　一月一日，香港新亞研究所長劉楚華聘為《新亞學報》顧問。

　　二月一日，八十八歲生日。

　　七月七日，東華書局結版稅：一至六月，18,817 元。

　　七月十三日，為近史所審查黃克武主訪《張朋園先生訪問記錄》。

　　八月，《中華通史》第五卷上、中、下三冊由東華書局出版，二十年的稿債終於清理完成。

　　九月十三日，政大人文中心來函謝贈《中華通史》第五卷三冊。

　　九月十九日，胡興梅來卡賀教師節。

　　十月五日，中午與中文去景美嘉頤處取回舊電腦，此電腦兩年未用已不能開機。經嘉頤研究，已可開機，但銀幕出現兩個大黑點，孝威謂銀幕壞了，建議暫不使用。

　　十月六日，馬英九呼籲，政府不要將中華民國國慶的

英文寫為「臺灣國慶」（Taiwan National Day），曹興誠非之。曹早年與大陸做生意，不得志，入籍新加坡，近日始恢復中華民國籍，但其政治立場為極端台獨。

十月七日，孝寧自美國來，獨自去隔壁十一樓避疫，現規定避疫三天，居家不出四天，自明天算起。

十月八日，美國首富、電動車老闆馬斯特認為兩岸統一不可免，臺灣可為特別行政區。臺灣各黨均斥之。

十月九日，孝威來電話聊天。嘉頤前天已回美，友晴一人在臺大。大陸原斥馬斯特妄議，今表示贊同其對兩岸的主張。

十月十二日，張雷弟自美國來，要住隔壁十一樓避疫四天。近日臺灣染新冠者每日四、五萬人，依人口比，居世界前三位。

十月十五日，近日每日工作，以輸入《浮生日錄》為主，可以透過公私往來的信件，了解社會生活的大概。

十月十九日，自前些時美國眾院議員佩洛西來訪，大陸以美國與臺灣搞官方關係，飛機、軍艦不斷擾臺海，警告美國不要扶持台獨。

十月二十二日，世界大局：俄烏戰爭仍在進行，大陸機艦不斷擾臺，北韓經常試射飛彈，伊朗內部有什葉派亂事，美國續聯合西歐國家孤立中國。

十月二十五日，民進黨政府不過臺灣光復節，目的在表明臺灣不屬於中國。

十月二十七日，孝寧、雷弟今晚回美國，孝寧來家

幾週，照顧各方面的生活備至，感到有些壓力。

十一月一日，民國歷史文化學社寄來十本書稿囑審查，一半為論文，一半為史料，皆在民國史範圍。

十一月六日，電呂芳上，談民國歷史文化學社的出版政策，建議多出版深入潛出的民國史著作，前此所出版者多無可讀性。

十一月九日，近年因避疫關係，常與中文驅車遊臺灣北部小城，南至竹南，北至基隆，東至新店，西至淡水。林口全為新興城市，街道最為整齊。

十一月十四日，中國與美國為臺灣對抗，中國堅持「臺灣不獨，大陸不武」、「和平統一，一國兩制」；美國表面實行一個中國政策，實則扶持臺灣的政權與中國對抗。

十一月二十日，中午，中英、培熙、致平、中美來，飯後致平放映陪父母遊歐照片。

十一月二十三日，近日張灝、林毓生先後走了，人如草木，榮枯有時。

十一月二十五日，上午與中文去木柵興隆路探視李雲漢嫂，這二、三年臥病不省人事，由外勞灌食。女兒肖寧近日自美回來陪她。

十一月二十九日，國民黨自民眾黨手中取回臺北（蔣萬安），自民進黨手中取回桃園（張善政），基隆為國民黨人謝國樑，民進黨萎縮到臺南、高雄、屏東。

十一月，為民國歷史文化學社審查姜克實《台兒莊戰役檔案史料的比較研究》等書稿十種。

十二月四日，民進黨新竹市長林智堅在中華大學的碩士論文為抄襲，承認，辭職；民進黨桃園市長鄭文燦在臺大國發所的碩士論文被指為抄襲，承認，不辭職，倡「學術歸學術，政治歸政治」之說；民進黨基隆市長選舉落選人也被指碩士論文抄襲。

十二月八日，潘元民在福華飯店請王克先，以謝王世晞安排為其開刀，與中文作陪。

十二月十日，游鑑明告知，張朋園日前過世，火化樹葬在南港軍人公墓。

十二月十二日至十三日，近史所召開「中日戰爭史反思的新格局國際學術研討會」。

十二月十三日，孝寧一早自美國來，堅持要住隔壁十一樓避疫。

十二月十五日，東華書局總經理儲方將中華通史授權給大陸的書局出電子版，寄來分享之版稅八萬元。

十二月十八日，友諾今晨自美國來，住隔壁十一樓避疫，下午三時轉到臺北 101 附近的旅館再避三天。

十二月十九日，中午與中文去郵局將東華書局的八萬支票託收，另將一百萬元活存轉七十萬定存，利率1.5%。

十二月二十二日，臺灣新冠疫情最近穩定，每日一萬五千至二萬人，大陸的染疫人口外界不相信官方數字，或謂達人口的三分之一。

十二月二十二日，所長雷祥麟來信謝協助學術審查。

十二月二十五日，慶祝結婚七十五周年，與中文、

孝寧、友諾、中英、培熙、致平、中美住竹南鬱金香飯店，晚開慶祝會，會後打牌為樂。

十二月三十日，晚孝寧、友諾回美國。孝寧前些時陪雷弟來，近日又陪友諾來。

十二月三十一日，晚八時，志凡、包安諦、阿美來打牌，陪我們過除夕，十時散歸。

2023 年（民國一百十二年）

是年八十九歲，兩岸武裝對峙，百姓仍享太平，新冠病毒減緩，生活恢復正常，整理公私函件，完成《浮生日錄》。

一月一日，游鑑明來 email 賀年，報告其《日本殖民下的她們》獲好評。

一月四日，中午李惠惠、湯振平於醉楓園小館請我與中文吃便飯，另有王震邦夫婦。

一月九日至十一日，近史所召開「近代中國城市精英的形成及其社會網絡國際學術研討會」。

一月十八日，嘉頤購一新手機寄來，孝威明天自美來，可以請他裝配。

一月十九日，孝威晚自美國來，謂先住隔壁十一樓，明晨自己篩檢無病毒，再來家吃飯。

一月二十日，九時許孝威來吃早餐，裝配手機。之後，中文與孝威炸焦葉子，增加年味。

二月三日，廖院長於臺北遠東國際大飯店宴院士、評議員，未參加。

二月八日，張杰來 email 拜年，是唯一來自故鄉的音訊；孝寧、孝威常自美國回來相陪。

二月十日，近來陸續整理昔日公私函件，並擇要記入《浮生日錄》。

二月十九日，微軟公司推出新的搜尋引擎，建立資料庫，不知對孝威主持的 Google 資料庫有威脅否？

二月二十四日，游鑑明來電，謂擬於四月下旬約同學一聚。

二月，李達嘉、張馥、劉祥光等來電話拜年。

三月二日，李超師臨終前將其日記、書信、講義等交給我，今開始整理。

三月六日，與中文、中英、培熙、中美驅車至羅東冬山河濱民宿休閒，次日歸。

三月八日，整理陶英惠生前送給我的資料：一為英惠日記中的玉法，二為與玉法往來書信，皆已輸入電腦。

三月十六日，開始將日記輸入電腦，只輸入所記之事，詩文等不輸入。

三月二十三日，新冠疫情漸緩，每日染疫者由數萬人漸減至數千人，官方已不再每日報數字，但一般人外出仍戴口罩。

三月二十七日，馬英九去湖南掃墓祭祖，不知對蔡英文執政以來兩岸關係的凍結有化解作用否？

三月二十九日，蔡英文訪瓜地馬拉過境紐約，希望能促進與美國的關係。

三月三十一日，自《中華通史》完成出版，生活優游；借《浮生日錄》，追憶往事。

　　四月二日，這幾天的工作以校改《浮生日錄》為主，偶與中文駕車出遊。

　　四月五日，李又寧來 email，邀參加網上研討會，討論對胡適和蔣介石的研究，婉拒。

　　四月七日，中文將《浮生日錄》大體過目一遍，建議刪除可能傷害到別人的一些記事。

　　四月十二日，將《浮生日錄》校改一遍，大體定稿，民國歷史文化學社擬出版。

史家薪傳 04

浮生日錄
Yu-fa Chang, The Chronicle of My Life

作　　者　張玉法
總 編 輯　陳新林、呂芳上
執行編輯　高純淑、林弘毅
封面設計　溫心忻
排　　版　溫心忻

出　　版　開源書局出版有限公司

香港金鐘夏愨道 18 號海富中心
1 座 26 樓 06 室
TEL：+852-35860995

民國歷史文化學社 有限公司

10646 台北市大安區羅斯福路三段
37 號 7 樓之 1
TEL：+886-2-2369-6912
FAX：+886-2-2369-6990

初版一刷　2023 年 6 月 30 日
定　　價　新台幣 800 元
　　　　　港　幣 220 元
　　　　　美　元 30 元
I S B N　978-626-7157-97-8
印　　刷　長達印刷有限公司
　　　　　台北市西園路二段 50 巷 4 弄 21 號
　　　　　TEL：+886-2-2304-0488

http://www.rchcs.com.tw

國家圖書館出版品預行編目 (CIP) 資料

浮生日錄 = Yu-fa Chang, the chronicle of my life/
張玉法法著 . -- 初版 . -- 臺北市 : 民國歷史文化學社
有限公司 , 2023.06

　　面；　公分 . -- (史家薪傳 ; 4)

ISBN 978-626-7157-97-8　（平裝）

1.CST: 張玉法　2.CST: 傳記

783.3886　　　　　　　　　　112009108